녹지 않는 소금

Jemin Ri
Insoluble Salt

© Benedict Press, Waegwan, Korea 1998

녹지 않는 소금
1998 초판 | 2003 3쇄
지은이 · 이제민 | 펴낸이 · 이형우
ⓒ 분도출판사
등록 · 1962년 5월 7일 라15호
718-806 경북 칠곡군 왜관읍 왜관리 134의 1
왜관 본사 · 전화 054-970-2400 · 팩스 054-971-0179
서울 지사 · 전화 02-2266-3605 · 팩스 02-2271-3605
www.bundobook.co.kr
ISBN 89-419-9808-5 03230
값 9,000원

이제민

녹지 않는 소금

우리 시대의 신앙에 대한 반성

분도출판사

머 리 말

소금은 짜기만 한 것이 아니라 녹는 것이다.[1] 소금은 그 짠맛을 통해서 모든 음식에 맛을 더해준다. 그러기 위해 소금은 녹아야 한다. 녹지 않는 소금은 아무런 쓸모가 없다. 예수께서 "너희는 세상의 소금이다. 만일 소금이 짠맛을 잃으면 무엇으로 다시 짜게 만들겠느냐? 그런 소금은 아무데도 쓸데없어 밖에 내버려 사람들에게 짓밟힐 따름이다"(마태 5,13)고 말씀하셨다면 소금의 특징을 빌려 우리가 세상 속으로 녹아들어가는 존재가 되기를 바라셔서일 것이다. 그분 스스로 "세상의 소금"으로 자신을 십자가에 녹여 없애버리신 존재가 아니었던가?

하느님을 신앙한다는 것은 인간 세상을 창조하시면서 그 안으로 녹아들어오신 하느님과 이 하느님이 체험되는 현실에 대한 신뢰에서 비롯한다. 세상을 창조하시고 모든 것을 세상 피조물에 맡기시고 안식을 취하신 하느님처럼, 절망과 원망 이외는 다른 소리를 낼 수 없는 십자가에 달려서 이를 신뢰하신 예수님처럼 우리의 삶을 에워싸고 있는 현실을, 고통을, 죽음을 신뢰할 때, 우리는 현실과 그 안에 펼쳐진 인간의 역사를 사랑할 수 있을 것이고, 그들로부터 위로를 얻을 수 있을 것이고, 미래에 대한 희망을 발견할 수 있을 것이다. 현실에 대한 신뢰와 하느님에 대한 신뢰는 별개의 것이 아니다.
  이 신뢰는 어떻게 이 고통의 현실을 신뢰할 수 있는가 하는 질문을 던지게 하는 절박한 상황에서 언제 우리 한번 진정으로 이 세상을 신뢰해 본 적이 있는가 묻게 하면서 우리를 그 안에 녹아들어가게 한다. 그리고 자기의 짠맛만

---

[1] 이제민, 『교회 — 순결한 창녀』(분도출판사, 1996, 재쇄)의 서문 참조.

을 주장하지 않고 세상에 녹아들어가는 그 마음에 세상은 감복하고 변화하게 된다. 그리스도인을 그리스도인이게 하는 신앙은 성과 속, 교회와 세상, 신앙인과 속인을 구분짓는 기준이 아니라, 신앙인을 세상에 녹아들어가게 하는 힘의 원천이다. 신앙인은 자기의 존재를 세상(남)에 녹여들어감으로써 자기를 찾는 존재이다. 신앙하면서 인간은 자기 자신만이 아니라 자기가 아닌 남과 인류를 만난다. 온 인류의 기쁨과 슬픔, 고통과 즐거움, 희망과 좌절에 동참하게 된다.

그런데 우리는 신앙이 세상의 소금이라고 주장하면서 남에 대해 우리 신앙의 짠맛만을 주장하고 남에게로 세상에로 녹아들어가야 한다는 것을 잊고 있는 것은 아닌가? 자기가 남을 간들게 하고 맛들게 하는 유일한 기준이라고 생각하며 자기중심의 존재가 되어버린 것은 아닌가? 그리고 배타적이고 교만해지고 있는 것은 아닌가? 지금까지 교회는 그런 식으로 세상을 가르치려 하였고, 그리스도인은 그런 식으로 인간들을 상대해 온 것은 아닌가? "우리가 짜다"는 것만을 강조하면서 현실과 시대에 녹아들 생각은 않고 세상이 싱겁다며 소금을 뿌리려고만 한 것은 아닌가? 전통에 가리어, 체면에 가리어, 환상에 홀려서 자신을 녹일 생각은 않고 녹지 않는 소금만을 뿌리려고 한 것은 아닌가? 녹아 없어진 예수를 녹지 않는 소금으로, 녹아 없어져야 할 교회를 녹지 않는 성체로, 녹아 없어져야 할 자기 존재를 녹지 않게 하려고 애만 쓰고 있는 것이 아닌가? 세상이 우리에게서 바라는 것이 마치 우리의 흥분과 구호로 빚어진 녹줄 모르는 교의이기나 하듯이 말이다. 이렇게 해서 우리는 교회와 세상, 우리와 남 사이에 녹지 않는 소금벽만을 높이 쌓고 있다.

이런 의미에서 "참"을 내세우며 세상과 자기를 구분짓는 행위를 우리는 경계한다. 어떻게 보면 우리 시대처럼 "참"이니 "순"이니 하는 접두어들이 난무한 때도 없었을 것이다. 순한우니 순두부니 하는 표현을 넘어 순복음이니 참예수교회라는 말까지 등장하였다. 이 접두어들은 기존의 모든 존재와 가치관에 대한 불신의 표현이기도 하지만, 자기만을 참된 것으로 생각하는 위선이고 독선의 표현이기도 하다. 이 교만과 위선이 무너진 곳에서만 "참"이 존재할 수 있다. 참과 거짓의 논쟁이 아집적으로 펼쳐지는 곳에는 오직 광신과 그릇된 신심과 현실에 대한 증오만이 난무할 뿐이다. 녹지 않는 소금을 생산하는 이런 신심으론 미래를 열 수 없다.

우리는 지금 2000년 대희년을 바라보면서 바쁘게 움직이고 있다. 천 년에 한 번 있는 새로운 천년대가 열리는 그 순간을 몸소 맞이한다는 것은 확실히 우리를 흥분케 하고도 남음이 있다. 그리하여 "2000년"의 이름으로 신학교도 새로 세우고 시복·시성 운동도 벌이면서 이 날을 준비하고 있다. 구호도 많이 내건다. 기껏해야 그 서막만을 장식하다가 사라질 우리들이 지금 준비하고 구상하고 제시한 대로 2000년대의 사람들이 신앙해 줄까는 묻지 않고, 2000년대의 서막을 여는 시점에 와 있다는 사실에만 흥분하여 그들이 듣지도 않을 온갖 낡은 구호만을 구상해 내기에 급급해 있다. 그들이 진정 우리에게서 얻고자 하는 것은 우리의 삶일 텐데 말이다.

우리가 진정 2000년대의 교회를, 2000년대의 인간들을 위한다면 그 인간들 마음 안에로 우리를 녹여들어가는 자세를 먼저 익혀야 한다. 미래의 인간이 우리에게서 배울 것이 있다면 현실로 자신을 녹이는 우리의 모습일 것이다. 녹아야 소금이다. 녹지 않는 소금은 아무도 쓸데없어 밖에 내버려 사람들에게 짓밟힐 따름이다. 우리는 어떤 신앙을 가지고 있는가? 녹지 않는 신앙, 녹지 않는 교의, 녹지 않는 느낌 없는 신앙에 우리의 온 일생을 바치고 있는 것은 아닌가? 그리고 교회는 이런 신앙만을 우리에게 요구하는 것은 아닌가?

신앙인은 교회의 삶과 현실의 삶을 이분화하지 않는다. 신앙은 교회 안에서만이 아니라 일상에서의 행위이다. 일상에 바빠 교회에 나올 수 없는 사람도 신앙생활을 해야 한다. 하느님은 바쁜 사람이든 한가한 사람이든 모두가 추구해야 한다. 소위 교회 울타리 안만이 아니라 그밖의 우리의 일상의 장소에서 체험되고 또 되어야 한다. 신앙은 일상을 의미있게 잘살게 하는 인간의 가장 근본적인 행위이다. 교회는 그런 신앙의 장소이어야 한다. 2000년대의 교회는 여기서 시작해야 한다.

미래에 대한 비전은 현실에 대한 반성에서 나온다. 시대의 소리를 듣는 사람만이 미래를 제시할 수 있다. 이 책은 2000년대에 당면하여 지금 우리 시대의 신앙에 대해 반성한 글을 모은 것이다. 제2차 바티칸 공의회는 현실을 외면하고 개인신심에만 치우친 유아적인 신앙을 반성하는 비전을 제시해 놓았다. 제1부에서 신앙과 그리스도교(인)의 관계를 반성적으로 살펴보고, 제2부에서는 신앙의 원천인 계시를 제2차 바티칸 공의회의 문헌에 따라 살펴보았다. 신앙은 계시에 근거하며 하느님께서 자기의 전부를 이 세상에 전달하셨다는 것을 내용으로 하기 때문이다. 그리스도교가 자신을 계시종교로 이해하고 있다면 이는 그만큼 자기가 현실종교, 다시 말해서 현실을 위한 종교임을 확인하고 있다는 것이다. 우리 주변에는 계시를 이와는 정반대로 이해하면서 우리를 현실에서 유리시키는 어떤 신비스런 것으로만 생각하는 사람이 많이 있다. 현실을 떠난 신심과 열심은 가장 크게 신앙을 위협하는 것이다. 이보다 더한 신앙의 오해도 없다. 우리는 주변으로부터 너무도 흔히 이런 신심의 유혹과 강요를 받고 있다. 제2부에서 다룬 사적 계시에 대한 글과 성체신심 그리고 예수성심 공경에 대한 글이 이런 의미에서 그릇된 신심을 바로잡는 데에 조그만 도움이 되기를 바란다. 제3부에서는 구원과 폭력의 문제를 다루었다. 구원과 폭력의 문제는 궁극적으로 계시의 이해와 그 실천에서 답변이 주어진다. 계시와 그에 근거한 신앙에서 나온 행위가 구원의 행위라면 이에 반하는 행위가 곧 폭력인 것이다. 구원을 이야기하는 종교도 인류에 폭력을 가할 수 있다. 계시에 근거하지 않을 때이다. 제2부에서 「계시헌장」 해설과 성서에 대한 글 등 몇 편을 제외하고는 모두 『신학전망』과 『사목』에 발표된 글이다. 다만 일반 독자를 위해 수정·보완·삭제 작업을 하였다. 이 책에 관심을 보여주신 분도출판사에 감사드린다.

1997년 7월 광주 가톨릭대학교
이제민

목 차

머리말 ··· 5

제1부
신앙과 그리스도교

1 **그리스도인과 신앙** ································· 17
  1. 나는 아직도 그리스도인으로 남아 있어야 하나? ················ 17
  2. 신앙의 세례 ··· 18
  3. 신뢰할 만한 세상, 하느님도 예수도 신뢰한 세상 ················ 20
  4. 신앙과 연대 ··· 23
  5. 신앙과 사랑 ··· 24
  6. 신앙과 희망 ··· 25
  7. 신앙과 기도 ··· 26
  8. 가난과 순결과 순명 ··································· 31
  9. 신앙과 교회 ··· 32

2 **유럽의 교회 현실과 한국 천주교회의 미래** ············· 35
  1. 유럽의 교회 현실 ····································· 37
    1.1. 그리스도교 이후의 시대? ························· 37
    1.2. 유럽의 교회 현실 ······························· 40
  2. 한국 천주교회의 현실과 방향 ·························· 43
    2.1. 교회의 사막의 현실과 자기 변형 ··················· 43
    2.2. 한국 천주교회의 자기 변형을 위한 과제 ············· 49

1) 과제 ·· 50
　　　2) 자세 ·· 53
③ 신앙과 신앙 교리서 ·· 61
　1. 가톨릭 교리서의 대상 ·· 64
　　1.1. 신도들의 신앙의 감성 ···································· 64
　　1.2. 삶을 위한 교리서? ······································ 69
　　1.3. 유럽 교회 중심의 교리서? ································ 75
　2. 그리스도교 중심적 교리서?:
　　　타종교와 선교의 항목에 나타난 문제 ······················· 78
　3. 가톨릭 교회 중심적 교리서?:
　　　교회일치 운동의 항목에 나타난 문제 ······················· 82

제2부
신앙의 원천

④ 하느님을 드러내는 그 이상의 것들 ····························· 89
　1. 그 이상의 것 ·· 89
　2. 언어 ··· 91
　3. 행동 ··· 91
　4. 죽음 ··· 94
　5. 거룩함 ··· 95
　6. 하늘 ··· 97
　7. 일상의 시간 ·· 100
　8. 일상의 공간 ·· 101
　9. 창조와 환경 ·· 101
　10. 일상에서의 신체험 ······································· 107
　11. 인간 ··· 110

12. 죄인, 원수 ··· 113
   13. 예수 ·· 115
5 제2차 바티칸 공의회의 「계시헌장」해설 ················ 119
   1. 공의회의 계시 개념 ······································· 119
   2. 제2차 바티칸 공의회의 계시에 나타난 주제 ········ 128
        1) 인간과 하느님의 만남 ···························· 128
        2) 하느님의 구원 의지의 역사 ···················· 132
        3) 그리스도 안에서 하느님 자기 전달 ··········· 133
        4) 신앙 ·· 135
6 성서 — 계시의 책 ··· 137
   1. 성서와 해석 ··· 137
   2. 성서와 영감 ··· 141
        1) 성서의 저자 ·· 141
        2) 영감과 오류 ·· 145
   3. 성서의 문학적 유형과 해석 ···························· 148
7 계시종교 ·· 151
   1. 계시 — 참 종교와 거짓 종교의 구분 기준 ········· 151
   2. 계시종교의 유형 ··· 153
        1) 이슬람교 ··· 153
        2) 힌두교 ·· 155
        3) 불교 ··· 157
        4) 다른 종교들 ·· 159
        5) 한국 무속 ··· 160
        6) 무신론 ·· 161
   3. 계시종교들간의 차이 ····································· 161
8 사적 계시의 신학적 의미와 그에 대한 태도 ·········· 163
   1. 사적 계시의 의미 ·· 165

          1.1. 사적 계시의 가능성 ·· 165
          1.2. 사적 계시의 신학적 이해 ·· 168
               1) 일반 계시와의 관계 ·· 169
               2) 예수의 일을 보충하는 계시? ································ 171
               3) 교회의 계시 ··· 175
     2. 사적 계시에 대한 우리의 (또 환시자의) 태도 ·················· 178
          2.1. 사적 계시와 환시 ·· 179
          2.2. 환시자의 태도 ··· 180
          2.3. 예언에 대한 태도 ·· 184
          2.4. 기적에 대한 태도 ·· 188

⑨ 성체와 예수 성심에 대한 올바른 공경 ······························· 195
     1. 서론: 신심에 대한 올바른 이해 ····································· 195
     2. 성체 신심 ·· 197
          2.1. 성체 신심과 현실체험 ·· 197
          2.2. 그리스도의 몸은 세상을 신뢰하는 몸이다 ············ 200
          2.3. 그리스도의 몸은 자비의 몸이다 ··························· 203
          2.4. 그리스도의 몸 앞에서 기적을 바라는 것은
               그리스도를 한없이 슬프게 하는 일이다 ················ 204
     3. 예수 성심 공경 ·· 207
          3.1. 예수 성심 공경의 역사적-사회적 의미 ·················· 207
          3.2. 마르가리타의 마음 체험 ······································ 208
          3.3. 마음의 이해 ··· 210
               1) 마음에 대한 성서적 고찰 ···································· 210
               2) 예수의 마음에 대한 성서적 고찰 ························ 211
               3) 마음에 대한 신학적 고찰 ···································· 212
               4) 예수의 마음에 대한 신학적 고찰 ························ 214
          3.4. 예수 성심 공경에 대한 교의적 이해 ····················· 215

제3부
구원과 폭력

⑩ 현실의 구원 …………………………………………… 223
  1. 현세와 내세 ………………………………………… 223
  2. 성서에 나타난 구원의 용어 ……………………… 226
  3. 성서에 나타난 구원의 내용 ……………………… 230
    3.1. 구약 …………………………………………… 230
      1) 역사적 해방으로서 구원 ……………………… 230
      2) 용서로서 구원 ………………………………… 232
      3) 종말론적 쇄신으로서 구원 …………………… 233
    3.2. 신약 …………………………………………… 234
      1) 예수의 현실 구원관 …………………………… 234
      2) 예수 부활 후 구원의 선포 …………………… 239
  4. 구원에 대한 주제 …………………………………… 244
    4.1. 인간의 구원 동경과 하느님의 구원의지 ……… 244
    4.2. 구원 문제의 현실성과 인간학과 사회학적으로 전환된 구원론 ·· 246
    4.3. 그리스도론적 집중 …………………………… 248
    4.4. 대속적 화해 …………………………………… 250
    4.5. 구원과 자유 …………………………………… 251

⑪ 종교와 사회의 정체 ………………………………… 257
  1. 세속화된 현대사회에서의 종교 …………………… 259
    1.1. 종교 후 시대? ………………………………… 259
    1.2. 어느 현대인의 이야기 ………………………… 260
    1.3. 종교 후의 세속화된 사회 증세와 그 비판 …… 262
      1) 무의미 — 자기 소외 ………………………… 262
      2) 사회와 종교의 이극화 현상 — 이에 대한 저항 ………… 264

2. 종교의 정체 ································· 266
　　　　2.1. 종교성과 사회성의 상호침투적 일치 ············· 266
　　　　2.2. 종교의 속성俗性, 속俗의 성성聖性 ················ 267
　　　　2.3. 종교와 문화 ······························ 268
　　　　2.4. 신神 — 속俗의 원리 ······················· 270
12 종교의 비폭력성과 폭력 ····························· 273
　　1. 수많은 형태의 폭력 ····························· 273
　　2. 지라르와 폭력 매커니즘 ·························· 275
　　3. 폭력 가운데 탄생하는 인간 ······················ 280
　　4. 하느님을 살해할 수 있는 인간과 종교의 폭력 ········ 287
　　5. 폭력의 극복 — 비폭력 ·························· 293
　　　　5.1. 폭력의 발생 원인 ························· 293
　　　　5.2. 비폭력의 근원인 하느님 ··················· 295
　　　　5.3. 비폭력의 원리인 예수 ····················· 297
　　　　5.4. 추종 ··································· 306

　　맺는 말 ··· 309

원문 출처

1. "그리스도인과 신앙", 『사목』 200(1995.9), 85-97.
2. "유럽의 교회 현실과 한국 천주교회의 미래", 『신학전망』 111(1995 겨울), 100-23.
3. "가톨릭 교회 교리서의 대상", 『신학전망』 112(1996 봄), 58-82.
8. "사적 계시의 신학적 의미와 그에 대한 태도", 『신학전망』 104(1994 봄), 80-92.
9. "성체와 예수 성심에 대한 올바른 공경", 『신학전망』 118(1997년 가을), 146-69.
10. "구원에 대한 그리스도교의 이해", 『신학전망』 106(1994 가을), 35-74.
11. "종교와 사회의 정체성. 종교와 사회의 상호침투적 일치", 『사목』 123(1989.3), 4-25.
12. "종교의 비폭력성과 폭력", 『신학전망』 100(1993 봄), 37-72.

제 1 부

신앙과 그리스도교

제2차 바티칸 공의회 이전과 이후의 교회의 차이는 "소금이 짜다"와 "소금은 녹는다"라고 한 것의 차이로 비유할 수 있을 것이다. 공의회 이전에는 교회는 짜다, 그리스도인은 짜야 한다는 점을 강조하였다. 공의회는 소금은 짠 것만이 아니라 녹는다는 것을 깨달았고, 이를 위해 실천하고자 하였다. 공의회는 교회가 짜다는 것만을 강조하지 않고 동시에 교회는 세상에 녹아들어가야 하는 것임을 강조하였다. 이것이 공의회의 "사목"이고 공의회의 교회다. 우리는 어느 쪽에 서 있는가? 우리는 신앙인으로 현실에, 구체적으로 내 이웃의 고통과 아픔으로, 우리 사회와 지구의 시달림에로 녹아들어가고 있는가?

공의회 후에 사는 우리는 세상에 녹아들어가는 교회, 세상에 녹아들어가는 그리스도인의 모습을 그리며 이를 실천에 옮기도록 해야 할 것이다.

①

그리스도인과 신앙

1. 나는 아직도 그리스도인으로 남아 있어야 하나?

인간의 존엄성과 자유가 강조되는 다양한 사회에서 그리스도교는 그 어느 때보다도 많은 도전을 내외적으로 받고 있다. 그리스도교는 이제 자신이 세계 문제의 해결사가 아님을 차츰 인식하게 되었으며, 뿐만 아니라 사회도 이제 더 이상 그리스도교를 그렇게 평가하려 하지 않는다. 이런 상황에서 소위 천주교 신자로서 "나는 누구인가?", "그리스도인이란 어떠한 사람인가?" 하는 물음은 심각하다. 그러나 더 심각한 것은 종전 같았으면 "그 수많은 종교들 가운데에 나는 왜 그리스도인인가?" 하는 차원에서 물음을 던졌을 것을 지금은 "그래도 나는 그리스도인으로 남아 있어야 하는가?" 하는 실로 실존적인 물음까지를 던지게 되었다는 것이다. 아직 본인의 선택의 의지가 형성되지 않은 때에 유아세례로 그리스도인이 된 신자들도 이런 질문을 던져야 하고, 그 하고많은 종교들 가운데서 고민하다가 성인成人세례를 받은 사람도 이런 질문을 던져야 한다.

이 물음에 대한 원천적인 답변은 자기의 의사와는 전혀 상관없이 세상에 태어난 인간이 "나는 누구인가?" 하며 인생에 대해서 묻는 데서 얻을 수 있다. 인간은 부모에게서 태어나기 이전에 "인간이란 무엇일까?" 묻고, 그다음 인간이 되기로 결정하고 인간으로 태어나는 것이 아니다. 인간이 되고 나서 비로소 자기의 존재에 대해서 묻게 된다. 그리고 점점 자라면서 이 물음은 원숙해 간다. 사제가 되고 나서 사제가 누구이고, 아내가 되고 나서 아내가 누구이며, 아빠가 되고 나서 아빠가 누구인지 더 실존적으로 묻게 되고, 그러는 사이 인간은 원숙해지는 것이다. 인간이라고 다 인간이라고 말하기보다는 인간이기에 더욱 인간이 되어야 한다고 말해야 한다. 그러므로 인간은 "나는 왜 인간인가?" 하는 물음을 끊임없이 던져야 한다. "내가 누구인가?" 하는 물음은 어쩌면 자기의 인생을 다 산 가장 마지막에 가장 진지하게 던져지는 것일지도 모른다. 마찬가지로 그리스도인도 단순히 형식상으로 그리스도교 안에 소속되었다는 차원을 넘어, "무엇이 나를 그리스도인으로 만들고 있으며, 나는 왜 그리스도인으로 남아 있어야 하나?" 하는 질문을 끊임없이 던져야 한다. 그러는 사이 그는 더욱더 훌륭하고 참다운 그리스도인이 되는 것이다. 현대에 들어서면서 이런 식의 질문은 사람들에게서 점점 멀어지고 있다. 너무 현실에 급급하여 자신을 미래를 향하여 열지 못하기 때문일까? 이런 질문과 멀어지면서 사람들은 현실에 대한 신뢰도 잃어가고, 이런 사실이 그의 존재를 더욱 불안하게 하고 있다.

  그러면 인간을 인간이게 하고 그리스도인을 그리스도인이게 하는 것은 무엇인가? 이 물음에 대한 답변을 우리는 신뢰(신앙)에서 얻을 수 있다. 이는 그리스도인이 되고자 하는 인간에게 베풀어지는 세례식 때 오고가는 주례자와 세례자의 대화에 나타난다. 세례 때 주례사제는 세례 대상자에게 묻는다: "당신은 성교회로부터 무엇을 구합니까?" 그러면 세례 대상자는 "신앙을 구합니다" 하고 답변한다. 세례를 받는 것은 신앙을 구하기 위해서라는 것이다. 우리가 그리스도인이 되는 것은 신앙인이 되기 위해서라는 것이다. 그리스도인은 신앙인이다. 단순히 천주교라는 집단에 가입하기 위해서, 또는 천국의 시민권, 천국행 티켓을 따 개인의 구원을 보장받기 위해서 신자가 된 것이 아니라, 신앙 때문에 그리스도인이 된다는 것이다. 그리스도인으로 남아 있어야 할 이유가 있다면 그것도 바로 이 신앙 때문이라는 것이다. 그리스도인 존재에 대한 물음이 우리에게서 멀어진다는 것은 우리의 삶이 신앙으로부터 멀어져 가고 있다는 것이 되며, 우리의 그리스도인 존재가 현대에 심각한 도전을 받는 것은 어쩌면 현대가 신앙을 잃어가고 있고 거기에 종교마저 이 신앙을 옳게 전달해 주지 못한다는 증거이다. 신앙에 대한 반성은 인간 존재와 그리스도인 존재에 가장 근본적인 것이다. 이에 신앙의 의미를 반성하면서 올바른 신앙의 자세를 제시하고자 한다.

2. 신앙의 세례

우리가 세례로 구하는 신앙이란 무엇일까? 답변부터 하자면 하느님이 하신 일을 끝까지 신뢰하는 것이 신앙이고, 끝내는 그 하느님에게 모든 것을 맡기는 것이 신앙이다. 신앙의 바탕은 신뢰이다. 신앙인이란 하느님과 하느님이 하신 일을 신뢰하는 사람이다. 세례로 신앙을 구하는 것은 세례에 이 신뢰가 표현되어 있기 때문이다. 우리에게 신앙을 일깨워준 세례의 참모습은 예수의 세례에서 보게 된다.

복음서를 보면 예수는 세례자 요한으로부터 세례를 받으셨다. 예수가 요한으로부터 세례를 받으신 것은 단순히 그의 그룹에 가입하기 위해서가 아니었다. 오히려 인류 공동체로 들어오시어 인류와 하나가 되고 인류와 연대성을 가지기 위한 것으로 이해된다.[1] 하느님과 같으신 분(필립 2.7)이시지만 자신을 죽이시며 인류 공동체에 들어오신 것이다. 자기를 죽이는 예수의 행위는 이미 그의 강생에서 보였고 십자가에서 그 절정을 이루었다. 세례를 이렇게 이해할 때, 세례로 나를 어떤 특정 종교 단체에 가입시켜 거기서 내 구원을 보장받겠다는 사고란 얼마나 비예수적이고 이기주의적인가를 알게 된다. 일생에 그 누구에게도 세례를 베풀지 않은 예수께서 부활하신 후 제자들에게 나타나셔서 "그러므로 여러분은 가서 모든 민족들을 제자로 삼아, 아버지와 아들과 성령의 이름으로 그들에게 세례를 베풀라"(마태 28.19)고 명령하셨다면 이는 일차적으로 나 자신에게 하신 명령으로, 나를 인류 공동체에 초대하는 말씀으로 알아들어야 한다. 예수는 우리가 세례로 인류 공동체와 연대성을 가지고 그 안에로 끊임없이 자신을 죽이며 태어나 남을 위해 살기를 바라시는 것이다. 나를 죽이는 행위 없이는, 민족들과의 연대성을 맺는 세례 없이는, 예수의 이 명령은 참되게 이행될 수 없는 것이다. 이런 면에서 작금昨今의 우리 선교 역사宣敎歷史는 많은 반성을 요한다.

---

[1] A. 피어리스, 『아시아의 해방신학』.

3. 신뢰할 만한 세상, 하느님도 예수도 신뢰한 세상

문제는 인류 공동체가 과연 신뢰할 만한가 하는 것이다. 예수께서는 이 죄많은 인류 세상에 세례를 받으며 들어오신 것도 이 공동체가 신뢰할 수 있다고 본 때문일까? 무엇이 예수로 하여금 그런 일을 감행하도록 하였을까?

우리는 이 세상에서 일어나는 일들을 보면서 실망하고 좌절할 때가 많다. 한 많은 이 세상으로부터 벗어나 저 세상으로 건너가는 것을 구원으로 여기며 거기서 편히 살고 싶어할 때도 있고, 하느님께서 정말 계시는 것일까 깊은 회의에 빠지기도 한다. 그러나 조금만 신앙심이 있는 사람이라면 이런 사고가 얼마나 비그리스도교적인가를 금방 알게 된다. 왜냐하면 이런 사고는 하느님께서 창조하신 이 세계는 물론 하느님의 창조사업을 전면으로 부정하는 셈이 되기 때문이다. 하느님께서는 이 세상을 창조하고 나서 "보니 좋더라"라고 말씀하지 않으셨던가? 예수께서 세상 안에로 세례를 받으며 들어오신 것은 세상의 이런 일과 고민에도 불구하고 하느님과 하느님께서 하신 일에 대한 신뢰 때문이었다. 말하자면 그에게 세례는 하느님과 하느님의 일에 대한 신뢰에 몸을 맡긴 행위였다.

세상은 하느님의 창조물이다. 창조는 제조製造라는 말과는 구분된다. 제조는 어떤 물건을 만들어내는 것이어서 제조된 물건은 다량으로 생산하여 사고팔 수도 있다. 그러기 위해서는 기술도 필요하다. 그러나 하느님께서 이 세상만물을 창조하셨다는 것은 세상을 내시고 나서 그 안에 당신의 전부를, 당신의 생명과 혼을 그리고 당신의 선하심과 구원의 의지를 다 불어넣어 주셨다(계시하셨다)는 것을 포함한다. 그러기에 창조물은 그냥 물건처럼 존재하는 것이 아니라 하느님의 생명을 가지고서, 하느님의 생명과 구원의지를 표현하면서 존재한다. 그때문에 우리는 세상을 있는 그대로 체험하면 하느님을 체험하게 되어 있다. 바울로는 이를 두고 세상의 아름다움을 보면서 하느님을 모른다고 변명 말라고까지 하였다(로마 1.21). 그리고 예수께서 최후의 심판에 대한 이야기에서 이웃

(인간)에게 해주는 것이 곧 자기에게 해주는 것이라고 분명히 말씀하신다. 창조물에 대한 체험이 하느님에 대한 체험과 다르지 않다면, 이는 하느님께서 그만큼 세상을 신뢰하시며 창조하셨고, 뿐만 아니라 실제로 그만큼 신뢰하고 있다는 것을 보여주는 것이다. 하느님께서 세상을 신뢰하신다는 것은 그분의 안식에서 절정에 이르신다. 하느님께서는 또 이 세상과 인간을 창조하시고 그들에게 당신의 생명을 불어넣어 주심으로써 그들이 스스로 창조사업을 펼쳐나가도록 배려하셨다. 그리고 이 일이 잘 되도록 스스로는 안식을 취하신 것이다. 보아도 못본 척 들어도 못들은 척하시며 모든 것을 당신의 창조물에게 맡기시고 당신은 안식을 취하신 것이다. 그런데 우리는 하느님의 이런 창조에 나타난 신뢰의 위대한 뜻을 깨닫지 못하고 그 안식의 침묵 앞에서 하느님이 무심하다고, 하느님이 무관심하다고 불평을 하기도 한다. 만일 하느님께서 세상과 인간을 창조하시고 그들을 못믿어하시면서 사사건건 간섭을 하셨다면 세상과 인간은 이 간섭을 배겨내지 못하고 불안해하고 좌절하고 멸망하고 말았을지도 모른다. 하느님의 침묵은 피조물에 대한 하느님의 신뢰이며 자비이다. 이 신뢰와 자비 덕분에 세상과 인간은 계속 발전할 수 있는 것이다.

　예수는 창조물에 대한 하느님의 이 신뢰와 자비에 신뢰와 사랑으로 응답하신 분이시다. 그는 이 세상이 아무리 힘들고 괴롭다 해도 하느님을 만날 수 있는 유일한 장소라는 것을 신뢰하신 것이다. 이 세상이 하느님의 현존 장소이어서 이 세상을 떠나서는 그 어디서도 하느님을 만날 수 없다는 것, 그때문에 세상에서 일어나는 모든 일은, 고독도 고통도 죽음까지도, 의미가 있다는 것, 때로는 무의미한 일로 여겨지는 것조차도 하느님을 발견할 수 있는 의미있는 일이라는 것을 신뢰하신 것이다.

　예수께서 처음 전하신 "하느님 나라가 가까이 왔다"(마르 1,15)는 복음도 이 신뢰에 근거한 것이다. 예수 이전의 사람들은 하느님을 이 세상 밖에서 추구하였다. 그들은 하느님께서 이 세상에 충실하시다는 것을 잊고 있었던 것이다. 그래서 순종도 신앙도 할 수 없었던 것이다. 예수는 이 잘못을 일깨워주셨다. 모든 창조 안에서, 대자연 안에서, 만나는 모든 인간 안에서, 모든 시간 안에서 하느님을 만날 수 있다는 것을 일깨워주셨다.

이런 식으로 예수께서는 죄인과 세리, 세상 사람들이 버림받았다고 여기는 그 사람들에게 접근하셨으며 그들과 어울리셨다. 사람들은 흔히 자기 마음대로 인간을 죄인과 성인, 마음에 드는 인간과 싫은 인간, 이웃과 원수, 내편과 내 편이 아닌 사람, 천국 갈 사람과 지옥 갈 사람을 구분한다. 그러고는 죄인·원수·지옥 갈 사람은 하느님께서 도저히 같이하실 수 없는 인간, 하느님마저 구원을 포기한 그런 인간으로 취급한다. 그런데 예수에 의하면 그들 마음 안에도 하느님은 계시다. 그들이 곧 하느님을 계시하는 장소인 것이다. 이 사람들을 지나쳐서는 하느님을 체험할 수 없다. 예수께서 "원수를 사랑하라", "죄인을 사랑하라"고 명령하시는 것도 다 이런 차원에서 알아들을 수 있다. 얼마나 많은 사람들이 이런 사람들을 멀리함으로써 하느님과 거리가 멀어지고 있는가? 그리고 하느님을 이기적으로 신앙하면서 그분을 자기의 좁은 마음 안에 가두려고 하고 있는가?

어떻게 보면 우리 인간처럼 신뢰 못할 존재도 없다. 서로 속이고, 죽이고, 헐뜯고, 잘난 체하며 온갖 잘못을 남에게 뒤집어씌우는 존재가 바로 인간들이다. 그런데도 하느님께서는 이 인간들을 저버리지 않으시고 그들 안에 와 계시다는 것이다. 내가 죽을 죄를 지었는데도 불구하고 하느님은 죄 지은 나의 마음 안에 들어와 계시다는 것이다.

예수의 십자가의 사건은 이 신뢰를 보여준 사건이었다. 하느님이 나를 떠나셨다고 생각되는 그곳, "하느님, 하느님, 왜 나를 버리셨습니까"라는 절규가 나오는 그곳, 하느님이라면 도저히 계실 수 없는 곳, 그 십자가에도 하느님은 계시다는 신뢰가 예수를 "십자가에서 뛰어내려라. 그러면 우린들 안 믿을 수 있겠는가?"라는 지나가는 인간들의 조소에도 "내 영혼을 당신의 손에 맡기나이다" 하시며 끝까지 십자가에 달려 있게 하였다. 예수의 십자가는 이 한많은 세상의 가장 깊은 곳에서도 하느님은 끝까지 우리를 떠나지 않고 우리와 함께 계시다는 사실을 신뢰한 행위였다. 십자가는 말하자면 하느님의 현존을 가장 완벽하게 보여준 장소며 동시에 신앙의 절정이다. 그곳은 죽은 생명이 되살아나는 곳, 하느님의 생명을 가장 가까이서 온몸으로 느끼고 숨쉴 수 있는 곳이다. 그후 그리스도인들은 기도할 때만이 아니라 어떠한 일을 하든 몸에 십자성호를 긋는다. 밥먹을 때도 잘 때도, 기쁜 일을 만났든 마음 괴로운 일을 만났든 성호를 긋는다. 이는 슬픈 일이든 기쁜 일이든, 먹는 일이든 싸우는 일이든 그 안에 하느님이 현존한다는 것을 신뢰하는 행위이다. 그리스도인은 "전능하신 천주 성부 천지의 창조주 하느님과 십자가에 못박혀 죽은 예수를 믿나이다" 하고 고백하는 사람이다.

4. 신앙과 연대

신앙이 남에게 세례받으며 들어가는 것일진대 그리스도인의 신앙은 현실로부터의 도피가 아니다. 현실과 무관하게 개인의 복만을 비는 것일 수 없다. 현실 안에 일어나는 모든 일은 나와 상관없는 일이 아니다. 고생을 하는 이가 있으면 그만큼 고생을 준 이가 있다. 마음 아픈 이가 있으면 그만큼 아픔을 준 이가 있다. 우리는 이를 상쇄시켜야 한다. 마음 아픈 이와 고생하는 이와 연대를 함으로 가능하다. 이 연대는 남을 고생시키고 마음 아프게 한 이만이 아니라 우리 모두가 가져야 한다. 우리 모두가 그들을 위해 대신 고통을 당해야 한다. 대속해야 한다. 상처받은 사람이 많을수록 상처를 준 이만을 찾아 문제를 해결하려 할 것이 아니라 대속하며, 인류의 아픔에 연대하면서 이를 상쇄해야 한다. 그것이 그리스도의 죽음이다. 인류의 죄를 짊어진 죽음이고 남을 위한 죽음이다. 이기적인 삶에서, 대속 죽음의 의미가 사라져가는 때에 남을 위한 죽음을 사는 삶의 모습을 보여주어야 한다. 신앙은 현실적이고 신앙은 연대적이다.

우리 인간은 나약하여 이웃의 마음을 아프게 할 때도 많고 상처도 많이 준다. 이럴 때 많은 신앙인들은 잘못을 뉘우치고 통회하며 하느님 앞에 나아가 용서를 청한다. 하느님과 화해한다. 이 화해하는 행위를 우리는 신앙인의 태도로 본다. 그러나 신앙인이라면 이보다 우선적으로 해야 할 일이 있다. 먼저 이웃과 화해해야 한다. 신앙은 이웃에게로 이 세상으로 녹아들어가는 마음의 발로, 그리하여 인간에 대한 체험이 곧 하느님에 대한 체험임을 일깨워주는 마음의 발로이기 때문이다. 그러기에 신앙인은 인간의 마음을 아프게 한 것이 곧 하느님의 마음을 아프게 한 것이며, 하느님과 화해하려면 먼저 인간과 화해해야 한다는 것을 안다. 그것은 예수님의 명령이기도 하다. "하느님께 제물을 바치기 전에 먼저 마음 상한 사람들에게 가서 화해를 하라". 그리고 기도로 가르치신다. "우리에게 잘못한 이를 우리가 용서하듯이 우리 죄를 용서하소서." 신앙은 수직(하느님과 인간의 관계)과 수평(인간끼리의 관계)적인 면을 함께 지니고 있다. 신앙은 하느님과 나만의 개인관계(개인 신심)가 아니다. 개인 신심도 중요하지만 사회봉사도 신앙의 한 형태이다. 신앙하는 사람만이 나와 사회를 구성하고 있는 원수와 죄인과 창녀를 포함하여 모든 이를 사랑하고, 신앙하는 사람이 그리하여 자유로울 수 있다. 신앙은 연약한 자가 좌절하여 마지막으로 어찌할 수 없어 취하는 태도가 아니라 위로를 느끼게 해주는 원천이다. 모든 벽을 헐고 신뢰하며 접근해 오는 예수에게서 그들은 드디어 위로를 얻었던 것이다. 그들은 그들의 삶에서 그리고 예수의 자유에서 천국을 체험하였으니 그 위로는 천국의 기쁨이었고 구원이었다. 그리고 모든 벽을 허무는 예수의 행위는 그야말로 자유였고, 그 자유는 구원이었다. 참다운 위로는 이 자유에서 나온다.

5. 신앙과 사랑

신뢰는 사랑으로 표현된다. 신뢰하는 자는 인간이 쳐놓은 온갖 울타리를 넘어 사람들을 만나게 된다. 그리고 그 안에 숨어 계시는 하느님의 사랑을 느끼게 된다. 이것이 예수로 하여금 버림받은 인간들, 창녀와 세리들에게 서슴없이 접근하게 하였고, 그들은 이 예수에게서 위로를 얻었다. 그들은 자기들의 죄에도 불구하고 자기들 안에 신뢰하며 숨어 계시는 하느님을 체험하게 되었던 것이다.

6. 신앙과 희망

신앙은 현실로부터의 도피가 아니라 오히려 현실을 변화시키는 힘이다. 복잡하고 뜻대로 되지 않는 현세에서 실망하기보다는 희망을 잃지 않고 살도록 하는 것이 신앙의 힘이다. 어떤 이는 착한 이가 고통을 당하고, 악인들이 떵떵거리고, 불의한 자가 행복하게 사는 모습을 보며 실망한다. 그러면서 하느님께 실망도 한다. 왜 하느님은 이다지도 세상을 불공평하게 만드셨는가? 왜 하느님은 착하고 정의로운 나의 목소리는 들어주지 않으시고, 침묵만 지키고 계시는가? 그래서 어떤 이는 절망 가운데 신앙에 회의를 가지게 되기도 한다. 그러나 신앙인은 고통중에서도 희망하는 인간이다.

10년 전쯤 독일에서 있었던 일이다. 한 의사가 고통받는 환자는 안락사시켜 고통을 덜어주어야 한다는 주장을 해서 크게 논란이 되었다. 의사의 양심으로 고통받는 환자를 그냥 놔둘 수 없다는 것이 그의 주장이었다. 이 논란이 고조에 달하였을 때 한 방송사는 그와 주교 한 분을 TV의 좌담 프로에 초대하였다. 먼저 의사가 방금 이야기한 대로 주장하였다. 그러자 주교는 이미 세상을 떠난 자기의 어머니에 대해서 얘기하였다. 그의 어머니는 암으로 세상을 떠났는데, 그 극심한 고통을 받고 있는 어머니에게 그는 기도 외에는 그 어떤 것도 할 수 없었다. 어머니의 고통을 조금도 덜어줄 수 없는 자기의 연약함을 안타까워하며 이 마음을 담아 기도할 수밖에 없었던 것이다. 기도를 통해 그는 어머니의 고통에 동참했고, 그 고통 가운데 계시는 하느님을 체험했다. 그러자 어머니는 아들의 손을 잡으며 기쁨의 눈물을 흘리셨다. 어머니에게는 암의 고통보다는 아들과 하나된 기쁨이 더 컸던 것이다. 이것을 우리는 단지 마음 약한 종교인들이 겪는 심리현상이라고만 할 수 있겠는가? 이렇게 주교는 그의 어머니가 암으로 당한 고통을 설명하고 나서 그 의사에게 물었다. 안락사시키려는 그 환자가 자기의 사랑하는 어머니였다 해도 사랑 때문에 안락사시키는 주사를 놔주었겠는가. 고통 가운데 위로를 발견한다는 것이 위선이기만 한 것이냐고. 오히려 주사를 놓을 수밖에 없다는 그 사고가 인간의 생명을 파괴하는 것이 아니냐고. 의사는 아무 말도 하지 못하였다. 우리는 남의 생명이나 남의 고통에 대해서 너무 쉽게 이야기한다. 그리고 그 고통받는 생명과 하나가 되지는 못한다. 우리는 너무 쉽게 고통은 의미없는 것이라고, 그래서 퇴치할 수밖에 없는 것이라고 단정한다. 비신앙인에게는 고통이 고통일 뿐이지만 신앙인에게는 삶의 의미를 가장 감동적으로 체험하게 해주는 장소이다. 고통은 위로의 장소요 부활의 장소요 희망의 장소이다. 진심으로 사랑을 느끼고 사랑할 수 있는 장소이다. 이는 고통을 잘 참아받도록 하기 위해 어쩔 수 없어 하는 말이 아니다. 그래서 성서는 말한다. "그는 상한 갈대도 꺾지 않고 꺼져가는 심지도 끄지 않으리라"(마태 12,20).

고통의 의미 때문에 신앙인은 "왜 하느님은 나에게 이런 불행한 일이 일어나게 하셨는가?", "왜 하느님은 나에게 이렇게 엄청난 십자가를 지우시는가?" 하며 불평하고 좌절하는 것이 아니라, "아, 이런 불행 속에서도, 아, 이런 가난의 아픔 가운데서도, 아, 이런 십자가 위에도, 아, 이런 고통과 죽음 가운데에서도 하느님은 우리를 사랑하고 계셨구나" 하며 희망을 가지게 된다. 신앙인은 내 어려운 삶이 당장 바뀌지 않는다고, 내 불행이 당장 행복으로 바뀌지 않는다고, 내가 지금 지고 있는 십자가가 너무 무겁다고, 금방 부활의 기쁨으로 바뀌지 않는다고 실망하지 않는다. 오히려 하느님께서 내 일상에 베푸신 은혜에 감사드린다. 기쁠 때만이 아니라 슬플 때도, 즐거울 때만이 아니라 괴로울 때도 하느님께 감사드린다. 하느님께서 함께하시기 때문이다. "언제 어디서나 당신을 찬미하고 감사함이 마땅하고 옳은 일이로소이다."

7. 신앙과 기도

하느님은 세상을 창조하시면서 그 안에 당신의 전부를 전달해 주셨다. 그런데 우리는 하느님이 이 세상에 안 계시는 것처럼, 하느님께서 이 세상에 모든 것을 다 주시지 않은 것처럼 기도하며 자꾸 달라고만 졸라댈 때가 많다. 이미 복을 주시지 않은 것처럼 복을 달라고 기도할 때가 많다. 이것은 하느님께 대한 실례로서 다 차려놓은 밥상 앞에서 어머니께 밥달라 졸라대는 어린아이의 행위와도 같다. 처음에는 그 행위가 애교로 보이고 이쁘게 보이겠지만 그것이 지속되면 나중에는 이상하게 보이는 것이다. 하느님께 하는 기도가 이상한 사람의 행위일 수는 없다. 정신병자의 행위여서는 안된다. 하느님은 우리에게 모든 것을 주셨다. 우리는 우리의 삶이 어떤 형태로 나타났건 은총으로 엮어져 있음을 신뢰하며 늘 감사해야 한다. "언제 어디서나 당신을 찬미하고 감사함이 마땅하고 옳은 일이로소이다" 하고 기도해야 한다.

이런 면에서 어떤 어려운 일에 부딪치면 하느님께 기적을 바라는 것은 참다운 신앙이 아니다. 신앙인은 어려운 일을 무조건 피하게 해달라고 하느님께 기도하며 기적을 요구하지 않는다. 그는 고통과 아픔 그리고 십자가를 제거해 달라는 식의 기도에는 하느님께 대한 신뢰보다는 자기의 이기심이 더 작용하고 있다는 것을 잘 알고 있다. 그는 모든 것이 자기가 바라는 대로 되지 않는다는 것도 잘 알고 있으며, 그래서 그 상황을 겸허히 인정하며 받아들인다. 물론 그는 죽음에 처하거나 고통중에 있을 때 "죽지 않도록 해달라", "아프지 않게 해달라", "복을 많이 내려달라"는 식으로도 기도한다. 신변에 닥친 불행이 하느님께서 내게 내리신 벌이 아닐까, 하느님께서 나를 버리신 것이 아닐까 걱정하며, 불행이 행복으로 바뀌는 기적이 일어나기를 은근히 바라며 기도한다. 그런 기도가 전혀 무모한 것은 아니다. 어쩌면 그런 기도는 인간의 가장 근본적이고 순수한 마음일지도 모른다. 무엇보다도 하느님께 더욱 간절히 매달린다는 것은 알게 모르게 하느님 존재를 인정하는 것이고, 어떤 상황에서도 하느님은 자기와 함께 계시다는 것을 증명하는 셈이 아닌가?

그러나 성숙한 신앙인은 고통 가운데서도, 소위 기적이 일어나지 않는 그곳에서도 하느님께서는 자기 자신을 열어보이며 계시다는 것을 알고 있다. 그러기에 그는 하느님께 기적만을 요구하는 것은 미신이나 우상숭배나 다름없다는 것을 안다. 가난이 부로 바뀌고, 죽을 병 걸린 병자가 낫고 — 마치 다시는 더 이상 아프지도 죽지도 않을 것처럼 — 하는 등의 기적이 일어나지 않는다고 신앙이 약해지지 않는다. 병이 낫는 기적이 일어나면 신앙하겠다는 식의 행위는 "십자가에서 뛰어내려라, 그러면 우리가 믿겠노라" 소리치며 예수더러 십자가에서 뛰어내리는 기적을 보여달라는 행위와 다를 바가 없는 것이다.

이런 뜻에서 우리는 옛날 교부들과 많은 성인들이 일부러 고독을 찾아 사막을 찾았고, 일부러 몸에 고통을 가하는 극기를 한 이유를 알 것 같다. 이는 고통과 고독 속에도 하느님께서 계시다는 것을 확신하고 이를 체험하기 위해서였다. 물론 그들의 행위는 때로는 극단적이어서 자기 몸에 고통만을 가할 뿐 그 속에 계시는 사랑과 위로의 하느님을 보지 못할 때도 많았다. 그래서 많은 비난을 받았고, 이리하여 현대를 사는 우리의 삶에서 거의 사라졌다. 그러나 사막을 찾고 극기와 고통을 찾는 마음을 멀리하고 편하게 살기만을 바라는 가운데 현대인이 얻은 것은 무엇인가? 그런 가운데 고통의 의미를 잃고, 하느님을 잃고, 우리 자신마저도 잃어버린 것이 아닌가? 그래서 조금만 고통이 내게 주어져도 금방 불평하고 하느님을 원망하게 되었고 기적을 요구하게 된 것이 아닌가? 강생의 가난을 미화하고, 십자가의 고통을 미화하고, 예수께서 십자가에서 뛰어내리는 기적을 바라게 된 것이 아닌가?[2] 십자가의 요한의 다음 말은 기적만을 바라는 현대인들의 가슴에 깊이 새겨야 할 말이다. 계시와 관련하여 그는 이렇게 말한다:

"하느님께 문의한다든지, 어떤 시현이나 계시를 받고 싶어한다든지 하는 사람은 바보짓을 할 뿐 아니라, 하느님을 욕되게 하리니 그리스도 하나만을 우러러보지 않고 다른 엉뚱한 신기한 것을 바라기 때문이다. 그런 사람에게는 하느님께서 이와같이 대답하실 것이다. 즉, "내가 이미 내 아들인 말을 가지고 모든 것을 다 말해서 다른 말이 없거늘 이제 와서 무엇을 더 대답할 수 있고 이 '말' 아닌 무엇을 또 계시할 수 있느냐?"[3]

---

[2] 지금 우리 사회와 교회에 혼란을 일으키고 있는 기적이니 사적 계시니 하는 것은 바로 이런 신앙을 갖추지 못하기 때문이다. 사적 계시에 대해 제2부 ⑧ 참조.

[3] 십자가의 성 요한, 『갈멜의 산길』, 최민순 역(성바오로출판사, 1983²), 제2권 22,5 참조.

하느님께 무엇인가를 더 계시하기를 청한다면, 그것은 다시 그리스도를 청하는 셈이요, 나아가 하느님의 사랑하는 아드님을 심히 욕되게 하는 것이니 그리스도로 하여금 다시 강생해서 두번째 이승살이를 하고 죽으라고 강요하는 것이나 다름이 없다는 것이다. 신앙하는 사람이라면 설령 자기에게 기적(환시)이 일어났다고 해도 아무것도 아닌 것처럼 생각할 수 있어야 한다. 이런 태도를 우리는 젬마 갈가니 성녀에게서 본다. 그는 자기의 영적 지도자에게 환시와 다른 은총의 방식을 보고하는 편지를 보냈는데, 종종 다음과 같은 말로 편지를 끝맺는 것을 잊지 않았다. "내가 이것을 신부님께 말씀드리는 것은 예수께서 그렇게 하라고 명하셨기 때문입니다. 그러나 이에 대해서 아무것도 믿지 마십시오. 왜냐하면 이는 또한 저의 어리석은 생각일 수도 있기 때문입니다."

　신앙인은 어떤 기적을 대하더라도 그 앞에서 겸손하다. 더군다나 이를 남에게 강요하지 않는다. 이에 대한 좋은 예를 우리는 구약의 모세에게서 보게 된다. 미디안 사제인 장인 이드로의 양떼를 치는 목자가 된 모세는 어느 날 양떼를 이끌고 광야를 지나 하느님의 산 호렙을 지나다 하느님 야훼를 체험하게 된다. 하느님께서 "모세야, 모세야" 하고 부르시고는 말씀하신다. "나는 네 선조들의 하느님이다. 아브라함의 하느님, 이사악의 하느님, 야곱의 하느님이다. … 나는 내 백성이 에집트에서 고생하는 것을 똑똑히 보았고 억압을 받으며 괴로워 울부짖는 소리를 들었다. 그들이 얼마나 고생하는지 나는 잘 알고 있다. 나 이제 내려가서 그들을 에집트인들의 손아귀에서 빼내어 … 젖과 꿀이 흐르는 아름답고 넓은 땅 … 으로 데려가고자 한다. … 내가 이제 너를 파라오에게 보낼 터이니 너는 가서 내 백성 이스라엘 자손을 에집트에서 건져 내어라." 그러자 모세가 하느님께 아뢰었다. "제가 무엇인데 감히 파라오에게 가서 이스라엘 백성을 에집트에서 건져 내겠습니까?" 모세는 하느님의 계시에 즉각 반응을 보여 에집트로 건너가 "하느님께서 나를 보내셨다"는 반응을 보인 것이 아니다. 오히려 신중하게 그리고 두려움을 가지고 "제가 제 백성들에게 당신을 누구라고 해야 합니까?" 하고 물었고, 하느님께서는 모세에게 "나는 곧 나다" 하고 당신의 이름을 대신 것이다(출애 3.1-22).

여기서 우리는 모세가 야훼의 이름으로 전한 하느님은 다름아닌 신앙의 하느님이었다는 것을 알아야 한다. 야훼는 보통 "나는 곧 나다" 또는 "있는 자 그로다"라고 번역되지만, 더 정확히는 "자신이 살아서 활동함을 아는" 존재를 뜻하고, 또 그 형태가 미완료인 점으로 미루어보아 "그분은 힘차고 활동적이고 살아 계시다"라는 뜻이다. 그분은 살아서 활동하시기 때문에 자신을 위해 홀로 계시지 않고 다른 이를 위해 다른 이와 함께, 바로 자기 백성과 함께 계시는 것이다.[4] "항상 그들과 함께 살아 계시며 그들을 위하고 계시는 하느님"께서 모세를 그들에게 보내셨다면, 그리고 이 하느님을 모세가 선포하였다면, 이는 하느님께서 멀리 계셔서 종살이의 어려움을 겪고 있다고 생각하는 이스라엘 백성들에게 하느님께서는 그래도 늘 그들과 함께 계셨고 지금도 그들을 위하시며 함께하고 계시다는 사실. 어쩌면 그들과 함께 종살이를 하고 계셨다는 것을 모세가 일깨워준 것이라 할 수 있다. 모세는 야훼의 이름으로 그들에게 하느님께 대한 신뢰심을 불어넣어 주었고, 그들은 이 하느님에 대한 신뢰심과 함께 힘을 얻어 에집트를 탈출하였다. 기적이 아니라, 신앙이 그들을 구해내었고, 이 신앙과 이 신앙에 의한 구원이 바로 기적이었던 것이다. 모세는 하느님의 현현 앞에 겸손하였던 것이다. 협박도 조작도 없었다. 상주 데레사와 나주의 율리아의 경우에는 불행하게도 이런 신앙이 결여되어 있다.

예수께서는 기적에 모든 것을 걸고 기적 때문에 하느님을 믿겠다는 인간들의 태도를 배척하셨다. 다음의 복음서 구절은 기적과 신앙에 대해 예수께서 취하신 말씀과 행동에 대한 것이다. 신앙이 기적보다 선행한다는 내용이다: 마르 6,5; 마태 13,58; 마르 5,34; 마르 5,36; 마태 15,28; 마르 9,22-24; 마태 8,10-13; 마르 4,40(참조: 마태 12,39; 16,1-4; 루가 11,29 이하); 루가 16,31; 마르 15,32; 요한 4,48; 요한 20,29.

예수께서 기적을 행하신 후 다른 사람에게는 그 사실을 말하지 말라고 당부하신 것(마르 1,40-45; 7,35 이하)도 기적보다 믿음을 강조하신 것으로 알아들을 수 있다.

---

[4] M. 림벡, 『현대신학동향』, 분도출판사 신학총서 24, 156-7 참조.

제1부: 신앙과 그리스도교

믿음을 통해 얻은 기적을 다른 사람들에게 설명하며 믿음을 요구하는 것은 스스로 기적을 강조하는 모순에 빠지게 되므로 이를 피하기 위해서였던 것이다. 때문에 예수께서는 기적을 요구하는 사람에게 단호히 이를 거절하신 것이다.

예수께서 사람들에게 바랐던 것은 "기적"이 아니라 "신앙"이었다. 하느님께 대한 신뢰였다. 예수께서 "근심걱정하지 말라, 하느님께서는 공중의 새들도 먹여 살리신다"라고 말씀하신 것도 이 신뢰에 근거할 때 이해가 가능하게 된다. 내 곁에서 사랑하는 사람들이 죽어가고 있는데 어떻게 모든 것을 하느님께 다 맡기고 태연할 수 있겠는가고 우리는 곧잘 질문한다. 그러나 이렇게 질문하기에 앞서 우리는 진심으로 반성하며 우리 자신에게 물어야 할 근본적인 질문이 있다. 우리는 언제 한번이라도 저 공중의 새처럼 또 저 들의 풀처럼 자신을 하느님께 전적으로 신뢰하며 맡겨본 적이 있었던가. 맡기기 이전에 자기 신변에 대한 근심걱정이 먼저 따르지 아니하였던가. 그래서 실제로 하느님께 자신을 온전히 맡겨본 적이 없었던 것이 아닌가 하고.

마태오 복음서는 종말에 "거짓 그리스도와 거짓 예언자들이 나타나서 어떻게 해서라도 뽑힌 사람들마저 속이려는 큰 기적과 이상한 일들을 보여줄 것이다. … 그러나 너희는 믿지 말아라"(마태 24.24-27) 하고 경고한다. 그리고 바울로도 "유대인들은 기적을 요구하고 그리스인들은 지혜를 찾지만 우리는 십자가에 달리신 그리스도를 선포할 따름입니다"(1고린 1.22)라고 말한다. 새겨들어야 할 말이다.

8. 가난과 순결과 순명

— 맡긴다는 것은 자신을 완전히 상대에게 발가벗기는 것이다. 가난의 기준은 얼마나 소유하고 있는가에 달려 있지 않고 얼마나 자신을 발가벗길 수 있는가에 달려 있다. 신앙인만이 가난할 수 있다.
— 발가벗은 몸은 순결의 상징이며 극치이다. 더러움과 깨끗함, 정결과 부정을 따지는 사람은 발가벗을 수 없다. 신앙있는 자만이 참으로 순결할 수 있다.

― 내맡기는 행위에서 참다운 순명이 가능하다. 순명하지 못하겠다는 것은 모든 것을 내 힘, 내 뜻대로 하겠다는 말인데, 그것은 곧 세상을 신뢰하지 못하겠다는 것이나 마찬가지이다. 자신을 완전히 내맡기는 가운데 참다운 인간이 되듯이, 인간은 순명을 통해서 비로소 참다운 자유의 인간, 참 사랑의 인간이 될 수 있다. 순명은 아무나 하지 못한다. 그것은 신뢰하는 인간만이, 신뢰를 통해 자유를 얻은 인간만이 할 수 있다. 신뢰하지 않는 사람은 순명도 하지 못한다. 순명의 바탕은 신뢰이다. 우리가 우리의 삶을 순명에 내맡길 때 우리의 삶은 아름다움으로, 신비로 다가설 수 있다. 내맡김과 순명은 그 자체로 의미가 있는 것이다.

9. 신앙과 교회

끝으로 신앙은 교회에 대한 신뢰(신앙)에서 비롯한다는 것도 강조되어야 한다. 예수께서는 베드로가 허약한 줄 알면서도 그 위에 당신의 교회를 세우셨다. 예수께서 베드로 위에 당신의 교회를 세우신 것은 베드로 자신이 신뢰받을 만한 존재여서가 아니었다. 오히려 이 사실에서 베드로에게 신뢰와 사랑을 보인 그 예수의 마음 위에 교회가 세워졌다는 사실을 우리는 깨달아야 한다. 세례 때 우리가 교회로부터 구하는 신앙은 다름아닌 예수의 이 마음이다. 그러기에 교회는 "그럼에도 불구하고" 신뢰하고 사랑하는 예수의 마음을 사람들에게 선사할 수 있어야 하고, 우리는 교회로부터 이 신뢰를 배워야 한다. 우리는 교회의 역사를 되돌아보거나 지금 현재 처해 있는 교회의 상황을 보며 실망할 때가 많다. 성급하게 교회를 신뢰할 바 못된다고 몰아붙일 때도 많고, 이런 교회라면 떠날 수밖에 없다고 생각하기도 한다. 그러나 그럴 때일수록 우리는 그토록 많은 실망을 주었음에도 베드로 위에 교회를 세우신 예수의 의도를 받들어 교회를 신뢰하는 법을 배워야 한다. 초기교회에서 교부들이 교회를 달에 비유하면서 교회에 보인 신뢰를 우리는 배워야 한다. 달이 그믐달 모양으로 거의 소멸

상태에 이를 때도 있으나 완전히 사라지지 않고 다시 초승달로 떠오르는 것처럼 교회도 그러하여 무력한 것 같지만 끊임없이 새로움과 쇄신으로 희망을 준다는 것이다. 세상과 인류를 사랑하기 위해 우리는 달과 같은 마음을 먼저 터득하고 교회를 사랑하는 법을 배워야 할 것이다. 교회에 대한 사랑이 없이는 그 누구도 진정으로 사랑할 수 없을 것이다.

아울러 교회는 자기의 원천이 연약한 베드로임을 자각하면서 겸허해야 한다. 세상의 수많은 무신론자들도 어쩌면 하느님을 부정하는 사람이 아니라 하느님에 대한 교회의 태도를 받아들이지 않은 사람들일지도 모른다는 것을 알아야 한다. 엄격히 말해서 무신론자들은 하느님을 거부한 자가 아니라 교회를 거부한 자이다. 교회가 마치 하느님이고 예수님인 양 사람들에게 최후심판의 칼을 휘두르지 않았다면, 겸허하였다면, 그리고 자비로웠다면 무신론자들은 생겨나지 않았을지도 모른다. 교회는 제도화되고 교의화된 신앙을 사람들에게 심어주려고만 할 것이 아니라 스스로 하느님의 신앙을 익히며 겸손해야 한다. 이 시대에 필요한 것은 기적이나 제도화된 신앙이 아니라 베드로 위에 교회를 세우신 예수의 마음이라는 것을 스스로 보여주어야 한다. 그리스도인은 신앙하는 인간이라고 고백할 수 있도록 도와주어야 한다.

②

유럽의 교회 현실과
한국 천주교회의 미래

교회의 미래는 인간이 얼마나 신앙생활을 잘 할 수 있도록 노력하고 있는가에 달려 있다. 이런 뜻에서 신앙의 공동체인 교회를 반성하고자 한다. 유럽[1]에서 흔히 듣는 이야기들 중의 하나가 한국 교회가 젊고 싱싱하다는 것이다. 이는 언뜻 고무적이지만 실상은 우리를 슬프게 하는 이야기이다. 우리도 언젠가는 그들처럼 사양길에 접어들 것이라는 것이 암시되어 있기 때문이다. 우리는 유럽의 교회에서 그들의 교회가 주일미사에 나오는 신도들의 연령만큼이나 늙었다는 인상을 받게 된다. 종교에 대한 이야기를 하지 않고서도 인생을 진지하게 논하며 살 수 있다고 생각하는 사람들의 수도 늘어나고 있다. 교회는 영원히 젊을 수 없는 것일까? 교회도 세상의 다른 모든 것들처럼 세월이 지나면 늙어(낡아) 사라지고 마는 것일까? 그러나 정작 교회는 자기가 세상 종말까지 지속할 것이라고 하지 않는가?

한국의 그리스도교는 과연 유럽인들이 바라보듯이 계속 청춘을 유지할 수 있으며, 종교의 안전지대나 종교의 낙원으로 이어질 수 있을까? 유럽과는 다르다고 하나 사회 현상은 물론 종교 현상까지 그들을 닮아가고 있는 조짐을 서서히 보이고 있지 않은가? 종교에 관심있는 자들의 수가 10년 전에 비해 현저하게 줄었다. 냉담자와 행방불명자 찾기 운동을 벌이며 교회에 관심을 가지도록 온갖 사목적인 정열을 쏟고, 한때 우리 교회가 비웃던 가두선교까지 동원하여 사람들에게 교회에 관심을 가지도록 열심히 노력해 보지만 그 성과는 기대치 이

---

[1] 여기서 유럽은 독일어권인 독일과 오스트리아에 제한된 것임.

하다. 예비자들의 수도 늘지 않는다. 무엇보다도 교회에 대한 젊은이들의 관심도가 줄었다.[2] 지난날 기성세대들처럼 인생의 의미와 가치관을 종교에서 찾고자 하는 젊은이들도 많이 줄었다. 이제 한국에도 그리스도교 시대가 지나가고 그리스도교 이후의 시대가 오고 있는 것인가? 그리하여 더 이상 교회가 없기에 교회(종교)의 미래에 대해 걱정하지 않아도 되는 시기가 오고 있는 것인가?

공의회 폐막 30년이 지나면서 사람들이 — 그전보다 더 빠른 속도로 — 교회를 등지기 시작하였고, 교회에서 자기의 정체성을 찾으려고 하는 사람들의 수가 줄어가고 있는 이런 현상을 두고 세상이 다른 도덕가치관으로 타락했다고 비판할 수도 있을 것이다. 그러나 다른 한편, 교회가 얼마나 그들의 삶과 거리가 먼 곳에서 자신만의 이야기를 해왔고, 그들의 삶을 교의의 틀에 맞추려고만 하였기에 그런 현상이 빚어졌는가 하고 반성할 수도 있어야 할 것이다. 교회는 종교에 대한 사람들의 무관심을 윤리도덕적인 타락으로, 시대의 탓으로만 돌릴 것이 아니라, 그들 삶의 언어로 이야기하는 데 얼마나 노력하였는가 반성해야 하는 것이다. 이 "반성하는 교회"가 바로 세상과 역사 안에서 인간과 세상을 위한 교회의 모습이며, 이 교회에서 우리는 항상 쇄신하는 교회ecclesia semper reformanda의 모습을 찾아볼 수 있다.

이에 유럽 교회의 현 상황을 분석하고 그 다음 그 교회의 모습을 모방한 우리의 교회를 반성하며 그 미래를 위한 방향을 제시하고자 한다. 청소년을 언급한 것은 젊은이가 그대로 교회의 미래이기도 해서이지만, 그들을 이해하고 포용하기 위해 취하는 인내와 개방의 자세가 바로 교회의 본모습이기 때문이다. 젊은이가 교회를 떠나는 것은 교회에서 이런 자세를 보지 못하고 자신의 정체성을 찾지 못했기 때문이며, 더 이상 교회에 그들의 현재와 미래를 걸 수 없다고 판단한 때문일 것이다.

---

[2] 柳海旭, "대학생들의 교회관에 관한 小考", 『신학전망』 111호, 74-6 참조.

1. 유럽의 교회 현실

1.1. 그리스도교 이후의 시대?

독일에서 발행되는 잡지 『헤르더코레스폰덴츠』의 금년(1995) 6월호에는 독일인들의 종교서적에 대한 관심도에 대한 여론조사가 실렸다.³ 16세 이상의 남녀 2,076명을 대상으로 한 설문조사로서 1990년대를 1967년도의 상황과 비교분석한 것이다. 이 분석에 나타난 종교 풍경에서 독일인들의 가치관과 생활관에 지각변동地殼變動이 일어났음을 읽을 수 있다. 종교에 대한 관심도에 대한 질문에서 통독 이전인 1967년에는 32%의 독일인이 긍정적으로 답변했던 데 비해서 통독 이후의 1990년대에 들어서서는 23%로 줄었다. 교파별로 보면 개신교는 24%에서 17%로, 가톨릭은 40%에서 32%로 줄어든 것으로 나타났다. 이를 연령별로 보면 다음과 같다. 60세 이상의 연령층의 경우 1967년에는 41%이던 것이 1990년대에는 35%로, 45~59세의 연령층은 33%에서 28%로, 30~44세 연령층은 30%에서 20%로 줄었으며, 16~19세의 서독인 젊은층에서는 21%에서 9%로 줄었다. 이는 종교가 미래를 위한 담보라는 재래의 관점을 대단히 위협하는 수치이다. 젊어질수록 종교에 대한 관심이 급속도로 줄어들고 고연령층에서도 이런 현상이 빚어지고 있음을 볼 때, 늘그막에 종교를 다시 찾게 된다는 말도 옛이야기가 되어버렸음을 현실로 받아들이지 않을 수 없게 한다.

이를 통일 전의 동·서독인을 구분하여 비교해 보면 1967년에 서독인의 39%, 동독인의 22%가 종교에 긍정적 반응을 보였으며, 하느님에 대한 신앙에서는 동독인의 1/3만이 긍정적 답변을 보였고, 그 중에서 30세 이하의 젊은이들로서는 20% 정도가 긍정적 답변을 했다. 종교 또는 교회에 관한 주제에 대해서는 동독 주민의 15%가 관심을 보였고 젊은층은 9%만이 관심있다고 답변했다.

---

³ Ulrich Peters, "Zwischen Säkularisierungswelle und Bücherflut. Eine Allenbach-Untersuchung zu den Chancen des religiösen Buches", *Herderkorrespondenz* 49 (1995), 319-22.

종교서적에 대한 관심도에서는 더 심각한 반응이 나타나고 있다. 30세 이하 층의 76%가 독서에 관심을 가진 것으로 되어 있으나 종교서적에 대한 관심은 크게 하락하였다. 1967년에는 고학력 지식인층의 28%가 종교 문제를 다룬 종교서적에 관심이 있는 것으로 되어 있으나, 1990년대에 들어서면서 11%로 줄었다. 종교서적에 대한 관심이 떨어진 것은 종교서적이 풍기는 인상 때문인 것으로 나타났는데 독자들은 종교서적에서 도덕적이고, 일방적이고, 삶에 이질적이고, 지루하고, 고리타분한 인상을 받는다는 것이다. 종전만 해도 사람들은 삶의 의미에 대한 것을 종교에서 찾고자 했으나 이제는 이를 종교 밖에서 그리고 종교서적 밖에서 찾고 있다는 것을 암시해 주고 있다. 종교(서적)가 더 이상 사람들에게 삶의 의미를 찾아주는 유일한 구실을 하는 것이 아님을 말해주며, 나아가서 종교가 삶에서 분리되어 실천되고 있음을 암시해 주는 것이기도 하다. 뿐만 아니라 이는 유럽에서 종교의 미래가 얼마나 심각한지 실감하게 한다.

교회에 대한 무관심은 신앙의 실천면에서 잘 드러나고 있다. 한 예를 들어본다. 필자는 1995년초 1월과 2월을 오스트리아의 그랏츠Graz에서 두 달 가량 머물렀다. 그랏츠는 인구 25만명 정도로 오스트리아의 동남쪽에 위치하는 쉬타이어마르크 주州의 수도로 이 나라 제2의 도시이며, 이 나라의 서부에 위치하는 인스브룩에서 그 절정을 이룬 알프스 산맥의 장관이 막 끝난 서유럽의 변방에 위치하고 있다. 이 도시의 이름이 슬라브어 그라드Grad에서 유래한다[4]는 사실이 암시하듯이 이곳은 슬로베니아, 헝가리, 크로아티아, 이탈리아와 국경을 이루는 곳이다. 변두리에 있기에 서구의 중심 문화가 이곳에 도달하기까지는 어느 정도의 시간이 걸렸던 곳이다. 그렇지만 바로 서유럽의 변두리에 위치한다는 이 점이 그랏츠로 하여금 전통을 보존하면서도 새로움을 갈구하는 독특한 문화를 형성하게 하였다. 다른 곳 같아서는 사람들이 이곳을 떠나 중앙으로 몰려들었을 법도 한데 이곳 사람들의 이곳에 대한 사랑은 오히려 서구의 중심 문화를 이곳으로 옮겨와 만끽하고 있다. 긴 여행 끝에 이곳에 들어서면 금방 포근함을

---

[4] Grad는 城이라는 뜻으로 burg와 같은 의미이다. 예: Leningrad와 Petersburg.

느끼게 되고, 전통과 현재, 진보와 보수의 정신이 한데 어우러져 조화를 이룬 독특한 분위기를 느낄 수 있다. 도시의 어디를 가나 진보적인 성격의 예술과 전통 예술이 만나 조화를 이루고 있는 면들을 보게 되는데, 특히 동유럽의 몰락 후 동유럽에서 몰려온 길거리 악사들의 연주 소리가 이 도시를 더욱 상징적으로 동서가 만나는 장소로 만들고 있다. 그러나 이 만남의 도시, 그랏츠에서도 유럽 전반全般을 휩쓸고 있는 교회의 사양길은 어쩔 수 없다. 10년 전만 하더라도 전통이 비교적 잘 보존된 이곳 그랏츠는 주일을 지키는 이들의 수가 전체 주민의 10%를 상회하였는데, 이는 유럽의 다른 어느 도시에 비해도 월등하게 높은 수치였다. 그러나 지금은 상황이 달라져 그 수치를 7% 이상이라고 답하는 이는 아무도 없다. 어떤 이는 2~3%로 아주 낮추어 보는 이도 있었다.

이것이 유럽 교회의 현주소이다. 외견상으로는 유럽의 국가들이 그리스도교 국가의 모습을 하고 있으나(90% 이상이 그리스도인), 내용으로는 교회로부터 그리고 그리스도와 하느님으로부터 멀어지고 있다. 많은 이들에게 그리스도교 신앙은 색바랜 것이 되었다. 거룩한 교회니 부활이니 또는 영생이니 하는 신앙의 표현만이 아니라, 하느님과 그리스도에 대한 신앙이 일상의 언어에서 점점 멀어지고 있다. "우리 부모는 만물 위에 초월해 계시는 무언가를 아직도 믿고 있어!" 하는 조소적인 이야기가 젊은이들 사이에 아주 당연한 듯이 공공연하게 오가고, 그들의 부모가 남을 위해 봉사하고 헌신하는 것은 인정하면서도 이를 하느님에 대한 신앙과는 무관한 것으로 보고자 한다.[5] 더 이상 종교가 일상의 주제로 떠오르지 못하고 있음은 물론, 일상의 만남에서 종교를 주제로 한 이야기를 꺼낸다는 것조차 쑥스럽고 대단한 용기를 요구하는 것이 되어버린 것이다. 식당에서 십자성호를 긋고 식사하는 사람이 신기하게 보이고,[6] 대도시의 성당에서 주일미사에 나온 젊은이들이 눈에 뜨이면 아직도 교회에 나오는 사람이 있는가 싶어 감탄할 정도이고, 그들이 어쩐지 시대에 뒤떨어진 사람처럼 보이기도 한다.

---

[5] H. Erharter, "Unsere Sorge um die Zukunft des Glaubens", *Diakonia* 26 (1995), 218.

[6] 반대로 그들은 한국에서 신도들이 식당에서 성호를 긋고 식사하는 것을 신기하게 여길 정도이다.

세속화의 물결로 종교는 이제 사람들에게 더 이상 인생의 의미를 줄 수 없게 된 것인가? 종교는 이제 기껏(지금 여러 사이비 종교 현상에서나 보이는) 신비(기적과 환시)의 옷을 입고서만 연명할 수 있는가? 이런 현상에 관심있는 소수의 사람들에게만 의미있는 것으로 남게 될 것인가? 1990년대 이후의 사람들은 이제 다른 원천에서 물을 길어야 하는가? 사람들이 종교에 대해서 관심이 없다고 삶의 의미와 가치에 대해서도 관심이 없어진 것은 아닐진대, 종교만이 인생에 의미와 최종적인 가치를 줄 수 있다고 생각하던 시대는 이제 지나간 것인가?

1.2. 유럽의 교회 현실

교회(종교)에 대한 관심도가 감소하는 이유로 그랏츠인들이 가장 먼저 손꼽은 것이 놀랍게도 교황의 주교 임명에 표면화된 교회의 보수화 경향이었고 그외에 로마의 중앙집권주의, 교회에 충실하나 재혼한 이혼자나 환속한 사제에 대한 대우, 성윤리 등이었다는 것은 교회의 개방성과 관련한 반응으로 볼 수 있다. 널리 알려진 바이지만 지금 유럽은 현 교황이 보수주의의 성격을 띤 자들을 주교로 임명하는 것에 큰 불만을 품고 있다. 스위스의 어느 교구에서는 사제단이 몇몇 사제들의 명단을 교황청에 보내면서, 이들 외에는 누가 주교가 되어도 좋다고 하였는데, 교황은 그 중의 한 사람인 오푸스 데이Opus Dei[7] 추종자를 주교로 임명하였다. 오스트리아의 한 교구에서는 오푸스 데이 추종자가 주교로 임명되자 성성식날 신자들이 아예 성당 문 앞에 드러눕는 사태까지 일어났다. 물론 사람들이 교회를 떠나는 이유를 교회 내부의 여러 어려움과 그로 인해 발생한 교회에 대한 불만 때문이라고 몰아붙일 수는 없다. 교회 내부에서 발생한 이런 일들이 우리를 화나고 슬프게 하며, 사회에서 우리의 대화 입장을 곤란하

---

[7] 오푸스 데이는 1928년에 스페인 신부인 에스크리바가 창설한 가톨릭 교회 내의 신보수주의 성격을 띤 운동으로 가톨릭 국가의 정부 고위직이나 언론과 사업 분야에 영향력있는 회원을 가진 막강한 조직이다. 수도회라기보다는 신흥종교와 유사한 종파의 성격을 지니고 있다. 오푸스 데이에 관해서는 Michael Walsh, 기춘 역, 『〈오푸스 데이〉의 비밀 세계 ― 로마 가톨릭 교회 내의 권력 쟁취 비밀 결사에 대한 조사 연구』(분도출판사, 1995)를 참조하라.

게 하고, 사회 문제와 청소년과 성인사목에서 교회에 대해 불평하도록 하는 요인이 되는 것은 사실이다. 그러나 이를 빌미로 사람들이 "교회가 그렇게 보수적이니까 우리는 교회를 떠날 수밖에 없다"고 교회를 떠나는 이유를 정당화한다면 이는 지나친 비약이고 핑계이며 교회의 본질을 보지 못하는 잘못을 범하는 것일 수 있다. 왜냐하면 물질주의와 그에 따른 안락한 생활과 편안함으로 인해 생긴 교회 외부의 현상, 말하자면 현대 문화의 위기 상황, 모더니즘 혹은 포스트모더니즘의 문화와 그 생활방식도 사람들이 종교에 관심을 덜 가지게 하는 원인으로 꼽을 수 있고, 현대인들의 자유에 대한 이해가 더 이상 그들을 종교에 묶어둘 수 없었다고도 분석할 수 있기 때문이다.

독일의 신학자 켈의 견해처럼 모더니즘 또는 포스트모더니즘으로 표현되는 이 시대는 "모든 사물과 상태의 근원적인 변화성"을 강조하면서 더 이상 생활 방식과 태도 변화를 구속하는 전통을 받아들이려고 하지 않고, 지난 1960~1970년대에서처럼 역사가 보편적·사회적 이상 형태를 향하여 필연적으로 진보한다는 중심사상도 인정하지 않는다. 왜냐하면 전인류에게 보편적인 행복의 상태로의 해방을 약속하였던 위대한 세계 내 미래 이념은 예외없이 커다란 위기에 봉착하였기 때문이다.[8] 이런 이념들은 포스트모더니즘의 시대에 급속도로 설득력을 잃고 있다. "그것이 이성의 해방과 모든 제도적이고 전통적으로 미리 주어진 것으로부터의 자유를 말하는 계몽주의 이념이든 (…), 또는 사회주의와 공산주의에서 노동을 통해 해방된 무계급사회를 이룩하려는 이념이든 (…), 끝으로 자본주의에서 자유시장의 개발과 자연과학과 기술의 발전을 통해 보편적 복지에 이른다고 보는 진보의 이념이든 (…) 이제 설득력을 잃었다."[9]

현대인들은 그들이 처한 현재 국면에서 그때그때의 새로운 것에로의 간단없는 변천에 가치를 두며, 자기 자신으로부터 자기의 정체성을 증명하고자 한다. 개방성, 유연성, 유동성, 새로운 욕망에 대한 민감한 적응, 쇄신 등은 이런 문

---

[8] M. Kehl, "Kirche in der Fremde. Zum Umgang mit der gegenwärtigen Situation der Kirche", *Stimmen der Zeit* (1993.8), 507-20.

[9] 위의 책, 508.

화적 자기 해석이 요구하는 가장 적절한 덕목이다.

그런데 켈에 의하면 유대-그리스도교의 근본 체험은 이런 현대의 삶의 감각에 반해 대단히 이질적이다. 유대-그리스도교의 근본 체험은 과거의 사건(구약의 출애굽과 계약, 이 계약이 신약의 그리스도 사건에서 실현되었다는 점)에 기인하고 있으며, 이 과거의 사건은 시공을 벗어나 영원히 구속력을 지니고 말씀의 전례와 봉사에서 늘 새로 현재화하고, 하느님 백성과(이 백성을 통해) 모든 민족과 특별히 가난한 사람들에게 미래의 전망, 말하자면 하느님의 사랑과 정의를 통해 도달하는 하느님 나라에서의 창조를 열어준다.[10] 지속적이고 빠른 속도로 변천하는 현대의 문화 안에서 이런 역사의 신앙적 견해를 수용한다는 것은 그리 쉽지가 않다는 것이다. 개별적이든 공통적인 것이든 정체성을 찾기 위해 미리 주어진 구성적이고 구속적인 전통으로 돌아가 자기를 속박하는 것, 이런 신앙의 전통적 공동체 안으로 점차 깊이 들어가 성장하도록 준비하는 것(젊은이에게는 늘 새로운 것과 더 많이 경험하고자 하는 것이 더 강하다), 또 현실에서 보편적 구원을 희망하는 것, 이 모든 것은 오늘날 문화적으로 동의할 수 없는 것으로 여겨지기 때문이다.[11] 이로써 우리는 하느님 백성으로서, 이스라엘과 초기교회가 그랬던 것처럼, 이 세상의 이방인이라는 체험을 지금 문화적으로 더욱더 체험하게 되는 것이다.

이런 상황에서 근대 문화를 죄악시하고, 근대 문화에는 복음을 위한 교량이나 연결점이 전혀 없는 것처럼 생각하며, 반근대주의적 견해를 밝히고자 하는 것은 의미가 없으며, 자기의 잣대로 그들을 교화시키겠다면 미래의 책임을 회피하는 과오를 범하게 되는 것이다. 오히려 이같은 문화도 그리스도의 구원사업에 포함되어 있고, 이 문화에도 그리스도의 복음이 선포될 수 있고, 이 문화도 약속된 하느님 나라로 나아가는 하느님 자녀들의 보편적 "길 공동체"에 속한다는 것을 이야기할 수 있어야 한다.[12] 더군다나 근대의 현 상황에서 형성된 여러 중심적 가치들은 인간학적이고 윤리적인 근본 충동에서 신앙인들의 자기

---

[10] 위의 책, 509 참조.   [11] 위의 책, 510 참조.   [12] 위의 책, 511 참조.

이해와 모순되지 않는다. 다른 근본 확신에 대해 관용적이고, 다른 이를 그릇된 선교와 보편적 틀로 억지로 행복하게 하려 함이 없이 남을 남으로 인정하며, 모든 윤리적 문제에서 최종 결단으로 양심을 강조하고, 개인과 사회와 환경에 관계하는 모든 과정에서 통교하고 참여하는 것을 높이 평가하며, 개인의 삶의 형태에서 자유와 자기 규정을 요구하는 것 등은 우리에게 던져지는 가장 진지한 물음이기도 하다.[13] 이런 가치들이 그리스도교 안에서 공간을 확보하지 못하고 공격적으로 비난을 받으며 전통주의자들의 게토화 대상이 될 때, 교회는 "에집트로부터 탈출"exodus로 도전하도록 요구를 받게 된다.

여기서 우리는 왜 유럽의 많은 이들이 교회(교황)의 보수 선택에 실망하여 교회로부터 등을 돌리려 하는지 그 이유를 알 수 있게 된다. 이 선택은 현대인들에게 19세기말 제1차 바티칸 공의회 때 교회가 근대주의의 파도에 대처할 바를 몰라 초방어전을 펼쳤던 상황을 연상시킨다. 그 결과 교회와 세상의 벽은 한없이 높아졌고 교회는 세상에 대해 게토라는 인상을 주었던 것이다. 이 벽이 제2차 바티칸 공의회의 개방으로 무너지는가 했더니, 교회는 또다시 세상에 대해 방어벽을 쌓고 있는 것이다. 그러나 교회가 보수의 깃발을 높이 세울수록 사람들은 그 기치 아래 모여들기보다는 불만과 미움이 더해 거기서 떠나는 사람들의 수가 점차 늘어나고 있다는 것이다. 사람들은 교회의 게토에서 탈출하고 싶은 것이다.

2. 한국 천주교회의 현실과 방향

2.1. 교회의 사막의 현실과 자기 변형

그러면 어떻게 해야 하나? 돌아올 수 없는 다리를 건너는 교회가 존속하도록 치료할 방책은 없는가? 이 물음에 대한 답변은 우리로서는 과분하다. 그것은 유럽

---

[13] 위의 책, 511 참조.

신자들이 알아서 할 일이다. 그렇지만 문제는 유럽의 현실이 점점 우리의 현실로 다가오고 있으며, 이때문에 유럽의 상황을 안일하게 바라보고만 있을 수는 없다는 데에 있다. 아니 어쩌면 우리는 이미 그 현실 한복판에 처해 있는지도 모른다. 물론 우리들의 사고방식과 생활방식이 유럽의 그것과 다른 것처럼 한국 천주교회의 상황은 유럽의 그것과는 다르다고 주장할 수 있다. 그래서 유럽 교회의 미래가 위태하니 한국의 교회도 위태하다는 단정은 기우杞憂라고 생각할 수도 있다. 더군다나 수치로 나타난 통계만을 가지고 미래를 예측하는 것도 정확하지가 않다. 실제로 우리 교회는 활기차다. 신심단체에 가입하여 적극적인 활동은 않는다 해도 하느님에 대한 신앙을 자기 인생의 근본으로 삼고, 일상에서 교회 정신으로 봉사하며 이웃 사랑을 실천하는 그리스도인들이 많이 있고, 인권회복에 투신하며, 정의를 실천하고, 사회의 평화를 위해 한몸을 바치는가 하면, 창조신앙에 근거하여 환경보호 운동에 앞장서는 그리스도인들도 많다. 무엇보다도 많은 젊은이들이 이런 일에 관심을 보이고 있다. 소위 언론言論이 연예란演藝欄에 경쟁적으로 보도하는 신세대가 우리의 모든 젊은이들의 모습은 아닌 것이다.[14]

그럼에도 불구하고 종교에 관한 이야기는 한국에서도 점점 일상에서 멀어지고 있다는 것은 부정할 수 없는 현실이다. 종교가 자기의 의미를 강조하고, 자기가 던진 질문에 자기가 내놓은 해답을 고집하며, 이를 사람들이 받아들이기만을 강요할수록, 그래서 자기의 가르침을 따르지 않는 사람들을 타락했다, 세속화되었다 하며 위협하는 태도를 보일수록, 종교는 사람들로 하여금 윤리적이다, 보수적이다, 고리타분하다, 일방적이다라는 비판을 면치 못하는 상황에 이르게 된 것이다. 자식(학생)들을 지도하면서 "우리 시대는 그러지 아니하였는데 요즘 아이들은 너무 무례하다"는 식으로 자기들이 자랄 때의 윤리와 엄한 도덕을 내세워 그들이 그렇게 살기를 바라는 기성 부모(선생)들의 사고와 행위가 청소년들에게 윤리적이고, 보수적이고, 고리타분하게 보인다. 이에 유럽의 교회를 바라보면서, 또 변화하는 우리의 현실을 바라보면서 우리(교회)는 우리

---

[14] 柳海旭, 앞의 책, 74 이하 참조.

의 미래와 미래의 교회를 위해 지금 무엇을 해야 하나 생각하게 된다.

그러기 위해 교회는 무엇보다도 자기 변화를 시도해야 한다. "종교는 인생에 최대의 의의와 최종의 의미를 제공한다", "교회는 인류의 미래의 마지막 보루다", "미사를 포함한 전례와 기도는 맛있는 것인데 왜 사람들은 이를 먹지 않으려고 하는가?" 하며 종교와 기도의 의미를 밝히고 강조하며 이를 따라오지 못하는 사람들을 탓할 것이 아니라, 스스로를 맛있는 음식으로 제공해 주어야 한다. 아무리 맛있는 음식이라도 제공자의 태도에 따라 맛이 없을 수 있다. 무엇보다도 사람들의 입맛이 변했다. 종교는 변한 입맛을 가진 사람들에게 "변한 음식"이어야 한다. 그러기 위해 교회는 변화하는 시대와 현실을 사막으로 규정하고 거기에 방어의 벽을 쌓으려는 대신, 자기가 사막으로 보내졌다는 사실을 인식할 뿐 아니라 자기를 사막으로 규정하면서, 이스라엘이 사막에서 하느님을 직접 체험하고 하느님의 구원을 체험하였듯이, 사람들이 교회라는 사막을 통해 구원을 체험할 수 있도록 해주어야 한다. 그리하여 사람들이 현실의 사막에서 신뢰와 용기를 가지고 살 수 있도록 해주어야 한다. 사막을 피해가려는 데서 사람들의 삶이 삭막해진다는 것을 감안할 때, 사람들이 사막을 찾게 하고 스스로가 사막임을 알게 할 때 세상도 교회도 희망이 있는 것이다.

성서에 보면 사막은 글자 그대로 번역하여 에집트와 가나안 사이에 있는 공간이다. 그것은 율법이 주어진 장소, 첫사랑의 장소이다. 그래서 후기 호세아는 "빈 들(사막)로 나가 사랑을 속삭여 주리라"(2,16)고 말한다. 사막은 40년 또는 40일간 배움의 과정의 장소이다. 사막은 수많은 불평이 터져나오는 상당히 엄격한 배움의 학교이다. 사막은 인간들이 침묵과 고독 속에서 깨달음에 이르고 하느님께서 때때로 인간들에게 말을 건네시는 장소이다. 사막은 사회의 변두리에 있는 장소이다. 그곳에서 인간은 "국내자"Insider인 동시에 "국외자"Outsider이기도 하다. 그러면서도 국외자이다. 즉, 이방인 존재와 손님 존재가 그곳에서는 압도한다. "사막은 조절과 동시에 쇄신의 상징이다."[15]

이 믿을 만한 구약과 신약의 사막신학을 새로 우리의 것으로 삼는 한 교회는 현대 문화 안에서 자기의 과업을 착실히 수행해 나갈 수 있을 것이며, 이 시대에 적극적으로 대처해 갈 수 있을 것이다. 시대의 현실을 보면서 방어의 벽을 높이 쌓지 않고, 자신과 자신의 언어를 반성하며 시대의 사막을 신뢰와 희망을 가지고 지나게 될 것이다.

네덜란드 암스테르담의 대학생 지도신부 로트멘센은 『광야에서의 40마디 말씀』이라는 책에서 현재 유럽 교회가 처해 있는 극적인 변천 과정을 40마디의 광야의 은유들로 설명하고 있다. 그에 의하면 새 하느님 백성은 지금 이 순간 여기서 ― 예전에 에집트에서 탈출한 이스라엘처럼 ― 수백년 동안 신뢰해 온 삶과 그 구조 형태로부터 벗어나게 된다. 이 백성은 그리스도교적으로 점점 "초원이 되고", "표류하고", "사막이 된" 지대를 가로질러 무거운 발걸음을 옮기고, 미혹하는 여러 복잡한 도주로와 미로를 피하고자 꾀하고, 신앙의 원천과 희망의 오아시스를 새로이 발견해야 하며, 그래서 하느님께서 당신 백성을 떠나지 않고 예상치 못한 새로운 삶의 공간으로 인도하고자 하신다는 약속을 아직은 시련 가운데 확신하며 신뢰해야 한다.[16]

필자는 교회에 신뢰심을 표현한 로트멘센의 견해에 동의한다. 교회가 자신을 출애굽을 가능케 한 사막으로 비유한 것은 사막의 한복판에 방어벽을 높이 쌓거나 완전히 자기 자신에게로 후퇴하기 위한 것이 아니라, 더 적극적으로 사막을 가로지른 행군을 강행하며, 개인적으로든 하느님 백성의 공동체로든 이 사막에서 근원적으로 다시 우리 신앙의 근본을 체험하고픈 욕망과 과제를 의식하도록 하기 위해서이다. 사막은 지나가야 하며, 그러한 우리에게 끊임없는 신뢰와 희망을 주는 곳이다.

이런 강행을 하면서 교회는 스스로 변하게 되며 제2차 바티칸 공의회가 주장한 "교회가 우리"임을 인식하게 된다. 제2차 바티칸 공의회는 "우리가 교회다"라

---

[15] Rootmensen, *Vierzig Worte in der Wüste. Werkbuch für Gemeinden zur Krise von Kirche, Glaube und Kultur* (Düsseldorf, 1991), 50 이하 참조. M. Kehl, 앞의 책, 511에서 재인용.

[16] M. Kehl, 앞의 책, 507 참조.

고 하였다. 여기서 "우리"란 그야말로 세상의 사막을 강행하며 살아가는 우리 모두이다. "우리"는 하느님의 메시아적 백성으로서 단순히 "교회"를 위해 존재하거나 교회를 보조하고 들러리 서기 위한 존재가 아니다. "우리"는 막연한 인간의 집단이 아니라 현실을 살고 있는 구체적인 "우리"이며, 온갖 고통과 어려움, 기쁨과 즐거움 등을 안고 살아가는 "우리"를 말한다. "우리"는 교회 행위의 대상만이 아니라 주체이다. 오직 "우리"를 통해서만 교회는 현 사회에서 이해될 수 있다. "우리"는 이 사회 안에서 교회의 표징이다.[17] "우리가 교회다"라는 말은 교회 내의 여러 구성원들과 교회와의 관계를 규정하며, 그 실천 방향을 제시해 준다.

이에 켈에 따라 교회 안에서 우리의 삶을 사막에서의 행군으로 표시할 수 없게 우리의 삶을 어렵게 만드는 요인에 대해서 반성하고, 우리가 취해야 할 바를 제안하고자 한다. 켈은 위의 논문에서 오늘날 널리 퍼져 있는 교회와 그 제도에 대한 비판의 요인을 사회사적·종교사회학적·교회사회학적·심리학적·신앙사적으로 분석하였는데, 각 요인별로 간단히 발췌하여 소개하고자 한다.[18]

① **사회사적 요인**: 오늘날 널리 퍼져 있는 교회와 그 제도에 대한 비판적 입장은 자유와 개성을 강하게 의식하는 근대인들과의 관계에서 보아야 한다. 헤겔은 이미 개인의 주체와 더 크고 형식적이 된 사회구조 사이에서 증대하는 소외를 근대사회의 근본 문제로 보았다. 소외와 함께 사람들은 한편으로는 점점 강하게 개인의 사생활로 후퇴를 했다. 예컨대 개인의 생활 공간, 특히 은밀함과 편안함에 대한 추구는 거의 고유한 삶의 충만을 주는 독특한 장소가 되었다. 또 다른 한편 사회적 제도들은 공공연한 요청으로서 개인의 삶의 욕구를 충족시켜 주는 것으로 통용되었다. 이렇게 해서 각 개인과 사회적 실존 사이에는 극단적이고 중개할 수 없도록 상대화가 일어난다. 더욱이 대부분의 거대한 사회 제도들, 즉 정치(…), 교육 분야, 국민보건 제도, 문화사업, 조합 등에서 이런 상대화는 더욱 심각한 것이 된다. 우리 사회 도처에서 볼 수 있는 거리감을 두고

---

[17] 이제민, "제2차 바티칸 공의회와 한국 교회의 사목 현장 반성", 『신학전망』 92, 50 이하 참조.
[18] M. Kehl, 앞의 책, 511-5.

하는 (…) 제도 비판은 우리 시대의 사람들에게는 정상적인 의식에 속한다. …

큰 교회들은 그들의 방식으로 이런 일반사회적 의식 과정을 포함하고 있다. 이 교회들은 우선적으로 "신앙의 공동체"로서가 아니라 "직무 교회"로서, 다시 말해서 주요 직무자들에 의해 대변되는 공식적인 조직으로서 일반적이고 개인적인 종교적 욕구들을 충족시키기 위한 조직으로서 간취된다. 교회들이 이런 기대에 정당하지 못할 때, 특히 이런 기대들이 예수의 복음을 선포하는 교회의 위임과 일치하지 못할 때 전체 사회적인 의미를 잃게 된다. 그렇게 되면 사람들은 그에 대한 실망으로 더 자격있고 더 다루기 쉬운 의미대리점意味代理店을 급속도로 추구하게 된다.

② **종교사회학적 요인**: 사람들은(삶에 궁극적이고 단순한 의미를 주는) 총체를 점점 그리스도교 신앙에서 찾으려 하지 않는다. 인격적이고 더욱이 인간 이전 하느님에 대한 그리스도교의 메시지는 너무 간단히 인성을 부여하고, 너무 구체적이고, 너무 구속적이다. 많은 사람들에게는 더 이상 "신적인 것"을 향한 개방이 "신적인 너"와 인격적 속박에로 구체화할 수 없다. 뿐만 아니라 교회가 하느님과의 이런 속박을 여전히 신앙인을 구속하는, 즉 의무를 지우는 언어(신앙고백, 교의)로 이해할 때, 그리스도교 신앙은 근대의 종교적 감각에 대해 이해할 수 없는 것이 된다.

③ **교회사회학적 요인**: 독일어권에서 교회와 국가의 기능적인 공동작업에도 불구하고 교회와 사회의 분리가 급속도로 진전되는 것 같다. … 동시에 가톨릭 교회에서 공식적으로 강화된 복고적復古的이고 반근대주의적인 노선도 여기에 하나의 역할을 한 것이 확실하다. 늘 그러하듯이 교회의 역사와 가르침과 현재가 혐의와 폭로의 대상이 되어 관찰되면 현대인은 대단히 동조하게 된다. … 교회의 정체를 폭로하는 예로는 교황 요한 바오로 1세의 갑작스러운 서거, 쿰란 두루마리, 투린의 수건, 중세의 마녀재판, "그리스도교의 범죄 역사" 등에 대한 기자들의 베스트셀러들이 있다.

④ **심리학적 요인**: 교회와 그리스도교에 대한 논쟁의 강도를 설명하는데 … 심층심리학적 현상들도 있다. 그리스도교는 지금 하느님에 대해 잃어가는 신앙

에 비애를 느끼고 있고 또 신앙에 대한 자신의 능력의 한계에 대해서도 비애를 느끼고 있다. 많은 사람들은 이 비애를 가치상실과 문화의 상실로 체험하며 … 그 잘못을 이제 교회에 미루게 된다. 우리가 하느님을 믿을 수 없게 된 것은 교회의 탓이라는 것이다. 비인간적이고 경직된 제도에서 사람들은 아무것도 믿을 수 없기 때문이라는 것이다. 교회가 자기 자신을 그렇게 믿을 만하게 제시하지 못한다면 교회가 말하는 신앙의 메시지는 아무 쓸모 없다는 것이다.

⑤ **신앙사적 요인**: 마지막 결정적인 요인은 일반적인 교회의 무력에서 나타나는데, 교회는 하느님에 대한 신앙을 모든 생명의 인격적인 원천으로 … 선포하지 못하여 사람들의 마음을 이해하지 못한다는 것이다. … 신앙의 중심 개념과 실재들(하느님, 창조, 예수 그리스도, 은총, 죄, 구원, 부활 등)은 … 교회와 문화 안에서 "하느님의 어둠"에 대해서 이야기하게 한다. 실존적으로 요구되는 신앙 증명의 기본 문제에 대해 계속 무력하게 마주 서 있기에 다른 여러 분야에서도 막히게 된다. 즉, 교회 청소년 노동의 넓은 부분에서 종교 차별, 끊임없이 증대되는 사제 부족, 수도성소의 감소, 근대사회 안에서의 교회의 불분명한 역할 등.

2.2. 한국 천주교회의 자기 변형을 위한 과제

이런 요인을 극복하기 위해서 우리는 어떻게 해야 하나? 지금까지 우리가 분석한 교회의 현실을 보면 비관적인 인상을 준다. 그리스도교 신앙이 계몽주의와 현대의 물질주의의 복지 관념과 광신적인 근본주의의 사이에서 미래의 기회를 잃어버린 것이 아닌가? 교회의 현실을 시대 정신에 따라 비판한다는 것이 오히려 교회 내의 여러 문제점과 스캔들을 들추어내어 사람들을 신앙의 공동체로부터 유리시키는 결과가 되어 종국에는 그야말로 그리스도교를 "소수"의 집단으로 만들어 버릴 것이 아닌가? 그리하여 이런 형태의 교회로는 세상의 일과 인류의 미래를 책임질 수 없으며, 그래서 언젠가는 사라지고 말 것이라는 확신만을 심어준 것이 아닌가?

그러나 교회의 현실을 이렇게 분석한 필자는 비관론자이기보다는 낙관론자다. 온 세상만물을 창조하시고 나서 "보니 좋더라" 하신 하느님을 신뢰하고 신앙하기 때문이다. 그렇지만 낙관론자라고 하는 것은 대책 없이 모든 것을 좋게만 보며 아무 일도 하지 않는 사람을 지칭하는 것은 아니라고 생각한다. 오히려 실망과 절망 속에서도 희망을 열어주고 미래를 제시하는 사람이라고 본다. 이런 의미에서 뭇사람들의 비판을 받는 교회는 미래를 제시해 주는 한 최고의 낙관론자이다. 때문에 우리는 교회로서 끊임없이 낙관에 대해, 희망에 대해 이야기할 의무를 가지고 있다. 이 의무를 다하기 위해 우리(우리가 교회다)는 변해야 한다. 우리의 변화와 함께 우리는 세상의 변화를 기대할 수 있는 것이다. 이 변형을 위해 교회가 취할 과제와 자세에 대해서 몇 가지 점을 제안하고자 한다.[19]

1) 과제

① **일상언어의 발견**: 우리는 유럽의 종교퇴조 현상이 결코 유럽 그리스도인들의 신앙열이 식어서 그런 것이 아니었다는 것을 재인식하며 우리 한국 천주교회의 언어를 반성해야 할 것이다. 우리들의 언어에서 세상의 창조주 하느님에 대한 신앙에 이르는 길을 모색해야 한다. 우리들의 체험과 그리스도교의 신앙의 근본 진술을 연결시켜 주는 방법을 연구해야 한다. 오랫동안 유럽의 정신과 사상을 지배해 왔고 사람들을 교의와 도덕과 계율의 대상으로 강조한 교의의 언어와, 사람들을 사목의 주체나 교회 자체로 보지 못하고 그 대상으로만 여겼던 교회의 태도가 일상의 언어와 일상의 삶에서 낯설어지고 있다. 유럽 교회가 사회 안에서 자기의 언어를 잃고 방황하는데도 우리는 계속 그들의 분석적 사고에 근거하여 하느님과 예수의 진리를 정리한 그들의 교의Dogma에 우리의 모든 것, 미래까지를 걸고, 우리의 언어로 이야기하지 못하고 있기 때문이다. 교의가 유럽의 사고와 그들의 언어에 기초해서가 아니라, 교의의 발전 사

---

[19] 여기서 서로가 변한다는 것은 단순히 서로 닮아간다는 것을 뜻하는 것이 아니다. 변함에는 상호이해가 바탕이 되어 있고, "다름" 가운데도 "신뢰"할 수 있음이 전제되어 있다. 변형된 교회에 대해서는: 이제민, "신학의 장소로서 한국인", 『신학전망』 108, 42-74 참조.

실을 진지하게 받아들이지 않고, 스스로의 변화를 거부하며 세상만을 변화시키겠다는 언어로서는 더 이상 미래를 논할 수 없다는 것이다. 지난날의 그리스도교의 역사를 되돌아볼 때, 그리스도교는 일상을 떠난 교의의 언어로 수많은 이단을 배출하였고, 광신을 낳았고, 천당과 지옥으로 사람들을 불안하게 하였고, 그곳의 문화를 위협하였다. 이것이 그리스도교가 지닌 칼날 같은 교의의 단점이다. 그리스도교의 언어는 오히려 미지근하고 모호하게 보일지언정 이것도 좋고 저것도 좋다는 식의 표현을 담고 있는 동양의 물 같은 종합적 사고로 순화되어야 하고 한국 교회는 이 언어를 발견해야 한다고 본다.[20]

교회의 보수화 현상의 가장 큰 원인 중의 하나는 교회(신학, 종교)가 자기의 언어를 일상(세계)의 언어와 간격을 좁히지 못한 데에 있다. 종교의 언어가 일상의 언어로부터 고립된 채 이야기되는 가운데서 모든 것으로부터 자유와 구원을 보여주어야 하는 교회가 스스로 교의와 제도의 틀에서 자유롭지 못하고, 화석화化石化와 속박의 모습으로 비치게 된다. 인간의 삶 또한 하느님만큼 신비여서 교의나 글자에 다 담을 수 없는데도 이를 강요하는 데서 사람들은 교회와 세상 안에서 이중적인 삶을 살게 되고, 나아가서는 광신과 맹신 및 우상숭배에 빠지게 된다.[21] 이런 현상은 인간의 삶에 대한 일종의 폭력이다. 교회가 교파적인 사고를 벗어나고, 교의로 남을 설득시키기보다는, 그래서 사람들을 교의라는 굴레를 씌워 거기에 가두려 하기보다는 하느님과 그리스도와 인간에 대한 체험을 이야기하게 될 때 더 대화적이고, 더 다원적이고, 더 실존적일 수 있다. 이는 자기의 언어를 죽이는 일까지 감수해야 한다. 마치 "신의 죽음"이 이야기되면서 진정 "그리스도교의 하느님"을 발견할 수 있었던 것처럼 말이다. 니체가 "신은 죽었다"고 선포하였을 때 그 신은 사실상 그리스도교의 교의(언어)에 나타난 하느님, 실제로 죽은 하느님이었다. 니체가 하느님을 사형선고한

---

[20] 한국인을 위한 신학의 언어에 대해: 정양모, "한겨레 신학을 위한 제언", 『신학전망』 108, 2-16; 서공석, "새롭게 해석되어야 할 신앙언어", 『신학전망』 108, 17-41; 이제민, 앞의 글, 42-74.

[21] 신앙의 언어를 삶의 언어로 만들지 못하고 신앙할 때 맹신하고, 자기와 같이 믿지 않는 이를 우상숭배자로 몰아세우며 광신할 가능성이 주어진다.

일을 통해 그리스도교는 비로소 교의의 하느님이 아니라, 실제로 살아 계시는 하느님을 발견할 수 있었다 — 물론 그 당시 니체도 그리스도교도 니체가 언어의 하느님이 아니라, 실재實在의 하느님을 죽였다고 생각했고, 이때문에 마찰이 심각했지만. 그리스도교는 니체가 죽었다고 선언한 그 하느님이 교의의 하느님이었음을 알게 되었으니, 니체는 죽은 하느님을 죽임으로써 산 하느님을 다시 찾게 해준 예언자적 역할을 한 셈이었다.

② **젊은이들의 언어 발견**: 시대의 언어와 교회의 언어를 찾기 위해 교회는 젊은이들이 교회의 언어를 이야기해 주기만을 바랄 것이 아니라, 스스로 그들의 언어로 말하면서 그들이 교회 자체임을 인식하고 체험할 수 있도록 해주어야 한다. 하느님의 말씀이 인간의 언어로 들어오시어 인간이 되신 것처럼, 교회는 이런 인간의 언어로 이야기해야 한다. 이런 의미에서 공의회가 계시를 이야기하며 교회가 성서가 씌어진 당시의 문학 유형과 그들의 언어를 연구하기를 요구한 것에 귀를 기울일 필요가 있을 것이다.

    하느님께서는 성서에서 인간을 통하여 인간의 방식으로 말씀하셨기에, 성서 해석자는 하느님께서 우리에게 전달하고자 하신 것이 무엇인지를 알기 위해 성서 저자들이 정말로 뜻하고자 한 것이 무엇이며, 하느님께서 그들의 말을 통하여 나타내고자 한 것이 무엇인지를 주의깊게 연구해야 한다.

    성서 저자들의 진술 의도를 알아내기 위해서는 다른 여러 가지 것들 중에서 "문학 유형"도 고려해야 한다. 왜냐하면 진리는 본문에서 역사적·예언적·시적 또는 다른 화법 등 다른 양식으로 각각 다르게 제시되고 표현되기 때문이다. 그러므로 성서 해석자들은 성서 저자가 제한된 상황에서 그 시대와 문화의 여러 조건들에 따라 당시의 일반적인 문학 유형들을 이용하여 표현하려고 하였고 또 표현한 그 뜻을 연구해야 한다. 거룩한 저자가 글로써 주장하고자 한 것을 옳게 이해하기 위해서는 당시에 유행하던 그 지방 고유의 사고방식, 언어방식, 설명방식 그리고 사람들이 상호 교류하면서 관습적으로 사용하던 방식들을 면밀히 고려해야 한다.[22]

한국 교회가 자기의 미래를 진정으로 생각한다면 청소년의 언어와 신앙언어의 생명력을 찾아야 하며, 이 언어는 사람들에게 생명을 주는 언어여야 할 것이다.

교회가 "사목의 언어"인 이 언어를 잃으면 교회는 상실되게 마련이다. 앞의 유럽의 경우에서 본 교회 이탈과 무관심 현상은 교회가 "우리"의 언어를 잃고 "우리"의 일상의 언어를 말하지 못하기 때문이었다.

교회는 자기의 미래를 위해 청소년을 선도하려고만 하거나 사목의 대상으로만 여기려 할 것이 아니라, 그들을 교회의 주체로 보면서 그들의 언어와 습관에서 자기의 언어와 습성을 익히도록 해야 한다. 그러기 위해서는 무엇보다도 젊은이가 교회의 주체라는 것을 인식해야 한다. 다음 클링어의 말은 도움이 될 것이다.

> 교회는 누구인가? 교회는 여성들에게 누구인가? 그리고 여성들은 교회를 위해 누구인가? 교회는 젊은이들에게 누구인가? 교회는 젊은이들의 관심사를 대변하는가? 교회는 젊은이의 목소리로, 그들의 언어로 말하는가? 젊은이는 교회로 방향을 맞출 수 있는가? 각계 각층의 사람들이 모두 이같은 질문을 교회에 던질 수 있다. 가난한 이들에게 교회는 누구인가? 부자들에게 교회는 누구인가? 우리에게 교회는 누구이며 우리는 교회에게 누구인가? 교회는 자기 구성원의 걱정과 고민 그리고 부족함, 신앙과 삶 등 자신이 서 있는 바탕인 하느님 백성들의 문제를 진지하게 받아들이고 있는가?[23]

종교는 젊은이의 언어를 배우며 그들과 함께 변형되는 법을 배워야 하며, 이 변형시키는 힘을 통해서만 시대의 언어가 이야기될 수 있다.

---

[22] 「계시헌장」 12항. 필자 번역.

[23] E. Klinger, "Wir Sind Kirche, Das Konzil als kirchliche und Gesellschaftliche Herausforderung", *Stimmen der Zeit* 5 (1990), 345-52 참조; 이제민, "제2차 바티칸 공의회와 한국 교회의 사목 현장 반성", 『신학전망』 92, 50에서 재인용.

2) 자세

위의 과제를 실현하기 위해 우리는 다음의 자세를 터득할 필요가 있다.

① 미래에 대해 신뢰하는 교회의 모습을 보여주어야 한다. 먼저 교회는 종교에 등을 돌리는 사람들을 "설득시켜" 되돌이키겠다는 사고는 과감히 버려야 한다. 교회는 늘 돌아올 수 없는 다리를 건너고 있기 때문이다. 종교는 현실에 적극적으로 참여하며 현실에 미래를 열어주어야 한다. 그러기 위해서는 아무도 예측할 수 없는 미래를 신뢰하는 자세를 보여줄 수 있어야 한다. 사제가 결혼하고, 여성 사제가 미사를 드리고 또 평신도가 교구장이 될지 어느 누구도 예측할 수 없다. 젊은이의 현 교회 참여도로 미루어보아 나중에는 이런 교회의 모습이 이 지상에서 영원히 사라질지 아니면 정반대의 현상이 일어날지 아무도 모른다. 우리의 속좁은 걱정이 미래를 창출하는 힘일 수는 없다. 역사는 결코 우리만이 엮어가는 것이 아니라, 하느님과 함께 엮어지는 것이다. 교회는 미래가 이런 성격을 지녔다는 것을 인식하고 미래를 향하여 열려 있는 현실에 기성과 보수의 틀을 에워싸려고 해서는 안된다. 지금 유럽의 교회에 표면화된 사람들의 교회 이탈 현상의 원인은 교회가 현실과 미래를 신뢰하지 못하고 이들을 향하여 열려 있지 못하다는 데서 찾아볼 수 있다. 우리가 교회의 보수화 등에 대해 비판하는 것은 보수화로 인해 많은 젊은이들이 교회로부터 떨어져 나가서가 아니라, 개방에의 의지가 없다면 교회는 결코 미래를 향하여 자신을 열지 못할 것이며, 미래를 향하여 열려 있지 않은 교회는 종국에는 사라지고 말 것이기 때문이다.

미래에 대해 신뢰하는 모습으로 되기 위해 한국 천주교회는 유럽의 언어가 마냥 자기의 언어인 양 이야기할 수 없다. 한국 천주교회의 미래는 얼마만큼 빨리 자기 언어를 발견하고 자기 죽임을 실현하는가에 달려 있다고 해도 과언이 아닐 것이다. 이런 의미에서 한국 천주교회가 복음화에 대한 언어적인 고찰 없이 이를 신자 증가와 동일시하며, 신자 증가율이 감소한 것을 신자들의 선교열이 식은 탓으로 속단하고 당황하는 것은 잘못된 것이다. 예컨대 1995년 10월 1일자 「평화신문」에는 "11년 후면 신자 증가율 '0'"이라는 제목의 글을 실어 신자들의 선교열이 식었음을 지적하고, 복음화를 위한 온 신자들 개개인의 노력을 요망하고 있다. 그리고 10월 8일자에서도 영세자가 줄어드는 데 반해 냉담자와 행방불명 신자들이 반비례적으로 느는 데에 대해 당혹감을 감추지 못하고 있다. 그러나 우리 한국 천주교회도 앞의 유럽의 경우처럼 이제는 돌아오지 못할 다리를 건너고 있다. 신자의 수치를 6%에서 10%, 또는 20%로 끌어올리는 것은 사실상 불가능할 뿐 아니라, 그것은 일상의 삶에 별 도움도 되지 않는다. 설사 일시적으로 그 수치가 약간은 오를 수 있다 해도 그것은 주가의 시세변동처럼 잠시일 뿐이다. 이 신문 보도는 1980년대 초반 대폭적인 신자 증가율의 이유를 "유신정권에 이어 신군부세력이 등장하면서 사회정의가 실종된 시기"에 "'정의와 진리'를 갈망하던 국민들, 특히 젊은 지성인들이 대거 교회로 몰려들었기" 때문이라고 분석하면서, "당시 국민들이 천주교에서 정신적 위안을 찾고자 한 동인動因은 암울한 현실에 저항하는 교회의 예언자적 활동, 2백주년 행사 등 대형 행사를 통한 간접 홍보 등인 것으로 풀이"한다. 신자 증가율이 1994년에 이르러서 그 절반으로(4.02%) 뚝 떨어진 이유로 가톨릭 신앙생활연구소의 신치구 소장의 분석에 따라 물질적인 풍요로 인한 가치관 부재, 영성생활의 활기 퇴조로 인한 신앙의 "액세서리"화, 교회의 대형화에 따른 냉담자·행불자 관리의 소홀 등을 꼽고 있다. 그러면서 신문은 "한국 천주교회 전체가 전국민의 복음화라는 새로운 목표를 설정해야 할 때"라고 주장한다. 이 글이 선교에 대해 보인 관심에는 동의하나 퇴조의 원인을 신자들의 "선교열이 식어서"라거나 교회의 행정과 사회 관심에 돌린 것은 아직도 자기 반성과 자기 변형에 대한 의지가 결여된 것으로 교회중심적 사고의 산물이라고 지적하지 않을 수 없다. 교회의 변형은 "자기 죽임"을 전제로 하고 있는 것이다. 교회(종교)의 지속은 양적인 팽창이 아니라 이 자기 죽임을 통해서만 가능하다.[24]

② 인내하는 교회의 모습을 보여주어야 한다. 능력과 성과 위주의 사회에서 교회는 어느 모로 참을성을 잃고 성급해졌다. 사목을 기계적인 통계로 실현하

---

[24] 이제민, 『교회 — 순결한 창녀』(분도출판사, 1997³), 294 이하 참조.

려는 것도 그 단면이다. 이런 식으로 가다가는 종교의 종말을 고할 것이 아닌가 하는 불안의 틀을 넘어 모든 문제에서 — 하느님에 대한 교의신학적인 질문뿐 아니라, 인간과 사회에 대한 심리학적·사회학적 윤리 등의 질문에도 — 인내심을 보이며 대화할 준비를 갖추어야 한다. 우리는 우리가 지금껏 당연하게 여겼고 또 여기며 습관화된 일들의 틀을 벗어나지 못할 때가 많다. 그러나 우리는 교회 안에서도 다원주의를 체험한다는 사실을 간과해서는 안될 것이다. 인내심이 교회의 모습임을 보여주어야 한다. 예수가 십자가에서 인내하신 모습은 그대로 교회의 모습이기도 한 것이다.[25]

③ 교회는 자기가 처한 상황을 가능한 한 멀리서 그리고 객관적으로 바라보는 자유로운 마음을 키워야 한다. 그런 가운데서 교회에 대한 무자비하고 비생산적인 비판, 교회와 교회 지도자들에 대한 끊임없는 요구(교회는 이러저러해야 한다)와 그로 인한 교회 내에 널리 퍼져 있는 자기 학대(교회는 어쩔 수 없다)를 피할 수 있을 것이다.

④ 겸손한 교회의 모습을 보여주어야 한다. 우리는 수많은 좋은 아이디어와 프로그램을 짜며 "한국의 새 복음화"에 대해서 많이 이야기들을 한다. 그러나 근본적으로 그 누구도, 교황도, 주교도, 본당신부도, 예언자도, 신학자도 또 그외 교회의 카리스마를 지닌 그 어떤 인물들도 이런 아이디어와 프로그램을 어떻게 현실화하여 넓은 차원에서 실현할 것인지에 대해서는 그 방법을 모른다. 공의회 이후 시작된 그러나 아직 질질 끌고 있는 교회와 근대문화와의 대화도, 우리 현대인과 복음과의 직접적인 대결도, 교회의 좁은 영역 안에서 펼쳐지는 근대주의에 대항한 전통주의적 방어벽도 대부분 성공을 거두지 못했다. 우리는 지금 물질이 아니라 영적으로 가난하고 무력한 교회를 체험하고 있다. 이런 상황에 직면하여 우리는 우리의 한계를 엄습하는 그 어찌할 바 모르겠음을 시인하자.

우리는 "나는 하느님을 믿나이다"라고 고백하면서 무엇을 뜻하는 말인지 다

---

[25] H. Erharter, 앞의 책, 219 참조. 이하의 ③~⑧항은 주로 E. Erharter, 앞의 책, 219-20과 M. Kehl, 앞의 책, 516-9를 참조한 것임.

알고 있는 것처럼 대화 상대자에게 말하는 버릇이 있다. 그러나 남이 나를 알아주는 것처럼 그렇게 내가 하느님에 대해서 잘 알고 있지 않다는 것은 그 누구보다도 "내"가 제일 잘 알고 있다. 우리는 신론의 전문가가 아니다. 하느님에 대한 물음은 교회 문헌이나 교황의 어록이나 교의의 진술에 나타난 것처럼 그렇게 자명한 것도 또 그런 식으로만 체험되거나 신앙할 일이 아니다. 이런 교의적인 가르침만 가지고는 하느님을 체험하게 할 수 없다. 하느님 앞에서 모두는 — 교회도 — 겸손해야 한다. 하느님께 신앙을 고백한다는 것은 "하느님 앞에 어찌할 바를 모르겠다"는 우리의 겸손한 마음을 드러내 보이는 것이다. 이런 마음이 구원에 중요한 걸음을 내디딜 수 있다.

⑤ 교회는 자신을 하느님의 나라로 절대화하고 신격화하면서 자신에 대해 솔직하지 못한 착각적인 잘못에서 벗어나야 한다. 예수께서 "여러분은 먼저 하느님 나라와 그분의 의로움을 찾으시오. 그러면 여러분들은 이런 것들을 곁들여 받게 될 것입니다"(마태 6.33)라고 말씀하실 때, 교회도 여기에 곁들여 받게 되는 선물 중의 하나다. 교회는 하느님 나라가 아니라 여기에 곁들여 주어진 것일 뿐이다. 우리가 늘 바라는 하느님의 평화와 정의와 삶의 의지가 다름아닌 가난한 이들 가운데 도달하도록 전력을 다하는 곳(이를 위해 수많은 가능성이 있다. 제도화된 교회 밖에도 그 가능성은 있다), 보잘것없으나 생명과 희망으로 가득 찬 곳, 그런 곳에 교회는 좋은 의미에서 자라기 시작한다. 그곳에 하느님 백성이 모인다. 이 하느님 백성이 교회의 모습이며 교회의 경직된 구조를 변화시킨다. 교회는 하느님의 나라가 아니다. 마찬가지로 교회는 하느님께 사용한 여러 형용사(거룩, 전능, 전지, 정의, 절대 등)를 자기에게 사용하며 자기를 하느님과 동일시해서는 안된다. 그럴수록 교회는 질병과 고통, 온갖 사고와 전쟁, 죽음 등으로 시달리고 있는 인간들에게서 멀어지게 되고, 하느님과 삶의 의미에 대해서 묻지 않고도 잘 살 수 있다는 진부한 사고에 파묻히게 될 것이다. "신은 죽었다"라는 니체의 외침도 사실은 신 자체에 대한 거부라기보다도 신에 대한 교회의 진술에 대한 거부라는 것을 알아야 할 것이다.

⑥ 교회의 직무자를 비롯한 교회의 각 구성원이나 단체는 예수 그리스도와

그의 복음에 대한 사명을 정당하게 수행하지 못한 교회 내의 분명한 모순에 대해 말하는 것을 두려워하지 말아야 한다. 법적이나 구조적으로 교회를 신앙인의 공동체로서 건설하고자 했던 제2차 바티칸 공의회의 쇄신정신이 로마와 주교의 주위周圍에 의해 후퇴하고 있는 듯한 현재의 교회 내 상황에서 우리는 비겁하고 두려운 인상을 가져서는 안된다. 그럴 경우 우리는 교회 내에서 새로운 환경과 새 방식을 갈망하는 수많은 그리스도인들에게 실망과 상처를 주게 되며, 몇 년 안에 또는 수십 년 후에 사람들은 우리에게 "왜 그대들은 당시에 침묵만 하고 있었느냐?"라고 물어오게 될 것이다. 이런 질문에 변명할 구실을 마련하라는 것은 아니지만 교회는 현실에 솔직하고 최선을 다하는 모습을 보여야 한다.

⑦ 논쟁과 비방과 책임전가로 더 깊은 무덤을 팔 것이 아니라 화해를 목적으로 하는 언어, 즉 개인 신심으로 남을 해치지 않고, 이해하도록 노력하고 그들이 진리의 핵심을 깨달을 수 있게 하는 언어를 이야기할 수 있어야 한다. 가끔 문제의식을 제기하기 위해 교회를 비판하는 글을 대하면서 후련함보다는 허전함과 절망감을 느낄 때가 많은 것도 문제 해결을 위한 방향제시나 거기서 벗어날 새로운 비전이 보이지 않아, 대개 비판이 비방으로 끝나기 때문이다. 치유가 없는 진단은 사람들에게 절망만 안겨줄 뿐이다. 환자에게 "당신은 병에 걸렸습니다"라고 말만 해주는 것과 같다. 그 환자가 그 진단을 듣고 절망에 빠지는 것과 그 절망에서 헤어날 위로의 말을 던질 줄 모르고 옳은 진단만으로 할 일 다했다고 생각하는 의사는 진정한 의사라 할 수 없다. 교회에 대한 비판도 마찬가지이다. 화해를 목적으로 하는 언어는 바른 말을 하는 영을 식별하고(예컨대 교회 안에서의 영적인 권위와 정치적 권력남용의 구분), 경직된 마음을 움직이는 힘을 가지고 있다. 함께 아파하고 고민하는 모습, 인간적이고 사람들에게 위로와 희망을 주며 사랑하는 모습을 보여주어야 한다.

⑧ 우리는 교회로서 우리의 신앙에 확신하고 충실하게 사는 모습을 보여주어야 한다. 우리에게 필요한 것은 성공을 거두고자 하는 사람들의 현대적 욕망에 머무는 것이 아니라, 우리의 핵심적인 신앙 실천을 충실하고 자명하게 수행하

고 보호하는 것이다. 개인기도와 공동체기도, 공동예배(거기에 아무리 소수의 사람이 참석한다 해도), 개인적이고 공공적인 성서 낭독, 우리 신앙을 이해하고자 하는 대화, 이웃 사랑의 실천 등 그리스도인들의 일상생활과 신앙 안에 명해진 것을 사심없이 실행해야 한다. 나아가 우리는 우리의 신앙 내용과 신앙 체험을 일상에서 만나는 이웃에게 설명하는 용기를 가져야 한다. 종교에 대한 이야기가 종교의 교리에 대한 논의로 끝나서는 안될 것이다.

⑨ 무엇보다도 젊은이와 가까이해야 한다. 그러기 위해서는 교회 자체가 젊어져야 한다. 젊은이와의 대화 단절은 "젊은이"와 교회만이 관련된 문제가 아니다. 이는 곧 늙은이와의 대화 단절이기도 하다. 늙은이는 젊은이의 미래이기 때문이다. 뿐만 아니라 젊은이와의 대화 단절은 인간과의 대화 단절을 의미하는 것으로, 이는 곧 종교(교회)를 인간사회로부터 몰아내는 것을 의미하는 것이기도 하다.

* * *

유럽 교회의 현 실상은 우리 교회의 미래의 모습이기도 하다. 서구 교회가 봉착한 문제는 곧 우리의 문제이다. 신흥종교와 사적 계시 및 환시로 인하여 우리 사회와 종교가 혼란을 겪고 있고, 기적과 영감과 성서가 오해되고, 하느님과 예수와 인간이 교의화되어 사람들을 이단과 광신의 분위기로 몰아넣고 있는 것은 우리 교회가 이 땅에서 아직 자기의 언어를 말하고 있지 못하기 때문에 일어나는 현상이다. 교회가 현대의 다원주의와 세속화에 직면하여 자기의 언어를 고수하고자 방어적인 자세를 취하며 "옛것"을 고수하는 것은 중요하다. 그러나 이것은 "새것"과의 만남을 피하게 하는 것이어서는 안된다. 그럴 경우 그리스도교는 역사의 현장에서 사라진 과거의 유물로밖에 남지 않게 될 것이다. 교회는 현실의 변화를 직시하면서 미래를 향하여 끊임없이 변화하고 혁신된 모습으로 가꾸어 나가야 한다. 자기의 변형을 두려워해서는 안된다. 변형된 교회만이 미래에 의미가 있을 수 있다. 우리 한국 천주교회는 때늦기 전에 우리의 언어를 구사하는 교회로 발돋움해야 한다.

③

신앙과 신앙 교리서

가톨릭 교회의 전역사를 돌아볼 때 전체교회의 이름으로 그리고 전체교회를 위한다는 목적으로 "세계 교리서"라는 이름으로 발행된 신앙 교리서는 단 두 권 밖에 없다. 1566년에 나온『로마 교리서』라 불리는 "트리엔트 공의회의 교리서"와 이번에 나온『가톨릭 교회 교리서』가 그것이다.[1] 이번의 교리서가 교회 역사상 두번째라는 것도 놀라운 일이지만, 수백 년의 세월이 흐른 후에 나왔으면서도 처음에 나온 교리서의 내용(신앙고백, 성사, 십계명, 주님 기도)을 그대로 전승하고 있다는 것은 더욱 놀라운 일이다. 이번에 나온 교리서의 성격은 "모든 교리서는 '성서의 가르침, 교회 안에 살아 있는 성전聖傳의 가르침, 정통 교도권의 가르침 그리고 교부들과 성인 · 성녀들이 영적 유산으로 물려준 가르침 들을 충실하게 체계적으로 제시하여야 한다"고 밝히고 있는 서문에서 드러난다. 과연 이 교리서는 성서와 교회 문헌에서 여러 글들을 모은 모음집이라는 인상을 떨쳐버릴 수 없다. 이는 교회의 전통적인 가르침이 무엇인지를 일목요연하게 알려준다는 면에서 장점인 것 같으면서도 동시에 단점이기도 하다. 두 교리서를 비교하면 금방 나타난다. 두 교리서는 내용면에서 유사하다. 그러나 차이점은 크다.『로마 교리서』가 당시의 신학 상황을 반영하고 있는 데 반해『로마 교리서』의 양식을 그대로 따르고 있는『가톨릭 교회 교리서』는 이 시대의 신학을 읽지 못하고 있다는 점이다.『로마 교리서』시대와 지금의 시대는 무려 400년 이상이라는 시간의 차이를 두고 있으며, 그 사이에는 시대가 변하

---

[1] H. Haag, "Der Weltkatechismus auf dem Prüfstand", *Orientierung* 59 (1995), 235-7; 가톨릭 대학 교리사목 연구소 · 주교회의 교리교육 위원회,『가톨릭 교회 교리서』(한국 천주교 중앙협의회, 1994).

였음은 물론, 세기에 걸쳐 성서 연구, 자연과학과 인문과학의 연구에 발전이 있었다. 그렇지만 교리서는 이 발전을 무시하고 있다는 인상을 준다.[2]

요한 23세 교황은 이미 교회의 가르침을 "그 능력과 선善으로" 우리 시대의 인간들에게 풀이할 의무를 가지고 있다며 이를 공의회의 과제로 제시하였다. 공의회 이후 네덜란드는 이에 힘을 얻어 『화란 교리서』를 내어놓았다. 교리서의 위원회는 주일학교 학생들만이 아니라 성인成人 그리스도인들이 먼저 공의회의 정신에 따라 변화한 시대와 교회의 상황에서 그들의 신앙의 내용에 대해 새롭고 분명하게 인식해야 한다는 판정에 이르게 되었던 것이다. 이에 네덜란드 주교회의는 유권적인 교리서를 "성인을 위한 신앙의 선포"라는 부제를 달아 내어놓았다. 이 책은 출판되자마자 전세계로부터 호응을 받았고, 한국에서도 1971년도에 본 출판사가 번역·출판하였다.[3] 그후 비슷한 의도로 여러 나라에서 교리서를 출판하였다. 1975년에는 개신교의 루터교에서 『복음주의 성인 교리서』를, 1981년에는 이탈리아에서, 1984년에는 프랑스에서 그리고 1985년에는 독일 주교회의에서 『가톨릭 성인 교리서』를 내어놓았다. 성인 교리서의 한결같은 새 특징은 세속화의 영향으로 성서와 그리스도 신앙에 대한 근본 지식이 놀라울 만큼 급속도로 줄고 있는 시대에 인간들에게 신앙 내용의 새로운 경향을 가르쳐야 한다는 것이다.

이런 상황에서 1985년도에 열린 주교 시노두스는 지역 교리서에 표준이 되는 세계 교리서를 로마에 청하였고 로마는 세계의 신도들의 소리를 듣고 받아들이는 형식으로 1993년 『가톨릭 교회 교리서』를 발행하였다.

---

[2] H. Haag, 앞의 책, 236 참조; E. Feil, "Der christliche Glaube – unverändert und unverkürzt für die ganze Welt? Zum neuen 'Katechismus der katholischen Kirche'", *SdZ* 1993, 579-93 참조. 예컨대 신앙에 대한 이해, 역사적 예수와 신앙의 그리스도, 영육의 이해 등에 관한 현대의 신학적 연구가 고려되어 있지 않다(『신학전망』 112호의 심상태와 서공석의 글 참조). 또 십계명은 당시의 문화와 관련해서만 옳게 이해할 수 있는데, 이를 토대로 현대윤리를 전개시킨 점은 인권헌장을 더 강조하고픈 현대의 요구를 채워주지 못하고 있다. 교회일치와 종교간의 대화도 퇴보하고 있다.

[3] 광주 가톨릭 대학교 출판부, 『가톨릭 신앙입문. 화란 새 교리서』, 정한교 외 번역, 1971년 초판, 1981년 6판.

신앙과 도덕에 관한 모든 가톨릭 교리를 망라하는 교리서는 … 여러 지방에서 작성될 교리서나 개요서의 준거로 삼을 규범서가 될 것입니다. 교리의 설명은 성서적이고 전례적이어야 하며, 그리스도인들의 실생활에 적합하면서도 동시에 건실한 교리를 제시해야 합니다(『가톨릭 교리서』 4항).

이보다 1년 전인 1992년 10월 11일, 교황 요한 바오로 2세는 제2차 바티칸 공의회 개막 30주년을 맞이하여 반포한 사도헌장 「신앙의 유산」*Fidei depositum*에서 이렇게 쓴다:

> 내가 1992년 6월 25일에 인가하였고 나의 사도적 직권에 따라 오늘 그 출판을 지시하는『가톨릭 교회 교리서』는 교회와 교회 가르침의 신앙을 서술한 것으로, 이 서술은 성서, 사도적 전승, 교회의 교도권이 증명하거나 깨우쳐준 것이다. 나는 이 교리서를 교회 공동체에 봉사하는 데에 유효하고 합법적인 도구로, 더욱이 신앙의 가르침을 위한 확실한 규범으로 인정하는 바이다. 부디 성령께서 그리스도의 몸이며, 하느님 나라의 꺼질 줄 모르는 빛을 향한 지상의 순례자인 하느님의 교회를 끊임없이 쇄신으로 부르는 데에 부디 이 교리서가 공헌하기를 바라는 바이다.
>
> 이 교리서는 교회의 권위, 교구 주교들, 주교회의가 규정에 따라 인준한 지역 교리서를 대신할 수 없다. 더군다나 이 지역교회가 사도좌로부터 인준을 받았을 경우는 더욱 그렇다. 이 교리서는 새 지역 교리서를 촉진하고, 다양한 상황들과 문화 안에서 계산되는, 그러면서 동시에 신앙의 일치와 가톨릭 교리에 대한 충실성을 세심하게 보존하는 것을 장려하기 위해서 반포된다.

그런데 「신앙의 유산」에서 천명하고 있는 것처럼 과연 이 교리서는 지역교회를 위한 것인가? 무엇보다도 이 교리서에는 가톨릭 신학의 새로운 발전과 성서 주석의 결과가 고려되어 있지 않고, 제2차 바티칸 공의회 문헌에서 많은 것을 인용했다고는 하나 공의회의 진보적인 관견이 수용되어 있지 않다. 오히려 『가톨릭 교회 교리서』는 현대인이 처한 상황을 고려하지 않음으로써, 시대의 징표를 읽어야 한다고 강조한 제2차 바티칸 공의회의 정신 이전으로 돌아가고 있는 듯한 인상을 준다. 이에 『가톨릭 교회 교리서』의 새로운 점은 무엇인가?, 지역교회는 이 『가톨릭 교회 교리서』를 필요로 하는가? 새 교리서가 신앙을 위해서 다른 방법으로는 도달할 수 없는 무엇인가를 가져다주는가? 아니면 과거에 한 번 의미심장했던 것을 다시 취하여 금이 간 댐에 땜질하듯 소용없는 시도를 한 번 해본 것뿐인가? 하는 물음과 함께, 『가톨릭 교회 교리서』가 대중이나 예비자를 위한 교리교수용이라기보다는 전문가를 위한 교리서라는 인상을 주므로, 가톨릭 교회는 전문가를 위해 교리서가 필요했으며, 또 전문가는 교리서를 필요로 했는가? 하는 물음이 던지게 된다. 한마디로 『가톨릭 교회 교리서』는 누구를 위한 교리서(유럽인 또는 제3세계인, 일반 신자 또는 전문가 아니면 예비자?)이며, 사목적인 의미를 지닌 삶의 책인가? 교회가 지금에 와서 『가톨릭 교회 교리서』를 발행했다면 근본 이유는 신도들의 삶에 도움이 되는 "삶의 책"이고자 해서일 것이다.

이 글에서 이런 질문과 함께 이에 근거하여 여러 교파와 종파가 공존하는 한국 상황을 고려하여 교회일치와 선교에 나타난 문제점을 아울러 지적하고자 한다. 이 지적이 한국 천주교회 교리서의 윤곽에 기여했으면 하는 마음으로.

1. 가톨릭 교리서의 대상

1.1. 신도들의 신앙의 감성

독일에서 나온 『사목신학 사전』에 보면 교리서Katechismus는 신앙에 대한 교회의 공적인 가르침을 완전하고 체계적으로 종합한 책이다. 그러면서도 교리서는 단순히 신앙에 대한 정보를 제공해 주는 책만이 아니라, 역사적으로 주어진 여러 전제들, 시대의 사상적·사회적 여러 흐름들과도 항상 관계하고 있어야 한다.

교리서가 자기의 수신인에게 도달하기 위해서는 교회 안팎의 시대의 흐름을 고려해야 한다는 것이다.[4] 현대의 상황이 어떤지를 한마디로 규정하기는 어렵지만 교리서와 관련하여 생각해 볼 때 사람들이 교회에 점점 무관심하려 든다는 것을 지적할 수 있을 것이다. 바그너는 사람들이 교회로부터 멀어지는 데에는 결코 권위에 대한 철저한 거부가 아니라, 교도직의 진술들과 제시들이 그들의 삶의 현실을 더 이상 덮어주지 못하고 그래서 그들의 생활 실천을 위한 선도先導의 기능을 못하고 있다는 데에도 그 원인이 있다고 본다.[5] 이에 새 교리서의 출현이 종교에 대한 그들의 무관심을 씻고 그들이 다시 교회에 관심을 가지도록 할 수 있을까? 그들이 교회에 관심이 없고, 타락해 보이는 것 같은 것은 교리서 부재 때문인가? 하는 물음을 심각하게 던져보아야 한다. 그렇지 못할 때 교도직은 특별히 윤리의 영역에서, 그 정당성과 가르침과 권위에 도전을 받게 될 것이다. 교회는 자기의 과제를 복음선포에서 보고 있고 이를 충실히 실행하려고 하지만, 이 선포가 신자들에게 먹혀 들어가지 않는다면, 그 선포를 가득 실은 교리서는 무용지물이 될 수가 있다는 것이다. 물론 교회와 신도들이 민주주의식으로 협상해서 서로 입에 맞는 교리서를 내고 복음을 선포하자는 식으로 나갈 수도 없다.

어쨌든 오늘날 어떻게 신앙을 중재할 것인가 하는 물음은 신앙인의 근본적인 고민이다. 이 고민은 꼭 해결되지 않아도 좋다. 이런 고민은 그 자체로 값진 것이다. 교회는 얼마나 고민하며, 신도들은 또 얼마나 고민하고 있는가? 신앙 중재를 위한 이런 고민은 무엇보다도 현대를 살아가고 있는 인간들의 삶의 현실에서 지나칠 수 없는 행위이다. 교리서는 과연 이런 고민의 결실인가? 그렇다고 인간학을 신학보다 우선의 자리에 놓자는 것은 아니다. 다만 인간학을 염두에 두지 않은 신학은 자기가 위임받은 바를 채울 수 없다는 것이다. 자기의 수신인의 삶의 현실을 고려하지 않거나 이에 역행하는 신앙 중재는 무의미한 것이다. 이 고민은 권위적인 명령이나 이에 대한 순명으로 해결될 성질의 것이

---

[4] A. G. Gleissner, "Katechismus", *Lex. f. Pastoraltheologie*, Bd.5, 242.

[5] M. Wagner, "Sind neue Katechismen notwendig? Dogmatische Überlegungen zu einer katechetischen Grundsatzfrage", *SdZ* 1994, 470 참조.

아니다. 이 고민은 오히려 서로간의 대화를 전제로 한다. 그러기에 현대인은 자기가 행위의 대상으로 취급되면서 복종을 강요받는 것을 참지 못한다. 제2차 바티칸 공의회가 신도들을 사목의 대상이 아니라 사목의 주체로 보았던 것도 이때문이다. 교회의 구성원을 고민하는 주체로 보았던 것이다. 주체만이 대화를 할 수 있다. 신앙을 중재하기 위해서는 이런 의식의 변화를 계산에 두어야 하며, 실제로 많은 신도들의 삶의 감각도 이런 식으로 변했다. 공의회는 자신을 피라미드 형태의 교회제도의 맨 아래층에 두어 교계제도에 순명해야 하는 층으로 보는 신자들의 의식도 변하고 있다. 그들은 하느님 백성의 성숙한 구성원으로 대우받고자 하는 것이다.[6]

  그러므로 신앙의 순명을 강요하면서 신앙인들로 하여금 고민 없이 신앙하도록 신앙을 위로부터 심어주겠다는 태도는 온당하지 못하다. 물론 『가톨릭 교회 교리서』가 신앙의 순명을 강요하는 것은 제2차 바티칸 공의회에 근거한 것이다. 그렇지만 이 교리서의 여러 군데에는 공의회의 진술의 의도를 오해 없이 파악할 수 있도록 하는 필요한 설명이 빠져 있다. 교리서는 「교회헌장」 25항과 「계시헌장」 10항에 근거하여 "교회가 그 최상의 교도권을 통해 어떠한 것을 '하느님의 계시로 믿어야 한다'고 하거나, 그리스도의 가르침으로 제시할 때에는 그러한 결정사항을 '신앙의 순종으로 받아들여야 하는 것이다'"(『가톨릭 교회 교리서』 891)[7]고 하면서 신도들에게 순종할 것을 강요한다. 그리고 그 다음 항에서는 교황이 "결정적인" 의사표시 없이 일반적인 교도권의 행사를 통해서 신앙과 도덕문제에 관한 계시를 더 잘 이해하도록 지도하는 가르침을 제시할 때에도 "성실한 존경심으로 따라야" 한다고 강조한다(892). 그렇지만 만일 사람들이 신앙의 순종과 의지와 이성의 성실한 순종의 차이가 어디에 있는지 이미 알고 있다는 것을 전제한 것이라면, 이는 아무리 『가톨릭 교회 교리서』가 의지와 이성의 성실한 순종이 신앙의 동의와는 구별된다(892)고 언급하고 있다 해도, 독자들에게 너무 많은 기대를 하고 있는 것이 아닌가?[8]

---

  [6] 이제민, 『교회 — 순결한 창녀』(분도출판사, 1995), 57-86 참조.
  [7] 이하 괄호 속의 독립적인 숫자는 『가톨릭 교회 교리서』의 번호매김임.

제2차 바티칸 공의회는 이 "의지와 이성의 성실한 순종"을 일반적으로 최상 교도권에 대한 원칙적인 존경심과 그 설명에 대한 내적 승인으로 규정한다(「교회현장」 25). 이는 이 내면적인 승인의 방식과 정도는 해당되는 가르침이 어떤 방식으로 의무화할 것을 꾀하는가에 따라 방향이 정해진다는 것을 의미한다. 이는 "교황의 의향은 주로 문서의 성격이나, 같은 교리의 반복된 주장이나, 말하는 방법 등에서 나타난다"(「교회현장」 25.20)는 공의회의 말에서 인식할 수 있다. 『가톨릭 교회 교리서』는 이 모든 것에 대해서는 침묵한다. 여기서 이런 사정의 서술이 사건을 어쩌면 필요없이 복잡하게 할 수도 있다는 것으로 만족할 수 있다 해도 무언가 달리 생각토록 한다.[9]

이에 우리는 제2차 바티칸 공의회가 신앙의 순종을 이야기하면서 동시에 신

---

[8] 신앙은 들음에서 온다. 그런데 『가톨릭 교회 교리서』에서는 신앙의 "들음"보다는 "복종"의 차원이 더 강조되고 있다. 신앙을 "인간이 인격적으로 하느님을 따르는 것이며, 이와 동시에 그러한 사실과 불가분적으로, 하느님께서 계시하신 진리 전체에 대해서도 자유로이 동의하는 것이다"(150)라고 하면서, 제1차 바티칸 공의회의 한 대목을 인용하여 "신앙 가운데 계시하는 하느님께 지성과 의지의 완전한 복종"을 드리는 것이 우리 인간의 품위에 모순되지 않는다고 확신한다. "복종"이 "따르다"(Obsequium)를 의미할 뿐 더 이상 "듣다"가 아니라는 점이다. 교리서는 이렇게 해서 신앙에 대한 새로운 관점을 제시하지 못하고 있다. 신앙은 또 그 자체로 무언가 모험적인 파괴와 도약을 가지고 있는데, 교리서는 복종만을 강조함으로써 이런 점에 대해서 두려워하고 있다. 신앙은 복종만이 아니라 해방이며, 넘어진 것을 곧추세우는 것이다. 신앙은 땅에 엎드리는 것만이 아니라 서는 것이다(E. Feil, 앞의 책, 584 이하). 교리서의 이런 견해는 "복종"이라는 단어를 설명하는 데서 더욱 분명해진다.

신앙의 복종에 대해서는 교리서의 143-9항에서 설명하고 있다. 교리서는 신앙을 직접 "복종시키는" 인간의 행위로 해석한다. 144항은 "순종"이라는 단어를 설명하면서 라틴어 어원 "ob-audire"를 괄호 속에 첨부하고, 복종을 "들은 하느님의 말씀에 자유로이 복종한다"는 뜻으로 해석하고 있다(144). 그러나 라틴어 "oboedire"를 "복종하다"로만 해석한 것은 잘못이다. 라틴어 oboedire는 "응하여 듣다", "향하여 듣다", "누구에게 귀를 기울이다", "누구의 귀를 빌리다"를 의미하기 때문이다. 가톨릭 교리서는 이 단어를 우선적으로 그리고 본질적으로 "복종하다"(예속than다. 부복하다)로 서술한다. 우리는 부복이 겸손과 존경 그리고 청원의 몸짓임을 안다. 성서에도 이런 몸짓은 종종 나온다. 동방박사들이 베들레헴에서 아기 예수 앞에 엎드려 절하는 것(마태 2,11)부터 시작하여 예수가 병을 고쳐 준 나병환자(마태 8,2)에 이르기까지 이런 몸짓을 많이 보게 된다. 그리고 아직도 성 금요일이나 또는 서품식 때에 이런 의식이 행해지고 있다. 우리는 이런 몸짓을 평가절하하고자 하지는 않는다. 그러나 이런 "부복"이 신앙의 전체를 해석하는 가장 결정적이고 지배적인 역할을 하는가 하는 물음은 여전히 남는다(위의 책, 582-4 참조). 무엇보다도 복종이 교회 교도권과 관련해서만 이해될 때는 더욱 그러하다.

[9] M. Wagner, "Ein Kirchenbild für unsere Zeit? Ekklesiologische Aussagen des neuen Weltkatechismus", *SdZ* 1993, 544 참조.

앙인의 "신앙의 감성"sensus fidei에 큰 의의를 부여한 것에 유념할 필요가 있다.[10] 이 개념은 이미 성서에서도 발견되고 교회 전통에도 큰 역할을 하였다. 신앙인들의 신앙 감성은 신앙의 진리를 인식하는 표준이다. 신앙인의 신앙 감성은 단순히 다수의 의견에 포함되어 있지 않으며, 또 교도권이나 그외에 진리를 증명하는 규범, 예컨대 성서·전통·학문적인 신학에서 독립된 인식 기준도 결코 아니다. 신앙 감성은 오히려 필연적으로 이런 것들과 관련되어 있으며 이들과 끊임없는 대화를 하게 한다. 공의회는 이 개념을 사용하면서 신도들의 신앙 감성과 교도직의 관계를 강조하였다. 교도직의 무류성이 전체교회의 무류성에 뿌리내리고 있다는 사실을 통해서 교도직이 신도들의 신앙감에 관련되어 있음을 강조하였다. 공의회 이후 신앙인들은 "위로부터"의 명령이 그들의 삶에 생소하게 보인다는 이유로 거부감을 느끼고, 대신 성서와 전통이 그들의 "아래로부터의" 신앙 감성을 듣고 이를 진지하게 받아들인다면서 이에 충실하고자 하는 경향이 늘어났다.[11] 교회는 이를 막아서는 안된다. 그러므로 말씀이 신도들의 신앙 감성이나 체험에 제한될 수 없다면서 "위로부터"만을 강조하는 것은 시대의 소리를 듣지 않으려는 행위나 다름없다. 물론 신앙을 체험에만 제한할 때 신앙은 속이 빌 수 있다는 데에는 의심의 여지가 없다. 그러나 체험이 없는 신앙은 죽은 것이다. 신앙을 보존하기 위한 교도직의 책임을 해하지 않는 범위에서 대화를 통해 신도들의 신앙 감성을 교도직의 문헌에 반영시키려는 시도는 교회의 정체성을 찾고 일치를 촉진시키는 데에 간과할 수 없는 것이다.[12] 이번에 나온

---

[10] 「교회헌장」, 12; M. Seckler, "sensus fidei", *LThK* Bd2/4, 945-8; W. Beinert, "Bedeutung und Begriff des Glaubenssinnes (sensus fidei) als eines dogmatischen Erkenntniskriteriums" *Cath* (M) 25 (1971), 271-303; sensus fidei는 우리말로 신앙의 느낌, 신앙의 감각, 신앙감 등으로 번역할 수 있다. 여기서는 『가톨릭 교회 교리서』에 따라 신앙의 감성을 따른다. 신앙의 감성에는 객관적인 신앙의 감성과 주관적인 신앙의 감성이 있는데, 객관적인 신앙의 감성이란 모든 신앙인들의 일치된 신앙의 표현, 즉 전체교회의 신앙의 외적인 고백을 말하고(물론 이 객관적인 신앙의 감성은 각 신앙인들의 주관적인 신앙 감각의 표현이다), 주관적인 신앙의 감성이란 각 신앙인들에게 성령에 의해 세례와 견진 때 부여되는, 신앙 진술의 진리와 그 의미를 신앙을 위해 파악하는 능력이다.

[11] 1854년과 1950년에 반포된 마리아에 대한 교의도 신도들의 신앙 감성에서 발달된 것으로 받아들일 수 있다(M. Wagner, *Sind neue Katechismus notwendig?*, 473 참조).

[12] M. Wagner, *notwendig?*, 474 참조.

교리서에서는 이런 신도들의 신앙 감성과 대화를 느낄 수 없다. 오히려 신앙의 감성을 이야기하는 것이 공동체Communio로서의 교회상보다는 피라미드 형태의 교회상, 위로부터 아래로 수직적으로 진행되는 교회상을 더욱 강조하고 있다는 느낌을 준다. 교리서는 이렇게 쓰고 있다. "'신앙에 대한 초자연적 감성'으로 하느님의 백성은 교회의 살아 있는 교도권의 지도를 받아 '탈선함이 없이 신앙을 지킨다'"(889). 신앙의 순명을 강조하면서 일방적으로 교도권을 내세워 교회의 정체를 찾고 일치를 이루려고 하는 교리서는 많은 반대를 자아내거나 신도들에게 무관심을 조장할 뿐이다. 물론 이런 이유로 교리서가 전적으로 무용지물이라거나 신앙의 삶을 사는 데 전혀 도움이 안된다고 속단해서도 안될 것이다. 적어도 교회가 무엇을 견지하고 있는지는 알 수 있기 때문이다. 그러나 분명한 것은 교리서는 그 시대의 사람들이 사용하고 또 이해하고 있는 언어로 이야기를 해야 하며, 그 자체로 논쟁을 종료하여 일치를 끄집어내려고만 할 것이 아니라 대화를 통해 일치를 향하여 작업하는 책이어야 한다는 것이다. 『가톨릭 교회 교리서』는 신앙의 힘과 황홀을 이야기하면서 사람들에게 희망을 불러일으키기보다는, 모든 것이 무너지고 있다는 불안에 싸여 씌어진 느낌을 준다.

1.2. 삶을 위한 교리서?

『가톨릭 교회 교리서』가 신도들의 신앙 감성을 반영한 삶의 책인가? 하는 것은 이 교리서가 예비자 교리시간에 얼마나 도움이 될 수 있는가 하는 점과 관련하여 반성해 볼 수 있다. 왜냐하면 교리서는 신자들의 삶을 위한 책이어야 하고 또 예비자들이 가톨릭 신앙의 삶을 배우는 데 길잡이 역할을 해야 하기 때문이다. 예비자들이 교회를 찾는 것은 가톨릭 교회(의 신도들의 삶)를 통해 그들의 삶을 더욱 의미있게 영위하자는 데에 그 목적이 있을 것이다. 그러한 한 교리서가 얼마나 그들의 기대를 채워줄 수 있는가 하는 것은 중요하다. 이에 교리서가 가톨릭 교회의 삶보다는 가르침만을 제시하고, 그리하여 그들의 삶을 교리의 틀에 묶으려고 하는 것은 아닌지 하는 반성은 사목적인 차원에서도 중요한 것이다. 이에 지금 우리 나라의 본당에서 보편적으로 행해지고 있는 예비자 교리시간을 반성하면서 『가톨릭 교회 교리서』를 평가한다.

방금 지적한 대로 사람들이 그리스도인이 되고자 하는 데는 무언가 알고자 하는 욕망이 아니라 더 인간답게 살고 싶은 마음이 더 크게 작용하고 있으며, 여기에는 그리스도인 존재와 그들의 신앙 감각이 큰 역할을 하고 있다. 사람들은 그리스도교의 신이 어떠한 분인지 머리로 알기보다는 그리스도인의 삶에, 이런 면에서 하느님 자체보다는 하느님이 인간의 하느님이라는 사실에, 교회 자체보다는 인간의 교회에 더 매력을 느끼고 있는 것이다. 어쩌면 이는 하느님도 원하시는 것이었을지도 모른다. 왜냐하면 하느님은 어디엔가 인간 세상의 바깥에 존재하시는 분이 아니라 아브라함의 하느님, 이사악의 하느님, 야곱의 하느님, 야훼 하느님이시기 때문이다(출애 3,6.15). 모세에게 나타나 이스라엘을 에집트에서 구원하도록 명령하신 하느님은 인간을 위하시는 하느님, 인간 삶의 한복판에서 인간과 함께 사시는 하느님이신 것이다. "나는 내 백성이 에집트에서 고생하는 것을 똑똑히 보았고 억압을 받으며 괴로워 울부짖는 소리를 들었다. 그들이 얼마나 고생하는지 나는 잘 알고 있다"(출애 3,7). 그러므로 예비자 교리시간은 하느님 개념을 풀이하는 시간이기보다는 이 하느님을 느끼게 해주어야 하며, 그리스도인의 삶을 보여주어야 한다. 예비자 교리시간은 교회의 가르침과 계명을 지적(知的)으로 풀이하는 시간이라기보다는 그리스도의 삶을 사는 (연습하는) 시간이어야 하며, 또 이런 삶의 시간으로 안내하는 시간이어야 한다. 예비자 교리시간이 이런 시간이기 위해서는 교리 중심의, 그리고 예비자 중심의 교리시간을 넘어 삶 중심이어야 하며, 그런 의미에서 이미 이 삶을 사는 신자와 이 삶을 익히려는 예비자가 함께하는 시간이어야 한다. 신자들은 예비자를 예비자 교리시간에 안내하는 것으로 자기 할 일을 다 완수했다고 생각할 것이 아니라, 그래서 예비자를 단순히 가톨릭 교회의 교리를 배우는 사람으로 간주하며, 이미 세례받은 신자들의 기도시간, 말씀 나누기, 교리 묵상, 삶 나누기, 같이 살기 등에 이들을 참여시켜야 한다. 이런 의미에서 예비자 교리를 끝내고 출석과 교리 지식(찰고)에 의존하여 세례를 주기로 결정하는 것은 사목적이지 않다. 예비자 교리는 교리를 전달하는 시간이 아니라 새 사람이 되고 새 삶을 살기 위한 시작이어야 하는 것이다. 이에 대해 제2차 바티칸 공의회는 「선교교령」에서 이렇게 말한다:

> 그리스도께 대한 신앙을 교회를 통하여 받은 사람은 전례상의 의식에 의해 성세 지원기에 받아진다. 이 기간은 교리와 계율의 설명뿐이 아니고 그리스도교적 생활 전체의 교육과 충분한 시간을 통해서 견습기간이며 이로 말미암아 제자들은 스승이신 그리스도와 결합된다. 그러므로 성세 지원자는 구원의 신비를 충분히 배우고 복음에 의한 생활과, 시간을 두고 계속 집행되는 성스러운 의식에 의해 하느님의 백성의 신앙과 전례와 사랑의 생활에 인도되어야 한다. … 성세 지원기에 있어서의 그리스도교에의 입신入信은 다만 전도사나 사제들에 의할 뿐 아니라 신자의 전全집단 특히 대부·대모에 의해 이루어져야 한다. 그것은 이렇게 함으로써 성세 지원자들이 처음부터 그들이 하느님의 백성에 속한다는 것을 자각할 수 있기 때문이다. 더욱이 교회의 생명은 사도적 생명이니 성세 지원자들도 또한 생활의 증거와 신앙선언으로 말미암아 복음의 선포와 교회의 건설을 위해 적극적으로 협력하는 것을 배워야 한다(14항).

예비자 교리의 형태가 삶(생활)의 교리로 바뀌어야 한다면 교리서는 마땅히 유럽 중심의 교의 중심에서 한국인의 심성에 맞는 삶의 교리서로 바뀌어야 한다. 이에 대한 근거는 이미 초기교회에서 찾아볼 수 있다. 현재 형태의 예비자 교리는 그리스도교 전통에서 볼 때도 한참 후에 형성된 것이다. 초기교회의 예비자 교리는 적어도 이런 형태는 아니었으며, 더군다나 지식을 전달하는 시간은 더욱 아니었다. 초기교회는 삶에 근거한 회개의 공동체였다.[13] 이 공동체 안에 모인 이들은 교의에 신앙을 고백한 것이 아니라 예수의 삶과 예수에게 행하신 하느님의 구원활동, 즉 살아 계신 하느님께 신앙을 고백하였다. 그래서 각 개

---

[13] H. Mühlen, *Neu mit Gott. Einübung in christliches Leben und Zeugnis*, Herder 1990, 17-9.

인이 세례로 그리스도께 개적인 회개를 하여 그리스도인이 되었다. 회개가 그들의 전 삶을 규정하였다. 그러다가 4세기경 콘스탄티누스 황제가 그리스도교의 자유를 선포하고 나아가 이를 국교로 정하면서 상황은 달라졌다. 제국의 공적인 삶을 그리스도교화하는 일이 시작된 것이다. 6세기초 테오도시우스 황제는 세례를 시민법 교육을 위한 전제로 내세웠다. 세례를 받은 사람만이 시민법을 다룰 수 있다는 것이다. 이로써 초기교회에서 개인의 회개를 강조한 예비자교리catechumenat는 그 의미를 잃게 되었다. 게르만족의 그리스도교화는 집단적으로 이루어졌다. 온 부족部族이 회개한 후 그리스도교 입문이 공동체 생활에 전해졌다. 각 개인이 세례를 위해 어떤 준비를 하지 않아도 되었다. 신앙은 사회적인 방법으로 지속되었다. 이런 사회에서 사람들은 출생과 함께 그리스도인이 되었다(유아세례). 각 개인이 개적으로 신앙을 묻고 찾거나 개적으로 증거하는 사이에 그리스도인이 되는 것이 아니라, 그리스도인 존재는 "그리스도교" 문화와 함께 주어졌다.

그러나 오늘날은 이런 서구 유럽식의 그리스도교 구조도 깨어지고 있다. 신앙은 이제 더 이상 서구 유럽의 그리스도교 문화에 의해 펼쳐지지 않는다. 이는 유럽에서 문화와 교회가 더 이상 서로 스며든 관계에 있지 않음에서도 보게 된다. 오히려 신앙생활을 하려고 노력하는 사람은 그들의 문화권에서 이를 변명하거나 정당화시키려고 애를 써야 한다. 초기교회에 향수를 느끼는 것도 이 때문이다. 초기교회에서처럼 그리스도인은 자기의 생활을 개적으로 증거해야 한다. 따라서 예비자 교리도 지금의 로마 방식을 넘어 초기교회의 방식으로 전개되는 것이 바람직하다.

이렇게 볼 때 예비자 교리시간은 그야말로 신자와 비신자뿐 아니라, 그리스도교와 세계, 복음과 문화가 만나는 삶의 시간이어야 하며, 이 만남을 통해 서로를 변화시키는 시간이어야 한다. 예비자 교리시간은 이미 세례받은 신자들의 시간이기도 해야 한다. 그들도 항상 새롭게 태어나야 하며, 더욱더 그리스도인이 되도록 노력해야 하기 때문이다. 사실 신자가 되었다고 가톨릭 교회의 교리를 다 아는 것도 아니며, 다 완성된 삶을 사는 것도 아니지 않은가? 예비자(복음화)만이 아니라 신자(새 복음화)를 상대로 하는(예비자) 교리시간은 신앙의 신비를 전달하고 이에 대해 이야기해야 하고 이를 연습시키고 생활화하는 시간이어야 한다.

그러면 예비자 교리시간이 삶의 공간이 되기 위해서 어떻게 해야 하는가? 먼저 "우리"의 사고에 전환이 일어나야 한다. 이것이 제2차 바티칸 공의회 이후에 일었던 새 복음화다. 우리는 앞에서 예비자 교리는 ― 이런 면에서 이 단어도 다른 단어로 대체되어야 하지 않을까? ― 예비자들만을 위해 있지 않고 신자들도 상대해야 한다고 하였다. 그 이유로 우리 모두가 복음화의 대상이라는 점을 들었다. 초기교회가 복음화(회개)의 대상으로 비신자를 상대한 것에 비해 오늘날 그 대상에 신자·비신자를 넘어 모두를 포함시켜야 한다면 우리(신자)를 새 복음화의 대상으로 본 것이다.

새 복음화를 위해 우리가 첫째로 생각할 수 있는 것은 그리스도인이 회개하고 복음화해야 한다는 것은 옛 그리스도교(의 전통, 교리)로 돌아가는 것이 아니다는 점이다. 여기서는 그리스도교의 변화가 우선적으로 전제되어야 한다. 사람과 그리스도교가 함께 변화하는 것이다. 서로가 서로를 위한 변화에 기여해야 하는 것이다. 그리스도교의 변화와 함께 사람들도 변하고, 이 변화한 사람들과 함께 그리스도교도 변한다.

그러므로 새 복음화는 종전처럼 단순히 그리스도교를 다른 어떤 문화권에 심는 것이나 비그리스도인을 어떤 새로운 방법을 동원하여 그리스도인으로 만드는 방식으로는 이루어질 수 없다.

포괄적인 유럽의 "그리스도교화"가 성서의 의미에서 "첫 복음화"라 불릴 수 있을까 하는 물음이 오늘날 증대하고 있는 것은 이런 면에서 당연하다. 유럽의 그리스도교화는 각 개인의 개적인 회개와 무관하기 때문이다. "새 복음화"란 교회 안에서의 새로운 방식의 복음화, "세례받은 자들의 자기 복음화"이다. 이 복음화에는 전 신자들이 참여해야 한다.

이렇게 새 복음화를 이야기할 때 우리는 선교도 새롭게 이해하게 된다. 선교는 더 이상 교회에 충실한 그리스도인들이 교회를 모르는 이들에게 그들의 신앙을 전하라는 요구에서 나온 것일 수만은 없다. 복음선포는 예수의 부활과 예수의 영의 변화한 힘에 대한 개적인 증언이다. 모든 선포의 시작은 예수는 살아 계시며 각 개개인을 당신을 증언할 힘으로 채우고자 하신다는 것이다(사도 1,5.8). 그런데 바로 이 점이 오늘날 많은 그리스도인에게 자명한 것이 못된다. 많은 신앙인들이 자기가 예수와 생활한 관계를 맺으며 살고 있다고 생각하면서도 이를 삶에서 남과 이야기하는 것을 대단히 주저하는 것도 이때문이다. 그들의 신앙은 그들 안에만 갇혀 있고 밖으로는 설명이 안되는 것이다. 일상에서 신앙을 이야기한다는 것은 현대인에게 쉽지 않다. 가정과 사회와 교회가 따로 논다. 서구의 경우 많은 그리스도인은 그리스도교의 전통 안에 살고 있지만 그들의 신앙은 비그리스도교적인 주변 환경으로 약화하고 있다. 몸에 십자성호를 긋지만 이는 어느새 교회의 전례용일 뿐 삶에서 추방된 지 오래이다. 많은 신자들이 주일날 미사에 참여하지만 의무감에서일 뿐, 개인의 일상 삶과는 무관할 때가 많다.

『가톨릭 교회 교리서』가 시대가 요청하는 교리서인가는 이 교리서가 얼마나 이런 새 복음화를 지향하고 있는가에서 밝혀진다. 교리서가 과연 그리스도교와 사회, 신자와 비신자, 복음과 문화가 만나는 시간을 제공해 주고 있으며, 이들이 변화할 공간을 제공해 주고 있는가? 그런데 이 교리서는 종전의 교리들을 반복만 하고 있다. 과거 교리의 반복에 의존한 전통적인 신학교육과 교회교육을 펼치는 사이 직무자들은 자기도 모르게 과거지향적이고 "전통"으로 도주하고 있다. 그들에겐 미래를 향한 예언자적인 자극이 없다. 무엇보다도 그들만이 "진리를 소유하고 있다"는 사고의 틀을 벗어나지 못하고 있다. 진리가 그들의 교의 안에 갇혀 있는 것으로 생각하고 있는 것이다. 이런 사고가 쇄신에 방해가 된다는 데에는 의심의 여지가 없다. 많은 이들은 교리서를 바탕으로 하여 각 지역에 맞는 교리서를 만들면 된다고 하지만, 이것이 불가능한 것은 여기에는 삶과 새 복음화의 방향이 빠져 있어 각 지역이 지역 교리서를 낸다 해도 이 또한 『가톨릭 교회 교리서』의 복사판밖에 되지 않을 것이 분명하다.

1.3. 유럽 교회 중심의 교리서?

지금 세계 가톨릭의 60% 이상이 제3세계에 살고 있으며, 그들 중에서 열여섯 살 아래의 청소년이 40%, 스물다섯 살 이하가 65%를 차지하고 있다. 이에 반해 유럽에서는 열여섯 살 이하가 25%밖에 안된다. 제3세계 교회는 세대로 봐서 미래를 짊어진 청소년의 교회라 할 수 있다. 이에 반해 유럽의 교회는 직무자뿐 아니라 신도들도 늙은 세대가 주축을 이루고 있다. 그럼에도 이들이 전세계적으로 지도적 역할을 할 때 교회는 지속적인 어려움을 겪을 것이 뻔하다. 유럽 중심에서 벗어나 "교회 공동체" 안의 형제자매 관계로 의식의 구조적 변화를 일으키는 것은 교회의 과제이다. 그런데도 유럽이 교회의 중심을 담당하고 있다.[14] 여기서 로마 교회와 로마의 주교, 즉 교황이 교회 공동체의 일치를 이룬다는 것을 문제삼자는 것은 아니다. 다만 문제는 서양의 전통과 신학에 근거한 가르침과 전례, 윤리도덕과 사목에서 "가톨릭이라고 여겨지는 것"만이 강조되는 바람에, 제2차 바티칸 공의회가 새로운 가능성으로 열어놓은 지역교회의 특성이 아주 제한되어 실현되고 있는 실정이다는 것이다.[15] 신앙도 윤리도, 도덕도 사목도, 교육도 그리고 복음화도 로마 가톨릭의 보편화로 이해되고 있는 것이다. 교황대사들도 거의가 유럽 사람이고, 그 지역에서 그 지역의 문화와 정서를 잘 모르는 경우가 많다.[16]

오늘날 제3세계에서는 복음화와 문화의 변증법적인 관계를 새로운 차원으로 이해하고자 한다. 제3세계 신학은 그리스도교 신앙을 과도한 외세 문화, 예컨대 지난 세기의 서구 선교사의 표현을, 복음을 자기의 고유한 문화 안에 뿌리내리는 데에 방해가 되는 서구적 요소를 깨끗이 씻으려고 한다. 복음화는 유럽 중심

---

[14] M. Kehl, *Die Kirche*, 215-21; 이제민, "한국 천주교회의 정체성과 그 실현", 『신학전망』 107, 24-51 참조.

[15] 보편교회만이 아니라 부분교회도 가톨릭적이다. 부분교회들 안에 그리고 이 부분교회들로써 전체교회가 존재한다(「교회헌장」 23).

[16] 제2차 바티칸 공의회는 지역교회를 전체교회로 강조하면서 동시에 주교 공동체를 강조하였다. 그럼에도 가톨릭 교회는 현재 전통적인 "교황교회"로 보인다(이제민, 앞의 책, 109 이하 참조).

적으로 전개될 수 없고, 지역교회의 문화 상황을 외면한 채 유럽 교회의 수입을 위한 작업일 수는 없다는 것이다. 이런 이유 때문에 오늘날 토착화의 문제는 선교 지역 백성들의 문화에 신앙을 어떻게 "적응"하느냐 하는 재래의 교육적인 차원에서가 아니라, 신앙이 다양한 문화 속으로 깊이 "육화"했다는 차원에서 연구되고 있다. 토착화는 각 문화의 가장 내면적인 것을 파악하고, 이로써 각 문화가 그리스도 안에 계시된 것을 따라 발전할 수 있도록 그리스도의 삶과 그리스도의 복음을 현재화하는 것을 의미한다. 신앙을 문화 안에 현재화하고 토박이가 될 수 있도록 하기 위해서 복음의 선포는 복잡한 과정을 거쳐야 한다. 켈은 이 과정을 다음의 세 단계로 설명한다.[17] 첫째는 번역의 단계로서, 그 지역의 문화·우주관·사회학적·인간학적·신학적 근본 논증에 주의하면서 신앙선포와의 연결점을 찾아야 한다. 둘째는 문화와 그리스도교의 상호 변형과 재생Regeneration의 단계인데(그 자체로 종교적인 성격을 띠고 있는), 어떤 문화와(그 자체로 일정한 문화와 역사적인 형태를 지니고 있는) 그리스도교의 신앙의 만남에서는 양쪽의 변화와 쇄신이 진행되어야 한다. 그다음 그리스도교 신앙은 셋째 단계로 수렴과 일치에 도달해야 하는데, 일치된 신앙의 지역 형태가 보편교회와의 일치 안에서 통합되고, 가톨릭성을 전개하는 요소로서 받아들여진다는 것을 의미한다.

켈에 의하면 이런 문화간 통교를 통해서 그리스도교 신앙은 오늘날 자기의 참 "가톨릭적 동일성"을 찾게 된다. 이런 문화간 통교 없는 가톨릭 신앙은 전통적이고 문화적으로 이미 추월당한 유럽 중심적인 일치 유형에 떨어지거나 아니면 교회의 지방화를 자아내는 지역교회의 집단으로 용해되고 마는 위험에 처하게 된다.[18] 이런 상황에서 유럽 교회와 로마는 진정으로 지역교회가 자신의 교회성을 발견하도록 도와주어야 할 것이며, 지역교회는 자신을 로마의 분교分教로서가 아니라 전체교회로 자각해야 할 것이다. 21세기를 몇 년 앞두고 바라보는 시점에서 『가톨릭 교회 교리서』가 나왔다면 바로 이 지역교회(의 교리서)를 위한 것이어야 할 것이다.

---

[17] M. Kehl, 앞의 책 참조.   [18] 위의 책.

그런데 『가톨릭 교회 교리서』는 이런 욕구를 채워주지 못하고 있다. 더구나 이 교리서는 우리에게 성숙한 신앙보다는 마치 히브리서의 저자가 말하는 "우유"만 받아먹는 유아로 취급하고 계속 유아적 신앙만을 강요하는 듯한 인상을 준다.

> 실상 여러분은 시간으로 보아서는 마땅히 선생이 되어야 할 터이지만 하느님의 말씀 가운데서 초보적인 요소들을 다시 배울 필요가 있습니다. 여러분은 단단한 음식이 아니라 우유를 필요로 하는 이들이 된 셈입니다. 우유를 마시는 사람은 모두 아기이므로 올바른 가르침에 익숙하지 못합니다. 반면에 단단한 음식은 성숙한 사람들을 위한 것입니다. 그들은 경험을 통해서 옳고 그른 것을 구별하는 훈련된 의식을 갖고 있습니다. 그러므로 우리는 그리스도에 관한 초보적인 교리를 떠나서 성숙한 경지로 나아갑시다.(히브 5.12-6.1).

히브리서 저자는 신도들이 단단한 음식을 먹도록 성숙하기를 바라고 요구하지만, 로마는 전세계 교회에 『가톨릭 교회 교리서』라는 우유를 제공하며 그 안에 교회를 어린 교회로 보고 있는 것이다. 우리 한국 천주교회는 우리가 늘 자랑하듯이 그 역사가 200년을 넘어섰다. 이 기간은 거의 2,000년에 가까운 유럽의 교회 역사에 비하면 짧지만 우리의 교회가 어미의 젖을 떼기에는 충분한 기간이다. 우리는 언제까지나 로마의 젖을 빨고 있을 수 없으며, 로마는 또 언제까지나 우리에게 젖을 물릴 수는 없는 것이다. 젖을 떼고 단단한 음식을 먹도록 하여 유아가 어서 빨리 성장하도록 돕는 것은 어머니 교회의 의무이다. 신앙은 전달된다. 궁극에 가서 신앙을 받은 사람은 그 신앙을 자기의 것으로 만들어야 한다. 우리는 남의 신앙을 신앙할 수는 없는 것이다. 우리는 진지하게 자문하지 않을 수 없다. 우리는 아직도 로마로부터 "교리서"라는 "우유"를 공급받아야 하는가? 아니 우리가 언제 한 번이라도 단단한 음식을 먹으려 애써 본 적이 있는가? 우리는 이 우유가 없어 아직 자라지 못하고 있는가? 이 교리서는 결코 제3세계, 또는 전세계를 위한 영원한 "우유"일 수는 없다. 성숙한 신앙은 신도들의 신앙 감성과 그 상황을 존중하는 데서 가능하다.

2. 그리스도교 중심적 교리서?:
타종교와 선교의 항목에 나타난 문제

『가톨릭 교회 교리서』에는 놀랍게도 제2차 바티칸 공의회가 요청한 교회일치적 관점과 종교간의 대화가 많이 결여되어 있다는 인상을 받게 된다. 뿐만 아니라 공의회 이전으로 돌아가 사고하고 사목한다는 혐의를 강하게 준다. 예컨대 타종교와의 대화는 "교회는 공번되다"(가톨릭적이다)라는 소제목 아래 839-845항목에서 다루고 있다. 이 항목에서 타종교가 다루어지고 있다는 것부터가 비그리스도인에게 호의적이지 못하지만, 839-845의 7항목이란 이 비중은 전체 2,865항목에 비해 볼 때 0.25%도 되지 않으며, 거기서 유대교와 이슬람을 빼고(839-841) 우리 동양의 종교를 언급할 수 있는 가능성이 있는 항목은 두 항목(842-843)뿐이어서 타종교권 안에서 신앙하는 한국인 그리스도인에게는 무관심한 교리서로 평가된다.[19] 두 항목에서 타종교를 다루고 있다고 하지만 즉시 이어지는 844항에서 "그들의 (다른) 종교적 태도 안에서 하느님의 모습을 왜곡시키는 오류와 한계를 보이기도 한다"고 주장함으로써 종교간 대화에 찬물을 끼얹는다. 그러고는 마치 그 결과이기나 한 듯이 846-848항에서 "교회 밖에는 구원이 없다"고 못박는다. 이 견해가 타종교에 대한 우리의 견해라고 말해버리면 간단하다. 하지만 문제는 타종교에 대한 "우리"의 견해만 가지고는 대화를 할 수 없다는 것이다. 교리서는 이런 점에서 공의회의 정신을 이어받아 발전시켰다기보다는 교회를 그 이전으로 이끌려는 의도가 많다는 지적을 면할 수 없다. 필자의 이런 지적은 중요하다. 왜냐하면 한국에서의 교리서는 그리스도교 안에서의 여러 교파와 여러 종교의 상황을 떠나서는 진정한 교리서를 기대할 수 없기 때문이다. 다원의 상황은 한국 천주교인이 처한 삶의 상황이다.

---

[19] 이에 비해 공의회는 총 16개 문헌 중 한 문헌이 교회일치에, 두 개 문헌이 타종교 및 종교자유에 관한 것으로, 문헌만으로도 많은 관심을 보이고 있다. 그외에도 「선교교령」 등까지 생각하면 다른 문화에 대한 관심이 대단히 높았던 것이다.

그 다음 이어지는 선교에 대한 내용(849-856)도 이런 맥락을 벗어나지 못해 각 지역 문화를 이해하려는 관심이 부족하다는 인상을 준다. "선교"에 관한 내용은 "선교의 위임"(849), "선교의 기원과 목적"(850), "선교의 동기"(851), "선교의 방법"(852-856)에서 다루어지고 있다. 이 항목은 제2부 제3장 제9절의 세번째 단락(III)의 "교회는 공번되다"라는 소제목 아래 서술되어 있다. 그리고 그 다음의 단락(IV)에 "교회는 사도적이다"라는 소제목이 다루어지고, 그 다음에 이를 요약하는 항목에서 교회가 선교적이라는 것이 언급되어 있다. 이를 보면 "교회는 공번되다. 교회는 신앙 전체를 선포하며, 모든 구원의 방법들을 자신 안에 충만히 지니고 있으며 이를 전한다. 교회는 모든 민족들에게 파견되었고, 모든 사람들에게 말을 건네며, 모든 시대를 포용한다. 교회는 본성상 선교적(「선교교령」 2)이다"(868).

선교가 교회의 가톨릭성을 이야기하는 항목에서 다루어지고 있는 것이 놀랍기도 하지만 그 이유는 나름대로 있다. 선교해야 한다면 "하느님의 보편성"을 선교해야 하기 때문이다. 교리서가 선교에 대하여 언급한 것을 보기 전에 다른 교리서들은 선교를 어떤 항목에서 다루었는지 살펴본다.

『화란 교리서』는 선교를 제4부("그리스도의 길") 중의 "하느님 백성의 사제직"이라는 장에서 "무엇 때문에 선교하는가? 젊은 교회를"이라는 제목 아래 다루고 있다. 독일 교리교사 연합이 내놓은 교리서『신앙 요강綱要』에는 3부(교회와 성사들) 중 "구원의 표징"이라는 장에서 "만백성을 위한 구원의 표징"이라는 제목에서 다루고 있다. 개신교 공동체 교리서는 성령에 관한 6부의 2장에서 "교회는 어떤 위임을 받았는가? 교회와 교회들, 선교와 봉사"라는 질문을 던지고, 선교에 관한 상론詳論에서 "하느님은 교회를 백성들에게 봉사하도록 보냈다"고 쓰고 있다. 독일 주교회의가 내놓은『가톨릭 성인 교리서』는 선교를 성령의 활동과 관련된 맥락에서 다룬다. "영의 성사로서 교회"라는 장에서 "인간과 하느님의 역사 가운데서 교회"라는 항목 중에 "교회의 구원 사명"에서 선교를 다룬다. 프랑스의 교리서『프랑스 신앙서』에서 선교는 4부(도정의 교회)의 한 장인 "증거 존재의 모험"에서 다루고 있다. 거기서 "무엇 때문에 증거하는가?" 하고 물으면서 "선교 사명의 원칙"에 관한 상론으로 답변하며 복음을 선포할 의무를 가지고 있다고 말한다. 벨기에 주교단이 내놓은 교리서는 간경(簡勁)한 필치로 선교를 제1부(신앙고백)의 가톨릭 교회에 관한 부분에서 다룬다. "세계를 통하여 그리스도인들은 주님이 만백성에게 보낸 교회의 선교에 참여한다."[20]

이상의 모든 교리서들은 제2차 바티칸 공의회의 가르침에 따라 선교를 전체 교회의 본질에 속한 것으로 이해하고 있다. 그렇기 때문에 그에 따라 서술하고 있다. 물론 그 강조점은 위에서 본 것처럼 하느님 백성의 사제직, 구원의 표징, 만백성에게 봉사, 구원의 사명, 증거, 세례(보편 사제직) 또는 『가톨릭 교회 교리서』에서처럼 교회의 가톨릭성의 요구 등으로 다양하게 나타난다. 『가톨릭 교회 교리서』는 선교에 관하여 아주 분명하게 분류하고 있고(교회 가톨릭성의 요구), 또 제2차 바티칸 공의회의 문헌 중에서 많이 인용하였음이 눈에 띈다. 교회의 보편성이 선교되어야 한다는 의미에서 이 장에 분류하였지만 『가톨릭 교회 교리서』 전체의 인상은 보편성에 어떤 테두리를 두르고 있는 듯한 느낌을 지울 수 없게 한다.

『가톨릭 교회 교리서』에서 선교에 관한 텍스트는 다음과 같이 구성되어 있다. "선교 위임"(849)은 구약성서와 마태 28,19-20의 첫 단어로 서술되어 있고, "선교의 기원과 목적"(850)은 「선교교령」 2항을 인용하여 "나그네 길을 가고 있는 교회는 그 본성상 선교하는 것을 사명으로 하고 있다"고 정의하고, 선교의 궁극적 목표는 "인간들이 사랑의 성령 안에서 성부와 성자께서 이루시는 친교에 참여하게 하는 바로 그것이다"고 말하고 있다.

선교의 동기는 모든 사람에 대한 하느님의 사랑이다(851). 여기서 2고린 5,14와 1디모 2,4를 인용하면서 다음과 같이 말한다: "구원은 진리 안에 있다. 진리의 성령의 활동에 순종하는 사람들은 이미 구원의 길에 들어서 있는 것이다. 그러나 이러한 진리를 위임받은 교회는 그들에게 진리를 전달하기 위해 그들의 희망을 맞으러 나아가야 한다. 교회는 구원계획이 보편적임을 믿기에, 교회는 선

---

[20] B. Doppelfeld, "'Mission' im neuen 'Katechismus der katholischen Kirche'", *ZMR* 77 (1993), 300-6.

교한다"(851). 선교의 방법(852)에서는 무엇보다도 성령의 활동이 묘사되고 있다. "'모든 선교의 주역은 성령이시다.' 성령께서 교회의 선교의 길을 이끄신다."

그 다음 853-856항에는 「선교교령」, 「교회헌장」, 「사목헌장」, 「일치교령」 등에서 많은 문장을 인용하였고, 주제로는 속죄와 쇄신의 필요성, 가난과 박해에 대한 준비성(853), 교회와 온 인류 및 세계와의 연대성, 복음선포와 지역교회 건설에서의 인내, 토착화와 실패의 위험(854), 그리스도교의 일치와 교회와 선교의 밀접한 관계(855), 복음을 받아들이지 않는 사람과의 대화(856)가 다루어지고 있다.

수많은 인용으로 구성된 853-856항에서 독자들은『가톨릭 교회 교리서』가 선교를 적절하게 다루기보다는 중요하게 보이는 것을 잊지 않으려고 또는 빠뜨리지 않으려고 애쓰고 있는 듯한 인상을 받게 된다.

교회와 신학에서 선교의 내용은 "선교"라는 단어를 직접 사용하지 않고 그와 관련된 개념으로 표현되고 있다. 간소화의 경향과 감입感入 능력의 부족도 비판의 대상이다. 한 예를 들자면 교리서는 "이혼 불가성"(1645)과 결혼의 존엄성(2387)과 관련하여 일부다처제에 대한 문화적·사회적 배경이나 그에 대한 이해에 대해서는 한 마디의 언급도 없다. 서문에서 교회 공동체에 봉사하는 데 합법적인 도구가 되고자 하고 신앙의 가르침에 대한 확실한 규범이 되고자 한다고 밝히고 있지만 전개되는 과정은 유럽 중심적이다. 선교의 임무로 "아직 복음을 받아들이지 않은 사람들과의 대화"를 언급하고 있지만, 특히 여러 종교가 공존하고 있는 한국 상황에서 그리스도교의 태도는 자칫 자신은 이미 그리스도의 진리를 다 얻은 것처럼 보여 비그리스도인에게는 위압적인 태도로 비칠 수도 있다. 교회는 자기가 더 이상 온 세계 각 지역의 모든 인간을 위한 유일한 구원의 수단이라는 입장을 내세우는 것이 불가능하다는 것을 인정해야 한다. 물론 우리는 이것이 단순히 불가능하다는 말로 끝날 것이 아니라는 것도 잘 알고 있다. 사실 우리는 이 일이 가능하다고 본다. 소위 말해서 다양성 속의 일치 때문이다. 그런데 이 교리서에는 이런 일치를 이끌어낼 요인을 찾아보기가 쉽지 않다. 오히려 교리서를 낸 교회의 태도에서 우리는 교회의 보수적이고 방어적인 자세를, 세상을 향하여 자신을 열지 못하는 좁은 마음을 보게 된다. 세상의 일을 걱정은 해야겠으나 이를 적극적으로 풀어나갈 능력을 잃은 교회의 모습이다.

3. 가톨릭 교회 중심적 교리서?: 교회일치 운동의 항목에 나타난 문제

교회일치 운동과 관련해서 볼 때 『가톨릭 교회 교리서』는 타교파와의 대화면에서 솔직하지 못하다는 인상을 준다. 『가톨릭 교회 교리서』에 의하면 단일성은 "교회의 본질에 속한다"(813). 교리서는 교회의 단일성을 다양성 가운데의 단일성으로 상세히 규정한다. 이 단일성은 하느님의 선물의 다양성과 이로써 선사된 인물의 다양성으로 특징지어진다. 이 단일성은 민족과 문화와 카리스마와 교회 안에 있는 직무의 다양성 가운데, 그리고 지역교회의 다양한 생활조건, 생활방식 그리고 전승 가운데서 나타난다. 이런 다양성은 교회의 단일성에 대립되는 것이 아님을 교리서는 분명히 강조한다(814). 그런데 교리서는 예수 그리스도의 뜻에 따르면 오직 하나의 교회만이 있다고 주장하면서, 예수 그리스도의 이 유일한 교회는 "베드로의 후계자와 그와 일치하는 주교들이 다스리고 있는 가톨릭 교회 안에 존재한다"(「교회헌장」 8)라고 「교회헌장」에서 인용하고 있다. 이 대목에 사용된 "안에 존재한다"subsistit in라는 용어는 과소평가되어서는 안된다. "그리스도의 유일한 교회는 가톨릭 교회 안에 존재한다"는 말은 참되고 유일한 그리스도의 교회는 그 비밀의 성격을 해하지 않고 인식될 수 있다는 것을 의미한다. 이 교회는 역사적으로 가톨릭 교회 안에 구체적으로 나타났다. 그러나 — 이것은 결정적인 것인데 — 이 교회는 단순히 역사적 형태인 가톨릭 교회와 동일한 것은 아니다. 이로써 공의회는 가톨릭 교회 조직 밖에서도 성화와 진리의 요소가 많이 발견된다(「교회헌장」 8)고 말하면서 이 사실을 고려하고자 하였다. 그리스도의 유일한 교회는 그 구체적인 실존 형태를 가톨릭 교회 안에 가지고 있긴 하지만 그리스도의 설립에 참여하는 가톨릭 밖의 교회에도 있다.

그런데 『가톨릭 교회 교리서』는 이 "안에 존재한다"라는 단어를 괄호 안에 처리하였을 뿐 아니라, 이 단어에 대한 해설도 생략하고 있다. 그리고 나서 직접 제2차 바티칸 공의회의 「일치교령」에서 한 대목을 첨부한다: "구원의 보편적 보조수단인 그리스도의 가톨릭 교회를 통해서만 구원방법의 모든 충족에 도달할 수 있다. 주님께서는 베드로를 단장으로 삼으신, 한 사도단에 신약의 모든 보화를 맡기셨고, 그것은 어느 정도로나마 이미 하느님 백성에 속하는 모든 이가 완전히 결합되어야 할 그리스도의 몸을 지상에 건설하기 위함이었다고 우리는 믿는다"(「일치교령」 3).

그러나 공의회 교부들이 이렇게 견지堅持한 것은 먼저 가톨릭 교회의 볼 수 있는 경계 밖에 성화와 진리의 많은 요소가 실존함을 암시하고 "갈라진 교회들과 단체들이 비록 결함은 있겠지만 구원의 신비에 있어서 절대로 무의미하거나 무가치한 것이 아니며", "그리스도의 성령이 그 교회와 단체들을 구원의 방법으로 사용하시기를 거절치 않으신다"(「일치교령」 3)는 것을 강조한 다음이었다.

이것은 비가톨릭 교회들이 여러 결함에도 불구하고 긍정적인 구원 역사의 기능을 가지고 있다는 것을 의미한다. 그런 다음 공의회 교부들은 위의 인용한 대목으로 갈라진 교회와 단체들이 물론 포괄적인 단일성과 "구원 수단의 충족"을 만끽하지 못한다는 사실을 강조한다. 그런데 교리서는 이 인용을 유일한 그리스도의 교회가 가톨릭 교회 "안에 존재한다"는 제2차 바티칸 공의회의 확신 다음에 두고 "안에 존재한다"는 용어에 대한 해설을 피하는 바람에 공의회 교부들이 의도한 진술을 이해하는 데에 오히려 방해가 되고 있다. 신학적으로 교육받지 않은 독자들은 이런 식의 인용의 배합 때문에 교리서가 말한 것은 결국 그리스도의 유일한 교회는 가톨릭 교회와 동일하다는 오해에 빠지게 된다.[21]

교회일치 운동과 관련하여 개신교 신학자 판넨베르크가 『가톨릭 교회 교리서』에 대해 느낀 바를 바탕으로 하여 가한 견해는 날카롭다. 그는 그리스도교가 분리로 일치가 손상을 입었고, 그래서 일치는 필연적이다(817-822)라고 한 것

---

[21] *SdZ* 1993, 535-7.

이 교회의 가톨릭성의 주제로 다루어진 것을 긍정적으로 평가한다. 로마 가톨릭 교회와 결합하지 않은 교회도 교회의 가톨릭성에 속한 것으로 다룸으로써 교파적인 의미를 벗어나 가톨릭성을 해석한 것은 고무적이라는 것이다(836-838).[22] 그러면서도 교회의 분열이 로마 가톨릭 교회가 가톨릭성을 침해한 결과이기도 하다는 공의회의 지적(「일치교령」 4)이 단지 부차적으로 다루어지고 있는 데에 대해서는(855) 불만을 표한다.[23] 교리서는 또 선교의 임무를 교회의 사도성의 주제와 관련하여 다루고 있는데, 교리서에 의하면 교회의 사도성은 원칙적으로 사도적 원천(862)과 또 사도들의 후계자인 주교들(861 이하)과 관련한 것이다. 이로써 갈라진 교회와의 차이에서 오는 어려운 점들은 다루고 있지 않다. 이는 교회의 교계적 구성(874 이하)에서 교회 직무를 이해하는 데에서 더욱 분명히 드러난다.[24] 대화를 하자는 주장만 가지고는 교회일치 운동과 종교간의 대화 및 문화와의 만남에 최선을 다했다고 할 수 없다. 교리의 내용을 논하는 데 있어서 만남의 대화가 시도되어야 한다. 교리서에서는 이런 만남을 위한 노력을 찾아보기가 어렵다. 그외에도 판넨베르크는 아직 대화를 어렵게 하는 점으로 다음의 것을 언급하고 있다. 하느님을 이야기하는 데서 하느님을 찾는 인간을 심화하기보다는 근대 이전의 논쟁의 근거에서 신 증명 방법을 벗어나지 못한 점, 성서와 성전의 관계, 신앙의 복종[신앙을 하느님께 대한 신뢰로 보는 관점은 다루지 않고 계시하시는 하느님께 대한 동의로만 봄; (143)], 『필리오케』Filioque 문제(248), 아담과 하와의 창조 및 그들의 타락을 형식비판적인 관점 없이 역사적으로 보려 한 점, 성서적 원상태에 대한 설명의 역사성(374 이하), 인류 타락을 "인간 역사의 시초에 일어났던 사실 곧 원초적인 사건"(390)으로 보면서 원조를 역사적 첫 조상으로 본 점[이런 맥락에서 판넨베르크는 프로테스탄트의 "초기 개혁자들이 인간은 기원죄로 말미암아 근본적으로 타락했고, 그의 자유는 소멸되었다고 가르쳤다"(406)는 교리서의 판단은 오해라고 지적한다], 마리

---

[22] Wolfhart Pannenberg, "Eine evangelische Stellungnahme zum Weltkatechismus der katholischen Kirche" *Kerygma und Dogma* 41 (1995/1), 11.

[23] 위의 책, 같은 쪽.   [24] 같은 쪽.

아의 동정성의 역사성(498)과 상징성을 배제한 역사적인 사실로 보려고 함(499-501), 칠성사에 관한 것, 의화(1987 이하)에서 교회일치에 아무런 문제가 없는 것처럼 트리엔트 공의회를 인용하고 있는 점(1993). 그리고 죄사함에 대한 가르침과 이의 실천이 루터로 하여금 교회를 비판하게 하고 나아가 교회분열의 한 원인이 되었다는 사실은 언급하지 않고 죄사함을 교회의 가르침으로 보려는 것은 개신교도들에게 이해하기가 어렵다는 점 등을 든다.[25] 각 교회들이 교회일치를 위해 그리고 인류 공통으로 할 일에 대한 논의도 교리서의 내용이었으면 하는 아쉬움도 감출 수 없다. 『가톨릭 교회 교리서』는 주로 공의회 이전의 입장만을 정리해 주고 있다는 혐의를 벗어날 수 없다.

* * *

제2차 바티칸 공의회는 사목적인 공의회였고 인간을 위한 공의회였다. 교회 안팎의 모든 인간들, 신자와 비신자, 그리스도인과 비그리스도인, 나아가서는 무신론자를 위한 공의회였다. 공의회의 정신에 따른 교리서라면 의당히 이런 사목적 교리서이어야 하고 인간(의 삶)을 위한 교리서이어야 할 것이다. 그런데 『가톨릭 교회 교리서』는 트리엔트 공의회의 교리서에 따라 구성되어 있고(신앙고백, 성사, 십계명, 주님 기도), 교회의 특징을 해설하면서 성서, 제2차 바티칸 공의회 문헌, 교황들의 진술, 전통의 증언 및 교회법으로부터의 흥미있는 수많은 인용으로 채워져 있어 독자들에게 책임자들의 포괄적인 지식과 근면성에 경탄하게는 하지만, 이런 인용들이 과연 독자들에게 신앙의 진술들에 대한 올바른 이해로 전달할 수 있는가? 하는 의문은 지워주지 못하고 있다. 일반 신도나 예비자에게는 너무 어렵고, 지역교회의 실정이 반영되어 있지 않다는 것도 지적되어야 한다. 무엇보다도 신앙인들의 신앙 감성을 읽기가 어렵다. 신학의 전문가는 과거의 교리를 반복하는 사람일 수 없다. 그들은 시대의 소리를

---

[25] 같은 쪽.

들어야 한다. 시대의 소리를 듣고 사람들에게 교회에 귀를 기울이게 해야 한다. 교리서에는 시대정신이 반영되어야 한다. 교리서는 신도들의 신앙 감성뿐 아니라 세상 모든 인간들의 마음을 읽어야 한다. 그러기에 교리서는 에큐메니칼해야 하고 타종교인과의 대화에 열린 마음을 가져야 한다. 만일 교리가 모든 인간을 상대로 하지 않는다면 도대체 시대를 위한 교리서라고 할 수 없다. 더군다나 한국에서 인간들의 만남이 타종교인을 제외시키고는 불가능하다는 것을 생각한다면, 즉 한국 천주교회의 교리서는 에큐메니칼하고, 종교대화적이어야 한다는 점을 생각하면, 이 교리서가 이런 한국 천주교회의 교리서를 위해 도움이 될 수 있을는지 의문을 가지게 한다. 교리서는 전문가용일 수 없으며, 종전의 교리를 반복하는 것으로는 부족하다. 이런 이유로 이 교리서는 무용지물이나 도서관용이 될 가능성이 크다.

제 2 부

신앙의 원천

신앙의 원천은 계시이다. 계시가 신앙의 원천인 것은 계시가 녹아들어가는 성격을 지니고 있다는 데서 볼 수 있다. 하느님께서 자신을 세상에 계시하셨다는 것은 하느님께서 세상에 녹아들어오셨기에 세상을 통해 하느님을 알아볼 수 있게 되었음을 암시한다. 세상은 무미건조하고 싱겁고 죄스럽기만 한 것이 아니라, 깊게 체험하면 할수록 하느님처럼 짜고 맛난 것이다. 세상을 떠나서는 하느님을 체험할 수 없다. 그만큼 세상은 가치있는 것이다. 세상의 짬을 체험하도록 하는 것이 신앙이다. 신앙인만이 무상하고 고통스런 세상을 향해 정말로 아름답다고 고백할 수 있다. 세상에 녹아들어오신 하느님은 세상에 보이지 않는다. 그러나 신앙인은 세상을 맛보면서 하느님을 맛보게 된다.

  우리는 지금껏 세상과 하느님, 거룩함과 속됨, 인간과 하느님, 고통과 기쁨, 십자가와 부활의 관계를 너무 이원적으로만 생각하지 아니하였는가 반성해야 한다. 소금은 짜다는 것만을 강조했기 때문이다. 신앙인으로서 "나는 세상과는 다르다", "나는 너와는 다르다"는 오만이 나의 신앙 안에 자리하였던 것이다. 그리하여 싱거운 세상에 대적했고 싱거운 인간을 멸시했고, 세상(인간)과 하느님을, 그리스도교와 다른 종교를 대치시켰다. 이 대치는 사회와 교회에 불신과 불협화음을 자아내었고, 폭력과 배타(排他)를 불러냈고, 신앙인에게 혼란을 야기시켰다. 그리고 계시와 신앙과 종교와 하느님을 멋대로 해석하였다.

  녹아들어간다는 것은 나와 너(남), 속됨과 거룩함이 다르기만 한 것이 아니라, 다른 가운데 서로가 서로의 동일성(非二)을 찾게 해주는 것임을 암시하고 있다. 하느님은 인간 예수 안에서 인간과 하나가 되셨다. 뿐만 아니라 이 사건을 통해 하느님은 모든 인간 안에서 당신이 인간과 하나가 되며 인간이 되셨다는 사실을 알려주셨다. 이 얼마나 엄청난 일인가? 이 사실을 통해 인간은 자기가 그처럼 위대한 존재라는 것을 새삼 알게 된 것이다. 그리고 세상과 우주, 우리의 일상이 더 숭고한 그 이상의 뜻을 지니고 있다는 것을 알게 된다. 뿐만 아니라 왜 이들을 함부로 다루어서는 안되며 사랑해야 하는지를 깨닫고 이들을 사랑으로 대하는 법을 배우게 된다. 계시야말로 종교의 근본이고 사랑의 원천이다. 배타는 종교의 가장 모순된 행위이다. 배타는 계시를 거부하기 때문이다. 신앙이 녹아들어가는 것임을 잊는 데서 현실을 외면하게 되고, 현실을 외면한 그릇된 신심이 나오게 되고, 광신하고, 나와 다른 신앙을 미신시하는 잘못이 나오게 된다. 뉴에이지, 상주 데레사, 나주 율리아의 문제 등 현실을 외면한 신심도 따지고 보면 올바른 신심을 제시하지 못한 현재 교회에 책임이 있다. 광신자, 미신자, 그릇된 신심자의 눈으로는 세상을 아름답게 바라볼 수 없다. 그들에게 세상은 하느님이 녹아들어온 세계가 아니다.

하느님을 드러내는 그 이상의 것들

계시를 나타내는 성서의 개념으로 아포칼립스와 에피파니아를 대표적으로 들 수 있는데, 아포칼립스는 감추어진 먼 미래의 것이 드러나는 것을 말하고, 에피파니아는 세상의 것이 감추어진 것을 나타내는 것을 말한다. 비밀스러운 것, 신적인 것, 종말론적인 것이 현실에 드러나고, 현실은 또 인간으로서 알 수는 없지만 먼 미래의 것, 감추인 것을 나타낸다. 종말론적인 것이 드러난다는 것은 미래가 멀리만 있지 않고 현재로 드러난다는 것을 암시한다. 우리의 세계와는 다른 것(신적인 것), 우리가 시간과 공간 속에서 경험하는 것과는 근본적으로 다른 무엇이 우리에게 알려지고, 전혀 새로운 것, 피안의 것, 거룩한 것, 이 세계 현실로부터 확연하게 구별되는 실재가 자기를 우리에게 알리고, 그때문에 인간은 현실에서 피안의 것을 체험할 수 있다. 이처럼 계시는 우리의 일상적 경험에서 미처 알지 못했던 어떤 원리나 구조를 마술가나 심령술사가 요술을 부려 알려주거나, 우리의 호기심을 충족시켜 비밀을 알리는 것이 아니다. 신비가 우리에게 알려졌다고 해서 신비가 밝혀지는 것은 아니다. 신비는 신비인 채로 남아 있으면서 현실에 드러난다. 현실에서 체험되는 것을 근거로 하여 계시 개념을 이해할 수 있도록 몇 가지 예를 든다.

1. 그 이상의 것

하느님께서 자기의 전부를 이 세상에 전달(계시)하셨다는 내용을 좀더 잘 이해하기 위해서 우리가 살아가며 만나는 실재의 세계를 살펴볼 필요가 있다. 우리는 곧 존재하는 모든 것, 생겨나고 형성되는 모든 것은 단순히 눈에 보이는 것 이상의 의미와 가치를 지니고 있다는 것을 알게 될 것이다. 다시 말해서 이들은 그 이상의 것을 계시하고(나타내고) 있다. 모든 존재는 단순히 겉으로 보이는 부분, 그 드러난 부분 이상의 것이다. 본 것이 보인 것의 전부가 아니며, 보이는 부분이 사물의 전부가 아니다. 책의 앞면을 보고 있다 해서 책에는 앞면만 있는 것이 아닌 것과 같다. 모든 존재는 그 이상의 것을 표현하고 나타내고 있는 것이다. 그림에 나타난 정육면체는 실제의 정육면체와 같을 수 없다. 그림에서 정육면체를 이루는 면의 각도는 각각 다르게 보인다. 한 각이 45도이면 그 각에 이웃한 각은 반드시 135도이어야 한다. 그러면서도 이들 다르게 그려진 각도는 모두 똑같은 90도의 각을 표현하고 있다. 그림은 그 이상의 것을 표현하고 있는 것이다. 그 이상의 것을 볼 수 있을 때 우리는 있는 그대로의 사물에 접근할 수 있다. 실재를 그대로 대하기 위해서는 실재는 놓여 있는 것, 눈에 보이는 것을 넘어 그 이상의 것을 보아야 한다. 그 이상의 것이 계시되어 있다는 것을 인식할 때 비로소 사물을 있는 그대로 옳게 본다고 할 수 있다.

또 하나의 다른 단순한 예. 독일의 기초신학자 프리스H. Fries가 든 눈물의 예이다. 눈물은 분석해 보면 "소금기 있는 액체", "짭짤한 성분을 가진 액체"이다. 화학적으로 보아 이 정의는 의심의 여지 없이 옳은 것이다. 그러나 그것만으로 눈물이 무엇인지 말해졌다고 할 수 없다. 바닷물이 짜다 하여 눈물이라고 말할 수는 없는 것과 같다. 눈물이 무엇인지는 눈물에 표현되고 감추어진 것이 무엇인지 물을 때 비로소 밝혀진다. 그렇게 물을 때 한 사람의 눈물은 짭짤한 맛의 액체 이상의 것, 소금기 있는 물과는 다른 무엇이라는 것을 알 수 있게 된다. "그 이상의 것", "+α", "다른 어떤 것"을 눈물이라는 액체에서가 아니라 눈물을 흘리는 사람에 의해서 깨닫게 된다. 인간의 눈물에는 상황에 따라 고통과 비애, 기쁨과 슬픔, 감격과 분노 등 희로애락이 드러난다. 눈물 속에는 비록 볼 수 없으나 인간의 마음을 감동시키는 마음씨와 여러 감정들이 나타나는 것이다. 이렇게 나타나는 것 그 안에는 항상, 그리고 동시에 나타나지 않는 것이 표출된다. 가장 깊은 곳에 있는 감추어진 실제적인 것이 드러난다. 눈물에 그 이상의 것이 감추어져 있고, 눈물은 감추어진 그 이상의 것을 나타낸 것이다. 모든 것이 그 이상의 것을 드러내고 있다는 것에 대해 몇 가지 또 다른 예.

2. 언 어

우리가 "나는 너를 용서한다", "나는 너를 사랑한다", "나는 너에게 세례를 준다" 하고 말할 때 이 언어 표현들은 단순한 정보의 제공이 아니라 실재를 형성한다. 즉, 그 말에서 용서가, 사랑이, 세례가 일어난다. 언어는 말로 표현하는 것 이상의 것을 나타낸다. 언어는 상징이다. 다른 말로 바꾸어 말하면 언어에는 그 이상의 것이 계시되어 있다. 특히 하느님을 이야기할 때 그러하다. 하느님을 이야기하는 것은 하느님에 대한 단순한 정보제공이 아니라 그 이상의 것, 실지 하느님이라는 단어 이상의 것이 이야기되고 있다.

인간이 이런 언어를 가지고 있다는 것은, 그리고 이야기한다는 것은 이런 그 이상의 것을 인정하고 확신하기 때문이다. 인간이 언어로 이야기한다는 자체가 그 이상의 것이 언어 안에 포함되고 계시되어 있다는 것을 말해준다. 사랑, 용서, 화해 등 특히 신에 대한 이야기는 신적인 것, 거룩한 것이 "실제"로 계시되었음을 말해주는 것이다.

라너가 죽기 얼마 전 프라이부르크에서 한 강연에서 모든 신학적 진술은 유비적 진술이라고 강조한 것도 이런 차원에서 알아들을 수 있다. 일정한 실체를 파악하기 위해 어떤 개념의 도움이 필요한 것은 불가피하지만, 동시에 그 개념의 철회도 이루어져야 한다는 것인데, 그렇지 않을 경우 그 진술에 가리어 실체는 곡해되고 끝내는 왜곡하는 오류를 범하게 되기 때문이다. 예컨대 "하느님"을 체험하기 위해서는 "하늘"이라는 개념뿐 아니라 "신" 개념 자체도 철회되어야 한다는 것이다. 신은 인간의 언어로 발설될 수 없는 그 이상의 존재이기 때문이다.

3. 행 동

인간의 눈물, 웃음, 표정, 언어, 몸짓이나 손짓, 신호 등은 그 이상의 것을 표현하고 있다. 인간은 음악을 들으면서 음의 진동만을 듣는 것이 아니라 멜로디를 듣고, 문장을 읽으면서 음절과 용어만이 아니라 그 맥락과 뜻을 대한다. 악

수는 손을 잡는 행위가 아니라 마음과 마음의 만남을 나타내는 행위이다. 존재하는 모든 것뿐 아니라 인간의 행위도 그 이상의 것을 계시하고 있다.

20세기 들어와서 계시 개념은 행동과 관련하여 활발히 논의되고 있는데 여기에는 블론델(1861~1949)의 "행동" 이해를 그 효시로 볼 수 있다. 블론델은 『행동』 *L'action*이라는 책에서 내재와 초월, 자연과 초자연, 인간과 계시의 일치를 행동 사실에서 입증하려 하였다. 블론델은 인간의 삶을 일, 행동의 관점에서 다룬다. 여기서 말하는 행동이란 넓은 의미에서의 일이며 인간의 무의식적 행동까지 포함한다. 즉, 행동은 일반적이며 가장 영속적인 삶의 사실이라는 것이다. 모든 인간은 무언가를 행하고 있다. 이 행함은 삶의 보편적 사실이어서 아무리 게으른 인간이라도 전혀 아무것도 하지 않는 완전한 게으름뱅이일 수는 없다. 예를 들어 잠자고 쉬고 노는 것도 잠자는 행동, 쉬는 행동, 노는 행동이다. 그리고 숨쉬는 것까지도 하나의 행동이다. 그러한 한 게으른 것도 하나의 참 행동이다. 삶에 종사하는 일을 블론델은 행동이라 부르는데, 이 삶의 일은 인간이 아무것도 하지 않는 곳에서도 행동으로 주장되는 일이다. 아무것도 하지 않는다는 것은 말하자면 아무것도 하지 않는 "행동"인 것이다(無爲 = 爲). 이것은 인간에게 전형적으로 해당되는 사실로서 이 일이 인간을 인간이 살고 있는 세계에 대해서 인간으로 주장하게 한다. 블론델은 이러한 사실에서 인간의 행동은 초월의 장소이며 원리가 된다고 주장한다.

인간은 일정한 방향으로 행동하기 때문에 한쪽으로 행동하면 다른 쪽의 행동은 포기해야 한다. 두 방향으로 동시에 행동할 수 없기 때문이다. 가령, 담배를 피우려면 담배를 피우지 않는 행동은 포기되어야 한다. 잠을 자는 행동을 하려면 마땅히 잠 안 자는 행동은 포기되어야 한다. 이러한 행동은 인간 행동의 고유한 성질에 속한다. 이렇게 인간은 어떤 일정한 일에 참여하기도 하고 거리를 두기도 하는데 이렇게 참여하고 포기하는 것도 하나의 행동방식이다. 이를 통해 인간은 자기 주변의 삶에 주어진 것으로부터 멀어지기도 하고 또 그 상황에서 개체로 주장하게도 된다. 여기서 블론델이 학문적으로 문제삼고자 한 것은 인간의 피할 수 없는 행동 — 하지 않는 것은 "하지 않는 행동"이다.

행동은 인간에게 본질적인 것이다 — 과 가능성으로서의 인간 행동 사이의 불균형이다.

인간의 행동은 항상 무언가를 추구하고 있는데 이런 추구와 의지는 항상 자신을 초월하여 있다. 즉, 담배를 피우려면 담배 피우지 않는 행동을 포기해야 하므로 인간의 행동을 제한하는 것 같지만 사실은 끊임없이 "행동한다", "담배 안 피우는 행동을 한다"는 의미에서 보면 행동은 초월적인 것이 된다. 인간 본성으로 나타나는 행동의 이런 철학적 관찰은 초자연적인 것에로 나아가게 한다. 인간은 상황을 초월하며 그 초월한다는 것은 피할 수 없는 행동의 전형적인 것이다. 행동방식과 초월 사이에는 직접적인 관계가 있어서 인간은 상황을 초월하지 않고서는 행동할 수 없다. 이런 관계에서 인간은 자신을 인간으로 확인하게 된다. 인간이 행동하지 않는다면 자기 삶의 초월에 대해서 서술할 수도 논할 수도 없을 것이다. 따라서 초자연적인 것, 초월, 계시는 인간 행동의 절대 필연성에 속한다.

삶의 행동에 대한 블론델의 이런 분석은 20세기 신학이 나아가야 할 길을 터 놓았다 할 수 있다. 블론델은 행동의 형식적 지평으로 사고하는 것이 필요하다는 것을 보여준 것이다. 그는 "하는 것"과 "하지 않는 것"의 관계에서 "초월적인 것"을 추론해 냈으니 초월하는 것은 인간의 행동 가운데 피할 수 없는 것이다. 신학은 이 초월에 대한 인간적 지식의 총괄 개념이며 동시에 행동에 대한 총괄 개념인 것이다. 행함의 본질sein은 절대적 초월의 지평 가운데의 본질이며, 인간의 일은 이 본질과 관계하지 않고서는 "일"일 수가 없다. 블론델이 말한 이런 행동과 초월의 관계를 생각하면 전통적 호교론에서 볼 수 있듯이 초자연적인 것으로만 다루어지는 하느님이나 그리스도 은총을 단순히 외적인 것, 외계적인 것으로만 파악하는 일 등은 옳은 것이 못되며, 철학적으로도 그 논리가 충분하지 못하다는 것을 알 수 있다. 일반적으로 행해지는 인간의 일에 이미 초월적인 것이 파악되며, 신에 대한 이야기는 일상적인 삶 안에서 이질적인 어떤 것일 수 없기 때문이다. 신과 초자연적인 것은 이미 인간 행동과 그 일의 주제인 것이다. 다시 말해서 초자연적인 것은 인간의 행동과 그 일에 의미를 부여한다.

④ 하느님을 드러내는 그 이상의 것들

신학은 이 초월적인 것을 종합하여 "계시" 개념으로 설명한다. 이로써 초월적인 것은 인간 행동의 전망으로서 내재적이다. 초월과 내재의 관계는 하늘나라와 지상의 나라(하늘나라가 가까이 왔다)의 관계를 생각하면 더 잘 이해할 수 있을 것이다. 초월의 나라, 하늘나라는 저 세상의 것이 아니라 지금 이 세상 안에 내재되어 있다. 그렇다고 하늘나라가 곧 지상의 나라는 아니다(예수의 일이 하느님의 일, 예수를 보는 것이 하느님을 보는 것).

초월적인 것이 내재한다는 블론델의 이 주제에서 프랑스의 신신학이 나오고 내재신학이 형성된다(뤼박, 콩가르, 다니엘루, 부이야르). 20세기 초반 신신학에 반대하는 사람들은 내재신학을 신랄하게 공격하였다. 이들의 공박인즉 내재신학은 초자연적인 것, 계시가 자연적인 것 속에서 고갈되어 버렸다는 것이다. 즉, 초월이 내재한다면 초월에 대한 이야기가 이미 모순이며, 그리스도교를 특징짓는 초자연적인 것, 계시가 내세적인 것과 동일한 것이 되어버렸다는 것이다.

반면 신신학의 옹호자들은 반대자들의 이러한 공박에 대해 주입식 비본질주의로 보고 역비판한다. 비본질주의는 인간과 계시 사이를 오로지 외적인 관계에서만 보려 한다는 것이다. 그리고 계시가 밖에서 주어진 것이라면 더 이상 인간 존재 안에 근거할 수 없다는 것이다. 이렇게 되면 신학은 피상적인 것이 되며 권위적이고 그래서 인간적-사회적 삶 안에서 고유한 사실이 되지 못하고 만다는 것이다.

4. 죽 음

죽음은 모든 것의 마지막이다. 죽음은 모든 희망의 끝이다. 죽음과 함께 우리의 모든 것이 끝난다. 기껏해야 인간은 자기가 죽는다는 것을 알고 있기에 생을 반성하며 죽음을 준비할 수 있다는 정도에서, 죽음은 어떤 사건만이 아니라 "나"의 행위이고, 그런 의미에서 죽음은 완성이다는 정도로 위로는 할 수 있을 것이다. 그의 끝장은 아무도 막을 수 없다. 아무리 인간이 사랑하는 사람의 죽음을 대하면서 죽음 이상의 그 무엇, 그가 살아 있을 때는 느끼지 못했던 생명의 숨결이 자기의 생명 안에 들어와 있음을 체험한다고 하더라도, 장례식은 사자死者를 그냥 땅에 묻는 예식의 차원을 넘어 산 자에게처럼 죽은 자에게 말을 건네는 예식이라고 할지라도, 장례식에 참여했던 사람이 죽고 죽은 사람을 장례한 사람이 또 죽으면서 몇 대의 세월이 지나면, 그 옛날의 사자는 살아 있는 자의 관심에서 멀어지게 마련이다. 천 년 전, 만 년 전 죽은 자의 해골이 지금 살아 있는 나에게 박물관 정도의 의미를 주는 것처럼 나의 인생은 허무할 수 있다. 우리 모두는 그런 시간을 향하여 그런 망각의 시간 안에로 죽어가고 있는 것이다.

그러나 이것이 전부일까? 인생은 출생과 죽음 안에 갇혀 있는 그 무엇일 뿐일까? 우리는 결국 시간에 제한된 존재이기만 한 것일까? 종교가 말하는 영생은 허상이고 이상일 뿐일까? 하나 분명한 것은 이 모든 질문에 답변할 수 없다 할지라도 죽음과 함께 인간은 "그 이상의 것"에 대해 물었다는 사실이다.

5. 거룩함

사물이 그 이상의 것을 드러낸다는 것은 두 가지 양상을 가진다. 사물을 통해 그 이상의 것을 체험할 수 있다는 차원에서 사물과 "그 이상의 것" 사이의 "다르지 않음"(非二)이 그 하나이고, 그렇다고 사물이 곧 "그 이상의 것"의 "같지 않음"(非一)의 차원이 또 하나이다. 보이는 것은 보이는 것과 보이지 않는 것, 상대적인 것은 절대와 상대, 유한은 무한과 유한, 시간은 영원과 시간, 범주는 초월과 범주, 인간(세계)은 하느님과 인간(세계) 등의 관계를 내포하고 있으며, 이들 모두는 이 본질적 관계에서 비로소 옳고 바르게 "실재"로 파악된다. 절대와 영원과 초월 그리고 하느님도 마찬가지로 이런 관계성 안에서 실재로 파악된다. 이렇게 볼 때 계시는 이원 극복의 전체 개념이다.

여러 종교는 이 비일비이非一非二의 양상으로 체험되는 "그 이상의 것"을 거룩함으로, 신적인 것으로 표시하고 있다. 거룩함은 "다르다"(非一)는 것을 뜻한다. 거룩함의 현현에서 "다른 것"이 나타난다. 거룩함 쪽에서 볼 때 거룩함은 자기와 다른 것 안에 나타나는 것이다. 이 말의 뜻은 거룩함은 세계 내의 어떠한 대상과도 동일하지 않으며 전체로서의 세계와도 동일하지 않다(속 ≠ 성). 눈물로 표현된 기쁨이나 슬픔이 곧 짠물이 아닌 것과 같다. 기쁨이 곧 눈물이 아니며 슬픔이 곧 짠물은 아닌 것이다. 거룩함은 오히려 "완전히 다른 것"(완전 타자), 비속적인 것, "비세계적인 것"이다. 이렇게 거룩함은 완전히 "다른" 것으로 이해되지만 눈물에 표현된 기쁨이나 슬픔이 실재인 것처럼 완전히 다른 것 안에 표현된 거룩함도 실재이다.

성聖은 인간이 대할 수 있는 인격으로 의미하는 바의 차원에 둘 수 없다. 인격으로서의 인간과 관계할 수도 없고 — 기도중에 — 말을 건넬 수도 없는 것이다. 왜냐하면 완전히 다른 존재이기 때문이다. 그러나 바로 완전 타자인 이 신적인 것, 거룩함이 세계의 실재 안에 자신을 드러내 보인다는 것은(나타난다는 것은) 종교와 종교사가 입증하는 바이다. 하느님이 하느님 아닌 것 안에 드러났다는 것이 종교와 종교사의 관심이다. 존재하는 것들의 그 어떤 것도 여기에서 제외될 수 없다. 즉, 모든 존재하는 것 안에는 거룩함이 나타나 있다(속 = 성).

"거룩함이 모든 것 안에 나타난다"는 의미에서 모든 것은 말하자면 성현현聖顯現으로서 거룩함을 암시하고 있다. 그리고 여기서 "거룩함" 대신 "신적인 것"을 이야기한다면 모든 신적인 것이 모든 것 안에 자신을 알리고 있다는 의미에서, 신현현神顯現을 이야기할 수 있다. 거룩함은 체험할 수 있는 실재의 세계 안에 자신을 나타내 보이면서도 동시에 그 나타나는 것과는 다르다(非一非二). 이것이 바로 상징, 특히 종교의 상징에 속한다.

현대의 위대한 종교학자 중의 한 사람인 엘리아데(1907~1986)는 방대한 종교사 연구와 종교현상학적 분석을 바탕으로 다음과 같은 결론에 도달하고 있다: 우리는 성현현을 도처에서 받아들여야 한다. 존재자의 영역 어디에서나 받아들이는 데에 익숙해야 한다. 종교사의 증거만으로는 성聖 자체(실체)를 증거하지 못한다. 즉, 언제 어디서든 성현현들로, 말하자면 종교적 인간이 알고 있는 신적인 것과 거룩한 것의 현현과 계시로 변형되지 않는 대상, 행위, 사건이란 없다. 그리고 아직 계시되지 않은 거룩함이 있는지 또한 알지 못한다. 그러나 거룩함의 현현이 있음은 받아들여져야 한다. 종교적 인간은 인간의 특별한 경우가 아니라 종교와 종교체험을 근본적으로 하는 인간을 말한다. 매사에서 성현현을 체험한다. 드러나지 않은 그런 거룩함을 체험하는 자는 아마도 일반적으로 도처에 나타나는 거룩함을 체험한 사람이라 할 수 있다. 가령 하늘, 바다, 자연 등의 체험을 말한다.

6. 하 늘

가장 오래되고 가장 널리 알려져 있는 세계의 기도는 "하늘에 계신 아버지"에게 바쳐지고 있다. 이 기도는 하늘, 즉 거룩함의 현현이 표현된 곳에 신이 계시고 신적인 것이 있다는 의식과 연계되어 있다. 동시에 종교적인 것의 상징 형태를 특징짓는 것이 나타난다. 멀리 있으면서도 가깝게 있고, 속적이면서도 거룩한 것, 이 종교적인 것은 우리의 체험을 초월하고 우리의 한계를 인식케 한다. 동시에 우리의 체험에도 적합하여 "너", "당신"이라고 부르며 기도할 수 있게 된다.

오늘날 첨단 과학시대를 살고 있는 많은 현대인들에게는 이런 "하늘", 즉 천체에서 신적인 것의 계시 상징을 이끌어내는 것은 마치 케케묵은 신화적 발상이며 비과학적인 이야기로 들릴지 모른다. 현대인들에게 하늘은 실재의 한 부분이며 인간이 정복할 수 있는 하나의 대상이며, 그리하여 우주의 법은 인간의 봉사와 인간의 목적 아래 마음대로 할 수 있는 것으로 보고자 한다. 우주와 하늘을 더 이상 성현현과 신현현의 장소로, 신적인 것과 거룩한 것의 상징으로 보기보다는 인간과 인간의 가능성을 나타내는 것으로 여기게 되었다. 1980년대 초반, 소련에서는 "예수 승천축일"을 — 일부러인지도 모르지만 — "예수께서 하늘에 오르셨다"는 표현 대신 "예수께서 공중에 올라갔다"라는 표현을 썼던 적이 있었다. 하늘은 과연 공중일 뿐일까? 더 이상 거룩함과 신비를 느끼게 해주지 못하는 것일까? 소련의 한 우주과학자는 우주선을 타고 지구를 몇 바퀴 돌고 돌아와서는 아무리 찾아보아도 그곳에 하느님은 없더라고 말하였다. 이것은 하늘을 하나의 공간으로 보았기 때문이다. 하느님은 하늘에 계시지 결코 공간에 존재하지 않는다. 하느님은 공간적인 존재가 아니기 때문이다. 이에 반해 유신론자인 미국의 어느 우주인은 우주의 오묘함을 보면서 하늘에 하느님이 계심이 분명하다고 감탄했다. 소련 우주인의 경우처럼 인간의 눈에 보이지 않는 것은 없는 것이고 의미없는 것일까? 실재를 눈에 보이는 것, 만질 수 있는 것 안에서만 규정할 수 있을까?

우리는 베르그송의 말을 되새겨볼 필요가 있을 것이다: "인간은 너무 공간적으로만 생각한다. 마치 자기가 무슨 기하학자나 된 것처럼 신(神)도, 우주도, 모두 공간적으로 생각한다." 인간은 비공간적으로 생각할 때에 신체험이 가능해진다. 계시는 실재를 실재로 받아들이게 한다. 계시 없이 실재를 이야기할 수 없다. 즉, 하늘은 단순한 공간적 개념이 아님을 오늘날 또다시 새롭게 받아들여야 한다.

이런 의미에서 2천 년도 훨씬 전에 쓰어진 시편에는 "하늘은 하느님의 영광을 찬양하고 창공은 그 손이 하신 일을 전합니다"(19.1)라는 대목은 공간을 뛰어넘어 전체의 차원에서 하늘을 바라보며 생각해야 하는 오늘날의 모든 이에게도 여전히 가능하고 의미있는 노래임에 틀림없다. 이 시편은 반박될 수 없고 이 시를 능가하는 표현이란 실로 불가능하리라. 하늘이 "찬양하고" 창공이 "전한다"면 하늘과 창공은 계시 성현현, 신현현인 것이다.

하늘은 태양과 달과 구름과 별이 있는 창공으로 신적인 것과 거룩한 것의 현현을 알리는 가장 오래되고 널리 알려진 표현 중의 하나이다. 하늘은 인간을 멀리 떠나 있는, 그러나 동시에 인간을 규정하는 권능, 위엄, 위대함, 지혜, 이성 그리고 빛과 생명 자체의 원천을 나타내는 상징이며 그러한 한 계시이다. 도달할 수 없는 하늘, 끝없고 무한한 하늘, 영원히 열려 있는 하늘에 신적 초월이 자신을 계시한다. 하늘의 존재 양상은 마르지 않는 성현현이다. 하늘에는 거룩함이 나타나고 또 계속해서 끊이지 않고 또 나타난다. 대기권 안에서 일어나는 모든 일: 천체 운행, 그 궤도의 질서정연함, 변화무쌍한 구름의 움직임, 천둥 번개, 별똥의 흐름과 무지개의 등장 등 이 모두가 바로 이런 성현현의 순간이다. 하늘이 사람들의 경험 속에서 지고한 것, 광대무변한 것, 변화무쌍한 것, 닿을 길이 없는 초월, 모든 힘의 근원 등으로 자리를 펴게 한 것은 비단 우리의 아득한 역사만이 지니고 있는 것은 아니다. 그것은 하늘이 지니고 있는 자연 현상에서 추출된 논리적 결과이기보다 삶이 놓여진 정황, 삶 자체의 세계가 지닌 보편적 경험이다.

유교 경전이나 유교 전통에서 하늘은 가장 일반적으로 일컬어지는 명칭인데 지고하고 유일하며 극대의 존재를 의미한다. 하늘은 만물과 인간을 초월하여 존재하면서 기후와 계절의 변화에서부터 인간의 운명에 이르기까지 모든 현상 세계를 관장하고 주재하는 지고신으로서의 지위를 가진다. 하늘은 인간의 위에 지극히 높이 있는 초월성(지고성)으로 파악되기도 하고, 인간의 가슴 속 깊이에서 발견할 수 있는 내재성으로 파악하기도 한다. 그것은 하늘이 가장 높은 곳에서 가장 깊은 데에 이르기까지 없는 곳이 없다는 편재성을 의미한다. 유교의 천-상제는 주재함으로써 현상세계 속에 자기 본질을 드러내고 있다. 따라서 유교에서는 천-상제를 섬기는 태도에서 절대적 순종을 요구하는 타자적이고 초월적인 주재자의 지위를 인정하면서도 보편적 원리로서 내재적 일치성을 명확하게 인식하고 있다. 유교 사상 속에서 천-상제는 결코 하나의 추상적인 관념으로 머물 수 없으며, 인간의 구체적 삶과 행위를 통하여 드러나고 실현되는 것이다.

하늘은 우리로 하여금 더 높게 더 멀리 더 넓게 바라보도록 해준다. 우리의 마음을 더 고상하고 더 심오하고 더 관대하게 해준다. 하늘보다 더 높이, 하늘보다 더 넓게 나는 사람의 마음은 따뜻하다. 하늘을 물질로만 보는 사람에게는 느낄 수 없는 포근함이다. 우리의 선조들이 하늘에 제사를 올린 것도 더 높고 더 넓은 무언가를 체험해서였을 것이다. 하늘을 바라보는 사람은 물질을 대하면서 그 이상을 바라본다. 더 높음의 체험과 함께 높고 낮음, 멀고 가까움, 넓고 좁음의 화해를 체험하게 된다. 하늘은 그런 곳이다. 이원으로 가득 차 있는 인간의 마음을 화해로 이끌고 관대하게 한다. 이 마음은 낮은 것 안에서 높은 것을, 가까운 것에서 먼 것을, 물질에서 영을, 인간에게서 하느님을 체험하게 해준다. 낮고 보잘것없는 것을 사랑하게 한다. 하늘을 물질(공간)로 만날 때 인간의 비극이 시작된다.

7. 일상의 시간

창조의 시간은 하느님과 우주 삼라만상이 처음 만나는 순간이다. 시간에는 거룩하고 영원하신 하느님이 드러난다. 시간은 단순히 영원의 반대말이 아니라, 하느님께서 자신을 드러내는 시간, 신현현神顯現의 시간, 거룩함을 드러내는 시간이다. 일상의 모든 시간이 거룩한 시간이다. 밥먹는 시간, 노는 시간, 일하는 시간, 잠자는 시간, 성행위하는 시간, 산에 오르는 시간, 사람 만나는 시간, 모든 시간에 영원과 거룩함이 드러난다. 식사시간은 그냥 죽지 않기 위해 먹는 시간이 아니라 거룩함이 나타나는 시간이다. 그래서 종교인은 일상의 밥먹는 행위도 의식儀式화한다. 그때의 기도는 단순히 먹을 것을 주신 하느님께 대한 감사 표현을 넘어선 거룩한 행위이며, 그 기도는 우리를 태초의 시간, 하느님과의 만남의 시간으로 인도한다. 성찬은 예수 안에서 이런 하느님과 인간의 만남을 기념하는, 그 태초의 순간을 기억하는 행사가 아닐까? 엘리아데는 이렇게 말한다. 거룩한 시간은 "원초적인 신화의 시간이 나타난 것이다".[1]

시간에서 인간은 영원한 하느님과 만난다. 그리고 시간에 제한된 인간은 자신이 지닌 신성을 체험한다. 그리고 신의 현존 속에서 산다. "종교적 인간은 거룩하고 파괴될 수 없는 시간 속에 주기적으로 침잠할 필요를 느낀다. 그에게 있어서는 다른 시간, 일상적 시간, 모든 인간적 삶이 영위되는 무대인 세속적 지속을 가능케 해주는 것이 바로 거룩한 시간이다. 역사적 사건의 세속적인 지속을 가능케 하는 것은 바로 신화적 사건의 영원한 현재이다".[2] 상업화되고 도시화된 현대인의 눈으로 볼 때 시간에 영원의 의미를 부여하는 것은 참을 수 없는 것, 굴욕적인 것일 수도 있다. 그러나 이런 현대인의 해석은 어쩌면 (종교적) 시간의 잃음에서 나온 것이다. 그러다 보니까 시간마저 세속화된다. 시간은 사고팔 수 있는 물건이 되고 시간이 없어 하느님과의 만남도 체험할 수 없게 된다.

---

[1] 엘리아데, 이동하 옮김, 『성과 속. 종교의 본질』(학민사 1996), 53 이하.
[2] 위의 책, 68.

시간을 잃음으로써 우리는 문화도 역사도 그리고 그 안에 서린 삶도 다 잃었다. 하느님의 첫 창조물이 다름아닌 "시간"인 것은 이런 면에서 깊이 새겨둘 필요가 있다. 시간, 가장 미세한 찰나의 순간을 찾을 때 우리는 영원과 하느님을 만나기 전 혼돈이 시간 안에 계시되어 있다는 것을 볼 수 있다.

8. 일상의 공간

시간과 공간은 인간에게 마치 하나의 낱말처럼 붙어다닌다. 똑같은 시간이지만 빠름과 느림이 있고, 거룩한 시간과 그렇지 못한 시간으로 체험되듯이 공간도 그렇다. 자동차 소리를 포함한 온갖 소음으로 가득 찬 도시 그 한복판에 있는 성당 안에서 성체조배하느라 앉아 있으면 전혀 다른 공간을 느낄 수 있다. 바깥에서는 자동차 빵빵거리는 소리, 사람들 소리, 개짖는 소리, 온갖 잡음으로 소란스럽지만 성전 안에는 고요가 흐르고 있다. 바깥의 소음들이 전혀 들리지 않는 것은 아니지만 그 공간은 성전 밖 공간과는 다르다. 그 공간이 위치한 주변 상황과는 너무도 다른 공간을 이루고 있다. 산속 절간의 공간도 마찬가지이다. 깊은 산속 자체가 고요하고 한적하지만 절간은 더욱 고요하다. 산속의 고요와 절간의 고요가 같을진대 절간이 여느 산속보다 더 고요하게 느껴진다. 도란도란 하는 사람들 소리, 간혹 들려오는 풍경소리 등이 오히려 더한 고요로 안내한다. 우리는 그곳에서 산속 공간과는 다른 공간을 체험하게 된다. 이 체험은 무한에 대한 체험이다.

9. 창조와 환경

요즘들어 심각한 자연환경의 오염과 그에 따른 생태학의 파괴 위협에 대해 우려하는 목소리가 부쩍 높아가고 있다. 그 경고의 목소리는 단순히 자연의 훼손과 파괴만을 걱정하는 정도에 그치지 않고, 인간의 삶 자체를 포함한 "모든 삶의 체계를 위협하는 경고"(몰트만)로 받아들일 만큼 그 위기감이 고조·확산되고 있다. 어떻게 이 위기를 극복할 수 있을까? 여기에 대한 근본적인 답변은 "계시원리"가 제공해 준다. 자연은 단순한 자연이 아니라 신적 자연이며, 생명은 단순한 생명이 아니라 신적 생명임을 깨닫게 해주기 때문이다. 하늘이 하느님을 계시하듯 물질 또한 하느님을 계시한다. 하늘과 물질과 자연을 하느님의 계시의 장소로 받아들일 때 옳게 하늘과 물질과 자연을 대하게 되며, 하늘의 실재와 물질의 실재, 그리고 자연의 실재를 바르게 대하게 된다. 자연은 인간이 마음대로 개척하고 변경시킬 수 있는 물질 이상의 것으로 하느님을 계시하는 장소이다.

이런 계시의 진리는 근대에 들어서면서 과학-기술-경제에 의해 심각한 도전을 받고 있다. 인간의 기술은 자연을 마구 훼손하면서 그 근본에 깔려 있는 자연 생명과 신적 생명의 관계, 즉 이들간의 계시관계를 파괴하는 현상이 일어난 것이다. 그러나 이 현상은 곧 인간의 생명을 위협하는 것이었다. 인간들은 이러한 심각한 자연 파괴와 생태계의 변화에 따라 자신들의 생명까지도 위태롭게 되어간다는 사실을 인식하기 시작한 것은 불행 중 다행이라 할 수 있을 것이다. 자기와 자연과의 관계가 단순히 주체와 대상의 관계일 수만은 없다는 것을 새롭게 인식하게 된 것이다.

자연의 대상화 또는 대물화와 인간의 주체화의 근본 원인은 거대해진 과학-기술-경제를 산출해 낸 인간의 자만심에 의한 결과일 수도 있지만, 거기에는 그러한 문화를 낳게 한 서구인들의 그리스도교 근본 교리(창조론)에 대한 오해와 이에 대한 악용도 큰 역할을 하였다. 말하자면 서구인들은 자연만을 이용한 것이 아니라 그들 삶의 지표였던 성서까지도 자신들에게 유리하게 해석하려 들었던 것이다.

성서를 보면 동·식물에게 이름을 붙여줄 수 있는 권한이 인간에게 주어졌다. 이때문에 인간은 한동안 자연을 자신들이 마음대로 할 수 있는 것으로 여겼다. 그들은 자신들을 우주와 자연 만물의 주인으로 격상시키기도 하였다: "자식을 낳고 번성하여 온 땅에 퍼져서 땅을 정복하여라"(창세 1.28)는 말씀을 아전인수격으로 해석하였다. 이 창조의 명령을 세계에 대한 합법적인 인간의 지배권으로 해석하며 끊임없이 자연을 정복의 대상으로 보고 이용하며 그렇게 대했던 것이다. 그러나 이것은 "창조" 개념의 심각한 오해가 아닐 수 없다. 여기서 말하는 "땅의 정복"은 신학 전통이 수백 년 동안 가르쳐온, 소위 땅의 통치가 아니라 오히려 창세기 1장 28절 이하에 나오듯이 인간은 동물들과 함께 식물들이 생산하는 열매로 살아야 함을 가리키는 말이다.[3] 즉, 여기에는 자연에 대한 지배권의 의미는 없다. 지배권은 창세기 1장 26절: "우리 모습을 닮은 사람을 만들자! 그래서 바다의 고기와 공중의 새, 또 집짐승과 모든 들짐승과 땅 위를 기어다니는 모든 길짐승을 다스리게 하자"는 하느님 독백에 나타나 있듯이 하느님에게만 있다. "인간과 동물은 땅이 생산하는 열매를 먹고 살아야 하기 때문에 동물에 대한 인간의 지배는 평화의 지배를 뜻할 뿐이며 '삶과 죽음에 대한 권한'을 인간이 소유하고 있는 것은 아니다."[4] 그러므로 인간은 창세기 2,15의 야휘스트의 글에 나타난 것처럼 에덴 동산을 지배하는 것이 아니라 "돌보고 유지·관리"해야 한다. 인간이 관리한다는 것은 하느님 모상으로서의 인간이 관리한다는 것이다. 달리 말해서 에덴은 하느님만이 관리할 수 있다. 또는 인간은 하느님의 이 관리에 따라야 한다. 창조는 어디까지나 하느님에 속한 하느님의 일이지 인간에게 주어진 인간의 일이 아니다. 인간은 하느님이 창조한 자연에 순응하며 이를 보호할 의무를 가졌을 뿐이다. 이름을 부여한다는 것은 자기에게 종속시키며 그들의 주인이 되기 위한 것이 아니라 그들과 함께 그들 안에서 하느님과 일치하기 위한 것이다. 이런 의미에서 볼 때 성서를 몰랐지만 자연을 가까이서 벗삼아 살았던 동양인들이 성서를 알고 있는 서구인들보다 훨씬 그리스도적이었다 할 수 있을 것이다.

인간은 과학-기술-경제를 창조의 관리를 위해 발전시켜야 한다. 그러기 위해 자연과 초자연, 인간과 신, 범주와 초월의 원초적 관계와 계시의 관계를 인식하고 이 바탕에서 모든 사물과 자연과 인간 자신을 바라보아야 한다. 그렇게 할 때 "자연을 사랑하라", "자연으로 돌아가라"는 등의 막연한 구호나 캠페인을 넘어 근본적으로 자연을 대할 수 있게 될 것이다. 자연은 자연 이상의 초자연과의 관계에서 그 실재가 밝혀진다. 그렇기에 자연과 사물을 간단히 "비인격

---

[3] O. H. Steck. *Welt u. Umwelt*, Stuttgart 1978; J. Moltmann 김균진 역, 『창조 안에 계신 하느님』, 46.

[4] Moltmann, 위의 책, 46.

화"하여 인간이 마음대로 처리할 수 있다고 보지 않고 이들을 인격적으로 대할 수 있는 자는 종교의 극치에 이른 사람이라 할 수 있다. 설명을 부연하면, 세계는 단순히 "속된" 것이 아니라 "거룩함"이 계시된 것이며, 따라서 세계의 자연도 신적인 자연인 것이다. 이 말을 또 신학적 용어로 표현하면, "세계와 자연과 인간은 하느님과 창조적 관계를 맺고 있다". 세계 본질에 대해서 이야기하려면 하느님이 이야기되어야 하고, 또 하느님에 대해서 이야기하고자 하는 사람은 자기 스스로를 피조물로 이해해야 한다. 사물을 보면 하느님을 찬양하게 된다. 사물을 하느님 대하듯이 인격적으로 대하게 된다.

"창조물과 창조주의 관계를 이렇게 인격적인 관계로 보고, 창조물 안에서 창조주를 대할 수 있다고 볼 때 하늘과 땅이 인간을 위해 창조되었고 인간이 '창조의 왕관'이라는 인간 중심적 세계관은 성서 전통에 어긋나는 비성서적이다는 것을 알게 된다. '창조의 왕관'은 인간이 아니라 안식일이다."[5] 이렇게 해서 창조신앙은 인간을 현대의 인간 중심적 세계관, 과학-기술-경제의 횡포에서 해방시켜 줄 수 있을 것이다. 성서의 신 중심적 세계상을 되찾는 것은 인간과 세계에 대한 도전이나 포기가 아니라 인간과 세계의 본모습을 발견하는 일이다. 자연은 시간 외적인 것이 아니며 정적이고 생명력 없는 것도 아니다. 그러므로 인간이 스스로 하느님께로 돌아가 자연을 신과의 창조적 관계에서 이해하도록 해야 한다.

이런 의미에서 바울로는 로마서에서 불경과 불의로 하느님의 진리를 가로막는 인간(그리스도 이전의 인간과 그리스도 밖의 인간)에 대해 진술한다: "사람들이 하느님에 관해 알 만한 것은 하느님이 밝히 보여주셨기 때문에 너무나도 명백합니다. 하느님께서는 세상을 창조하신 때부터 창조물을 통해 당신의 영원하신 능력과 신성과 같은 보이지 않는 특성을 나타내 보이셔서 인간이 보고 깨달을 수 있게 하셨습니다. 그러니 사람들이 무슨 핑계를 대겠습니까? 인간은 하느님을 알면서도 하느님으로 받들어 섬기거나 감사하기는커녕 오히려 생각이 허황해서 어리석은 마음이 어둠으로 가득 차게 되었습니다"(로마 1,18-21). 바울로

---

[5] J. Moltmann, 47.

사도에 의하면 모든 피조물은 그 이상을 드러내고 있다. 모든 것 안에서 존재 이상의 가치를 발견하지 못하는 데서 물질주의와 향락에 빠지게 된다. 현대가 처해 있는 비극적 상황이다. 모든 것이 보이는 것 이상을 계시하고 있다는 것, 모든 것이 신적이고 초월적이라는 것은 눈물을 화학적으로 분석하여 정의내릴 수 없는 것과 같다. 눈물은 보이는 것 이상이다. 거기에는 기쁨이나 슬픔 등, 인간을 감동시키는 마음씨와 여러 감정이 담겨 있다. 마찬가지로 인간도 보이는 외형만 보고 정의내릴 수 없다. 인간은 복잡한 감정을 가지고 있다. 그는 보이는 것 이상의 존재다. 그리스도인은 이렇게 모든 것 안에서 "그 이상의 것", 하느님의 계시를 보는 사람이다. 이 구절을 풀이해 보자.

① 우선 이 구절에서 하느님은 감춰진 분, 보이지 않는 신비스런 분으로 묘사되고 있다. 하느님은 이 은밀성에서 나오셔서 비은밀성 안에로 들어오신다.

② 보이지 않는 하느님이 "세상을 창조하신 때부터 창조물을 통하여" 당신을 계시하시고(나타내 보이시고), 보일 수 있게 하셨다. 하느님은 피조물의 창조자로서 피조물과 구분된다. 창조에서 인식되는 하느님은 창조의 창시자로서 세계의 단순한 연장선에 놓여 있지 않고, 이 연장선을 초월한, 즉 자기 작품으로서 자기에 대하여 증거하는 세계의 저편에 있다. 다시 말해서 하느님은 피라미드 구조의 정점에 거하시는 분이 아니시다.

창조물은 자기와는 다른 이 하느님과 관계하고 있으며 하느님께 제시되어 있다. 하느님 없는 창조물이란 생각할 수 없다. 창조(물)는 저절로 생성되거나 영원으로부터 있어온 자연이거나 그리스 사상에서 보듯이 신들이 속한 자연이 아니다. 창조는 시작이 있으며(하느님에게서 시작), 그 원천과 본질에서 볼 때 창조자를 향하여 제시되어 있다. 그러므로 이 창조주에 대한 증거는 피조물, "조성된 존재" 안에 주어져 있다. 이렇게 볼 때 창조주를 증거할 수 있는 그 증거는 모든 조성된 존재 안에 부수적으로 덧붙여진 것이 아니다. 오히려 창조성은 모든 존재하는 것의 본질이며, 모든 물질에서 이 창조성을 바라볼 수 있다. 존재하는 모든 것은 피조물로 나타나며, 이 피조물 안에서 하느님은 자신을 나타내 보이신다. 숨겨진 것이 나타나고 보이지 않는 것이 보이게 된다.

③ 로마서의 이 사고는 구약성서의 지혜서에 나오는 텍스트를 그대로 따르고 있다. 그리스도 이전 1세기경, 에집트(아마 알렉산드리아)에 사는 헬라계 유다인으로부터 쓰여졌으나 에집트 종교성을 벗어나 있는 텍스트는 에집트의 우상숭배에 대해서 장황하게 서술한 후 이렇게 기록하고 있다: "하느님을 모르는 자들은 모두 태어날 때부터 어리석어서 눈에 보이는 좋은 것을 보고도 존재하시는 분을 알아보지 못하였고 업적을 보고도 그것을 이룩하신 분을 알아보지 못하였다. 그래서 그들은 불이나 바람이나 빠른 공기, 또는 별의 회전, 혹은 도도하게 흐르는 물, 하늘에서 빛나는 것들을 세상을 지배하는 신들로 여겼다. 만일 이런 것들의 아름다움을 보고 그것을 신이라고 생각했다면 이런 것들의 주님이 얼마나 더 훌륭하신가를 알아야 했을 터이다. 왜냐하면 그들을 창조하신 분이 바로 아름다움의 주인이시기 때문이다. 또 그들이 이런 것들의 능력과 힘에 놀랐다면 마땅히 이런 것들을 만드신 분의 힘이 얼마나 더 큰가를 깨달아야 했을 터이다. 피조물의 웅대함과 아름다움으로 미루어보아 우리는 그들을 만드신 분을 알 수 있다"(지혜 13,1-5).

④ 창조자는 창조자 편에서 볼 때 이 세상과는 다른 곳, 이 세상의 저편에 있다. 그렇지만 하느님은 — 창조를 통해서 — 자신을 밝히고 인식하도록 하기 때문에, 창조물을 통해서 인식될 수 있고 또 인식된다. 여기서 인식될 수 있는 것은 하느님의 비밀(신비)이 다 밝혀진다는 것이 아니라 비밀인 하느님을, 즉 하느님을 비밀로 인식할 수 있다는 것이다. 하느님께서 권능하시고 신성하시다는 것은 인간의 이성으로 알 수 있다는 것이다. 이 영적인 바라봄은 그 근원과 원인을 묻는 사고 이상의 것이다. 그것은 인간의 정신과 마음을 통한 깨달음이다(불교의 깨달음. 覺). 이 인식이 신앙행위이다.

⑤ 창조로부터의 신 인식은 단순한 지식의 터득이 아니라고 하였다. 이 인식은 결과를 요구한다. 즉, 인식은 인정과 신앙으로 나아가야 한다. 인간은 인식한 진리를 인정하고 신앙하는 것을 막아서는 안된다. 신앙은 인식한 진리를 인정하는 것이다. 신앙하는 자는 "하느님을 받들어 섬기며 감사"한다. 그러므로 바울로는 신앙이 없어 만물 안에서 하느님의 계시를 보지 못하는 것을 불의라

고 부른다. 불의란 말하자면 창조의 하느님이 참 하느님을 흠숭하도록 인간에게 허락하고 창조 안에서 관리하도록 부여한 권한을 거스르는 행위이다. 창조, 자연을 마음대로 하라는 권한이 아님이 분명한 데도 그렇게 사용하는 것은 하느님에 대한 모독이며 불의의 행위가 되는 것이다.

인간은 하느님에 대한 인식을 인정 또는 신앙으로 이끌지 못하는 데서 창조의 실재를 거스르게 되고, 허황된 생각과 어리석은 마음으로 어둠에 빠지게 된다. 이는 하느님과 우상을 혼동하고 윤리적 행위를 전도시킨다. 이러한 행위는 죄악이다. 바울로는 이를 개탄하는 것이다. 오늘날 더욱 심각해진 자연환경의 오염과 파괴는 과학의 발전으로 당연히 일어나야 할 인간과 세계의 운명이 아니라 하느님의 창조사업을 거역하는 일종의 죄악으로 인간이 피해야 할 일이다.

⑥ 결론적으로 이렇게 말할 수 있다: 실재는 창조로서 창조는 계시로서 이해될 수 있다. 이것이 바울로가 말하는 창조이다. 그러한 한 세계 안의 모든 사물들은 모두 무언가를 이야기할 수 있는 것이다. 이들 모두는 말씀의 성격을 띠고 있는 것이다. 때문에 시편은: "하늘은 하느님의 영광을 찬양하고 창공은 그 손이 하신 일을 전합니다"(19,1)라고 하지 않는가!(이는 단순한 시적 표현 이상의 것이다). 만물이 하느님의 책이다(오리게네스). 교회의 성인들이, 가령 프란치스코 성인 같은 분이 자연과 대화하고 물고기들에게 설교했다는 것은 자연과 물고기를 말씀의 존재, 말씀을 듣는 존재로 보았다는 말이 된다. 자연은 그냥 자연이 아니라 말을 하는 자연이며 마음을 가진 자연인 것이다. 모두는 하느님을 나타내고 하느님을 전한다.

10. 일상에서의 신 체험

거룩함과 신 체험은 어떤 특별한 외계의 존재와 그 힘에 대한 체험이 아닌 바로 일상의 신비에 대한 체험이다. 거룩함과 신을 체험하는 자는 특별히 하느님의 부름을 받은 간택된 예언자만이 아니라 보통의 인간이며, 이 체험에서 일어나는 현상도 어떤 특별한 상황이 아니라 이미 자기에게 주어져 있는 일상의 은총에 대한 체험이다. 신비가들의 특별한 신 체험이 있다는 것을 근원적으로 부정할 수는 없다. 그러나 이러한 체험은 사실 누구에게나 가능한 것이다. 다만 일상을 살면서 지나쳐 버리거나, 일상에 대한 수수한 은총들을 진실로 받아들이려 하지 않기 때문에 느끼지 못할 뿐, 그런 체험은 늘 있는 것이다. 자기에게 주어진 인식과 자유를 진지하게 받아들인다면, 일하고 보고 듣고 앉고 서고 웃고 먹고 걷고 잠자는 일상의 한복판에서[6] 한결같이 신을 체험하게 될 것이다. 신을 체험하기 위하여 엘리트가 되려고 애쓸 것이 아니라 평소의 삶을 꾸리면서 구체적인 현실과 그 삶 안에 이미 주어져 있는 신의 은총을 자기의 본질적 능력인 자유와 인식으로 느끼도록 해야 한다.

이것은 라너가 모든 인간을 초월적 존재라고 규정한 데에서 더욱 분명해진다. 라너에 의하면 인간은 시·공에 제한된 존재이지만 동시에 "신비에로 열려 있는 존재", "신비에로 제시된 존재", "말씀을 듣는 존재"이다. 그는 영이다.[7] 인간이 영으로서 이 무한의 지평인 신을 떠나서는 실재할 수 없는 존재라는 것을 전통 교회에서는 "은총"으로 표현한다. "하느님이 먼저 자기를 계시하셨다", "하느님이 자기를 우리에게 전달하셨다" 등도 이것의 표현이다.

인간이 신을 자기의 일상생활중에 체험할 수 있게 된 것은 신이 당신 자신을 인간 일상 안으로 전달하셨기 때문이며, 인간은 이 지평을 벗어나서는 살 수 없는 까닭이다. 신 체험은 이렇게 특정 엘리트에게만 가능한 것이 아니라 모든 인간에게 다 가능한 것이다. 그리고 신 체험에서 일어나는 일도 따지고 보면 극히 일상적이고 평범한 일이다. 특별한 방식으로 신 체험을 하는 사람도 있다는 것은 부인할 수 없고 신 체험중에 특별한 일이 아니 일어난다고 말할 수 없는 것도 사실이지만, 이 모든 일도 궁극적으로는 일상 안에서 일어나는 일임에 틀림이 없다. 그리고 또 사실 따지고 보면 이 세상에 특별하지 않은 일이 어디에 있으며 신비 아닌 일이 어디에 있겠는가? 가장 일상적인 것, 그저 평범하기만 그 순간도 우연한 것이 아니라 모두가 신의 섭리에 의한 은총임을 깨친다

---

[6] 카알 라너, 『일상』 (분도출판사, 장익 역).

[7] K. Rahner, Hörer des Wortes. Zur Grundlage einer Religionsphilosophie. Neubearbeitet von J. B. Metz, Freiburg-Basel-Wien ²1971 참조.

면, 지금까지 느끼지 못했던 신을 진하게 체험할 수 있게 될 것이다. 인간은 신 체험을 하기 위해 "하느님의 자기 전달" 은총을 받아들여야 하며, 이 받아들임 자체를 곧 신의 체험으로 생각해도 좋을 것이다. 신 체험을 하기 위한 어떤 특별한 묵상이나 기술, 그외 어떤 도움들을 애써 배척할 필요는 없지만, 무엇보다도 선행되어야 할 것은 자기의 일상을 책임있고 성실하게, 사랑으로 엮어나가도록 노력해야 하는 것이다.[8]

신 체험에 대한 이런 구상은 라너의 "익명의 그리스도인론"과 양심에 대한 전통적 가르침에서도 뚜렷이 보인다. "익명의 그리스도인론"이란 그리스도를 모르더라도 그 뜻에 따라 사는 사람을 일컫는다. 그러니까 신들린 사람처럼 뜨겁게 신을 체험하지 못한 사람이라 할지라도 자신을 피조물로 받아들이고 일상을 충실히 살아간다면 그는 익명의 신 체험자라 할 수 있다. 그리고 양심에 따라 사는 사람은 설령 그 양심으로 신을 거부했을지라도 그 마음 안에는 신이 작용하고 있고, 신이 주신 그 양심에 따라 결정을 내리고 거부하였기에 이미 익명으로 신을 체험한 사람이라는 것이다. 신은 처음부터 당신 자신을 모든 인간의 근본에 전달하셨기에 자기 자신의 근본 심층을 체험한 사람은 신을 체험한 자인 것이다. 신은 어느 특정한 시기와 장소에서 특정인을 상대로 자신을 계시하시는 것이 아니라 항상 언제 어디서 누구에게나 자기를 계시하신다. 그는 일상인의 신이다. 신의 말씀은 인간이 양심으로 임하는 곳, 책임과 사랑으로 결단하며 사는 곳이면 어디서든 들을 수 있다. 여기서 그 목소리의 주인을 "신"이라 칭하든 다른 어떤 명칭으로 부르든 인간의 언어는 그다지 중요한 것이 못된다. 다만 들려오는 소리가 있다는 사실만은 부정하지 못할 것이다. 양심을 들여다볼 수 있는 인간이라면 언제 어디서든 신을 체험할 수 있다. 신은 좁은 의미에서의 교회·전례·성사를 초월하여 체험되며, 일상생활중의 어떠한 순간에도 직접 체험되는 것이다. 토마스 아퀴나스는 말한다. "신은 자기의 은총을 교회의 성사 안에만 묶어두지 않으셨다"(S.Th, II q.64a7c).

---

[8] 같은 책, 68 이하 참조.

11. 인 간

인간은 여러 가지 다양한 체험을 통하여 자기 자신이 모든 사물을 지배하는 자가 아님을 알고 있다. 그는 유한하며 모든 면에서 자기 자신의 주인도 되지 못한다. 좌절과 실패와 절망을 통해서 자신들의 유한성을 체험한다. 태어나고 죽는 데서 자신들의 한계를 절감하고 있다. 태어나고 싶다고 태어나고 죽고 싶다고 죽어지는 존재가 아님을 너무나 잘 안다. 인간의 생사 문제는 수동적으로 주어진다. 이런 인간의 조건에 대해 라너는 이렇게 쓴다.

> 인간은 원한다면 신의 물음을 판단할 수도 있을 것이다. 그러나 인간은 자기 자신의 창조주가 아니라는 것은 확신해야 한다. 인간은 자기가 태어나고 죽을 시간과 장소와 상황 등을 선택할 수 있는 가능성을 가지고 있지 않다. 그러나 인간은 죽기를 원한다면 죽을 수도 있다. 그러나 자유의사로 택해진 죽음이라 해도 그 죽음은 궁극적으로 죽어야 할 죽음이라는 사실은 부인할 수 없다. 단지 운명적으로 주어진 죽음을 조금 앞당겼을 뿐이다. 죽어야 할 생명을 앞당겨 죽는 자살은 인간의 나약함을 말해준다. 생과 사 사이의 실존에서도 인간은 역시 다양한 수동태의 방식으로 불린 자, 요구받은 자, 물음받은 자인 것이다.

우리는 인간의 한계성을 이야기하면서 동시에 예외없이 모든 인간들의 존엄성에 대해서 이야기한다. 양도할 수 없는 인권, 생명의 절대 불가침성과 거룩함을 이야기하고, 연약한 인간, 보호받지 못하고 의지할 데 없는 인간, 어린이, 노인, 병약자, 노동력 없는 인간 그리고 소외당한 인간들. 이러한 모든 인간들의 생명의 고귀함에 대해서도 이야기한다. 인간은 인간 자체로서 가치있는 목표이기 때문이다.

   그러면 유한한 인간 존재에게 불가침의 품위와 가치, 마음대로 할 수 없는 고유의 성격을 주는 근원은 무엇인가? 그것은 인간이 하느님의 피조물이며 동시에 하느님의 모상이라는 데에 있다. 피조물로서의 인간은 하느님의 모습을 계시한다. 인간은 하느님 모상인 것이다. 인간 안에 하느님의 전부가 전달되어 있으며, 인간은 하느님의 전부(생명)가 전달된 존재로 존재하고 살아간다.

인간은 말을 배우면서부터 질문을 던지기 시작하여 늙어서 죽을 때까지 질문을 던진다. 질문은 인간이 영적인 존재임을 나타내는 특징이다. 영적 존재로서 인간은 때로는 가치없는 물음을 던지기도 하지만, 인생은 어디서 와서 어디로 가는가 등 그의 물음은 진지하다. 인간은 무에서부터 존재로 불린 존재일까? 인간 생명의 근원은 오로지 부모에 의한 것일까? 아니면 뚜렷한 목적도 방향도 없는 진화의 과정에서 생겨난 우연의 산물일까? 인생의 종말은 암흑의 무無, 죽음의 정적일까? 그렇다면 잘살기 위한 노력은 무엇일까? 답변할 수 없는 물음을 안고 사는 인생이지만, 그래서 모순과 회의투성이의 일상이지만 이를 벗어나는 인생의 목적과 의미가 또 있는 것일까? 인생의 포괄적인 의미는 무엇일까? 그리고 생의 절망을 느끼게 하는 피로와 좌절, 의혹과 두려움에 대한 체험은 무엇일까? 행복과 사랑, 희망과 위로에 대한 체험이 자신을 초월하여 신비의 목표인 충만함을 가리키고 있다는 것은 어떻게 주장할 수 있을까? 그리고 우리 삶에 대한 책임은 어떻게 설명할 것인가? 인간은 끝없이 열려 있는 존재로 질문 자체이며 인생의 답변을 갈구하는 조용한 외침이라고 주장한다.

"질문하는 존재", "끊임없이 묻는 존재"로서 인간은 단순히 궁금해서 물음을 던지는 존재, 그래서 어떤 궁금증을 해소시켜 주는 정답을 요구하는 존재 이상의 의미를 가진다. 끊임없이 질문한다는 것은 끝없는 지평을 향하여 열려 있는 존재라는 뜻이며, 끝없이 열려 있는 이 존재가 인간을 정의내리게 한다는 말이 된다. 마치 산 위에 걸린 무지개를 잡기 위해 꼭대기까지 올라가 보면 어느새 무지개는 건너편 산에 걸려 있듯이 그 개방성이 인간의 정체라는 것이다. 산 위에 올라가 무지개를 잡게 되면, 그래서 목적을 달성하게 되면, 다시 말해서 더 이상 인간이 열려 있는 존재가 아니게 되면 — 그런 일은 절대 불가능한 상상할 수도 없는 일이긴 하지만 — 만약 그렇게 된다면 인간은 더 이상 인간이 아닐 것이다. 무지개를 잡는 것이 인간의 모습이 아니라 무지개를 잡으러 나서는 것이 인간의 참모습이다. 인간의 모습은 무지개를 향하여 나아가는 데에 있다. 인간은 초월적이고 열려 있는 존재인 것이다. 인간이 본질적으로 "질문하는 자"로 정의내려진다는 것은 인간은 자신의 유한성을 무한한 지평을 향하여 열어놓는다는 것을 말하며, 나아가 자기 안에서 초월과 범주의 관계를 맺고 있음을 말해준다. 즉, 인간의 물음, 인간 실존에 대한 물음은 신에 대한 물음으로 열려 있다. 따라서 무한한 지평, 신비에 대한 물음은 인간 존재에 대한 물음이 된다. 매 순간의 인식은 새로운 질문의 시작이며, 도달하여 얻는 모든 것은 새로운 추구와 노력의 동인動因이 된다. 이는 인간의 인식과 의지와 노력은 무한하고 무제한 열려 있다는 것을 의미한다. 그리고 이 무한한 것은 본래의 목적일 뿐 아니라 인식과 의지를 가능케 하는 지평이다. 여기에 인간 정신의 무한한 개방성과 인간의 의지와 노력만으로 채울 수 없는 불만의 현상이 나타난다. 인간 정신과 인간 마음의 불안이 나타나는 것이다. 인간은 이러한 개방성을 통하여 자기 행위를 근본적으로 성취하고 실재를 깨닫게 되는데, 실재란 실재를 증명하는 것, 즉 존재·진리·가치를 통해서 구성되었다는 것이다. 인식하고 노력하고 사랑하는 데서 인간의 개별적인 행위는 — 존재와 연관하여 볼 때 — 이미 개별적인 것을 초월하며, 또 이 초월하는 가운데 실현되고 인정되는 그 진선미를 존재의 규정으로 전제한다는 것도 이야기되어야 한다. 이 안에 열려진 초월성은 인간의 개별적 행위를 가능케 하는 조건이며, 다른 한편 이 행위는 인간 안에 있는 세계의 계시와 인간을 뛰어넘는 초월을 향하여 열려 있는 것이다. 초월성은 범주성의 전제이다.

　절대적 초월과 상대적 범주의 종합은 무조건적인 결단행위인 철저한 무아적 사랑, 용서, 화해 등에서 입증된다. 여기서 구체적으로 행해지는 사랑·용서·화해 등은 개별적이고 제한되어 있지만, 이 행위 안에 나타나는 근원은 무조건적인 것의 지평에서 나온 것이며 대상을 초월하는 절대적 근원에서 나온 것이다. 이 무조건적인 행위 안에서 인간은 자기 자신이 아닌 초월을 깨닫게 된다. 자신의 그 행위 안에서 모든 것을 규정하는 실재를 체험할 수 있다는 것을 깨닫게 되는 것이다. 그 결과는 무한성과 무조건성은 무한자와 무조건자에 대한 인간의 갈망, 그리고 유한한 가능성에 대한 사변적 투사(投射)로서 생겨난 요청이 아니라는 것이다.

사랑, 용서, 화해 등은 내가 요구한다고 해서 주어지고 거부한다고 해서 주어지지 않는 것이 아니다. 바로 이 사실을 깨닫는다면 영원으로부터 주어진 사랑, 용서, 화해 등을 깨달을 수 있을 것이다. 사람들은 흔히 사랑이 안되고 미운 사람 용서가 안된다고 한탄한다. 그러나 그것은 사랑과 용서와 화해가 자신의 의지대로 요구할 수 있는 것인 양 착각하기 때문에 나오는 불평이다. 그런 사람들은 또 하느님이 선한 사람이나 악한 사람 모두에게 똑같이 햇볕을 주시고 비를 내려주시며 똑같이 사랑하시는 데에 대해서도 불평한다. 그러면서도 자기 자신은 늘 용서되고 사랑받기를 원한다. 그러나 진정한 사랑과 용서는 인간의 이기심이 요구하는 대로 주어지지 않는다. 어쨌든 참 사랑, 참 용서, 참 화해 안에서 인간은 자기 자신을 뛰어넘는 초월을 깨닫게 된다. 사랑하고 용서하고 화해하는 인간은 초월적 근원을 부정할 수 없다. 유한한 인간이 하는 사랑이지만 사랑은 영원불변하다.

12. 죄인, 원수

거룩한 사람은 속됨을 멀리하는 사람이 아니라, 속된 것 안에서도 거룩함을 볼 줄 아는 사람이다. 바리사이들은 그들이 죄인들과 다르다는 것을 들어 그들의 거룩함을 드러내려 했고, 그들의 거룩함을 주장하기 위해서 그들과 거리를 두었다. "주님, 저는 저 뒤의 죄인과는 다릅니다." 그러나 예수는 속된 사람들, 죄인들을 가까이 불러들였고, 이때문에 바리사이들로부터 "저자는 죄인들과 어울린다"는 핀잔을 듣는다. 예수는 그들과 "달랐다". 이 다른 예수에게서 우리는 그의 거룩한 모습을 본다. 이 예수에게서 또 예수를 통해 죄인들 안에 이미 와 계시는 거룩한 하느님의 모습을 본다. 예수께서 하늘나라를 선포하면서 가난한 사람들, 불쌍한 사람들, 세리, 창녀, 죄인 등 가장 보잘것없고 소외된 사람들을 불러모으신 것도 그들 안에서 거룩한 하느님을 체험하고 또 그들로 하여금 이 사실을 체험하도록 하기 위해서였다. 그들이야말로 거룩함(하느님)을 체험할 수 있는 장소인 것이다.

  이에 대한 아름다운 이야기를 예수께서 들려주시는 최후의 심판(마태 25,31-46)에서 본다. 최후의 심판 때 주님은 양떼와 염소떼를 갈라놓으시고 양떼에게 "너희는 내가 굶주렸을 때 먹을 것을 주었고 목말랐을 때 마시게 해주었으며 헐벗었을 때 옷을 주었고, 어려울 때 도움을 주었으니 천국을 차지하여라"고 하신다. 그러자 그들이 "우리가 언제 주님이 굶주린 것을 보았고 목마르신 것을 보았으며 …" 하면서 그런 어려움에 처한 주님은 못 보았다고 말한다. 그러면 주님은 "너희 이웃 가운데 가장 보잘것없는 사람 하나에게 해준 것이 나에게 해준 것이다"고 말씀하신다. 굶주린 사람, 목마른 사람, 불쌍한 사람, 가난한 사람 하나의 체험이 단순히 한 인간에 대한 체험이 아니라 하느님의 체험이라는 것이다. 왜냐하면 그 인간 안에도 하느님의 전부가 전달되었기 때문이다. 이들을 비켜가서는 하느님을 체험할 수 없다는 것이다. 반면에 염소떼들에게 주님은 말씀하신다. "내가 굶주렸을 때 먹을 것을 주지 않았고 목말랐을 때 마시게 해주지 않았고 헐벗었을 때도 입을 것을 주지 않았고 위기에 처했을 때 전혀 돌보아주지 않았다. 그러니 지옥으로 가라." 그러자 그들도 "고통중에 있는 주님을 전혀 보지 못했다"고 잡아뗀다. 주님은 "보잘것없는 이웃 하나에게 해주지 않은 것이 나에게 해주지 않은 것이다"고 단호히 말씀하신다. 그들이 만약 헐벗은 주님을 보았다면 틀림없이 달려가 맞아들이고 언제라도 도움을 주었을 것이다. 그러나 주위에 늘려 있는 어려움에 처해 있는 사람들이 주님이라고는 전혀 생각지 못했다. 그들이 하느님을 계시하는 존재라는 것은 꿈에도 생각 못했던 것이다. 만약 그것을 깨달았더라면 자기가 구원되기 위해서라도 보잘것없는 사람들, 하찮은 사람 하나라도 결코 멀리하지 않았을 것이다.

  예수께서 원수를 사랑하라고 하신 것도 이런 차원에서 알아들을 수 있다. 원수는 내가 미워하는 사람이다. 원수는 하느님의 저주를 받은 사람, 어떻게 해서라도 하느님의 저주를 받으라고 기도하고픈 사람이다. 그 안에는 선하신 하느님이 도저히 자리할 수 없다고 생각되는 나쁜 사람이다. 예수가 원수를 사랑하라고 명령하신 것은 단순히 도덕적인 충고가 아니다. 내가 판단하기에 악하고 나쁜 그 사람의 마음 안에도 하느님은 자기의 전부를 계시하시며 살아 계시다는 것을 말하는 것이다. 원수가 하느님을 계시한다. 원수를 진정으로 사랑할 때 인간은 진정으로 하느님을 체험할 수 있다.

그리스인들은 모든 것 안에서 하느님을 발견하는 사람, 하느님이 자기의 전부를 모든 것 안에 전달하셨다는 것을 믿고 그렇게 모든 것을 하느님 대하듯이 대하는 사람들이다. 그토록 피하고 싶은 십자가와 그토록 미운 원수, 죄인이라고 낙인찍은 창녀와 세리, 하찮고 귀찮은 인간들 안에서 하느님과 내가 일치할 수 있다는 역설은 그야말로 몸서리쳐지는 진리이다. 모든 사람과 사물은 하느님을 계시한다. 이것이 그리스도교의 핵심이다. 그리스도인은 이 진리에 따라 세상과 현실을 사랑하는 사람이다. 그는 언제 어디서나 항상 하느님을 찬양하고 흠숭하며 감사하는 인간이다. 그는 고통을 사랑하고 십자가를 사랑하고 가난을 사랑하고 죽음을 사랑한다. 죄인과 원수를 사랑한다. 그리스도인은 세상에 가장 역설적인 인간이다. 하느님 나라를 추구한다면서 이 세상의 삶을 아무것도 아닌 것처럼 여기며 떠나야 할 곳으로 여기는 것이 가장 비그리스도교적인 사고임을 안다.

13. 예 수

① 예수가 그리스도교의 핵심인 것은 그가 계시 자체이기 때문이다. 이는 그가 처음 전한 "하늘나라가 가까이 왔다"는 복음과 그에 근거한 그의 인격, 삶 그리고 죽음에 잘 나타난다. 하느님께서 예수 안에서 그의 인물와 행적, 그의 십자가와 죽음 안에서 당신의 감추어진 것, 비밀스러운 것을 모두 드러내셨다. 우리와 똑같으신 인간 예수가, 그의 십자가와 죽음이 그대로 하느님(의 비밀스런 뜻)을 나타내 보이셨다. 이에 근거하여 요한은 예수의 체험이 곧 아버지의 체험이라고 말하고(14,9 이하), 또 성서의 다른 곳에서는 예수 그리스도가 시간과 공간의 충만이라고 표현한다. "때가 찼다. 하느님의 나라가 가까이 왔다"(마르 1,15)는 이 말은 영원한 하늘나라가 시공 안에 가까이 왔다는 말이다. 바울로도 비슷하게 "때가 찼을 때 하느님께서 당신의 아들을 보내시어 …"(갈라 4,4) 하고 표현하

고 있다. 루가는 더욱 구체적으로 예수께서 나자렛의 회당에서 이사야서 61,1-2를 읽고 나서 "이 성서의 말씀이 오늘 너희가 들은 이 자리에서 이루어졌다"(루가 4,21)고 표현하고 있다. 때가 차서 구약의 말씀들이 예수 안에서 다 이루어졌는데, 가난한 이들에게는 복음이, 묶인 이들에게는 해방이, 눈먼 사람들에게는 광명이, 억눌린 사람에게는 자유가 주어지고, 주님의 은총의 날이 선포되는 등 메시아적 예언이 예수 안에 충만하게 되었다는 것이다. 오늘을 기준해서 볼 때 2천 년 전 33년이라는 짧은 생애로 삶을 마감한 예수 안에서 모든 것이 다 이루어졌다는 것이다. 그 시간 안에서 인간적인 눈으로 보아 아직 이루어지지 않은 일, 그런 면에서 미래의 것, 종말론적인 것, 신적인 것, 감추어진 것, 인간이 기다리며 희망하였던, 즉 하느님의 다스림(종말론적인 것)이 이제 그리스도라는 나자렛 예수의 인물과 그의 말씀과 그의 생애와 그의 행위 안에서 일어났다(육화적인 것)는 것이다. 이것이 때가 찼다는 말의 의미이다. 예수 그리스도라는 시간, 예수라는 사람이 없었다면 우리는 이러한 인간이 기다리고 희망하던 하느님 나라에 대해서도 알 수 없었다는 것이다. 온 인류가 기다리고 희망하던 이러한 하느님의 다스림이 이제 예수와 함께, 예수의 시간과 체험할 수 있게 되었다는 것이다. 이것을 시간의 충만이라고 말한다.

  공간의 충만은 구체적이다. 예수라는 공간적 인물 안에서 인간이 기다리던 구원이 채워졌다. 구체적 장소인 여기에서 충만하게 되었다. 이것은 예수가 랍비, 선생으로 불리었다는 데서도 나타난다. 사람들은 "이게 어찌된 일이냐? 이것은 권위있는 새 교훈이다"(마르 1,27) 하면서 예수의 행위를 보고 놀란다. 예수에게서 뭔가 다른 것을 체험하였다는 이야기이다. 예수는 또 마지막 예언자로 불린다. 이 세상에는 수많은 예언자들이 있었는데 예수가 그들과는 달리 마지막 예언자라는 것은 첫째 둘째 꼽을 수 있는 숫자적 의미에서가 아니라, 이제 더 이상 그 이후에 올 예언자가 없다는 뜻에서이다. 마지막이라는 것은 말 그대로 마지막을 말한다. 예수 안에서 이 가장 최종적인 것, 종말론적인 것이 다 이야기되었다. 모든 것이 다 충만되었다(공간과 시간의 충만). 그렇기에 사람들은 더 다른 예언자를 기다릴 필요가 없다. 인간이 제일 마지막으로 기대하는 것, 가장 최종적으로 희망하는 것이 예수 그리스도를 통해서 얻어서 알게 되었다면, 그리고 그것이 사실이라면 더 이상 기대할 것도 더 이상 누구를 기다릴 이유가 없는 것이다. 그래서 우리는 제2의 예수라든지 다음에 올 예언자라든지 그런 것을 만들어서는 안된다. 이때문에 예수도 마지막 때가 되면 가짜 그리스도가 마구 나타날 것이니 현혹되지 말라고 경고한다. 예수를 능가하는 인물은 있을 수 없다는 것이다. 우리는 성서를 통해서 예수의 모든 비밀을 다 캘 수는 없지만 적어도 예수 안에서 최종적인 것이 이야기되었다는 것은 알 수 있다. 그러므로 성서 안에, 예수 그리스도 안에 감춰진 것, 신비스러운 것이 다 드러나지 않은 것처럼, 그래서 지금도 수수께끼 풀듯이 조금씩조금씩 이야기를 흘리고 있기나 한 것처럼, 인간이 호기심을 가지고 달려들면서 한 마디씩 던져주는 말은 참일 수 없다.

예수가 계시 자체인 것은 예수께서는 "나를 보았으면 곧 아버지를 본 것이다. 그런데도 아버지를 뵙게 해달라니 무슨 말이냐? 너는 내가 아버지 안에 있고 아버지께서 내 안에 계시다는 것을 믿지 않느냐?"(요한 14,9-10) 하고 말씀하신 데에서 잘 드러난다. 이것은 필립보가 예수님께 아버지 이야기를 자꾸 하는데 우리는 모르겠다. 그러니까 너무 어렵게 말하지 말고 한번 보여달라, 그러면 믿겠다 하니까 예수께서 들려주신 말씀이다. "나를 보았으면 곧 아버지를 본 것"이라는 것이다. 이 말, 예수를 본 것이 아버지를 본 것이라는 말에서 아버지는 종말론적인 것, 감춰진 것이다. 그 감춰진 것, 종말론적인 것이 예수를 봄으로써 드러났다는 말이다.

② 인간이 종교를 가지는 것은 잘살기 위한 것, 영원한 생명, 영생을 얻기 위한 것일진대 이와는 역설적이게 2,000년 전에 생을 마친 한 인간의 고통과 죽음을 기리며 묵상하는 이유는 바로 이 비밀이 최종적으로 계시된 곳이 십자가이기 때문이다. 십자가는 모든 사람이 비켜가고 싶어하는 것이고, 그 누구도 짊어지기를 원치 않는 것이다. 성서를 보면 지나가던 사람이 십자가에 달린 예수를 향하여 "당신이 정말로 하느님의 아들이거든 십자가 위에서 뛰어내려라"고 조롱한다. 이 조롱의 이면에는 십자가에는 도저히 하느님이 계실 수 없다는

사고가 깔려 있다. 하느님은 우리를 고통에서 해방시켜 주고 고통에서 건져 주시는 분이기에 그런 고통스러운 곳에 계실 리 만무하다는 것이다. 예수도 처형되기 전에 두려움에 싸여 "나를 이 고통에서 건져 주소서, 피해 가게 하소서" 하고 기도했다. 어떻게 해서라도 그 고통을 피하고 싶었던 것이다. 그런데 얼마 후 그는 "아버지의 뜻이라면" 하면서 십자가를 기꺼이 받아들이셨고 그리고 그 위에서 돌아가셨다. 그런 십자가건만 기꺼이 지고 가셨고 그 위에서 죽으셨다면 그는 십자가에도 하느님이 자신을 계시하면서 계시다는 것을 믿었기 때문이다. 이리하여 그는 십자가가 하느님의 계시의 정점임을 당신의 몸으로 보여주셨다. 예수님의 십자가가 우리에게 전해준 메시지는 바로 이것이다. 인간적으로 생각해서 도저히 하느님이 계실 수 없는 그곳에도 하느님이 자기를 계시하신다. 십자가는 하느님과 인간이 완전히 일치할 수 있는 곳이다.

제2차 바티칸 공의회의
「계시헌장」 해설

1. 공의회의 계시 개념

제1차 공의회에 중대한 역할을 한 표제들이 자연·이성·권위라면, 제2차 바티칸 공의회에 주요 역할을 한 표어들은 인간의 존엄성·자유·신앙 이해였다. 제1차 바티칸 공의회에서 계시 테마가 신앙의 테두리 안에서 다루어졌다면, 그래서 계시에 대한 신앙을 강조하였다면, 제2차 바티칸 공의회에서는 신앙이 계시되었다는 사실을 다루었다. 즉, 계시라는 사실을 전제하고 그에 대한 믿음을 서술하거나 그 근거를 대고자 한 것이 아니라 신앙의 계시를 다루면서, 계시를 신앙의 원리로 이해한 것이다. 이로써 계시는 삶의 원천으로 재인식된다. 이는 곧 공의회의 사목적 관점에 기인한 것이다. 공의회의 사목적 입장이란 사목(행위, 업적)과 교의(말씀, 가르침)의 상호 침투관계에서 밝혀지는데, 교회의 모든 가르침은 사목의 지평에서 받아들이고 모든 사목행위는 교회의 가르침에 근거해야 한다는 것이기 때문이다. 교회의 행위와 가르침 사이에 이런 일치관계가 없다면 공의회의 과제는 피상적일 수밖에 없었을 것이다. 계시는 말씀과 업적의 이런 일치관계에서 정의되는데 이를 「계시헌장」 1장 2항은 이렇게 쓴다.[1]

하느님은 당신의 선하심과 지혜로 당신 자신을 계시하시고 당신 뜻의 신비를 기꺼이 알려주시려 하셨으며(에페 1,9), 이로써 사람들이 사람이 되신 말씀, 곧 그리

---

[1] 다음에 인용하는 「계시헌장」은 CCK 산하 신앙교리 위원회에서 새로 번역한 것이다.

스도를 통하여 성령 안에서 성부께로 다가가고 하느님의 본성에 참여하도록 하셨다(에페 2,18; 2베드 1,4). 그래서 눈에 보이지 않는 하느님은(콜로 1,15; 1디모 1,17) 이 계시로써 당신의 넘치는 사랑으로 마치 친구를 대하시듯이 인간에게 말씀하시고 (출애 33,11; 요한 15,14,5) 인간과 사귀시며(바룩 3,38 참조), 당신과 공동체를 이루도록 인간을 부르고 받아들이신다.

이 계시 경륜은 서로 긴밀히 결합된 행적과 말씀으로 실현된다. 구원의 역사 안에서 하느님께서 이루신 업적들은 가르침과 그리고 말씀들로 표현된 사실들을 드러내고 확인하며, 말씀들은 업적들을 선포하며 그 안에 포함된 신비들을 밝혀준다.

계시 개념 안에 행위와 말씀의 관계가 이야기되고 있는 것은 공의회의 새로운 관점이다. 계시는 외부에서 던져지는 어떤 초자연적인 사건, 현실을 떠나야 체험되는 어떤 사건이 아니라, 현실 안에서 구체적으로 체험되는 것이다. 현실(의 삶)이 초월을 계시한다. 계시는 현실의 의미를 지니고 있으며, 이런 면에서 현실의 삶이 펼쳐지는 세상 곳곳에서 체험되는 것이다. 이를 두고 하느님께서 자기 자신을 세계 안에 전달하셨다고 하며, 이를 교회는 전통적으로 계시로 정의내리고 있는 것이다. 계시는 하느님께서 자신의 전부를 전달한 이 세계 안에서 일어나는 것이다. 이로써 세상에 대한 관심이 하느님의 관심이다는 것이 이야기되며, "아래로부터의 신학"이 가능하게 된다. 제2차 바티칸 공의회는 이 신학을 가능하게 하고, 이런 면에서 제2차 바티칸 공의회의 모든 문헌들과 공의회 가르침은 가톨릭 신자들에게 모든 가르침의 기초가 된다.

말씀과 행위가 행위 안에 일치한다는 관점은 쉽게 접근하기 어려운 부분이라서 아직도 많은 연구 작업을 요하고 있다. 처음 공의회를 준비하기 위해 상정된 72개 예안이 거절당한 것도 바로 이 일치의 관계가 통찰되지 않고 비본질주의에 빠져 있었기 때문이다. 이 작업은 공의회 이후, 특히 해방신학에서 착실히 다루어졌다.

앞에서 인용한 바와같이 계시 자체에 대한 정의가 들어 있는 제1장("계시 그 자체")은 처음 예 안에는 없었던 것이다.[2] 처음 준비위원회에서는 계시 자체가 아니라 그 원천과 문학적 소재만을 다루고자 했었다. 그러다가 오랜 논쟁 끝에 계시 자체가 독립된 장에서 다루어지게 되는데,[3] 이는 계시 개념의 실제 영역은 이 개념의 문학적-역사적 영역을 초월한다는 것을 시사해 준다. 원천에 대한 물음은 이차적 가치를 밝히는 것일 뿐이라는 것을 인식하게 된 것이다. 실재 자체, 신학의 테마, 신앙의 원리, 신앙의 형태는 역사가나 문학가의 일이 아니라 삶 자체의 일, 교회의 일로 인식된 것이다.

2항은 계시 자체에 대해 정의한 후 곧이어 "이 계시를 통하여 하느님과 인간 구원에 관한 심오한 진리가 중개자이며 동시에 모든 계시의 충만이신 그리스도 안에서 우리에게 밝혀진다"고 계시 내용을 그리스도론적으로 첨예화한다. 이 형식적인 정의는 4항에서 내용적으로 강조된다:

---

[2] 「계시헌장」의 구조를 보면 다음과 같다: 제1장 2-6항: 계시 그 자체; 제2장 7-10항: 계시의 전달: 성서와 성전; 제3장 11-13항: 계시의 해석: 영감과 해석; 제4장 14-16항: 구약성서와 그 권위; 제5장 17-20항: 신약성서와 그 권위; 제6장 21-26항: 교회생활 안에서의 성서.

[3] 제2차 바티칸 공의회의 준비위원회는 옷타비아니(Ottaviani) 추기경을 주축으로 성서와 성전의 역사성에 대한 작업을 한 끝에 "계시의 여러 원천에 관하여"(De fontibus revelationis)를 작성하였다. 이 예안은 전통적 호교론 스타일로 작성되었는데, 성서와 전통을 계시의 두 독립적 원천으로 보았고, 영감과 학문적 주해를 두 독립된 크기로 보았으며, 성서 해석학에서의 교회의 권위를 주장하였다. 이 예안은 1962년 11월 14일부터 20일까지 토론하였으나 과반수의 지지를 얻지 못하였다. 거부 이유는 첫째, 사실 개념으로서의 계시(계시 자체)와 역사적-문학적 개념으로서의 계시(성서 전승의 계시)를 구분하고 있지 않다는 점이었다. 신학의 두 원천에 대해서는 이야기할 준비가 되어 있었으나 계시의 두 원천이라는 표현에는 찬동하지 않았다. 둘째, 성전에 대한 과소평가도 질책되었다. 즉, 전통을 포함한 모든 신앙 진리는 성서 안에 내포되어 있다는 주장이 강경히 대두되었는데, 이들은 성서만으로 충분하다고 주장하면서 계시의 두 원천에 대해서는 토론조차 하려 들지 않았던 것이다. 셋째, 로마 학파에 의해 작성된 이 예안은 반로마 학파의 견해로는 교황의 기본 의도에 부합하지 못한다고 보았다. 이 예안은 랏칭어(J. Ratzinger)와 라너(K. Rahner)가 준비한 다른 예안에 의해 도전을 받게 된다. 이 다른 예안은 예수 그리스도 안의 하느님과 인간의 문제를 계시 개념으로 보고자 하였으며, 초월과 내재의 관계, 즉 어떻게 내재적인 것이 초월 안에 증명될 수 있는가 하는 물음을 다루었다. 이 물음은 대단히 현실적인 것이었으며, 공의회의 방향을 제시해 주는 중대한 의미를 가지었다. 그러나 이들의 안건 역시 득표율 미달로 부결되는 바람에 예안과 이 안건 사이가 조절을 보지 못하고 있다가 교황 요한 23세가 직접 나서서 해결하기에 이르렀다. 그렇게 해서 대폭 수정되어 「계시헌장」 "예수 그리스도 안에서의 신과 인간의 계시"(De revelatione Dei et hominis in Jesu Christo facta)가 나오게 되었다. 종전의 호교론적이고 교의적인 입장에서 벗어나 구원사적이며 대화적으로 계시를 다루게 되었다.

하느님께서는 예언자들을 통하여 여러 번 여러 가지 모양으로 말씀하신 후, "마지막 이 시대에 와서는 아드님을 통하여 우리에게 말씀하셨다"(히브 1,1-2). 왜냐하면 하느님께서는 영원한 말씀이신 당신의 아드님을 파견하셨고, 하느님의 아드님께서는 인간 가운데 사시며 인간에게 하느님의 내면을 알려주심으로(요한 1,1-18 참조) 모든 인간을 비추셨기 때문이다. 그러므로 예수 그리스도께서는 혈육을 취하신 말씀이시며, "인간들에게 파견되신 인간"이시고, "하느님의 말씀을 하시며"(요한 3,34), 아버지께서 맡기신 구원의 임무를 완수하신 분이시다(요한 5,36; 17,4 참조). 그래서 그분을 보는 이는 아버지를 본다고 하셨다(요한 14,9). 예수님께서는 자신의 전 현존現存과 출현出現으로 말씀과 업적, 표징과 기적으로 특별히 당신의 돌아가심과 죽은 이들 가운데로부터 영광스럽게 부활하심으로, 마침내는 진리의 성령을 보내심으로 계시를 완수하시고 하느님의 증거로 확고하게 하셨으니, 하느님께서 우리와 함께 계시어 우리를 죄와 죽음의 암흑에서 구원하시며 영원한 삶으로 부활시키기 위한 것이다.

따라서 새롭고 결정적 계약인 그리스도의 구원 경륜은 결코 폐기되지 않을 것이며, 우리 주 예수 그리스도께서 영광스럽게 나타나시기 전에는(1디모 6,14; 또한 디도 2,13 참조) 어떠한 새로운 공적 계시도 바라지 말아야 한다(4항).

이로써 예수 그리스도는 계시의 총체적 개념으로 서술된다.

이렇게 특징지어진 계시에 근거하여 헌장은 제5항에서 신앙에 대해 이야기한다. 맹목적인 순종이 아니라 자유로이 신앙에 순종할 것을 요구한다:

계시하시는 하느님께 "신앙의 복종"(로마 16,26; 또한 로마 1,5; 2고린 10,5-6 참조)을 드려야 한다. 이로써 인간은 "계시하시는 하느님께 지성과 의지의 완전한 순종을" 드러내고 하느님께서 주신 계시에 자발적으로 동의함으로써 자기를 온전히 그분께 자유로이 맡기는 것이다. 이와 같은 믿음이 있기 위해서는 하느님의 도움의 은총이 선행되어야 하며, 성령의 내적인 도움이 필요하다. 이로써 성령께서는 마음을 움직이시고 하느님께 회개시키시고 마음의 눈을 여시며 "진리에 동의하고 믿는 데서 오는 즐거움을 모든 이에게 베푸신다.

같은 성령께서는 계시에 대한 이해가 더욱 깊어지도록 당신의 은총으로 항구히 신앙을 완성시켜 주신다.

이렇게 세 요소들, 즉 형식적 계시 개념(2항)과 내용적으로 그리스도론적으로 강조된 계시 개념(4항) 그리고 이 경륜에 대한 신앙의 순종(5항)이 「계시헌장」의 원리이다.

이로써 계시의 원천(성서와 성전)에 대한 물음을 토론하기 위한 방향이 제시되고, 트리엔트 공의회의 전통, 즉 예언자와 그리스도와 교회의 복음에까지 거슬러올라가 생각하도록 한다. 계시가 성서와 성전의 원리이며 틀이 된다. 「계시헌장」 제2장에서 이를 다루고 있다. 9항은 이렇게 쓴다:

> 그러므로 성전과 성서는 서로 긴밀히 연결되고 또 상통한다. 이 둘은 동일한 신적 원천에서 솟아나와 어떤 방식으로든 하나를 이루며 같은 목적을 신적 원천에서 흘러나와 어떤 모양으로는 하나를 이루며 똑같은 목적을 지향하고 있기 때문이다. 실상 성서는 성령의 감도로 기록되었으므로 하느님의 말씀이다. 곧, 그리스도와 성령에 의해 사도들에게 맡겨진 하느님의 말씀은 성전에 의해 그들의 후계자들에게 온전히 전달되는데, 후계자들은 진리의 성령으로부터 빛을 받아 자신의 설교로써 그 말씀을 충실히 보존하고 해설하며 널리 전파할 수 있게 되는 것이다. 따라서 교회는 오로지 성서에 의해서만 모든 계시 진리에 대한 확실성에 이르게 되는 것은 아니다. 이런 이유로 이 둘을 똑같이 경건한 애정과 존경으로써 받아들이고 공경해야 한다.

10항에서는 "성전과 성서는 교회에 맡겨진 하느님 말씀의 유일한 성스러운 유산을 형성한다"고 결론짓는다.

이렇게 해서 하느님의 말씀을 구속력을 가지고 선포하고 믿는 이들을 위해 생생하게 전달하며 해석하는 것은 교회의 과제이다. 따라서 성서와 성전의 일치는 복음의 일치에 근거한다. 즉, 복음은 성서와 성전의 이중 형태로 간직되어 있다.

제3장은 신학과 성서주석의 관계와 영감과 성서해석의 관계를 다루고 있다. 영감이 아래로부터 서술함으로써, 계시의 진리를 권위있게 확정하는 성서 저자의 능력을 높이 사고 있다. 하느님께서 성서의 저작을 위해 인간들을 선택하셨고, 그들의 능력과 역량을 그대로 발휘할 수 있도록 한 채 그들을 이용하셨다는 것이다:

> 하느님의 계시는 성령의 감도에 의해 성서에 글로 담겨지고 표현되어 보존된 것이다. 그러므로 거룩한 어머니인 교회는 사도의 신앙에 따라 구약과 신약의 모든 책들을 그 각 부분과 함께 전체를 거룩한 것으로 또 정경으로 여긴다. 그 이유는 이 책들이 성령의 감도로 기록된 것이고(요한 20,31; 2디모 3,16; 2베드 1,19-21; 3,15-16 참조), 하느님께서 저자이시고 또 그렇게 교회에 전달되었기 때문이다. 성서를 저술하는 데에 하느님께서는 인간을 선택하시고, 자기의 능력과 역량을 이용하는 사람들을 활용하신다. 하느님께서 몸소 그들 안에 또 그들을 통하여 활동하시어 하느님께서 원하시는 모든 것을, 또 원하시는 것만을 그들이 참저자로서 기록하여 전달하도록 하셨다.
>
> 그러므로 영감받은 저자들, 또는 성서 저자들이 주장하는 모든 것은 성령께서 주장하신 것으로 여겨야 한다. 따라서 성서는 하느님께서 우리의 구원을 위하여 성서에 기록되기를 원하신 진리를 확고하고 성실하게 그르침이 없이 가르친다고 고백해야 한다. 그러므로 "성서는 전부가 하느님의 영감을 받은 것이며 진리를 가르치고 잘못을 책망하며 허물을 고쳐주고 올바르게 사는 훈련을 시키는 데 유익한 책입니다. 이 책으로 하느님의 일꾼은 모든 선한 일을 할 수 있는 자격과 준비를 갖추게 됩니다"(2디모 3,16-17; 그리스본. 11항).

오류와 영감에 대한 물음은 방금 인용한 11항에서 보듯이 시대에 대한 물음과 성서에 담겨진 단어들과 또 성서에 전승된 그리스도 신앙의 주제들의 신빙성 있는 유효성에 대한 물음으로 다루어진다. 제2차 바티칸 공의회는 성서 전체의 영감을 주장한다. 역사적 기록에는 오류가 있을 수 있지만 그 성서를 단순히 세속적인 책으로만 간주하지 않는다는 말이다. 즉, 영감받은 구원 진리와 영감받지 않은 세속적 진리가 따로 있다는 구분을 부인한다. 그래서 성서 전체가 영감으로 씌어졌다는 것을 강조한다. 물론 이것은 영감이 세속적 전통들과 유착되어 있음을 의미하는 것이 아니라 오히려 세속성과 계시의 상호관계를 확고히 하고자 해서이다. 속적인 것 안에도 계시는 주어졌으며 그러한 한 속적인 것도 구원의 진리와 주어진 계시와 관련되어 있다. 따라서 "우리의 구원을 위하여"(우리의 구원 때문에) 확립되고, 전승되고, 계시로서 성서에(전통 안에) 선포된 모든 것은 권위가 있다는 것이다. 이로써 「계시헌장」은 성서 문헌의 문학적 유형에 대한 역사적 물음을 존중하도록 그 가능성을 열어준다. 이리하여 12항에서는 성서 저자의 진술 의도를 알기 위해 문학적 유형, 전승, 언어 등을 주의깊게 탐구하기를 강조한다:

> 하느님께서는 성서에서 인간을 통하여 인간의 방식으로 말씀하셨기에, 성서 해석자는 하느님께서 우리에게 전달하고자 하신 것이 무엇인지를 알기 위해 성서 저자들이 정말로 뜻하고자 한 것이 무엇이며 하느님께서 그들의 말을 통하여 나타내고자 하신 것이 무엇인지를 주의깊게 연구해야 한다. 성서 저자들의 진술 의도를 알아내기 위해서는 여러 가지 것들 중에서 "문학적 유형들"도 고려해야 한다. 왜냐하면 진리는 본문에서 역사적·예언적·시적 또는 다른 화법 등 여러 양식으로 각각 다르게 제시되고 표현되기 때문이다. 그러므로 성서 해석자는 성사가가 제한된 상황에서 그 시대와 문화의 여러 조건들에 따라 당시의 일반적인 문학 유형들을 이용하여 표현하려 하였고 또 표현한 그 뜻을 연구해야 한다. 거룩한 저자가 글로써 주장하려 한 것을 옳게 이해하기 위해서는 당시에 널리 쓰이던 그 지방 고유의 사고방식, 언어방식, 설명방식 그리고 사람들이 상호 교류하며 관습적으로 사용하던 방식들을 면밀히 고려해야 한다.

교회의 인식 차원과 학문적 차원은 서로 차이가 있지만 그러나 서로 종속되어 있다. 왜냐하면 학문은 교회적인 것, 영적인 것, 종교적인 것이어야 하고 반대로 교회적인 것, 영적인 것, 종교적인 것은 학문의 영역 안에서 주장되어야 하기 때문이다. 이 두 구성요소 — 역사적-문학적 구성요소와 실질적-신학적 구성요소 — 의 상호 종속의 방향이 설정된 13항은 중요한 의미가 있으며, 이 종속 규정은 예수 그리스도의 위격에 대한 칼체돈 공의회(451)의 규정이 암시되어 있다. 즉, 그리스도 안에서 신성과 인성의 관계는 유비적으로 복음과 교회 안에서의 하느님의 말씀과 인간의 말씀의 관계와 같다. 왜냐하면 "마치 예전에 영원하신 아버지의 말씀이 연약한 인간의 혈육을 취하여 인간들을 닮으셨듯이, 인간의 언어로 표현된 말씀들이 인간의 말과 같아졌기 때문이다"(13항).

그러한 한, 두 본성의 교통idiomencommunicatio에 대한 그리스도론의 가르침을 내용적으로 주어진 것으로만 계속 전승시키는 것이 아니라 종속 규정으로 파악하는 것은 정당하며 필연적이다. 이 종속 규정은 그리스도론을 벗어나 신앙의 원리를 그리스도적으로 파악하고 계시 자체에 상응하게 논구할 수 있도록 하는 가능성을 제공한다.[4]

제4장에서는 구약성서도 영감으로 기록된 책이다는 것이 주장되고, 제5장에서는 신약성서와 그 권위가 서술된다. 특히 18항에서는 복음서의 탁월한 위치가 서술되었다:

> 모든 성서들 가운데, 또 특히 신약성서 중에서도 복음서가 가장 뛰어나다는 것은 아무도 부인할 수 없다. 왜냐하면 복음서는 우리의 구원자, 사람이 되신 말씀의 삶과 가르침에 관한 으뜸가는 증언이기 때문이다.
> 교회는 네 복음서가 사도들에게서 비롯되었음을 언제나 어디서나 주장하였으며 또 주장하고 있다.
> 사도들이 그리스도의 명령으로 선포하였고, 나중에 성령의 영감을 통하여 사도들과 그 제자들이 우리에게 전해준 신앙의 바탕을 글로 쓴 것이 마태오, 마르코, 루가, 요한, 네 가지 형태의 복음이다.

---

[4] 성서의 저자와 영감 문제는 제2부 🅖 참조.

복음서의 탁월성은 예수의 탁월성을 의미한다. 즉, 예수가 계시의 정점이며, 예수와 함께 계시의 모든 내용이 다 이야기되었음을 말해주기에 탁월하다.

20항에서는 네 복음서 외에도 성 바울로 서간들과 다른 사도적 기록물들도 성령의 영감으로 저술되었음을 분명히 하고 있다:

> 신약성서의 정경에는 네 복음서 이외에도 성령의 영감을 통하여 저술된 성 바울로의 편지와 다른 사도들의 편지도 포함된다. 이 정경들은 하느님의 지혜로운 배려로 주 그리스도께 관한 모든 것을 보증하고 바로 그분의 가르침을 더욱더 밝혀주며, 그리스도의 신적 활동이 지닌 구원 능력을 선포하고, 교회의 시작과 그 놀라운 확장을 이야기하고, 그의 영광스러운 완성을 예고하고 있다. 실제로 주 예수께서는 약속하신 대로 사도들과 함께하시고(마태 28,20 참조) 진리를 온전히 깨닫게 해주실 협조자 성령을 그들에게 보내셨다(요한 16,13 참조).

제6장은 주석으로서의 신학과 신약성서의 정경과의 그리스도론적 관계를 밝힌다:

> 교회는 언제나 성서들을 주님의 몸처럼 공경하여 왔다. 왜냐하면 교회는 특히 거룩한 전례를 거행하면서 그리스도의 몸의 식탁에서뿐 아니라 하느님의 말씀의 식탁에서도 끊임없이 생명의 빵을 취하고 신자들에게 나누어 주고 있기 때문이다. 교회는 항상 성전과 함께 성서들을 신앙의 최고 규범으로 삼아왔으며 또한 삼고 있다. 성서는 하느님께 영감을 받아, "단 한 번 영원토록" 씌어져서 하느님 자신의 말씀을 변함없이 전달해 주며, 예언자들과 사도들의 말씀을 통하여 성령의 소리가 울려퍼지게 하기 때문이다. 그러므로 교회의 모든 복음선포는 바로 그리스도교가 그렇듯이 성서들로 양육되고 규정되어야 한다. 하늘에 계신 아버지께서 성서 안에서 사랑으로 당신 자녀들과 만나시며 그들과 함께 말씀을 나누신다. 하느님의 말씀은 교회에는 버팀과 활력이 되고 교회의 자녀들에게는 신앙의 힘, 영혼의 양식 그리고 영적 생활의 순수하고도 영구적인 원천이 되는 힘과 능력이 있다. 그러므로 다음 말씀들은 특별히 성서에 잘 들어맞는다. "하느님의

말씀은 살아 있고 힘이 있고"(히브 4,12), 전능하여 "그 말씀은 건설할 수 있고 또한 거룩하게 된 모든 이 가운데서 유산을 (나누어) 줄 수 있습니다"(사도 20,32; 또한 1데살 2,13절 참조, 21항).

성서는 성전과 함께 늘 신앙의 원칙으로 간주되어 왔다. 성서는 전체 신학의 영혼이며 교회는 끊임없이 말씀에 봉사하도록 권유받고 있다:

> 거룩한 신학은 성전과 기록된 하느님의 말씀을 영구적인 기초로 한다. 신학은 이것을 기초로 그리스도의 신비에 포함된 모든 진리를 신앙의 빛으로 탐구함으로써 견고해지고 언제나 활기차게 된다. 성서는 하느님의 말씀을 담고 있으며 영감을 받았기 때문에 참으로 하느님의 말씀이다. 따라서 성서 연구는 신학의 생명과도 같은 것이어야 한다.
>   말씀의 봉사직, 곧 사목적인 복음선포, 교리교육과 모든 그리스도교 교육은 성서의 말씀으로 구원의 양식과 거룩한 힘을 얻는다. 그리스도 교육에는 전례적 설교를 가장 중요하게 여겨야 한다(24항).

2. 제2차 바티칸 공의회의 계시에 나타난 주제

1) 인간과 하느님의 만남(말씀과 행위의 일치)

제2차 바티칸 공의회는 제1차 바티칸 공의회가 말했던 계시의 두 방법(자연적-초자연적)에 대해서는 언급하지 않고 계시 경륜과 계시 행위를 포괄적인 방법으로 기술한다. 동시에 「계시헌장」은 하느님을 지혜와 선하심으로 모든 계시의 시원으로 이해하고 있다. 이로써 신 중심적이고 인격적인 관건이 제1차 바티칸 공의회와는 비교할 수 없을 만큼 강조되었다. 제1차 바티칸 공의회와 마찬가지로 계시가 하느님의 자기 전달Se ipsum revelare로 서술되었다. 그러나 "당신의 뜻의 결의를 계시하셨다"decreta voluntatis suae revelare라는 제1차 바티칸 공의회의 표현은 "당신 뜻의 신비"sacramentum voluntatis suae로 대체되었다. 법률적 시각의 자리에 성사적 전망이 대신하게 된 것이다. 율법과 은총, 말씀과 행위, 복음과 상징이 성사의 일치, 신비의 일치 속에 성서적 의미로 합치된 것이다.

그리고 제1차 바티칸 공의회에서 교훈적으로 강조되었던 계시 개념이 제2차 바티칸 공의회에서는 대화적이며 현재적 요소로 확대되어 생각되었다. 요컨대 하느님이 인간에게 말을 건네고 인간과의 만남을 구한다는 것이다. 인간은 스스로 대화적 존재로 하느님 말씀의 경청자이며 말씀을 통해서 하느님과 공동체를 이룬다. 사목적인 관점이 강조된 것이다. 제1차 바티칸 공의회에서 계시 개념이 교의적으로 편협하게 다루어졌다면, 제2차 바티칸 공의회에서는 그것이 극복되어 포괄적인 구상으로 표현된다: 계시란 교의와 교령의 — 시간을 초월한 — 종합으로 규정되는 것이 아니라 구원의 경륜oeconomia salutis과 구원의 역사 historia salutis의 지평에서 나타난다. 계시 자체는 인간 역사에 분명히 속해 있으며 인간의 역사와 결합해 있다.

이렇게 해서 하느님의 계시는 하느님 뜻의 비밀을 알리는 것이며 이 알리는 일은 인간의 중개를 통해 일어나고 표징과 기적을 통해서도 체험된다. 하느님 뜻의 비밀이란 바로 인간과 함께하시는 하느님의 구원의지를 말하며 당신 자신을 내어주시는 것이다. 이로써 하느님의 계시는 구원의 계시를 뜻하며, 여기서 계시되는 것은 바로 하느님 자신이다. 하느님은 인간의 것이고자 하시며 인간의 구원을 원하신다. 그 구원(의 뜻)은 인간으로서는 상상할 수 없고 또 영원히 그런 채 남아 있을 것이다. 이를 상상한다는 것은 인간 사고력의 한계 때문에 그릇되고 불완전할 수밖에 없다. 이로써 이야기되는 것은 하느님의 계시 없이 인간의 구원과 인간 행복을 이야기하는 것은 전혀 불가능하다. 설령 계시 없이 인간의 뜻대로 모든 것을 해결하려 하고 행복과 구원을 추구한다 하더라도 결코 그 목적에는 도달할 수 없을 것이다. 인간은 자기 삶의 의미와 목적, 인생의 근원을 자체 내에서는 해결할 수 없다. 그렇다고 우리가 하느님과 하느님의 계시를 이야기하는 것은 인간의 한계 때문은 아니다. 다만 인간의 이성과 의지 때문에 신비와 하느님과 하느님 계시, 하느님의 구원의지가 부인될 수 없다는 것이다.

이 계시 경륜은 서로 긴밀히 결합된 행적과 말씀으로 실현된다. 구원의 역사 안에서 하느님께서 이루신 업적들은 가르침과 그리고 말씀들로 표현된 사실들을 드러내고 확인하며, 말씀들은 업적들을 선포하며 그 안에 포함된 신비들을 밝혀준다. 이 계시를 통하여 하느님과 인간 구원에 관한 심오한 진리가 중개자이며 동시에 모든 계시의 충만이신 그리스도 안에서 우리에게 밝혀진다(2항).

계시란 사건, 업적, 행위 그리고 말씀이 서로 스며든 사건들의 발생이다. 업적은 말씀을 확인하며 계시하고(밝혀주고) "말씀들은 업적들을 선포하며 그 안에 포함된 신비들을 밝혀준다." 여기서도 분명히 징표와 기적이 이야기되고 있다. 그러나 제1차 바티칸 공의회에서보다는 훨씬 조심스럽게 예수의 인물과 삶의 전체적 숙고에서 다루어지고 있다.

말씀과 역사로서의 계시에 대한 이 전체성에 대한 직관은 인간이 그 정체성에서 말건네어지고 다루어졌다는 것을 가능하게 하였다. "눈에 보이지 않는 하느님은(골로 1,15; 1디모 1,17) 이 계시로써 당신의 넘치는 사랑으로 마치 친구를 대하시듯이 인간에게 말씀하시고(출애 33,11; 요한 15,14.5) 인간과 사귀시며(바룩 3,38 참조), 당신과 공동체를 이루도록 인간을 부르고 받아들이신다"(2항).

계시를 하느님과 인간의 만남으로 이해하게 한 것은 확실히 제2차 바티칸 공의회의 커다란 업적이 아닐 수 없다. 이 하느님과 인간의 만남과 구조가 앞에서 살펴본 것처럼 말씀과 행위의 상호 침투로서 기술되었다. 행위와 말씀gesta et verba, 일과 가르침opera et doctrina, 일과 말씀res et verba, 말씀과 신비verba et mysterium 의 결합으로서 계시의 전체성이 표현된다. 왜냐하면 계시는 대화적인 사건, 인간의 영과 육을 관계짓는 사건으로서 인간을 그 전체성에서 "너"Du로서 만나게 한다. 즉, 계시는 현재 안에 이미 중재되어 있는 넘치는 사랑, 인간에게 "친구"처럼 말을 건네는 그 사랑에 대한 앎이다. 무엇보다도 아버지를 향하여 나아감이다. 곧 "당신"이라고 부르는 것이 가능한 접근이다.[5]

---

[5] H. Waldenfels, *Kontextuelle Fundamentaltheologie*, 179.

프로이트의 종교 비판 이후 이런 표현은 부정적인 인상을 주었다. 왜냐하면 프로이트는 하느님을 "너"라 부를 수 있는 아버지로 상상한다는 것은 역행적-유아적인 노이로제 현상으로 보았기 때문이다. 그렇지만, 설령 사람들이 생각하는 하느님 표상(상상)에 육친적 아버지상이 자리잡고 있다는 것을 인정한다 하더라도 성숙한 종교적 태도에서 예수의 이름으로 또 예수의 위임을 받아 아버지라고 부르는 하느님과 육친적 아버지는 철저히 구분되며, 그렇게 불리는 하느님 아버지는 미숙하고 천진난만한 호칭 이상의 의미를 지닌 아버지이다. 계시 안에 자신을 확약하신 하느님께 향한 이 접근은 신뢰로 가득 찬 향함을 의미한다. 이 향함은 우리 생에 닥치는 우여곡절스런 운명을 스스로 이해하지 못한다 하더라도 하느님 안에 비호받고 있다는 앎을 내포하고 있다. 이것이 아버지께 향한 접근의 형식으로 표현된 것이다. 이것은 어떠한 경우를 막론하고, 즉 삶과 죽음에 처해서라도 신용할 수 있는 어떤 사랑에 대한 헌신이다. 아버지 호칭은 계시 없이는 감히 부를 수도, 불러서도 안되는 것이다. 이것은 하느님께서 우리들 중의 어느 한 사람도 제외하지 않고 돌보아주시고 우리들 각자가 온갖 두려움과 근심 걱정에서 — 예수가 이를 명확히 기억하신다 — 해방될 수 있도록 하느님 손 아래 비호받고 있다는 것에 대한 앎이다. 다시 말해서 하느님은 사랑이시고 이것이 곧 하느님 이름이라는 것의 깨달음이다. 이 사랑이 우리 현존재의 근거이며 우리 삶의 목표이다. 우리 인간은 이렇게 당신 자신을 전달하기를 원하시는 하느님의 사랑으로부터 창조되었고 그 사랑 안에서 완성을 향하여 나아가고 있다.

　계시(하느님의 자기 전달)는 하느님 사랑의 표현이며, 계시를 받아들이는 자는 하느님 사랑을 받아들이는 사람으로 어떠한 상황에서도 자포자기하지 않는다. 오히려 상황이 심각할수록 인간은 거기서 자기 완성을 이루게 된다. 그러므로 인격적으로 자신을 전달하지 않는, 그래서 "너"라고 부를 수 없는 어떤 사물을 숭배하는 것을 우리는 우상숭배라고 부른다. 이런 면에서 우리는 하느님 계시가 우상숭배에 대하여 경고하는 것도 잊어서는 안될 것이다. 우상은 이런 사랑, 이런 계시를 외면하는 행위이다. "너"라고 부를 수 없는 것을 "너"라고 부르는 비인격 신앙이 우상이다. 오늘날의 우상은 이스라엘과 그들 역사의 우상과는 다르다. 성취욕구, 인정받고 싶어하는 과장된 욕망, 물질적 욕심, 졸렬한 이익추구, 우리를 "구워삼는" 여가 유흥산업(레저 붐)으로 인한 창조적 노력(노동)의 포기, 마음쓸 시간을 빼앗고 이로써 착취의 대상으로만 여겨지는 자연으로부터의 소외 … 이러저러한 것들이 족히 현대인들이 섬기고 있는 우상이며 또 신적 계시를 비는 자들이 주변에서 접하고 있는 우상들이다. 그리고 일정한 양상의 율법신앙도 여기에 속한다. 곧 율법의 우상화이다. 이 우상화된 율법신앙은 계시를 통해 거부당하고 있다. 교회를 비롯한 모든 인간적인 제도는 법을 필요로 한다. 그럼에도 복음이 우리에게 분명하게 말하는 것은 인간을 위해 법이 있는 것이지 법을 위해 인간이 있는 것이 아니라는 것이다. 그런데도 자발적이고 자유로운 신앙 형태는 대수롭지 않게 여기면서도 율법이 그리스도 신앙성의 성취보다 더 중요한 것처럼 여기는 사람들이 여전히 많이 있다. 그러나 이런 데에는 사랑이란 있을 수 없다. 계시는 이런 우상들을 타파하며 인간과 맺어져 있는 하느님과의 사랑의 관계를 다시금 확인시켜 준다.

2) 하느님의 구원 의지의 역사

「계시헌장」 3항은 이렇게 쓰고 있다:

> 하느님께서는 말씀을 통하여 모든 것을 창조하시고(요한 1,3 참조) 보존하시며, 창조물을 통하여 당신에 관한 영원한 증거를 사람들에게 보여주시고(로마 1,19-20 참조) 천상적 구원의 길을 터 주시고자 하셨을 뿐 아니라 원조들에게 처음부터 당신 자신을 드러내보이셨다. 그들이 타락한 후에는 구속을 약속하시어 구원에 대한 희망을 일으켜 주셨고(창세 3,15 참조), 선업에 항구하며 구원을 찾는 모든 이에게 영원한 생명을 주시려고(로마 2,6-7) 끊임없이 인류를 돌보시었다. 제때에 아브라함을 부르시어 큰 민족을 이루게 하셨다(창세 12,2 참조). 그리고 성조들을 통하여, 그후에는 모세와 예언자들을 통하여 이 민족을 가르치시고 당신만이 살아 계신 참 하느님이시요, 섭리의 아버지이시며 정의의 판관이심을 알도록 하셨고, 약속된 구세주를 기다리게 하셨다. 이렇게 하느님께서는 세기에 걸쳐 복음에 이르는 길을 미리 닦아놓으셨다.

이미 「계시헌장」 2항에서 계시와 구원의 관계가 이야기되었다. 하느님과 인간의 구원에 관한 진리가 이야기된 것이다. 계시가 진리와 관련되어 있다는 것은 확실하다. 그렇지만 이것은 전통적 형식의 의미에서의 이론적 진리 인식이 아니라 실제적 의미에서 진리 실현과 관련해서이다. 「계시헌장」의 제3항은 온 역사가 처음부터 계시사啓示史로서 구원사, 더 정확하게 말해서 하느님의 구원의지의 역사라는 확신을 주축으로 하고 있다.

3) 그리스도 안에서 하느님 자기 전달

그 다음 결정적인 관점은 제1차 바티칸 공의회가 히브리서 1,1 이하에 근거하여 표현한 것인데 계시의 그리스도 중심적 이해이다. 무한한 하느님의 자기 전달이 예수 그리스도를 통해서 약속되고 일어나고 보증되었다는 것이다. 제2차 바티칸 공의회의 「계시헌장」에 따르면 예수 그리스도는 "전 계시의 중개자이며 충만"이다. "예수 그리스도께서는 혈육을 취하신 말씀이시며, '인간들에게 파견되신 인간'이시고, '하느님의 말씀을 하시며'(요한 3,34), 아버지께서 맡기신 구원의 임무를 완수하신 분이시다(요한 5,36: 17,4 참조). 그래서 그분을 보는 이는 아버지를 본다고 하셨다(요한 14,9). 예수님께서는 자신의 전 현존現存과 출현出現으로 말씀과 업적, 표징과 기적으로 특별히 당신의 돌아가심과 죽은 이들 가운데로부터 영광스럽게 부활하심으로, 마침내는 진리의 성령을 보내심으로 계시를 완수하시고 하느님의 증거로 확고하게 하셨으니, 하느님께서 우리와 함께 계시어 우리를 죄와 죽음의 암흑에서 구원하시며 영원한 삶으로 부활시키기 위한 것이다"(4항).

예수 그리스도는 하느님에 대해서 이야기할 뿐만 아니라 스스로 하느님의 마지막 말씀이시다. 예수 그리스도 안에 하느님께서 최종적으로 발언하셨기 때문이다. 예수는 그 인물 안에서 계시의 마지막 말씀이며 사건인 것이다. 따라서 계시의 최종 목적은 정보제공이나 교훈이 아니라 인간의 공동체, 일치와 변화이다. 이리하여 예수 그리스도를 통한 계시의 한복판에 그리고 계시의 충만함에 인간에 대한 계시가 일어난다. 하느님인 인간 예수 안에 인간의 상태가 밝혀지는 것이다. "우리 주 예수 그리스도께서 영광스럽게 나타나시기 전에는(1디모 6,14; 또한 디도 2,13 참조) 어떠한 새로운 공적 계시도 바라지 말아야 한다"(4항)는 것은 예수 그리스도 안에 충만된 계시는 능가될 수 없다는 진술에 근거하여 설명될 때 비로소 가능한 것이다.

제2차 바티칸 공의회에서는 여기 언급된 예수 그리스도 안에 일어난 계시의 충만 차원 외에, 그리고 그 안에 요구된 신앙을 늘 다시 이 원천과 맺고 이 원천에 방향을 맞춘 결정적인 것 외에, 미래의 지평이 강조되고 있다. 이는 제1차 바티칸 공의회에서는 명료하게 표현되지 못한 것으로서 오신 분이 동시에 오실 분으로 강조되고 있다. 예수 그리스도 안에 일어난 일이 영원한 열림(개방)이며 그리스도 안에 일어난 일은 마지막으로서 동시에 시작이다. 역사의 각 순간에 처한 인간을 위한 시작이며 원천인 것이다. 만일 그리스도가 하느님 자신의 말씀이라면 이는 그리스도가 불변의 "임마누엘"(하느님이 우리와 함께 계심)이고, 하느님 말씀의 전체 폭이 인간을 통해서 열리기 시작하였다는 뜻이다. 예수 안에 하느님의 계약이 성취된 것이다. 예수의 죽음과 부활로 새롭고 영원한 계약이 우리와 맺어졌고 이 계약이 미사 기념제에서 거행된다. 이 계약은 취소할 수 없는 성령의 계약이다. 하느님께서 "우리로 하여금 당신의 새로운 계약을 이행하게 하셨습니다. 이 계약은 문자로 된 것이 아니고 성령으로 된 것입니다. 문자는 사람을 죽이고 성령은 사람을 살립니다"(2고린 3,6).

우리 인간은 예수 그리스도의 죽음을 통하여 죄에서 구원되었을 뿐 아니라 무엇보다도 순수한 하느님의 인간됨을 통해서도 이미 구원을 받은 것이다. 왜냐하면 그리스도교의 도그마가 서술하는 대로 하느님의 인간됨을 진지하게 받아들인다면 하느님의 인간됨으로 인하여 인간 존재가 근원적으로 다른 것이 되었기 때문이다. 그리고 하느님과 인간은 서로 교통할 수 없고 중재될 수 없는 대립관계에 있지 않으며, 참 천주성과 참 인간성이 하나가 된 예수 그리스도 안에서 두 본성은 떨어질 수 없으며 동시에 혼합되지 아니한 양상으로 일치를 이루고 있기 때문이다. 이것이 구원이다. 이것이 좁은 인간 존재에서 벗어나 무한하고 파악할 수 없는 하느님 신비로 들어가는 구원이다.

4) 신앙

이로써 신앙의 정의도 내려졌다. 제2차 바티칸 공의회는 의식적으로 제1차 바티칸 공의회의 근본 사고를 받아들인다. 즉, 순종하는 신앙, 들음과 순종으로부터 시작되고 인간을 전체로서 요구하는 신앙을 받아들인다. 그럼에도 제1차 바티칸 공의회에서는 신앙 개념이 이 전체 규정에서 교의적 표현양식으로 축소된 데 비해 제2차 바티칸 공의회에서는 순종하는 신앙에 대한 진술을 더 포괄적인 의미로 확대하였다: "계시하시는 하느님께 '신앙의 복종'(로마 16,26; 또한 로마 1,5; 2고린 10,5-6 참조)을 드려야 한다. 이로써 인간은 '계시하시는 하느님께 지성과 의지의 완전한 순종'을 드러내고 하느님께서 주신 계시에 자발적으로 동의함으로써 자기를 온전히 그분께 자유로이 맡기는 것이다"(「계시헌장」 5항).

제1차 바티칸 공의회에서 신앙이 지성적 교의신앙이나 신용신앙으로 축소된 데 비해서 제2차 바티칸 공의회에서는 인격으로 답변하는 완전한 "예"로서의 신앙이 규정되고 있다. 자기 실존을 실현하는 가운데 자기 자신을 완전히 하느님께 맡긴 인격, 예수 그리스도 안에서 인간의 길이며 진리인 하느님께 자기 자신을 완전하게 맡기는 인격의 전적으로 "예" 하는 신앙이 여기서 규정되어 있는 것이다. 신앙의 이런 전체의 관점이 완성되는 것은 신앙이 희망으로 서술될 때이다.

즉, "이미"와 "아직 아니", 최종적인 것과 일시적인 것이 충만에 이룩된 약속으로서 서술될 때이다. 그렇기 때문에 "이미"와 "아직 아니" 사이의 현재, 아직 목적을 향하고 있는 과정에 신앙의 모험이 주어져 있다.

* * *

제2차 바티칸 공의회의 진술들이 제1차 바티칸 공의회와 차이를 보이는 것은 무엇보다도 제2차 바티칸 공의회가 제1차 바티칸 공의회보다 사목적이라는 데서 그 이유를 찾아볼 수 있다. 즉, 제2차 바티칸 공의회는 인간을 상대로 하고 있고, 성서적으로 정향되어 있기 때문이다. 지금까지 있어 왔던 공의회 중에

제2차 바티칸 공의회처럼 성서를 적극적이고도 상세하게 다룬 공의회는 없었다. 「계시헌장」의 여섯 장 중에 네 장이 성서의 주제를 다루고 있음이 이를 입증한다. 「계시헌장」의 진술은 교회일치에 대단히 유념하였다. 계시와 신앙을 다루면서 함정을 만들고 벽을 쌓기 위해서가 아니라 진정 다리를 놓기 위해서 그렇게 하였다.

계시와 신앙을 율법・가르침・교리의 관념으로서가 아니라, 기쁘고 자유롭게 하는 복음의 개념으로 해석하였다. 이로써 「계시헌장」은 신앙을 이해하는 데 교파간에 쌓였던 대립들을 화해시켰다. 신앙을 확인하게 하고 헌신과 신뢰로써 이해하게 해주었다. 제2차 바티칸 공의회는 하나의 끝, 마지막이 아니라 희망과 용기와 생명을 주는 새로운 시작이었다.

성서 — 계시의 책

1. 성서와 해석

하느님의 계시는 하느님의 자기 전달이다. 하느님은 당신의 전부를 피조물 안에 전달하셨다. 그래서 인간은 하느님을 언제 어디서나 체험할 수 있다. 여기에, 어떠한 한에서 이미 씌어진 성서와 성전 안에 담겨져 있는 것이 계시로 이해될 수 있는가, 어떠한 한에서 계시로 확신하는 바가 문학적으로 표현된 요소들 안에 담겨질 수 있는가 하는 물음이 던져진다: 어떠한 한에서 성서와 성전은 계시의 모범적인 경우인가? 어떠한 한에서 성서와 성전을 계시의 원천으로 이해할 수 있는가? 어떠한 한에서 신앙의 책인 성서가 다른 고전들과 구별되는가? 어떠한 한에서 신앙의 책인 성서를 방법론적으로 적절하게 증거로 끌어댈 수 있는가? 나아가 계시와 성서와 성전의 관계에 대한 물음이 던져진다: 계시 전체가 성서에만 담겨 있는가? 혹은 부분적으로나마 성전 속에도 담겨 있는가? 성서와 성전 안에 완전하게 담겨 있는가?[1]

이 물음에 답변하기 위해 성서와 성전을 계시로 해석하기 위한 필요한 규정을 생각해 보자.

(1) 성서와 성전은 계시 그 자체가 아니라 계시를 담고 있을 뿐이다. 성서는 계시의 내용이 적혀 있는 책일 뿐이고 전통은 인간이 신앙고백할 수 있는 계시의 한 형태일 뿐이다. 성서가 계시 내용을 담고 있는 책일 뿐이라는 것은 "계시를 이해하는 데에는 성서 외에 다른 책이 필요없다"는 표현을 부정하는 것도

---

[1] 오콜린스, 김광식 역, 『계시란 무엇인가』, 가톨릭출판사 1987, p.88.

된다. 이는 계시가 인격적인 사건, 즉 신앙을 통하여 하느님과 새로운 관계에 놓이도록 인간을 초대하는 나자렛 예수 안에서 드러난 구원적 자기 전달[2]로 이해할 때 이 계시를 문서화된 성서 안에만 담겨 있다고 말하는 것은 온당하지 못하다는 것에 일치하는 주장이다 — 성서에 담기지 않은 하느님의 자기 전달, 예수의 행업도 많이 있다(요한 21.25) — 하느님의 자기 전달은 "어떤 것"이 아니며 그렇기에 "어떤 것" 안에 제한되어 담겨 있는 진리일 수가 없다. 이런 면에서 성서 외에 성전을 이야기할 수 있게 된다. 계시는 성서에만 담겨 있는 것이 아니라 성전에도 전해 내려온다. 계시 자체와 관련하여 보면 성전은 성서와 동등한 것이다. 개신교측이 성서만이 계시의 근원이라고 보는 입장에 반해, 가톨릭측은 성서와 성전이 함께 계시를 포함하고 있다고 보는 것도 이때문이다. 즉, 가톨릭에서는 성서만이 전체 계시를 담고 있어(실질적으로) 성서 외에는 계시를 담고 있는 근원이 없다는 개신교측 주장에 대해 성서 외에 신학의 전통도 계시를 담고 있을 수 있다고 본다. 성서에 기록되지 아니한 하느님의 말씀(예수의 말씀)이 전해 내려오는 것도 있다고 보는 것이다.[3]

이런 논리에 바탕하여 제2차 바티칸 공의회는 그 범위를 더욱 넓혀, 계시를 충분하게 나타내 주는 것은 성서만도, 전통만도 아닌 그리스도 안에서 우리가 만나게 되는 모든 신적 현실이라고 표명한다.[4] 하느님의 자기 전달은 살아 있는 현실, 인간 역사 안에 이루어지는 인격적 만남이기 때문이다.[5] 그러므로 라너가 하느님의 계시를 깨닫기 위해서는 성서 성전 외에도 세속적인 책(과학, 경제, 사회, 역사, 문학 … 등)에도 관심을 쏟아야 한다고 주장한 것은 타당하다. 신학을 하는 자라면 문학·예술·역사를 포함한 모든 학문에서의 인간의 체험과 지식을 마땅히 알아야 한다는 것이다. 신이 하나의 추상적인 개념이 아니라는 것을 인식한다면, 자신의 구원만을 바라면서 신을 찾는 것이 아니라, 신 자체 때문에 신을

---

[2] 위의 책. 88 이하.

[3] 이러한 가톨릭의 물음은 그후 개신교측에 의해서도 비교적 진지하게 받아들여졌다고 본다. 왜냐하면 개신교도 그 사이 전통을 소유하게 되었기 때문이다. 무엇보다도 성서가 전통을 포함하고 있다는 사실을 인정하지 않고서는 성서를 주해할 수 없는 것이다.

[4] 위의 책.   [5] 위의 책. 89.

찾고 신을 사랑한다면, 신께서 자기의 창조사업을 통해 피조물 안에서 자기를 청취하도록 한 모든 것에 관심을 가져야 함이 마땅한 것이다. 예컨대 이 세상이 하느님으로부터 창조되었다고 말하면서도 정작 무엇이 세상인지, 세상이 어떠한 것인지, 어떻게 세상이 형성되고 구성되어 있는지 등 신의 일에 대해서 문외한이라면, 그에게 창조 개념은 공허한 개념이 될 수밖에 없는 것이다. 뿐만 아니라 신도 공허한 개념이 된다. 신학하는 자라면 자기의 관심사를 오직 성서 한 권에만 국한시킬 것이 아니라, 소위 세속적인 학문인 과학·문학·예술 등에도 관심을 가져야 하며, 정치·경제·사회 문제에도 무관심할 수 없는 것이다. 과학·문학·철학·음악·미술 등은 궁극적으로 신에 대하여 이야기하고 있기에 — 모든 학문은 알게 모르게 신의 피조물에 대한 표현이기 때문에 — 이들을 외면한 신학은 추상적이며 피상적일 수밖에 없고, 실제 인간세계가 추구하는 것으로부터도 멀리 떨어질 수밖에 없는 것이다. 이런 책들도 모두 인간과 인간의 삶에 관한 책들이다. 신학은 다른 학문과의 긴장을 무조건 고조시키려 할 것이 아니라 나아가며 서로가 평화롭게 협조하는 가운데 우주의 신비, 세계의 신비, 생명의 신비 등을 추측하는 데 기여하도록 해야 할 것이다. 결국 이 신비가 인생의 궁극적 지향이 되는 것이며, 이 신비가 바로 신인 것이다. 인간의 출처도 목표도 이 신비이며, 신학을 비롯한 모든 학문도 이 신비 안에서 전개되고 있다.

그렇다고 성서를 세속적 책들 중의 하나로 보아야 한다는 뜻은 아니다. 다만 계시와 성서와 성전의 관계를 생각하면서 계시와 성서의 차이란 하나는 현실이요, 다른 하나는 기록이라는 점을[6] 잊지 말아야 한다는 뜻이다. 과거에는 단순히 계시는 성서에 쓰여진 말씀하고만 동일하다고 여길 만큼 계시와 성서 사이에는 구분이 없는 것으로 이해해 왔다. 말하자면 성서와 성서가 담고 있는 모든 내용이 그대로 계시라고 이해했던 것이다. 그러나 공의회에 의하면 계시가 성서보다 선행되는 것이고 이런 면에서 성서와는 구분된다. 그리고 성서에 기록되어 있는 것을 보더라도 신적 계시뿐 아니라 기도와 전례, 계명 등 주어진

---

[6] 위의 책, 89.

계시에 대한 인간의 응답도 기록되어 있다.

계시 자체와 계시가 전수하고 견지하고 있는 형태를 구분한 것은 현대신학의 관심사이기도 하였으며, 제2차 바티칸 공의회의「계시헌장」을 두고 쟁점이 되기도 했다. 처음 공의회의 준비위원회는 지금 우리가 대하고 있는 헌장과는 전혀 다른 예안을 내놓았는데, 그 제목은 "계시의 여러 원천들에 관하여"였다. 이 표현에 따르면 성서와 성전이 계시의 원천으로 문학적으로 정립된 성서가 근본적인 것이고 여기에서 연역된 것이 계시라는 것이다. 그러나 방금 우리가 살펴본 바에 의하면 성서와 성전은 계시의 원천이라기보다 계시를 담고 있는 그릇이다. 이에 공의회 위원회는 이 예안의 견해를 전환시켜 우선적인 것은 (성서의 글자가 아니라) 계시 자체임을 강조하였다. 이리하여 공의회의「계시헌장」은 그 1장에서 계시 자체를 다루고, 그 다음 2장에서 성서와 성전을 다루었다. 성서와 성전은 계시를 전해주고 거기에 도달하게 되는 형태로 파악되는 것이다. 즉, 사도적 증거(= 성서)와 근원적인 계시가 구별되어 있는 것이다. 여기서부터 비로소 성서와 성전과 관련된 계시 개념이 다루어지게 되고, 그리고 어떻게 성서와 성전을 계시로 다룰 수 있을까 하는 물음이 필연적으로 던져진다.

(2) 계시와 성서의 이런 관계에서 성서가 담고 있는 것을 현재의 것으로 체험하고, 또 현재의 것으로 주장하는 데 필요한 것은 무엇인가 하는 물음이 중요한 것으로 대두된다. 이는 곧 해석의 문제인데, 해석 자체가 객관적으로 근거있기 위해서는 사실과 전통의 유형과 행위방식의 상호관계를 보는 것이 필요하다. 이런 상호 종속관계 안에서 사실과 전통이 서로 관련을 맺으며 현재의 것으로 일어난다는 것을 보아야 한다. 이런 관계를 간과한 채 성서 내용을 해석하려는 데서 잘못된 경향들이 생긴다. 다음과 같은 것들을 그 예로 들 수 있다:

① **실증주의와 성서원칙주의**: 이들은 성서를 씌어진 글자 그대로 보려 한다. 그래서 성서를 하나의 역사책·문학서적으로 보며, 역사적으로 일어난 사실이나 문학적으로 전수된 내용만을 계시로 본다. 자구 해석에만 묶여 계시 개념의 행위 전망은 무시되고 만다. 대개의 신흥종교는 이런 성서원칙주의 입장에서 발생한다.

② **교의원칙주의**: 위의 견해와는 정반대의 견해이다. 교의원칙주의는 계시 개념으로 표기된 바에 요지부동 머물러 있어 역사적-문학적 배경은 전혀 필요 없게 된다.

③ **신학적 자유주의의 경향**: 이에 의하면 계시 범주는 역사적으로 증명된 사건들과 오로지 막연한 관계를 맺고 있을 뿐이다. 그리고 본질적 정황에 대하여 정확하게 표현할 수 있는 적합한 번역이란 불가능하다고 본다. 해석은 해석자의 주관이 작용하지 않을 수 없기 때문에 계시 정황의 확증은 불가능하다는 것이다.

2. 성서와 영감[7]

1) 성서의 저자

성서의 저자와 관련하여 다음의 물음이 던져진다: 어떠한 한에서 인간이 쓴 책이 하느님의 책인가? 어떠한 한에서 성서에 기록된 것이 계시 자체인가? 어떠한 한에서 전승의 세계관, 부정확성 그리고 오류들에도 불구하고 이들을 계시로 대할 수 있는 것인가? 성서에는 많은 오류가 발견된다. 그런데 어떻게 그런 책을 성령의 감도하심으로 써어진 거룩한 책이라 할 수 있는가? 어떠한 한 성서의 전승은 믿을 만한 것인가?

이런 물음들은 성서 저자들의 영감과 무류성에 관련한 문제이다. 무류성의 물음은 계시와 영감의 관계에 대한 물음이다. 신학자들과 전통에 따르면 성서의 저자는 둘이다. 즉, 성서를 기록한 인간(성서 저자)과 하느님이다. 하느님이 성서의 저자인 것은 하느님이 성서 내용의 원리이며 또 그 내용을 서술하게 하는 원리인 까닭이다. 성서의 원저자(성서 저술의 원저자)이신 하느님이 성서를 기록한 인간에게 영향을 끼치는 이 원리를 신학에서는 영감이라고 한다. 영감은 두 저자의 관계를 맺어주는 것이다. 이 영감을 통해 성서 저자인 인간은

---

[7] 오콜린스. 김광식 역, 『기초신학』. 분도출판사 1994 참조.

계시를 기록한다. 계시가 성서 저자들의 기록의 중심 주제이다. 성서 저자에 주어진 영감은 초자연적인 것을 해명하는 지성과 초자연적인 것이 자연 안에 들어와 있다는 사실을 깨달을 수 있는 것이다. 하느님이 쓰기를 원하신 것(의미)을 하느님의 도움으로 자기 과제를 채우게 된다(행위). 이런 영감의 행위에서 하느님이 성서 저자에게 끼친 영향을 두 가지 측면에서 생각할 수 있다.

첫째, 이들의 관계는 도구적이라는 것이다. 교회의 많은 교부들과 후대의 신학자들은 말씀을 받아 쓰는 모델 또는 이와 유사한 양식을 채택하였다. 이러한 견해에 의하면 영감받은 제자들은 그들이 기록해야 하는 말씀을 말해주는 천상적 소리를 체험하였고 그들에게 계시된 텍스트를 고분고분히 재생하였던 것이다. 성문서의 작가는 더 이상 그 제자가 아니라 신적 말씀을 충실히 받아쓴 단순한 비서일 뿐이라는 것이다. 역사적 인물인 성서 저자는 도구적으로 해석된다. 그래서 저자는 성서의 내용에 대해 직접적인 책임이 없다. 이 입장은 소위 자구 영감字句靈感의 이론에서 더욱 첨예화된다. 즉, 성서의 일반적 의미뿐 아니라 철자 하나하나까지 초월적 신비이며 계시로 간주되어야 한다는 것이다. 성서에 담긴 모든 것, 한 점 한 획까지가 직접 하느님으로부터 온 것이다.

이렇게 받아쓴다는 식의 해석은 신적 원인만을 고려하고 인간적인 원인은 전혀 고려하지 않은 것이다. 뿐만 아니라 이는 인간성을 희생시키며 그리스도의 신성만을 극대화시키는 것과 유사하다. 그리스도의 신성이 인성을 희생시키며 강조되어서는 안되는 것처럼 영감의 과정 안에서 하느님의 특별한 인도가 순수한 인간적 활동과 특정한 저자들의 개인적 특성을 배제하는 것으로 이해해서는 안된다.

영감을 받아쓰는 것으로 이해하려는 접근은 영감에 의한 결실, 즉 텍스트 자체에 대해서 볼 때 항상 많은 어려움에 봉착할 수밖에 없다. 이러한 식으로는 영감된 저자들 사이의 다양한 형식과 문체를 올바로 설명할 수 없다. 바울로의 편지가 기록된 때로부터 복음이 편찬된 마지막 시기에 이르기까지 성령의 문체가 변화되었단 말인가.

성서의 저자들, 또는 영감받은 저자들은 문학의 모든 형태는 아니지만 다양한 유형을 가지고 집필하였다. 일부 성서의 저자들은 기록자로서의 특이한 재질을 발휘하였고, 아름답고 위대한 문학작품을 만들어내었다. 그렇지만 인간이 쓴 것이기에 오류도 많았다. 영감이 필연적으로 위대한 종교적 특성과 효력을 내포하고 있다고 하지만 이것이 모든 시대의 영감받지 않은 모든 저서들보다 성서를 더 높이 평가한다고 주장할 수 없는 것도 이때문이다. 성서들은 인간적 산물이기 때문에, 그들 공동체의 문화가 가지고 있는 한계와 저자들의 개인적인 능력의 한계를 반영하고 있는 것이다.

이렇게 볼 때 둘째 견해는 성서 기록자를 성서의 실제 저자로 보는 것이다. 성서 저자는 단순한 도구가 아니라 문학적 산물로서 과거의 역량에 따라 계시 사건을 문학적으로 표현한다. 하느님의 영향과 성서 기록자의 역량의 일치는 자료에 있는 것이 아니며 어떤 일정한 상황을 처리하는 역량과 정돈하는 능력에 있다. 계시는 성서 저자의 역량과 정돈하는 능력에 따라 문학적으로 표현된다. 이 역량과 정돈하는 능력을 "형식적 전前 문서"라고 한다.

또 성서의 많은 책들이 구전전승과 기록된 전승의 기나긴 과정을 거쳐 태어났다는 것을 볼 때, 성서는 한 저자로부터 기인하는 것이 아니다. 영감의 은사에 함께 참여하고 있는 사람들의 그룹은 자주 매우 다양하였다. 이들 모두는 성서의 일부분을 형성하는 데 실제적인 공헌을 하였으므로 성령의 특별한 충동의 마지막 텍스트를 실현시키기 위하여 그들 모두에 작용한 것이다. 이러한 개념에 따르면 영감의 은사는 구약의 역사서에 공헌한 모든 사람들을 인도했으며 마지막 최종 편집자에게만 제한되어 있지 않았다.

성서 저자들은 그들의 업적들이 영감받지 않은 모든 저서들보다 더 많은 종교적 영향력을 가지고 있는 것도 아니고, 그들이 필연적으로 영감받고 있음을 의식하고 있었던 것도 아니었다. 영감의 이런 형식적 이해가 제2차 바티칸 공의회에서 수용되었다. 영감에 대하여「계시헌장」11항은 이렇게 쓴다:

> 하느님의 계시는 성령의 감도에 의해 성서에 글로 담겨지고 표현되어 보존된 것이다. 그러므로 거룩한 어머니인 교회는 사도의 신앙에 따라 구약과 신약의 모든 책들을 그 각 부분과 함께 전체를 거룩한 것으로 또 정경으로 여긴다. 그 이

유는 이 책들이 성령의 감도로 기록된 것이고(요한 20,31; 2디모 3,16; 2베드 1,19-21; 3,15-16 참조), 하느님께서 저자이시고 또 그렇게 교회에 전달되었기 때문이다. 성서를 저술하는 데에 하느님께서는 인간을 선택하시고, 자기의 능력과 역량을 이용하는 사람들을 활용하신다. 하느님께서 몸소 그들 안에 또 그들을 통하여 활동하시어 하느님께서 원하시는 모든 것을, 또 원하시는 것만을 그들이 참 저자로서 기록하여 전달하도록 하셨다.

그러므로 영감받은 저자들, 또는 성서 저자들이 주장하는 모든 것은 성령께서 주장하신 것으로 여겨야 한다. 따라서 성서는 하느님께서 우리의 구원을 위하여 성서에 기록되기를 원하신 진리를 확고하고 성실하게 그르침이 없이 가르친다고 고백해야 한다. 그러므로 "성서는 전부가 하느님의 영감을 받은 것이며 진리를 가르치고 잘못을 책망하며 허물을 고쳐주고 올바르게 사는 훈련을 시키는 데 유익한 책입니다. 이 책으로 하느님의 일꾼은 모든 선한 일을 할 수 있는 자격과 준비를 갖추게 됩니다"(2디모 3,16-17; 그리스본).

오류와 영감에 대한 물음은 방금 인용한 대로 다루어져서 시대에 대한 물음과 성서에 담겨진 단어들과 또 성서에 전승된 그리스도 신앙의 주제들의 신빙성 있는 유효성에 대한 물음으로 다루어진다. 제2차 바티칸 공의회는 성서 전체의 영감을 주장한다. 역사적 기록에는 오류가 있을 수 있지만 그 성서를 단순히 세속적인 책으로만 간주하지 않는다는 말이다. 즉, 영감받은 구원 진리와 영감받지 않은 세속적 진리가 따로 있다는 구분을 부인한다. 그래서 성서 전체가 영감으로 씌어졌다는 것을 강조한다. 물론 이것은 영감이 세속적 전통들과 유착되어 있음을 의미하는 것이 아니라 오히려 세속성과 계시의 상호관계를 확고히 하고자 해서이다. 속적인 것 안에도 계시는 주어졌으며 그러한 한 속적인 것도 구원의 진리와 주어진 계시와 관련되어 있다. 따라서 "우리의 구원을 위하여"(우리의 구원 때문에) 확립되고, 전승되고, 계시로서 성서에(성전 안에) 선포된 모든 것은 권위가 있다는 것이다. 영감과 함께 성서 저자와 성서의 오류에 관한 물음이 던져진다.

2) 영감과 오류

성서에는 원초적인 요소와 부수적인 요소가 있다. 원초적인 요소란 계시 자체 때문에 보도된 것이고, 부수적인 요소란 계시 자체가 아니라 계시와 관련하여 보도된 것이다. 성서의 무류성과 진실성은 원초적 요소에 한해서이다. 대개 성서의 진실성과 무류성을 다루는 데는 대립된 두 가지 견해가 있다.

첫째, 성서에 기록된 모든 것, 즉 마지막 철자 하나까지 모두가 계시이며 그래서 오류가 있을 수 없는 것으로 관찰되어야 한다.

둘째, 엄격한 의미에서 계시의 내용만이 오류가 없는 것으로 관찰되어야 한다. 역사적 보도에는 얼마든지 오류가 있을 수 있기 때문이다.

제2차 바티칸 공의회에서는 이 두 견해를 절충한 중간 입장을 취한다. 즉, 첫째 견해를 존중하는 가운데 둘째 견해도 받아들이고 있다. 이 말은 성서에 기록된 것은 모두가 계시이며 오류가 없는 것으로 관찰되어야 하지만 부수적·역사적 보도에서는 오류의 가능성도 있을 수 있음을 시인한 것이다. 이는 성서 자체가 증명한다. 그 예를 보면 일주일간에 걸친 창조의 이야기는 천문학의 탐구와 진화론과 일치하지 않는다. 우주의 기원이 문제가 된다면 그 구조는 더 많은 문제가 될 것이다. 특정한 일부 텍스트들은 이해하기 힘든 어려운 문제점들을 가지고 있다. 요나가 어떻게 큰고기 안에 들어가고 나올 수 있었는가를 언급하지 않더라도 어떻게 그가 고래 뱃속에서 3일 동안 지낼 수 있었는가뿐 아니라 성서는 똑같은 이야기 안에서도 모순된 이야기를 우리에게 제시하고 있다. 이스라엘은 그들을 추적하는 에집트인들에게서 어떻게 벗어날 수 있었는가? 홍해를 탈출하는 장면을 묘사하면서 출애 14-15장은 세 가지 설명을 제시하고 있다. 모세는 팔을 뻗쳤고 그러자 이스라엘 사람들이 그 가운데를 통과할 수 있도록 물은 그들 좌우에서 벽이 되어주었다(「십계」 영화). 그리고 물은 다시 에집트인들 위에 덮쳤다(출애 14.16-21). 둘째 설명에서는 불어오는 바람이 결정적인 역할을 하였다. 에집트의 병거와 기병들이 물속에서 꼼짝 못하고 있을 때 바람은 이스라엘인들을 위하여 바다를 말려 주었다(출애 14.25-26). 마지막 설명에 의하면 주님의 천사와 구름기둥이 이스라엘인들 앞이 아니라 그들 뒤에 있었다. 그 결과는? 추적하는 에집트인들은 더 이상 이스라엘 사람들을 볼 수 없었고 따라서 이스라엘 사람들은 기쁘게 도망칠 수 있었다(출애 14,19-20).

이외에도 골리앗을 죽인 자는 누구인가? 다윗인가 아니면 엘 하난인가?(1사무 17장; 2사무 21,19). 예루살렘 성전을 건축할 땅을 위하여 다윗은 은 53개를 지불했는가(2사무 24,24), 아니면 금 603개를 주고 샀는가?(1역대 21,25). 신약성서에서 마태오와 루가는 분명히 예수에 대한 서로 다른 두 가지 족보를 제시하고 있다. 예수의 직무와 수난·부활에 관계되는 여러 사건들에 대한 다양한 내용들을 복음이 일관성있게 하나로 종합하여 제시하지 못하고 있다는 사실도 증명되고 있다. 예리고의 길가에는 소경이 두 명 있었는가(마태 20,30), 아니면 한 사람만 있었는가?(마르 10,46). 부활하신 그리스도께서는 갈릴래아에 나타나셨는가(마르 16,7; 마태 28,16-20), 아니면 예루살렘과 그 주변에만 나타나셨는가?(루가 24장). 간략히 말하면 성서 안에는 실제적인 모순과 역사적·지리적·과학적 오류들이 자주 나타나고 있다.

이보다 더욱 심한 것은 다양한 윤리적·종교적 오류가 자주 나타난다는 것이다. 하느님이 실재로 사울과 그의 사람들에게 아멜렉 도시에 살고 있는 사람들과 모든 동물들을 죽이라고 명할 수 있겠는가. "너는 당장에 가서 아멜렉을 치고 그 재산을 사정 보지 말고 모조리 없애라, 남자와 여자, 아이와 젖먹이, 소떼와 양떼, 낙타와 나귀 할 것 없이 모두 죽여야 한다"(1사무 15,3). 바울로와 당시 그리스도인들은 이 세상의 역사가 주님의 재림시 즉시 끝나리라고 생각하고 있었다(1데살 4,15-17).

또 성서의 인용도 정확하지 않다. 예컨대 마르 2,26(에비아달 대사제 때에 다윗은 하느님의 집에 들어가서 제단에 차려놓은 빵을 먹고 함께 있던 사람들에게도 주었다)은 1사무 21,1을 암시하고 있는데 1사무 21,1을 보면 에비아달이 아니고 아히멜렉이다. 즉, 둘 중에 하나는 오류이어야 한다. 마태 27,9 이하(이리하여 예언자 예레미야를 시켜 이스라엘의 자손들이 정한 한 사람의 몸값, 은전 서른 닢을 받아서 주께서 나에게 명하신 대로 옹기장이의 밭값을 치렀다 하신 말씀이 이루어졌다)에 의하면 예레미야의 말이 이루어지는 것으로 되어 있으나 내용상으로는 예레미야가 아니라 즈가리야이어야 한다.

이런 오류들을 보면서 던질 수 있는 질문은 성서의 전승의 권위와 영감의 성격을 어떻게 보아야 하는가이다. 성서의 저자가 혼동하고 있다는 사실은 부인할 수 없는 사실이다. 성서에 표현된 진리의 근거를 추구하며 제시하고자 하는 사람들은 이런 오류를 애써 부인하려 들 필요는 없다. 오히려 그런 실제적인 종교적·윤리적 오류 앞에서 저자들의 의도와 그들의 전제들 그리고 그들의 표현방법을 주의하면서 진리를 캐내도록 해야 할 것이다. 성서 저자들은 창조주의 선하심과 능력 그리고 사람들의 죄악들에 대한 여러 가지 종교적 진리들을 가르치고자 한 것이지 고대의 일부 우주의 개별설과 우주론을 가르치고자 한 것이 아니다. 그러한 한 그들이 나타내고자 한 계시의 진리에는 오류가 없다. 그들의 표현과 전제에 오류가 있다 하여 그 구절이 담고 있는 구원의 진리에 대한 무류성마저 부정되어서는 안될 것이다. 성서 저자가 영감을 받은 저자로 인정되는 것은 이런 진리의 차원에서이다.「계시헌장」12항은 다음과 같이 말한다.

> 하느님께서는 성서에서 인간을 통하여 인간의 방식으로 말씀하셨기에, 성서 해석자는 하느님께서 우리에게 전달하고자 하신 것이 무엇인지를 알기 위해 성서 저자들이 정말로 뜻하고자 한 것이 무엇이며 하느님께서 그들의 말을 통하여 나타내고자 하신 것이 무엇인지를 주의깊게 연구해야 한다.
> 성서 저자들의 진술 의도를 알아내기 위해서는 여러 가지 것들 중에서 "문학적 유형들"도 고려해야 한다. 왜냐하면 진리는 본문에서 역사적·예언적·시적 또는 다른 화법 등 여러 양식으로 각각 다르게 제시되고 표현되기 때문이다.
> 그러므로 성서 해석자는 성사가가 제한된 상황에서 그 시대와 문화의 여러 조건들에 따라 당시의 일반적인 문학 유형들을 이용하여 표현하려 하였고 또 표현한 그 뜻을 연구해야 한다. 거룩한 저자가 글로써 주장하려 한 것을 옳게 이해하기 위해서는 당시에 널리 쓰이던 그 지방 고유의 사고방식, 언어방식, 설명방식 그리고 사람들이 상호교류하며 관습적으로 사용하던 방식들을 면밀히 고려해야 한다.

이로써 제2차 바티칸 공의회의 견해에 따르면 성서는 그 전체로서 진리를 이야기하고 있고 오류가 없다. 구원의 진리, 또는 계시의 내용은 그 자체로 오류가 없는 것이다. 그렇지만 그 계시 내용은 다양하게 속적인 전승들과 서로 연관되어 있다. 이런 면에서(속적인 인간에 의해 씌어진) 성서는 실제로도 그 전체로 계시인 것이다. 성령의 영감을 받아 씌어진 이 책은 가장 속적이며 가장 거룩한 책인 것이다. 오류를 범할 수 있는 인간에 의해 씌어졌다 해도 성서는 하느님의 거룩한 뜻을 계시하는 책인 것이다.

3. 성서의 문학적 유형과 해석

앞에서 본 「계시헌장」 12항에 의하면 성서는 성령의 감도하심으로 기록된 거룩한 책이지만, 거룩한 계시를 기록한 성서 저자의 진술 의도를 알기 위해 문학적 유형·전승·언어 등을 주의깊게 탐구하기를 강조한다. 이로써 「계시헌장」은 성서 문헌의 문학적 유형에 대한 역사적 물음을 존중하도록 그 가능성을 열어놓았다. 우리는 성서의 표현을 넘어 성서 저자가 그것으로 나타내고자 한 진리를 보아야 한다. 이렇게 문학적 유형을 인식하면서 성서를 대할 때, 우리는 온갖 형태의 어리석음으로부터 우리를 보호할 수 있다. 예컨대 창세기의 처음 장들은 하느님의 본성과 인간의 본성에 대하여 숙고하고자 한 것이지, 인류의 역사를 기술하려 한 것이 아님을 알게 된다. 예컨대 카인이 아벨을 죽이고 땅 위에서 도주하는 떠돌이 신세가 되어 쫓겨났을 때 하느님은 "누가 카인을 만나더라도 그를 죽이지 못하도록 그에게 표를 찍어주셨고"(창세 4,15), 그후 카인은 에덴을 떠나 놋이라는 땅으로 가서 아내를 얻어 에녹을 낳았다(창세 4,16 이하)는 내용을 대하면서, "카인의 삶을 위협하는 다른 이들은 어디에서 온 사람들이며, 만일 아담과 에와가 모든 이들의 원조라면, 카인의 아내는 어디에서 왔는가?" 하는 질문을 던진다면, 그리고 이 질문에 대해 역사적인 답변을 얻고자 한다면 우리는 어리석음을 범하고 말게 되는 것이다. 창세기는 인류의 기원에 관한 책이 아니다. 우리는 그 문학적 표현을 넘어 제시된 진리를 읽을 수 있어야 하는 것이다.

* * *

성서는 생명의 책이다. 성서는 인간의 역사와 삶의 현장에서 인간의 생명을 위해 쓰여진 책이다. 예수의 죽음과 부활의 현장, 그가 만난 죄인들의 현장, 그것들은 인간의 생명에 관한 것이고, 인간 생명의 현장이다. 이 삶의 현장이 성서의 내용이다. 그러므로 삶의 현장에 들어가지 않고 이를 성서의 글자에 맞추어 해석하려 할 때 오해를 하고 독선을 범하는 등 무리를 범하게 되는 것은 당연하다. 성서의 메시지의 내용과 인간의 삶의 현장의 일치를 우리는 성서에서 읽어야 한다.

계시종교

1. 계시 — 참 종교와 거짓 종교의 구분 기준

종교는 인간과 하느님의 관계를 규명하는 계시를 본질적 내용으로 가지고 있다. 그러한 한 종교는 본질적으로 계시종교이어야 하며, 계시종교가 아닌 것은 참 종교도 아닐 뿐더러 그 자체로 모순이 된다. 한 종교가 계시종교인 것은 자기 종교가 신의 특별한 계시에 의해 설립되었고 그러기에 인간의 작품이 아니라는 주장만으로는 부족하다. 계시는 인간의 주장이 아니기 때문이다. 문제는 그 종교가 진실로 신적인 것과의 관계에서 인간과 세계의 구원을 제시하는가이다. 그리스도교가 계시종교인 것은 그리스도교가 어떤 계시받은 자에 의해서 설립되었기 때문이 아니라,[1] 계시에 근거하고 계시를 내용으로 하고, 그 위에서 인간과 세상의 구원을 위한 실천방안을 제시하고 있기 때문이다. 그리스도교가 계시종교라는 신학적 개념을 자기에게 사용할 수 있는 것은 어떤 절차적 계시 선례가 그리스도교의 형성사에 작용해서가 아니라, 자유롭고 무구한 하느님의 자기전달의 내적 본질 사정이 그리스도교의 설립에 중요 역할을 했기 때문이다. 그리스도교가 계시종교인 것은 자기의 존재와 실존 그리고 인식의 근원이 단순히 하느님의 외적인 계시행위 때문이 아니라 그리스도교를 설립한 그 사건이 하느님의 본질적 초월성에 근거한 자기계시이기 때문인 것이다. "계시종교" 개념은 절대적 자유와 본질적 무구성 안에서 이 종교의 근본과 기초적인 하느님의 자기계시와 관련하고 있다.

---

[1] 성서를 보면 예수가 그리스도교를 세우기 위해서 하느님으로부터 계시를 받았다는 내용은 찾아볼 수 없다.

이런 관점은 종교를 순수 이성적으로 파악하고자 한 계몽주의의 구상에 대한 반론이기도 하다. 계몽주의 사조는 인간의 이성을 강조하면서 그리스도교와 계시를 비판하게 되는데, 그리스도교는 계몽주의의 이런 비판에 대해서 강력하게 변론을 펼치게 되고, 그리스도교 종교 조직을 하느님 계시행위의 대상과 산물로 이해하고, 이런 의미에서 계시된 종교로 파악하려 하였던 것이다. 현대신학은 계시 개념을 하느님의 자기전달과 관련시켜 이해하며, 계시를 하느님에게서 나오는 어떤 전달로 보던 사고를 극복하였다.

계시종교로서 그리스도교 신앙은 계시신앙이고, 신학은 계시신학에 바탕한다. 계시종교로서 그리스도교는 자신을 이 세상 안에 있으면서도 이 세상으로부터 기원한 것이 아닌 초월적 종교로 이해하고 있다. 이는 세상의 언어를 말하는 자기의 언어가 동시에 하느님 초월적 언어를 선포하기 때문이다. 이 말씀은 다양한 방식으로 받아들여지나 당신의 아들 예수에 의해(히브 1,1-2) 최종적으로 받아들여졌다. 아들은 이 말씀을 선포하였을 뿐 아니라(마태 11,27; 요한 1,17; 에페 1,13; 히브 2,3), 스스로 하느님 말씀이었다(요한 1,1-14). 바울로가 자신이 전하는 복음은 인간에게서 받아들이고 배운 것이 아니라 그리스도의 계시를 통해서 받아들인 것이라고 고백하며(갈라 1,11 이하), 자기 신앙의 내용은 인간의 진리가 아니라 하느님의 진리라고 쓰고 주장하고 있는 것(1고린 1,18-2,16)을 이해하게 된다.

계시종교로서 그리스도교는 또 자신을 현실종교로 이해하고 있다. 왜냐하면 계시는 하느님께서 현실 안에로 자신의 전부를 전달하시며 들어오셨고, 현실에서 자신의 전부를 체험하도록 하셨기 때문이다.

한동안 — 지금도 대부분의 그리스도인들이 — 그리스도교는 계시 개념을 다른 종교와 구분하는 척도로 이용하기도 하였다. 자기가 다른 종교보다 우월하다는 것을 주장하기 위해 이 개념을 이용했다. 이것은 자기 신원에 대한 오해이다. 계시는 그리스도교의 소유일 수 없으며, 그리스도교만을 참 종교로 주장하기 위해 내세우는 개념일 수 없기 때문이다. 오히려 종교의 진실성을 말해주는 것으로(이므로) 모든 종교에 적용할 수 있어야 한다. 계시는 참 종교와 거짓 종교를 구분짓는 기준이다. 인간과 하느님, 자연과 초자연의 관계를 밝히고, 인간이 자연 속에서 초자연적 존재임을 깨닫게 하고, 육의 존재이며 동시에 영적인 존재임을 인식케 해줌으로써 구원을 알려주고, 이 관계, 이 구원을 종교의 본질로 밝히면서 인간과 신, 속(俗)과 성(聖)의 (같으면서 다른) 관계를 이야기하고 인간의 구원을 알리는 종교라면 일단 계시종교라 할 수 있다.

그리스도교가 자기를 참 종교로 주장하기 위해 다른 종교, 예컨대 불교를 "무신론적 종교"라고 표현하는 것은 모순이다. "계시종교가 아닌 종교"라는 표현은 문법상으로는 하자가 없을지라도 내용적으로는 모순이고 남의 종교를 모순의 종교로 만드는 것은 종교와 거룩함의 이름을 빙자한 폭력이다.

2. 계시종교의 유형

계시종교의 유형에는 서구에서 성장하고 발전한 유태교, 그리스도교, 이슬람교 외에 그들이 지금껏 — 지금도 — 자연종교로 비하(卑下)한 힌두교의 베다 브라만교, 불교의 일부 형태, 헬레니즘의 신비종교 등이 있다. 계시의 가능성을 가지고 있는 한 이들 종교들도 계시종교로 이해할 수 있기 때문이다. 종교간의 대화에 도움이 되기를 바라면서 제2차 바티칸 공의회의 문헌에 따라 그리스도교 외의 계시종교 유형을 살펴본다. 계시야말로 종교간 대화의 장소이다. 유태교가 계시종교라는 입장에는 별 이의가 없는 것으로 생각하기에 여기서 다루는 것은 생략하고 그외 우리 주변에서 만나는 종교들을 살펴본다.[2]

1) 이슬람교

이슬람교는 기원 후에 설립된 탁월한 세계종교이다. 이슬람교의 기원은 622년의 헤지라(탈출, 도망)로 시작되는데, 이는 마호메트(570~632)가 메카 시민의 박해로부터 메디나로 도망한 해부터이다. 마호메트는 예언자로 존경받고 있다.

---

[2] H. Waldenfels, *Kontextuelle Fundamentaltheologie* (Paderborn 1985), 114-8 참조.

이슬람교 전통에 의하면 마호메트는 609~610년 계시체험을 하게 되고, 이를 통해 예언자가 된다. 이슬람교는 유태교와 그리스도교의 성서에 대해서 아라비아어로 씌어진 114장(sure)에 예언자의 계시를 담고 있는 코란을 가지고 있다.

이슬람(어근: Slm = 착실하다, 구원되다, 양도되다, ~에 맡기다)은 하느님 뜻에 맡김, 헌신, 귀의라는 뜻이다. 이 귀의를 수행하는 사람을 모슬렘이라고 부른다.[3] 마호메트는 모든 인간이 예언적 선포로 하느님께 귀의하여 모슬렘이 되기를 제창한다. 모슬렘의 근본 신앙고백은 하느님과 하느님의 예언자에 대한 신앙고백이다: "하느님(알라) 외에 다른 하느님은 없다. 마호메트는 그 하느님의 예언자이다."

이슬람교의 신 알라(그 하느님)는 마호메트에게 바로 유다인과 그리스도인의 하느님이다. 이 하느님 때문에 모슬렘도 아브라함을 그들의 조상으로 섬긴다. 코란 2,124-134에 보면 아브라함의 아들 이스마엘이 메카에서 우상숭배를 정화하고 참된 하느님 예배를 복귀시켰다는 기록이 있다. 유태교와는 달리 이스마엘에 의미를 부여하고 있는 것이 특징적이다. 모슬렘은 아브라함-이스마엘의 후손이다. 이슬람교의 예언자 중에는 우리에게도 낯익은 인물들이 많은 이유는 이때문이다. 그들이 숭배하는 예언자로는 아담에서 시작하여 노아, 아브라함, 이스마엘, 이사악, 롯, 야곱, 요셉, 모세, 아론, 다윗, 솔로몬, 엘리야, 엘리사, 요나, 욥, 즈가리야, 요한, 예수, 십자가를 거쳐 마호메트까지이다.

이슬람교는 예수가 하느님의 아들임은 부인하지만 그리스도교처럼 유일신을 믿는다. 그들은 예수가 하느님으로부터 남자의 협력 없이 동정녀 마리아에게서 태어났다는 것을 인정한다(Sure 3,42-61; 19,16-21). 하지만 예수는 하느님의 사자使者, 하느님이 마리아를 통해 전한 하느님의 말씀, 하느님으로부터 온 영靈(4,171장), 하느님의 종일 뿐이다. 그들은 예수의 보편적 구원 의미, 즉 십자가를 통한 구원행위는 부인한다. 왜냐하면 인간이 된 하느님의 아들이 십자가 위에서의 죽음으로 인해 원죄가 극복되었다는 가르침은 하느님의 엄위하심을 모독하

---

[3] 불교에서도 나무아미타불에서 볼 수 있듯이 귀의가 강조되고 있다.

는 것이라고 보기 때문이다. 이슬람교는 예수가 하느님의 아들이라는 것을 부인하고 삼위일체론을 삼신론三神論으로 오해한다.

공의회의 「비그리스도교에 관한 선언」은 "교회는 또한 회교도들도 존경하고 있다"고 말한다. 그리고 계속해서 말하기를 "생명의 실존자, 자비롭고 전능한 천지의 창조주, 사람들과 이야기하시는 유일신을 그들도 흠숭하며 아브라함이 하느님께 순명하였듯이 그들은 그들 신의 비밀한 결정에도 순종하며 아브라함의 믿음을 이어받았다고 즐겨 주장한다. 예수를 하느님으로는 인정하지 않지만 예언자로 공경한다. 동정 성모를 공경하며 때로는 그의 도움을 정성되이 청하기도 한다. 또 하느님께서 모든 사람을 부활시키시고 갚아주실 심판날을 기다린다. 여기서 그들은 윤리생활을 존중하며 특히 기도로써, 또는 애긍시사와 재계로써 하느님을 섬긴다"(3항).

진리 이해에서 이슬람교와 그리스도교의 대화 가능점을 보면 첫째, 실재 자체는 신이다. 신은 우주 천지의 창조자로서 그리고 종말의 심판자로서 모든 것을 규정짓고 모든 것을 주재한다. 둘째, 하느님의 실재는 그리스도인에게는 예수 안에서, 모슬렘에게는 코란에서 충만하게 밝혀졌다. 이로써 양 종교는 계시 해석과 계시 중재에서 또 예언자와 예수 그리스도를 평가하는 데서, 그리고 또 성서를 대하는 데서 차이를 보인다. 셋째, 하느님 앞에 선 인간, 그리고 창조 안에서의 인간의 위치에 대한 규정도 이슬람에게는 더 법률적이고 더 엄격하게 나타나고 있다.

2) 힌두교

제2차 바티칸 공의회의 「비그리스도교에 관한 선언」에 보면 "고금을 통하여 여러 민족들 사이에서는 사물의 변화와 인생의 역사 속에 현존하는 심오한 힘을 어느 정도 느껴왔다. 때로는 최고의 신이나 아버지를 긍정하였다. 이같은 느낌과 긍정은 그들의 생활에 종교적 깊은 뜻을 부여한다. 종교라는 것은 관련 문화의 발전을 따라 세밀한 개념과 세련된 어법으로 인생문제에 해답을 주려고 애쓴다"(2항)라고 다른 종교들을 포용하는 태도를 보이고, 그 다음 힌두교, 불교, 이슬람교 등에 대해서 언급한다. 힌두교에 관해서는 이렇게 쓰고 있다: "예컨대 힌두교에 있어서 사람들은 신의 비밀을 탐구하며 한없이 풍부한 신화와 깊은 철학의 시도로써 표현하는 동시에 인생고에서의 해탈을 찾아 수덕생활이나 깊은 관상이나 신뢰와 사랑으로 신에게로 도피하고 있다"(2항).

힌두교의 설립자는 알려져 있지 않다. 고고학자들은 인도 델타 문화 형성기를 대략 기원전 2600~1600년경으로 본다. 기원전 1400년 이후 이 지역에 아리안족이 이주하여 들어온 뒤 원주민을 부정하다고 박해하며 접촉을 금하고 카스트 제도를 형성시켰고 종교문학의 복합체인 베다가 형성되었다. 베다는 오늘에 이르기까지 권위있는 근본 지식을 내포하고 있으며, 여기에는 유사 이전 시대의 예언자들을 통해서 청취된 신들과의 사귐, 신들의 명령에 대한 깨달음, 그리고 실재에 대한 체험을 담고 있다. 신적인 것의 청취와 인간들의 질문이 인도인들의 종교성 안에서 분명한 양상으로 만나고 있음을 볼 수 있다.

그러면 힌두교에서는 하느님을 어떻게 이해하는가? 그리고 그들이 생각하는 하느님은 누구인가? 우선 인도의 하느님은 여러 가지 이름을 가지고 있다. 첫째, 세상을 망각한 우주의 창조자인 브라마(브라마는 만물의 창조자이지만 만물과는 관계가 없다. 그래서 비인격적이다). 둘째, 세계의 수호자이며 부양자인 비쉬누. 셋째, 만물의 대변화자, 모순적인 생산자이며 파괴자, 죽음을 극복한 자이며 구원의 중재자인 쉬바, 이 세 신은 아내와 다른 신적 존재를 동반하고 있는 인도의 대표적 세 신상神像이다.

묵상의 심연으로 자신을 끝까지 가라앉혀 보면 거기에는 인격적 신과 비인격적 신 사이의 모순적 충돌이 있음을 보게 되는데, 힌두교에는 비인격적 신성의 경향이 더 짙게 나타난다. 나의 근본은 세계의 절대적 신적 근본으로 비인격적으로 설명된다. 그러나 박티에서 보듯이 신적 심층에서 너를 발견하는 것도 있다. 그렇지만 힌두교 전반에서는 인간의 자아 이해에 이르는 길은 역사 안에서, 그리고 자기 내면세계를 벗어나 이 우주의 근본과 하나가 되는 데 있다고 본다. 인간 실존의 유일회성, 각 인격의 유일무이성은 생멸의 자연적 순환에 따른다. 이 윤회에 대한 믿음은 부활 신앙과는 좀처럼 거리를 좁히지 못하고 있다. 예수의 역사상 위치, 역사적 실존 의미, 십자가 죽음을 세계의 구원으로 보는 것은 역사에 대해 중립적 자세를 보이는 세계에서는 이해하기 힘든 것이다.

힌두교는 1000~1200년 사이 인도에서는 거의 사라져 버렸다. 그러다가 19세기초부터 유럽의 문화와 문명, 이슬람과 그리스도교 등 외래종교를 대하게 되면서 그들의 정신문화의 우월성을 보호하려는 현대적 르네상스가 일어나게 된다. 그 대표적 인물로는 우리에게도 잘 알려져 있는 라마크리슈나(1834~1886), 간디(1869~1949), 오르빈도(1872~1952), 라라크리쉬난(1888~1975) 등을 들 수 있다.

간디는 거짓에 대항하여 진리의 힘을 증명해 보이고자 한 위인들 중에 가장 잘 알려진 인물이다. 그는 진리를 존재(*Satya* 또는 *Sat* = 실재, 존재, 본질, 실존; 보살의 살)라는 단어에서 끄집어내어 이해하는데, 이에 따르면 있는 것이 참(眞)이 된다. 이에 따라 간디는 그리스도교의 하느님은 진리이시다라는 말을 진리는 하느님이다 하고 뒤집어 사용한다. 즉, 진리·실재·존재·본질이 하느님(= 야훼)이라는 것이다. 간디는 진리의 추구는 인식(깨달음) 과정일 뿐 아니라 존재 구현이며 존재, 본질(= 진리, 하느님)을 구체화하는 것이라고 본다. 이것은 모든 생각할 수 있는 이원을 비이성非二性 안에서 극복할 때, 그리고 나의 근본과 우주적 영이 하나가 될 때 도달하게 된다.

힌두인은 이 일치를 그들의 다양한 삶의 과정에서 추구한다. 참 실재의 궁극적 일치에 대한 내면적 확신은 배타적인 절대성 요구의 형태에 대해서 면역이 되어 있다. 그래서 힌두인들은 자기 종교에 대해서 절대성을 강조하지 않는다. 이런 것은 라마크리슈나가 자신은 힌두교의 사제로서 힌두교식으로뿐만이 아니라 그리스도상像 앞에서도 기도하고 이슬람식으로도 명상하였다고 한 데서도 뚜렷이 볼 수 있다. 이러한 태도는 힌두교는 모든 것을 포용하는 폭넓은 종교임을 입증하는 단면이기도 하다.

3) 불교

불교는 그리스도교가 유태교에 뿌리를 두고 있는 것처럼 힌두교에서 갈라져 나왔다. 불교의 역사적 창설 인물은 석가모니(기원전 560~480) 부처이다. 부처는 이중으로 힌두교에서 해방되었는데, 첫째, 브라만 최고 카스트 사제층의 감독에서 벗어난다. 이로써 베다의 권위에서 벗어난 것이고, 둘째, 지배적인 카스트 조직을 추종자들을 위해 폐지시켰다. 이렇게 해서 불교운동을 모든 사람들에게 열어놓았다.

불교는 그리스도교와는 판이한 요소들을 많이 가지고 있다. 그래서 한동안 불교와 그리스도교는 상반된 종교라고까지 보려고 하였다. 그러나 상반된 종교라는 말은 그 자체로 이미 모순이다. 이는 쉽게 참 종교냐 아니냐의 물음으로 이어지기 때문이다. 실제로 불교는 그리스도교로부터 이런 차원에서 멀어졌다. 대표적인 것이 서구인들에게 불교가 자연종교 또는 신 없는 종교로 알려져 있다는 것이다. 이 주장의 옳고 그름을 따지기 전에 여기에는 신 개념과 종교 개념에 대한 옳은 이해가 선행되어야 한다. 신 없는 종교를 주장하는 사람들의 신관神觀을 보면 대개 신을 상대화하여 실제로는 신 아닌 신을 이야기하는 경우가 많다. 신이 아닌 신은 신이 아니다. 신이 아닌 신을 근거로 하여 유신론·무신론을 논한다는 것은 그 자체가 언어의 장난일 뿐이다. 서구 그리스도교로부터 무신無神의 종교라는 비판에 대해, 오히려 자신들의 종교가 유신론적임을 부정하면서 신 없는 종교임을 주장하는 것은 언어의 장난에서 벗어나려는 태도로 높이 평가될 수 있다. 그들은 본래 인간의 언어와 개념을 벗어나 진리를 추구하고 그곳에서 신앙을 하였던 것이다. 신은 인간 언어의 장난감이 아니다. 그리스도인들이 불교를 자연종교로 또는 무신의 종교로 단정하면서 내세운 그 신은 그리스도교의 신도 아니다. 이는 자기의 종교는 물론 종교의 신을 제대로 이해하지 못한 것임이 분명하다. 종교의 독선은 오직 그릇된 신관에서만 나올 수 있다.

인간의 언어를 벗어나 진리를 추구하는 불교의 태도는 계시를 대하는 태도이다. 유한한 인간(태어나고 병들고 늙고 죽는 인간)이 무한함(초월)을 체험한다는 것은 도저히 인간의 언어에 담을 수 없는 것이다. 불교의 무無, 공空 등은 이에 대한 답변을 준다. 깨달음과 자비에 대한 이야기도 계시의 단면이다. 제2차 바티칸 공의회의 「비그리스도교에 관한 선언」은 이런 반성 위에서 나온 것이다. 그 2항은 불교에 대해서 이렇게 서술하고 있다:

또 불교에 있어서는 여러 학파에 따라 무상한 현세의 근본적 불완전성을 긍정하는 동시에 열심하고 신뢰하는 마음으로 완전한 해탈 상태에 이르든지 혹은 자신의 노력이나 위로부터의 도움에 의하여 최고 깨달음에 도달할 수 있는 길을 가르친다.

이 짧은 서술에는 부처가 선포한 4성제가 언급되고 있다: 첫째, 무상한 현세의 근본적 불완전성: 고苦의 진리(苦諦), 둘째의 집제集諦는 빠져 있음, 셋째, 열심하고 신뢰하는 마음으로 완전한 해탈의 상태에 이르든지(滅諦), 넷째, 깨달음에 도달할 수 있는 길(道諦).

4) 다른 종교들

제2차 바티칸 공의회의 「비그리스도교에 관한 선언」은 다음과 같이 선언한다:

> 그밖에 전세계에서 볼 수 있는 다른 종교들도 교리와 생활 규범과 스러운 예식 등을 가르치며 여러 가지 방법으로 인간의 마음이 느끼는 불안을 극복하려고 노력하며 그 길을 제시한다(2항).
>
> 또, 가톨릭 교회는 이들 종교에서 발견되는 옳고 성스러운 것은 아무것도 배척하지 않는다. 그들의 생활과 행동의 양식뿐 아니라 그들의 규율과 교리도 거짓없는 존경으로 살펴본다. 그것이 비록 가톨릭에서 주장하고 가르치는 것과는 여러 면에 있어서 서로 다르다 해도 모든 사람을 비추는 참 진리를 반영하는 일도 드물지 않다. 그리스도는 "길이요, 진리요, 생명이시며"(요한 14,6) 그분 안에서 사람들은 종교생활의 풍족함을 발견하고 그분 안에서 하느님께서 모든 것을 당신과 화해시키셨음을(1고린 5,18-19) 교회는 선포하고 있으며 또 반드시 선포해야 한다. 그러므로 교회는 다른 종교의 신봉자들과 더불어 지혜와 사랑으로 서로 대화하고 서로 협조하면서 그리스도교적 신앙과 생활을 증거하는 한편 그들 안에서 발견되는 정신적 내지 윤리적 선과 사회적 내지 문화적 가치를 인정하고 지키며 발전시키기를 모든 자녀들에게 권하는 바이다(2항).

종교간의 대화가 종교의 차이를 이야기하는 정도에서 끝나서는 안될 것이다. 종교를 통해서 구원을 받고 남에게 선을 베풀고 사랑을 실현하고자 한다면, 그리고 이 사랑은 싫어하는 사람에게도 실천되어야 하는 것이라면, 자기와 다른 종교를 가지고 있는 사람들도 의당히 존중과 사랑으로 대해야 할 것이다.

5) 한국 무속

무속종교는 흔히 초월적인 힘과 현실의 중개자로 이해되는 무당이라고 일컫는 사제 없이는 설명할 수 없다. 무당은 일상을 넘어서는 어떤 "힘"과 관계하고 있다. 힘의 초월성은 무당의 "탈자적 상태"(ecstasy)를 통하여 실증적인 것으로 경험된다. 초월의 "힘"을 경험하는 무속신앙은 동시에 현세적인 현실에 관심을 보이는데 인간적인 기대나 욕구가 강하게 표현되어 인간 위주의 태도, 즉 혹은 현실지상의 태도를 보이고 있다. 바로 그러한 속성 때문에 초월적 "힘"은 실제로 초월의 속성 그것 자체를 지니지는 못할 수 있다. 현실적 효율성과 관련하여 언제나 포기될 수 있고 간과될 수 있으며, 뿐만 아니라 무속의 구조 안에서나 무속 영역 밖의 어떤 힘의 실재와도 교체가 가능하다. 그렇지만 무속체험에 나타난 초월성의 체험이 인간의 원초적 종교체험에 관련한 것임을 부정할 수 없기에, 그리스도교는 자기의 정당성 및 정체성을 주장하기 위해 이들을 "기복적이다", "무속적이다"고 하며 편협적인 사고로 비판하기에 앞서, 이들과 대화하는 데도 적극적인 자세를 보일 수 있어야 할 것이다. 이럴 때 그리스도교는 자기의 원초적 종교체험을 오늘날 이야기할 수 있을 것이다. 종교와의 만남은 교의가 아니라 삶의 현장에서 이루어져야 한다. 무속에 대한 그리스도인으로서의 첫 질문은 그들이 어떤 교의를 가지고 있는가가 아니라 그들은 어떻게 살고 있는가이어야 한다. 그들을 비판하는 그리스도인의 의식에도 어쩌면 무속의 피가 흐르고 있다는 사실을 잊어서는 안될 것이다.

6) 무신론

공의회는 무신론과의 논쟁에도 반성을 한다.[4] 무신론의 탄생에는 계시(종교)에 대한 그리스도교의 그릇된 이해와 실천도 한몫 했기 때문이다. 일찍이 F. 니체는 "신은 죽었다"고 외쳤다. 니체가 그리스도인이 신앙하는 신은 죽었다고 하였을 때 그 신은 누구였을까? 어쩌면 그 신은 그리스도인의 사유에 갇힌 신으로 더 이상 전능하신 천지창조의 하느님, 계시의 하느님이 아니었을 것이다. 대부분의 그리스도인들은 신에게 그들의 생각과 말의 옷을 입히고, 그 틀 안에서 그를 신앙하고자 했다. 그런 식의 하느님이란 더 이상 계시의 하느님이 아니다. 니체는 이를 참을 수 없었다고 할 수 있을 것이다. 인간의 언어와 개념으로 대상화된 하느님을 숭배하는 것이 우상숭배이다. 신을 죽인 것은 니체가 아니라 이런 우상숭배자들이었다.

3. 계시종교들간의 차이

계시종교들간에는 물론 차이가 있을 수 있다. 그리고 엄연히 있다. 그리스도교는 이슬람교가 아니며, 불교는 그리스도교가 아니다. 그들의 차이는 계시 매체(계시체험, 말씀, 육화 등)와 계시 내용(가르침, 신적 삶의 전달 등)에서 구체적으로 볼 수 있다. 그리스도교에서는 계시 매체를 어떤 가르침이나 성서보다는 구체적인 인간, 나자렛 예수에서 본다. 중대한 전달 내용은 하느님과의 관계, 구원적인 죽음을 극복한 생명 공동체라는 점이다. 이에 비해서 다른 대부분의 종교에서는 인간은 계시 내용을 전할 뿐이다(이슬람: 마호메트, 불교: 석가모니 …). 그렇지만 여기서도 우리는 예수와 계시의 내용이라는 것을 그리스도교만의 특징으로 삼아 그리스도교만의 진실성을 주장하기 위한 것으로 이용하여서는 안된다. 사실 일부 불교(대승불교)에서도 부처는 계시의 내

---

[4] 무신론에 대한 공의회 문헌의 표현: 「사목헌장」 19-22; 「사목헌장」 19(무신론자 문제점); 「사목헌장」 19(무신론 현상); 「사목헌장」 20(현대 무신론은 체계적이다); 「사목헌장」 20(정부가 무신론 …); 「사목헌장」 21(무신론자의 신 부정 이유); 「사목헌장」 21(무신론의 극복).

용을 전달한 존재 이상이다. 그는 모든 인간이 되어야 할 목적이며, 신앙의 대상이다.

일반적으로 계시체험은 그때그때 계시를 받을 때 신앙고백, 가르침, 경신례, 제도, 생활(지시)을 통해서 전달되는 것으로 알고 있다. 이런 객관적 표현 형태가 다만 계시를 전달하는 개체로서가 아니라 그 주어진 형태 안에서 계시된 것, 즉 계시와 같은 것으로 이해된다면, 다시 말해서 경신이 계시된 것으로 이해된다면 계시하는 종교만이 아니라 계시된 종교에 대해서 이야기하는 것도 타당하다 하겠다. 종교가 계시의 내용이다.

사적 계시의 신학적 의미와
그에 대한 태도

피눈물 흘리는 성모상으로 물의를 일으켰던 나주의 율리아 측근은 최근에 소위 성체기적을 조작하여 이를 사진에 담아 율리아의 편지와 함께 전국에 배포하였다. 「율리아의 일기」(1)에 의하면 성모 마리아께서 미카엘 천사를 시켜 죄많은 사제가 미사중에 모시려는 큰 성체(대제병)를 빼앗아 율리아에게 가져다주었고, 율리아는 그 반 조각을 교황대사에게 그리고 다른 반 조각을 파 신부에게 전해주었고, 이들은 "거기에 모인 성직자들과 평신도들 70여 명에게 그 성체를 나누어 영해주고 남은 성체를 파 신부님이 가지고 계신 작은 성합에 모신"(「율리아 일기」1) 기적이 일어났다는 것이다. 이런 주장에는 가톨릭의 정통교리로서는 받아들일 수 없는 많은 문제점들이 내포되어 있다. 미사(성체성사)는 예수께서 수난 전날 제정하신 것이기에 성모 마리아가 성체 안에 계시는 예수더러 거기 있어라 말라 명령할 권한이 없다. 성모님께서 성체성사를 세우신 예수님의 의도에 반하는 그런 행위를 했다고는 도저히 믿을 수 없다. 더군다나 미사드리는 사제가 죄인이라 하여 성모 마리아가 그에게서 성체를 빼앗았다는 것은 성체성사를 정면으로 부인하는 행위이다. 교회의 정통교리에 의하면 미사드리는 사제가 아무리 중죄인이라 해도 그리스도께서는 그가 봉헌하는 성체 안에 계시다. 그리스도께서는 자기의 제자들이 죄인인 줄 알면서도 그들 위에 교회를 세우시고 그들을 제관으로 삼으셨다(ex opere operato). 또 율리아가 주장하는 대로 성모 마리아가 죄많은 사제에게서 빼앗은 성체를 율리아에게 주고 이를 다시 교황대사에게 주어 분배하도록 하셨다는 것은 율리아가 직무사제의 기능을 대신할 뿐 아니라, 교황(대사)보다 더한 위치에 서 있음을 주장하는 말로서 교회의 질서를 부정하는 행위이다. 이는 교회질서에 대한 정면 도전이다. 이런 자리에 교황대사까지 불러들이고 또 대사가 이를 고분고분히 따랐다는 데서 우리는 우리 교회의 현실을 크게 걱정하지 않을 수 없다.[1]

무엇보다도 일이 이렇게 진행되기까지 철저한 계획이 있었다는 데에 대해서 우리는 서글픔을 금할 수 없게 된다. 1994년 교황대사는 광주 대교구를 공식 방문한 자리에서 광주 대교구장인 윤 대주교에게 나주를 방문할 뜻을 비쳤고, 윤 대주교는 이 일이 아직 입증되지 아니한 상태이니 자제해 줄 것을 요청했다. 대사가 뜻을 굽히지 않자 나주 방문은 개인적으로 하기를 요청했다. 대사는 한 달 후 지역 교구 교구장의 견해를 무시하고 나주를 방문했고, 나주에서는 계획된 기적사건이 일어났다. 대사의 방문은 나주에는 큰 기회였던 것이다.

거의 1년 후 나주는 더 큰 계획을 구상하고 있었다. 교황 비서의 나주 방문이었는데, 나주와 상주에 긍정적인 관심을 가지고 있는 주교회의 사무총장 백 몬시뇰이 철저히 비밀리에 이 일을 추진하였다. 지역 교구장과 상의하면 교황 비서의 나주 방문이 좌절될 것이 분명할 것이므로 교황대사와 수원 교구의 김남수 주교와 상의한 후 비서를 나주로 안내하였다(1995년 9월 19일). 율리아는 이 기회에 교황과 면담을 주선해 주기를 교황 비서에게 청하였고, 이 일은 얼마 후 과연 성취되었다(1995.10.15~11.2). 김남수 주교는 이 기회에 상주의 데레사도 동행하도록 주선하였다. 이를 위해 사무총장 백 신부는 미리 로마로 향하였고, 며칠 후 나주의 율리아와 상주의 데레사는 백 신부의 안내로 교황이 드리는 미사에 참여할 수 있었다. 이때 율리아는 자기의 입을 벌려 소위 피묻은 성체를 교황에게 보였다고 한다. 적시적소에서 원하는 때에 일으키는 기이한 일이 주님이 원하신 것인지도 문제이지만 철저한 안보 속에서 추진된, 철저히 지역교회를 무시하는 행위가 과연 교회적인 것이라 할 수 있는지에서는 더한 회의를 느낀다. 지금 우리 교회는 이런 식의 신앙과 교회의 태도 때문에 많은 혼란을 겪고 있다. 그리고 상주와 나주 외에도 여러 곳에서 사적 계시와 환시를 체험

---

[1] 본서: 204-7 참조.

했다는 자들이 늘어나고 있고, 그들의 체험이 교회의 삶에 침투함으로써 신도들의 신앙을 위협하고 있다.

이 논문에서는 사적 계시의 개념에 대한 바른 견해를 피력하고, 그 바탕 위에서 올바른 신앙 자세를 제시하고자 한다. 환시와 사적 계시의 개념을 신학적으로 밝히고, 그 다음 환시나 사적 계시 또는 그와 비슷한 현상들에 대해서 우리(교회)가 취해야 할 태도는 어떠해야 하며, 사적 계시를 받은 사람은 어떻게 행동을 취해야 할지 짚어보고자 한다. 아울러 그 행동이 대개 환시중에 받은 예언과 환시중에 일어난 기적과 관련된 것이기에 예언과 기적에 대한 태도도 밝히고자 한다. 기술적으로 본문에서는 사적 계시 등의 개념을 객관적으로 다루고, 사적 계시를 두고 일어나는 현상들에 대한 비판은 본문을 근거하여 각주에서 다루는 방법을 취한다. 많은 예가 있지만 특별히 상주 데레사의 경우를 집중적으로 다룬다.

1. 사적 계시의 의미

사적 계시를 이해하기 위해 사적 계시의 가능성을 살펴보고 이에 근거하여 사적 계시에 대한 올바른 이해를 제시하고자 한다.

1.1. 사적 계시의 가능성

라너(1904~1984)는 이미 1953년에 내어놓은 『환시와 예언』[2]이라는 책에서 환시 개념을 분석하면서 사적 계시의 신학적 의미를 제시하는 등 사적 계시에 대해

---

[2] K. Rahner, *Visionen und Prophezeiungen*, unter Mitarbeit von P. Th. Baumann ergänzt, Qeaestationes Disputatae 4 (Wien-Basel-Freiburg, 1953³) (이하 *VP*로 표기함). 이 글은 주로 이 책을 참조하였음을 밝힌다. 그외 사적 계시에 관한 글: K. Rahner, "Privatoffenbarung", in: *LThK*, 772-773(이하 *LThK*로 표기함); K. Rahner, "Privatoffenbarung", in: *HTTL* 6, 80-82(이하 *HTTL*로 표기함); 이제민, "사적 계시와 기적의 올바른 이해", 「평화신문」 1993.9.5(상); 9.12(중); 9.19(하); 한국에서 사적 계시에 대한 논쟁을 수집한 것으로『사적 계시 자료집』(천주교 마산교구 홍보국, 1993)이 있음.

올바로 이해시키고자 노력한다. 라너는 사적 계시의 상황에 대해서 이렇게 말한다.

> 사회가 불안하고 시대가 어수선할수록 인간들의 정서는 단순히 사건들 자체에 의해서만 움직이지는 않는다. 인간들은 현재 일어나는 사건들을 해석하고 그 사건에서 미래에 대한 약속을 내다본다. 그들이 신앙인이라면 현재에 대한 해석과 미래에 대한 약속은 궁극적으로 오직 하느님에게서만 찾을 수 있다는 것을 안다. 그리고 하느님의 그런 해석하고 약속하시는 말씀이, 될 수 있는 한 분명하고 확실하게 전달되기를 바란다. 그러기에 그들은 하늘의 특별한 소리를 들었다고 주장하는 사람들을 보면서 이를 믿을 준비가 되어 있다. 이런 믿고 싶은 마음이 단순히 현존재의 결핍에 의해 생겨날 수 있다. 그렇지만 그런 이유만으로 이 마음이 의심받아서는 안된다. 또 현존재의 결핍뿐 아니라 신앙의 결핍과 약할 때문에도 인간들은 환시와 예언들에 대해 믿고 싶어하는 마음을 일으킬 수 있다.[3]

브렌닝마이어에 의하면 적지않은 사람들이 하느님에 대한 그들의 약한 신앙이 환시에 대한 신앙으로 강화되기를 기대하며 목숨을 걸고 이를 변호하려고 한다.[4] 우리는 이런 존재, 이런 변화를 무조건 그릇되다고 할 수는 없다. 경우가 다를지는 모르지만, 병중에 허약한 심리적 변화를 일으켜 하느님을 찾게 되었고 그로 인해 융숭한 삶을 산 성인들의 경우도 얼마나 많은가? 성 프란치스꼬, 이냐시오 등은 그 대표적 예이다. 그들의 신체험이 소위 계시와 직접 관련된 것은 아니지만, 그리고 그런 허약한 상황에서의 신체험이 꼭 심리적인 현상만은 아니었지만, 그런 상황을 당하지 않았더라면 어쩌면 신체험을 하지 못했을 수도 있을 것이다. 이 모든 것이 가능하기에, 한맺힌 사람들의 부르짖음 하나하나에 답변된 것이 무엇인지 신중하게 묻는 것은 중요하다.

이런 이유로 환시visio나 들음auditio을 통한 사적 계시는 원칙적으로 가능하다. 성서의 증언에 의하면 개별적이고 초월적인 하느님의 이런 말씀은 다양한

---

[3] *VP*, 9

[4] A. Brenninkmeyer, *Traitement pastoral des nevroses* (Paris, 1947), 145; 여기서는 *VP*, 9 참조.

방식으로 다양한 인간에게 일어난다. 인간에 대하여 하느님의 "대변인"이어야 하는 예언자는 한 말소리를 듣는다(예레 1,28 등). 또 직관하고(이사 2,1 등) 하느님이 계시한 바를 비유와 상징(예레 1,13; 24,1 등)으로 바라본다. 메시지를 전달하는 천사의 발현이 있는가 하면(루가 1,11,26 등) 신적 전달이 꿈속에서 일어날 수도 있고(마태 1,20; 2,19 등) 환시자의 황홀경의 상태에서 일어날 수도 있다(사도 10,10; 11,5; 22,17; 2고린 12,2-5; 묵시 4,2).[5] 성서의 관점에서 볼 때 예언과 환시는 그리스도교의 역사에서 없는 것으로 생각할 수 없다. 이 모든 것을 자연적이거나 또는 병약한 인간 상태로 돌리고자 하는 사람은 필연적으로 말씀 안에서 자신을 계시하시는 인격신의 역사적 행위가 가능하다는 것을 부정하는 셈이 되며, 나아가 이로써 초자연적·역사적 계시종교로서의 그리스도교의 특성에도 이의를 제기하는 것이 된다.[6]

이런 현상이 시대적으로 예수 시대 이전에만 있었다고 주장하는 것은 무리이다. 구약성서적이며 그리스도교적인 계시종교의 근거에 그런 현상들이 있었다면, 선험적으로 그리고 원칙적으로 그리스도 이후의 시대에도 그런 현상들이 있을 수 있다는 것에 대해 이의를 제기할 수 없다. 그리스도 안에 일어난 하느님의 마지막이며 결정적인 계시는 사도시대의 교회에서도 있었고 또 그후의 교회 안에서 지속적인 선물로 일어난다(마태 10,41; 사도 11,28; 21,9 이하; 1고린 11,4.12-14 등). 그러므로 사적 계시가 사도시대 이후에도 일어날 수 있다는 것을 문제삼는 사람은 원칙적으로 그리스도교의 신앙에 어긋나며 신학적 가르침에도 어긋난다. 사적 계시에 대한 부작용이 있다고 해서 사적 계시 자체를 부인하는 것은, 마치 계몽주의에 들어서면서 많은 지성인들이 하느님에 대한 그리스도인의 오해를 간파하면서 신을 부정한 잘못을 똑같이 범하는 격이 될 것이다. 인간의 잘못된 사고로 신神이 부인될 수 없듯이 사적 계시에 대한 인간의 잘못된 태도 때문에 "사적" 계시 자체가 부인되어서는 안된다. 사적 계시는 엄격한 의미에서 참 계시로 인정되는 것이다. 이에 대해 라너는 이렇게 쓴다:

---

[5] VP, 16 참조.   [6] VP, 17 참조.

그러므로 사적 계시가 가능하다는 것을 근원적으로 부정하고자 하는 사람은 계시가 도대체 불가능하다고 주장함으로써 그리스도교를 전면적으로 부정하든가 또는 어떤 종류의 계시든 처음부터 반드시 오직 어떤 공동체 안에서와 그 공동체를 위해서만 생각할 수 있다고 말해야 할 것이다. 그러나 이것은 곧 각 개인에게 주어진 구원의 의미라는 면에서 볼 때 부당하며, 공적 계시(즉, 교회의 계시)도 구체적인 개인들(예언자, 사도)을 필요로 한다는 것을 왜곡되게 하는 행위이다. 교회의 전통과 삶은 참된 사적 계시가 있다는 것을 전제로 한다(예컨대 교회 안에서의 예언적 형상인 신심예배나 인정된 신비 안에서).[7]

사적 계시의 가능성을 근원적으로 인정함으로써 사적 계시가 시대의 형상을 가질 수 있다는 것, 예컨대 오늘날은 완전히 다르게, 덜 야단스럽고 덜 환상적으로 나타날 수 있다는 이런 사실이 바로 사적 계시의 진실성의 기준일 수 있다는 것이 긍정적으로 암시되어 있다. 왜냐하면 구체적인 사적 계시는 이미 벌써 성서와 교회 안에서의 체험에서처럼 사적 계시 수신자의 역사적(신학적·문화적 …)이고 심리학적으로 제한된 특성과 실존의 깊이에 있는 인간의 (신비적 또는 정상적인) 은총의 종합을 가리키기 때문이다.

1.2. 사적 계시의 신학적 이해

그러나, 사적 계시가 가능하다고 하여 모든 현상이 다 진실인 것은 아니다. 무엇보다도 신비적 현상으로 판단될 수 있는 보통의 기준으로 볼 때, 어떤 사적 계시의 근원적인 진실성이 인정되는 곳에서도 사적 계시에 대한 기만, 그릇된 해석, 왜곡이 있을 수 있다. 특히 사적 계시에 대한 "환시적" 동기는 분명하게 제약된 시대의 모양을 가지고 있다. 사적 계시의 진실성은 대단히 다양한 모습을 띠고 있다.[8]

---

[7] *HTTL*, 80, *LThK*, 772 참조.   [8] *HTTL*, 81 참조.

사적 계시의 가능성이 있다고 하여 그것이 일반 계시를 초월한 것일 수는 없으며, 더군다나 예수의 계시를 보충하는 계시일 수 없다. 사적 계시는 예수 그리스도 안에 완성되어 나타난 하느님의 일반 계시를 내용으로 하고 있다.

1) 일반 계시와의 관계

하느님의 자기전달은 특별한 사건, 특별한 인물, 특별한 장소에만 제한되어 일어나는 것이 아니라 언제 어디서나 일어난다. 하느님은 인격적이며 자유로운 분으로서 창조된 모든 영에게 자기의 작품을 통해서만이 아니라 자기의 자유롭고 개별적인 말씀을 통해서도 자신을 청취하도록 하신다. 그러므로 하느님의 이 자기전달은 꼭 지복직관이나 모든 제한된 존재들을 벗어난 은총 입은 영의 범위에서만 일어나는 것은 아니다. 창조된 표징 안에 그런 역사적 하느님의 현현顯現이 있다는 것은 성서가 증언한다.

"그것은 하느님에 관해서 알 만한 것이 그들 가운데에 환히 드러나 있기 때문입니다. 실상 하느님께서 그들에게 환히 드러내 보이셨던 것입니다. 그분의 보이지 않는 속성, 곧 그분의 영원하신 능력과 신성은 세상이 창조된 이래 그 지으신 것들을 통하여 이성의 눈에는 보입니다. 그래서 그들은 변명할 여지가 없습니다"(로마 1,19-20). 우리가 이렇게 언제 어디서나 자신을 전달하시는 하느님의 뜻을 진지하게 받아들인다면, 계시는 각 개인에게 — 그가 어떠한 성격을 지녔든, 열심하든, 냉담하든 — 주어질 수 있다는 것도 받아들여야 한다. 하느님이 언제 어디서나 자기 자신을 계시하신다는 사실을 받아들인다면, 시공을 초월하여 하느님이 한 개인에게 사적으로 계시될 수 있다는 것은 언제 어디서나 가능한 일이다. 어머니의 사랑은 하나의 영원한 사랑이지만 자식들이 모두 똑같이 똑같은 방식으로 체험하는 것이 아니듯이 하느님의 구원의지와 사랑 역시 각 개인마다 (사적으로) 다르게 체험할 수 있는 것이다.[9]

---

[9] 이제민, 앞의 글, 上 참조.

하느님의 자기전달이 언제 어디서나 누구에게나 일어난다는 사실, 다시 말해서 그의 계시는 과거의 사건, 지나간 사건일 수 없으며 인간이 마음만 열면 언제 어디서나 하느님의 "계시"를 체험할 수 있다는 사실을 진지하게 받아들인다면, 우리는 하느님이 인간의 구원을 마치 초자연적인 방법으로만 실현하려 하지 않는다는 것도 받아들여야 한다. 그러므로 하느님이 초자연적인 것을 인간을 통해 계시하신다는 것을 인간의 이상한 행위를 통해서 드러내는 것으로 알아들어서는 안된다. 이런 면에서 라너의 다음 말은 옳다. "예컨대 새로운 신심예배를 선언하는 어떤 수녀의 환시보다는 요한 23세의 형상에서 또는 바오로 6세의 「민족들의 발전 촉진을 위한 회칙」*Populorum Progressio*에서 우리는 어쩌면 더 순수하게 사적 계시의 신학적이며 교회적 본질을 발견할 수 있다."[10] 이에 대해서는 또 십자가의 성 요한의 말도 이해에 도움을 준다:

> 하느님은 인간을 다스리시고 다루심에 있어서 인간을 통해 하시고, 따라서 인간이 지닌 그 자연이성에 일러주시는 그것마저 사람의 입이라는 대롱줄을 거치지 않는 한 우리가 그것을 온전히 믿는다든지 우리가 안심해도 좋을 만큼 그 자체가 움직일 수 없는 힘이 있기를 마땅히 여기시는 까닭이다.[11]

일상의 삶 안에 하느님의 전부가 계시되어 있다는 것이다. 예수 그리스도는 바로 이 점을 깨달은 존재이자 한 사건이다. 그는 "특별한" 존재이기만 한 것이 아니라, 그 반대로 시간과 공간에 제한된 자기가 영원한 하느님의 뜻의 비밀(골로 1,24 - 2,4)이심을 아셨고, 또 자기의 일상의 행위가 항상 하느님을 계시하고 있다는 사실을 아셨다(나를 보았으면 아버지를 본 것이다. 또 나의 일이 곧 아버지의 일이다). 예수 그리스도는 특별하고 이상한 존재가 아니라 그야말로 인간적인 인간, 가장 평범한 인간적인 면을 가진 존재이다. 그는 가장 진실한 인간적인 면을 보여주셨다. 십자가와 부활은 이를 보여준 사건이었다. 우리가 예수를 하느님의 절대

---

[10] *HTTL*, 81 이하.

[11] 십자가의 성 요한, 『갈멜의 산길』, 최민순 역(성바오로출판사, 1983²), 제2권 22, 9.

계시자, 계시의 정점, 구원자라고 고백하는 것은 이때문이다. "이렇게 해서 이 계시를 통하여 인간의 구원에 관해서뿐만 아니라 또한 하느님에 관한 아주 심오한 진리가 계시 전체의 중재자요 동시에 충만이신 그리스도 안에서 우리에게 밝혀진다."[12] 즉, 그가 하느님의 절대 계시자며 구원자인 것은 "내게 하느님의 계시가 내렸다"고 주장하는 그런 식의 계시를 체험해서가 아니라, 이미 자기의 모든 것을 계시하시는 하느님을 자기의 온 몸과 온 마음으로 이웃과 함께하는 그의 일상의 삶 안에서 나타내 보이셨기 때문이다. 이렇게 볼 때 사적 계시의 옳고 그름은 얼마나 하느님의 이 일반 계시를 내용으로 하고 있는가라는 물음에서 식별할 수 있다. 달리 말하면 사적 계시를 별난 계시로 만들지 않는 데서 식별할 수 있다.

2) 예수의 일을 보충하는 계시?[13]

예수가 계시의 완성인 것은 하느님이 세상에 대해서 말씀하시고자 한 것이 예수의 인물과 사건 안에 전부 드러났음을 말해준다. 이는 예수와 함께 공적 계시가 "끝이 났다"는 표현에서 더욱 분명해진다. 공적 계시로서 계시가 끝이 났다는 것을 그리스도 이후에는 더 이상 하느님의 계시가 일어나지 않는다거나, 하느님은 이제 더 이상 활동하지 않는다는 말로 알아들어서는 안된다. 왜냐하면 그렇게 될 경우 "하느님은 항상 자신을 계시하신다", "계시하지 않는 하느님은 하느님이 아니며 그런 하느님은 있을 수 없다"는 진리를 그르치기 때문이다. 우리는 "끝났다"는 말을 하느님이 이제 자신을 더 이상 우리에게 전달하지 않으시는 것처럼 해석해서는 안된다. "끝났다"는 어떤 사건에 "종료"를 고하는, 그래서 과거의 순간이 될 수 있는 한 사건을 나타내는 단어가 아니다. 이 단어를 하느님은 과거와 현재와 미래를 초월하여 항상 자기의 전부를 계시하신다는 뜻으로 알아들어야 한다. 그 말 안에는 그리스도와 함께 하느님의 계시의 모든 것이 다 말해졌다는 뜻이 담겨져 있고, 그래서 하느님께서는 이제 더 이상 그리스도 외에 더 다른 말을 인간에게 할 것이 없다는 뜻이 내포되어

---

[12] 「계시헌장」 2항.   [13] 이제민. 中 참조.

있기 때문이다. 따라서 예수와 함께 계시가 "끝났다"는 것은 예수와 함께 모든 것이 "완성되었음"을 말한다.[14]

이 "완성"의 의미는 그리스도 이전 시간과 그리스도 이후의 시간을 관찰해 보면 더욱 분명해진다. 그리스도 이전에는 세계가 구원역사라고 부르는 하느님과 인간 사이의 역사적 대화중의 모든 순간에 항상 모든 것이 열려 있었고, 항상 모든 것이 자유롭고, 인간에게 아직 드러나지 않았고, 그래서 아직 기다리고 있었으며, 비로소 역사적으로 나타나야 하는 하느님의 비밀의 사건 안에 놓여 있었다. 또 그리스도 이전에는 역사 안에서(역사를 상쇄함이 없이 구원사적으로 지금까지 없었던 것) 인간의 상황을 하느님 앞에서 본질적으로 변화시켰던 것이 여전히 일어났다. 즉, 새 계명이 하느님에 의해서 반포되고 맺거나 풀 수 있었고 분노나 은총이 기대할 수 없는 순간에 나타날 수도 있었다.[15] 그러나 지금, 그리스도와 함께 그리고 그리스도 이후에는 시간들의 끝이 왔고, 인간에 대한 하느님의 구원행위도 그리스도 안에서 결정적이고 원칙적으로 능가할 수 없는

---

[14] 하느님께서 자기의 모든 것을 이미 예수 안에서 다 계시하셨다는 점을 진지하게 받아들인다면, 예수의 일을 보충·보완하는 식의 계시란 있을 수 없다고 말할 수밖에 없다. 언제 세상의 종말이 오고, 또 상주 데레사의 경우에서처럼, 드러나지 않은 공적 계시의 내용이 또 있는 것처럼 예수의 숨은 비화를 2,000년이 지난 지금 새롭게 알려준다는 식의 계시란 있을 수 없다. 하느님은 예수의 일을 필름에 담듯이 촬영해 놓았다가 2,000년이 지난 지금 인간의 호기심을 충족시켜 주고 궁금증을 풀어주고자 이를 상영하여 보이는 그런 분이 아니다. 2,000년 전의 그 일은 우리가 알 수도 없을 뿐더러, 설령 이를 안다 해도 그것이 예수에 대한 내 신앙에 그렇게 큰 영향을 줄 수는 없는 것이다. 더군다나 계시는 숨은 비화를 알리는 것이 아니라 오히려 신비를 신비로 보존하게 하는 것이다. 예수의 인물과 사건에는 이런 하느님의 신비가 계시되어 있는 것이다. 우리는 하느님을 무엇인가 호기심을 가지고 알고 싶어하는 인간의 궁금증을 심심하면 장난삼아 풀어주는 그런 장난꾸러기로 만들어서는 안된다. 물론 하느님께서는 우리가 하느님과의 관계에서 느낄 수 있는 과거와 현재와 미래가 없고, 항상 현재만 있을 수 있기에, 하느님의 시간 안에는 우리가 생각하는 미래의 일이 현재에 나타날 수 있고(예언의 의미) 또 과거의 일이 현재에 나타날 수도 있다. 그러나 이는 하느님의 영원성(영원한 현재)에 대한 설명이지, 결코 과거로의 회귀로 알아들어서는 안될 것이다. 아울러 그릇된 계시와 관련하여 보급되거나 읽어서는 안될 책들을 몇 가지 열거한다. 미리내 성모성심 수도회, 『예수님 성모님의 40일 엄재수난 숨은 행적』(빅벨출판사, 1987); 황 데레사, 『데레사의 지난 일들』(빅벨출판사, 1989²); 마리아 발또르따, 『하느님이시요 인간이신 그리스도의 시』 전10권(서울: 크리스챤출판사, 1987); 곱비, 『성모님의 가장 사랑하는 사제들에게』(가톨릭출판사, 1978); 『나주 성모님의 메시지』 1985.6.30 – 1989.2.23(크리스챤출판사).

[15] VP, 24 이하 참조.

결정적인 단계에 이르렀다. 그리스도와 함께 "마지막 시간"이 여기 임시적이 아닌 최종적으로 왔기에 우리는 그리스도의 시대에서 더 이상 우리의 구원 상황이 본질적으로 변화될 수 있다는 것을 기대할 필요가 없게 되었다. 그리스도 이전에는 그런 변화가 기대해도 좋았던 것이 아니라 기대해야 했던 것인 데 반해 이제 그리스도인은 그리스도 안에서 이미 일어난 하느님과 인간 사이의 대화적 드라마의 최종점이 드러나기만을 기대할 수 있다. 최후의 심판날을 기다릴 수 있다.[16] 인간이 바라고 기다리고 희망하던 것이 그리스도 안에서 다 이루어졌다.

그러므로 "끝났다"는 그 말 안에는 하느님의 행위의 "지속성"이 내포되어 있는 것이다. 이렇게 볼 때 끝났다는 말은 그리스도 사건의 비非능가성과 지속적인 규범적 성격을 강조한 것이다.[17] "끝났다"는 말은 하느님의 계시를 과거의 일로 돌리는 것이 아니라 예수와 함께 하느님의 계시가 완성되었음을 말해주는 것이다. 하느님께서는 그리스도 이후에도 계속 자신을 계시하신다. 그리스도 이후에도 하느님의 계시는 계속 일어난다. 예수가 십자가상에서 "끝났다"고 하신 말씀(요한 19,30)도 이런 뜻에서 알아들어야 할 것이다. 그것은 그의 생生의 끝이 아니라 완성이다. 성 베르나르도는 이 말을 "주께서는 단 한 번만 말씀하셨다"는 시편의 말을 해석하며 다음과 같이 알아듣는다. "그렇습니다. 주님은 항상 말씀하시기 때문에 단 한 번 말씀하신 것입니다. 그분의 말씀은 중단이 없는 말씀이고 끝이 없이 계속되는 말씀입니다."[18] 모든 것이 끝난 십자가는 그야말로 계시의 완성인 것이다.

그리스도로서 계시가 마무리되었다는 것이 그리스도 후(시간적으로) 더 이상 계시가 일어나지 않는다든지 계시가 없어졌다는 말이 아니라 그리스도야말로

---

[16] VP, 25 이하 참조.　　　　　　　　[17] HTTL, 80 참조.

[18] 베르나르도, 『성무일도』 1, 23. 이렇게 "끝났다"를 "終了"가 아니라 "持續性"으로 알아들을 때, 우리는 예수로 완성된 계시가 어째서 지금도 계속 일어날 수 있는가 하는 질문에 대한 해답을 보게 된다. 그뿐 아니라 시간의 연속선상에서는 그리스도 이후에 살고 있는 우리지만 실천적으로는 여전히 그리스도 이전에 그리스도를 기다리는 삶을 살고 있다는 것도 겸손되이 인정할 수 있게 되는 것이다. 인간은 그리스도 이후의 현대에 살면서도 그리스도 이전에 살 수 있다. 그리스도의 이름으로 세례를 받고도 그리스도 밖에서 살 수 있다. 신약에 살면서 구약에 살 수 있다.

시간과 공간을 초월하여 일어나는 계시 자체가 계시된 곳임을 뜻하는 것이, 그리스도의 계시는 완성을 의미하기에 그 계시는 더 보충될 수 없고 인간이 더 기다려야 할 계시란 있을 수 없다는 것을 히브 1,1-2는 이렇게 말한다. "하느님께서 예전에는 여러번 여러 모양으로 예언자들을 통하여 조상들에게 말씀하셨으나 이 마지막 날에는 아들을 통해 우리에게 말씀하셨습니다." 그리고 이 말씀에 근거하여 십자가의 성 요한은 이렇게 말한다:

> 하느님께 문의한다든지, 어떤 시현이나 계시를 받고 싶어한다든지 하는 사람은 바보짓을 할 뿐 아니라, 하느님을 욕되게 하리니 그리스도 하나만을 우러러보지 않고 다른 엉뚱한 신기한 것을 바라기 때문이다. 그런 사람에게는 하느님께서 이와같이 대답하실 것이다. 즉, "내가 이미 내 아들인 말을 가지고 모든 것을 다 말해서 다른 말이 없거늘 이제 와서 무엇을 더 대답할 수 있고 이 '말' 아닌 무엇을 또 계시할 수 있느냐? 너는 오직 이분에게만 눈길을 모으라. 이분을 통하여 너에게 모든 것을 계시했으니 네가 빌고 바라는 그 이상의 것을 이분 안에서 얻으리라. 너는 나의 말과 계시를 청하여 하나의 부분을 얻으려 하지만 이분에게 눈길을 모으면 전부를 얻을 수 있으리라. 이분이야말로 온통 나의 말, 나의 시현, 나의 계시 … 이분을 너희에게 형으로, 친구로, 스승 및 갚음과 상으로 줌으로써 나는 너희에게 말하고 대답하고 나타내고 열어보였노라."¹⁹

하느님께는 더 이상 계시할 신앙이 없다는 것이다. 그러므로 하느님께 또 무엇인가 더 계시하기를 청한다면, "그것은 다시 그리스도를 청하는 셈이요 더한 신앙을 바람이며 이미 그리스도 안에 주어진 믿음이 모자라는 셈이니, 이는 내 사랑하는 아드님을 심히 욕되게 함이라 그 믿음이 부족함은 물론, 그리스도로 하여금 다시 강생해서 두번째 이승살이를 하고 죽으라는 강요임에 틀림없다. 너는 이제 계시나 시현을 내게 빌고 바라야 할 까닭이 없으니, 그리스도를 익히 보기만 하면 내가

---

¹⁹ 십자가의 성 요한. 앞의 책. 제2권 22,5 참조. 이제민. 中.

몸소 하고 일러준 모든 것 그리고 그 이상의 것을 그분 안에서 얻으리라".[20] 이를 제2차 바티칸 공의회는 이렇게 표현한다. "우리는 주 예수 그리스도께서 영광스럽게 나타나기 전에는 어떤 새로운 공적 계시도 바라지 말아야 한다"(「계시헌장」 4항).

3) 교회의 계시

사적 계시는 공적인 계시를 내용으로 하고 있을 때에만 참이다. 그러므로 사적 계시가 공적 계시로 된다느니 또는 계시가 교회의 인준을 받기 전에는 사적 계시이고 인준을 받은 후에는 공적 계시가 된다느니 하는 식의 주장은 계시에 대한 오해에서 나온 것으로 자칫 교회를 계시의 상위 개념으로 보게 하는 오류를 범하게 한다. 파티마와 루르드의 성모 발현사건을 교회가 인정했다고 해서 그것이 곧 사적 계시를 공적 계시로 인정하는 것이 아니다. 그 사건들은 반드시 믿어야 할 구속력을 지니는 것도 아니다. 그 발현사건을 인정한 것은 다만 그 안에서 주님의 메시지를 인정한 때문이다.

사적 계시는 있을 수 있으나, 그것이 반드시 교회의 신앙일 수는 없는 것이다. 다시 말해서 사적 계시는 사도들의 죽음과 함께 끝이 난 공적 계시(교회의 계시)와는 달리 가톨릭 신앙으로 믿을 의무는 없다. 이에 대해 라너는 이렇게 쓴다:

> 하느님은 자신을 계시할 수 있고 계시를 받아들인 자나 수신자가 체험한 것이 하느님에 의한 것임을 내적·외적 표준들을 통해 확실시해 줄 수 있기에, "사적 계시들"과 그 내용의 참됨과 진실성에 대한 인식이 가능하며, 이때문에 그런 계시를 직접 받은 자는 계시의 내용을 신앙 안에서 정당하게 받아들일 수 있고, 또 그에 대해 책임질 수 있다. 여기에 공적 계시는 사도들의 죽음과 함께 끝이 났으며, 따라서 그후의 계시들은 교회의 신앙의 확신에 속하지 않고, 이를 "가톨릭 신앙"으로 믿을 의무는 없다. 교회는 그런 사적 계시들이 교회의 신앙 내용과 일치할 때에만 "사적 계시"로 다룰 수 있다.[21]

---

[20] 위의 책, 22,5.   [21] VP, 20; LThK, 772 참조.

사적 계시가 항상 누구에나 일어날 수 있다는 것을 인정할 때 교회는 자기의 직무와 상관없이 그런 사적 계시가 있을 수 있다는 것을 인정하게 된다. 그렇지만 그것을 믿도록 강요할 수는 없다. 신앙의 빛 속에서 "선택의 시간"이 있는 것처럼 교회의 삶에는 신학적 숙고로 대체될 수 없는 신적 충동의 작용이 있다. 교회 안에 나타난 영의 식별을 위한 카리스마가 직무교회의 교도직과 사목직과 밀접한 관계를 맺고 있는만큼, 하느님이 역사의 구체적이고 변화하는 상황에서 교회의 일정한 행위를 위해 명령을 주신 신적 만남의 착상의 소재所在가 항상 교회의 교계제도적 직무자이어야만 한다는 주장은 근본적으로 있을 수 없다. 원칙적으로 하느님의 영은 교회의 모든 구성원들을 통해 교회에 작용하며, 또 하느님의 영이 교회에서 바라는 바가 무엇인지, 어떤 계명이 교회에 부과되었는지를 교회로 하여금 깨닫게 한다. 하느님이 어떤 역사적 상황 안에서 교회의 행위를 위해 교회의 한 구성원에게 말한 영감적靈感的인 명령을 하시는 것, 이것이 그리스도 이후의 예언적 사적 계시의 본질이다. 어떻게 그런 사적 계시가 한 개인에게서 교회에 또는 교회의 한 부분에 번졌는지, 고유한 선포를 통해서인지 생산적인 모형의 길을 따라서인지 하는 것은 부수적 질문이다.[22]

사적 계시는 교회 전체에 주어진 것이 아니어서 그 내용도 교도직을 통해 적극적으로 보증되지 않는다. 한마디로 사적 계시의 내용이 그리스도교의 공적 계시와 비교해서 그렇게 의미심장하고 본질적인 것이 아니다. 그렇다면 우리는 여기서 하느님은 왜 사적 계시를 계속 일어나게 하는가 하는 또 하나의 의문을 만나게 된다. 사적 계시들이 일반 계시로부터 인식된 것만을 내포하고 있다고 말한다면, 하느님은 왜 여전히 이를 계시하시며 그런 추론을 건전하게 신학자들의 예지에 떠맡기지 않는가 하는 의문이 생기는 것이다. 여기서 라너는 그리스도 이후의 "사적" 계시들은 본질적으로 그리스도교의 특수한 역사적 상황에서 행해져야 하는 하나의 명령으로 알아들어야 한다고 주장한다.[23] 사적 계시는 본질적으로 새로운 주장이 아니라 새로운 명령이라는 것이다. 명령은 이미 주

---

[22] VP, 28-30 참조.   [23] VP, 27 참조.

어진 것을 알리는 것이다. 이 명령에서 이미 신앙과 신학에서부터 알고 있는 바가 실제로 이야기되고 있는 것이다.

사적 계시는 그 "사적"의 성격 때문에 교회의 신앙은 아니나, 그렇다고 교회를 위해 아무런 의미를 지닐 수 없는 것으로 해석해서도 안된다. 교회 역사에 나타난 여러 예들(잔 다크, 시에나의 카타리나, 마르가리타 마리아 알라콕, 루르드 등)이 이를 증명한다. 또는 "공적 계시"가 끝났다는 점 하나만으로 그후의 계시들을 단순히 "사적인 것"으로 표시하고 그 계시가 교회를 위해 가지고 있는 의미와 필요성에 대한 신학적 이론을 더 이상 전개하지 않는 것은 사적 계시에 대한 너무 소극적인 태도이다. 실제로 사람들은 순수 명상의 저 맹목적이고 형언할 수 없는 신비보다는 계시와 훈시를 위로부터 받았다고 하면서 교회와 사람들에게 경고하고 영향을 끼치는 사명과 권한을 교회 안에서 요구하는 예언적 신비에 대해서는 의혹적인 태도를 보여왔다. 예언적 계시는 그 근거를 성서에 두고 그 역사도 교회 안에 두고 있지만 아직 한 번도 교회의 정통교리로 받아들여진 적이 없다: 사도 이후 교회에 예언자가 있는지, 예언자의 영은 어떻게 인식되고 구별되는지, 그들은 교회 안에서 어떤 기능을 가지고 있는지, 교회의 교계제도적 직무와 그들의 관계는 어떠한지, 그들의 사명은 그들의 내적·외적 삶 안에서 교회 역사에 어떤 의미가 있는지 하는 물음이 정통교리에서 아직 다루어지지 않았다. 물론 교회 안의 예언신학에는 일반적인 신비와 특별한 사적 계시에 관한 신학의 요소들이 사용될 수 있을 것이다. 그렇지만 지금까지 신비신학은 이런 현현들을 "사적" 관점에서만 바라보았으므로 이런 신비신학이 이미 예언의 신학이라고는 말할 수 없다. 중세에는 "카리스마"의 신학이 있었지만 반성적 역사의식이 결여되어 있어서 영의 끊임없는 불안으로서 발설되는 예언이 교회의 생성과 성장에 어떤 의미가 있는지 정확히 묻지 못하였다.

중요한 것은 사적 계시들이 예언적 충동으로 교회 안에서 나타날 때에는 교회의 계시(공적 계시)의 틀 안에서라는 점이다. 사적 계시는 공적 계시의 내용과 일치해야 하며, 교회는 사적 계시가 공적 계시에 일치하고 있는지 알릴 의무가 있다.

2. 사적 계시에 대한 우리의(또 환시자의) 태도

환시자들의 메시지는 열심한 사람, 믿음이 약한 사람, 또는 회의적이고 냉정한 사람들에게 관심을 가지게 하는데, 라너에 의하면 이런 발현에 대한 반응에는 두 가지 그룹이 있다. 첫째는 대부분의 사람들이 보이는 반응으로 환시에 대해 상당히 부정적인 태도를 보이게 되는 경우다. 그들은 환시자들이 망상이다, 사기다, 또는 히스테리다 하는 회의적인 감정에 사로잡혀 있다고 본다. 그들에게 있어서 그런 발현사건은 그리스도와 성서의 올바른 신심에서 벗어나 있고, 복음정신에 고지식하고, 하느님께 맞지 않거나 교의적으로 정확하지 않다는 뜻에서, 교의적인 논쟁을 할 수 있는 격분의 대상일 뿐이다. 그러나 다른 한편 그런 사건을 체험했다거나 받아들이는 사람들이 보이는 반응으로 그들은 그들에 대한 비판적 숙고에 대해 격분하며 비판자들을 합리주의자나 신앙이 없는 자로 몰아붙인다. 그들은 환시자가 정신병자가 아니라거나 미치지 아니하였다는 것을 입증해 보이면서 환시자가 본 환시가 "참"임을 주장하려 든다.[24] 이렇게 해서 사적 계시(의 가능성)를 전적으로 부인하는 층이 있는가 하면, 사적 계시를 절대화하여 그대로 믿어버리며 극단적인 행위를 벌이는 층들도 있다. 이런 극단적인 태도는 잘못이다. 왜냐하면 자발적인 형상적 체험, 무의식에서 나온, 결코 의도적으로 이루어진 것이 아닌 비상한 성과들, 외부로부터 그리고 위로부터의 영감의 인상을 주는 천부적·영적 산출의 순간들 등 말하자면 현대의 대부분의 인간들의 일상의식으로는 알지 못하고, "정상"이지도 "비정상적"이지도 그리고 "초자연적"이지도 않은 사건들도 있는가 하면, 영적으로 건전한 환시자만이 "참된" 환시를 가지는 것도 아니기 때문이다. 개인의 고결함만이 항상 진실을 위한 기준은 아니며, 개인의 성격이 결코 "참"의 기준일 수는 없다. 보통의 영성에도 광기가 있을 수 있는 것이다.

이렇게 볼 때, 문제는 사적 계시가 있는가 없는가 등 그 가능성 자체에 있는

---

[24] *VP*, 10-12 참조.

것이 아니라, 교회와 환시자가 이에 대해 어떻게 솔직하고 겸허하게 대처해야 하는가에 있다. 사적 계시를 두고 벌어지는 논쟁도 그것이 일어날 수 있느냐 없느냐 아니라, 어떻게 그 계시를 식별하느냐 그리고 어떻게 그에 마땅하게 대처하는가의 차원에서 펼쳐져야 한다. 사적 계시는 어디까지나 인간과 세상의 구원을 내용으로 하고 있는 예수와 그 안에 일어난 계시를 내용으로 하고 있을 때만 옳은 것이다. 예수로 끝난 이 공적 계시를 얼마나 그 내용으로 하고 있는가에 따라 계시의 참과 거짓이 구분된다.

이제 교회와 환시자가 갖추어야 할 태도를 살펴보고, 이에 근거하여 사적 계시와 기적 그리고 사적 계시와 예언의 관계를 언급하고자 한다. 왜냐하면 사적 계시는 대개 기적과 예언을 동반하며, 그렇기에 기적과 예언도 환시 못지않게 계시를 이해하는 데 주요 요인이 되기 때문이다. 실제로 사적 계시를 둘러싸고 전개되는 일련의 혼란은 기적과 예언의 잘못된 오해에서 발생하고 있다. 사적 계시에 대한 올바른 태도는 모름지기 환시와 기적과 예언에 대한 올바른 이해에서 나오는 것이다.

2.1. 사적 계시와 환시

라너는 사적 계시를 보기 위해 신비적 환시와 예언적 환시로 구분한다. 신비적 환시란 목적과 내용에서 오직 개인의 종교생활과 자신의 완전성과 관계하는 것이며, 예언적 환시란 환시자에게 어떤 메시지를 전하고 경고하며, 미래를 예고하면서 사람들이 자기 주변과 교회로 향하도록 임무를 지우는 환시이다.[25] 신비적 환시는 예컨대 젬마 갈가니의 경우에서 볼 수 있는데, 환시는 오직 그의 개인적 삶과 관련된 것이었다. 이에 대해서 마르가리타 알라콕의 경우는 다른 사람들에 대한 요구를 하는 것으로 예언적 환시라 할 수 있다.

라너는 사적 계시를 예언적 환시와 관련해서 이해한다.[26] 즉, 한 개인과 그의 영적 삶하고만 관련되어 있는 것이 아니라 — 비록 사적이긴 하지만 — 직

---

[25] *VP*, 80-82 참조.   [26] *VP*, 82. 19 참조.

접적인 수신인을 통해서 교회와 교회의 큰 부분에 향하는 계시에 대해서 이야기하는 것이다. 이런 면에서 사적 계시의 많은 경우가 어떤 신심예배를 추천하고 회개하도록 경고하고, 일정한 훈시를 전하고, 어떤 교리에 관해서 경고하고, 어떤 영적 가르침이나 생활방식을 추천하는 것 등으로 나타난다. 교회사 과정에서 이런 종류의 사적 계시가 늘 있어왔다는 것은 의심의 여지가 없으며 또 많은 영향을 끼쳐왔음도 사실이다.[27] 이런 의미에서 우리는 사적 계시를 받았다고 하는 사람들을 인정하고 존경해야 한다. 그뿐 아니라 교회는 항상 시대의 변화에 따라 사적 계시를 필요로 한다고도 말할 수 있다. 그때문에 카리스마나 사적 계시가 있음을 인정하면서도 교회직무는 그에 대해 무관심할 수 없다. "사적 계시는 철저하게 교회의 카리스마적 삶을 위해 의미를 가지기에 교회는 사적 계시들에 대해 근원적으로 무관심할 수 없다. 영靈은 일반적인 원칙들과 제도들 때문에 교회로부터 면직될 수 없다. 교회는 사적 계시를 필요로 한다. 왜냐하면 사적 계시들은 그리스도 안에 일어난 최종적인 계시의 개정改正이나 보충이 아니기 때문이다."[28]

2.2. 환시자의 태도

환시자의 태도를 보기 위해 천상적 존재(그리스도, 마리아 등)에 대한 "진짜" 환시와 환청이 있었다고 할 때, 즉 저승의 간섭이 있었다 할 때, 실제 일어난 일은 무엇인가? 환시자들의 말을 따라 천상적 존재가 자기 앞에 와 모습을 나타내 보였다면, 즉 천상적 존재가 우리의 지각의 영역 안으로 들어와 우리 중의 하나인 듯 다가와서 모습을 나타내 보이며 이야기하였다면, 그 나타난 인물은 이 지상의 여느 인간들처럼 그 자체로 이러저러한 얼굴 모양을 가지고 있고, 이러저러한 옷을 입고 있으며, 이러저러한 목소리를 가졌다고 환시자는 설명할 것이다. 다만 차이가 있다면 그는 천상적 존재이기에 시공을 초월하여 언어를 구사한다

---

[27] VP, 22 참조.   [28] LThK, 772.

고 주장하게 될 것이다. 그런데 과연 이런 일이 가능할까? 수천 년 수백 년 전의 인간이 시간을 넘어 지금 이 시대의 공간에 나타날 수 있을까? 과학적으로 불가능한 일을 신앙의 신비라는 이름으로 다 감출 수 있을까? 교회의 신비가들의 저서를 보면 그들은 이런 식의 설명에 만족할 수가 없었다. 예컨대 아빌라의 데레사는 그리스도의 변모 전 인간 모습은 승천 후(그리고 바울로에게 나타난 이후) 한 번도 지상에서 그 육체적 실재로 직접 자신을 드러내지 않았다고 확신한다.[29]

여기서 우리는 신비학자들이 환시를 육체적 환시, 형상적imaginative(eidos) 환시[30]와 그리고 순수 영적 환시의 셋으로 나누고 있는 것을 유념할 필요가 있다.[31] 신비가들은 이 중에서 형상적 환시를 중히 여긴다. 아빌라의 성녀 데레사가 자기는 육체적 환시가 아니라 오직 형상적 환시만을 체험하였다고 말한 것도 이런 까닭에서이다. 이 말이 의미하는 바는 환시는 단순히 우리의 지각세계에서 체험되는 그런 육체성과 동일시할 수 없다는 것이다. 환시중에 접촉한 대상對象은 이를 접촉한 인간이 빚은 상이기도 하다.[32] 형상적 내용은 원칙적으로 신적인 영향과 인간의 구체적 조건에서 빚어진 종합이다. 그러므로 젬마 갈가니 성녀는 자기의 영적 지도자에게 환시와 다른 은총의 방식을 보고하는 편지를 보내면서 종종 다음과 같은 말로 편지를 끝맺었다. "내가 이것을 신부님께 말씀드리는 것은 예수님께서 그렇게 하라고 명하셨기 때문입니다. 그러나 이에

---

[29] *VP*, 32 이하 참조: 그런데『데레사의 지난 일들』에 표현된 상주 데레사의 환시를 보면 이와는 대조적이다. 몇 가지 예를 본다: "후에 이 자산이 있는 바위 위에 천주성삼이 나타나고 바위 세 개가 성부 · 성자 · 성신을 비유하듯이 있어서 성삼바위라 부르게 되고 …"(89, 참조. 181). 천주성삼이 "나타났다" 한다면 천주성삼을 "보았다"는 말이 되는데 이를 어떻게 이해해야 할까? 실제로 천주성삼이 나타났는가, 아니면 세 개의 바위를 바라보며 천주성삼을 연상하였는가? 아무튼 성서에는 "아직까지 하느님을 본 사람은 없습니다"(1요한 4,12)라고 쓰여 있다. 그외에도 이 책에는 "나타난" 인물이 수없이 나온다. "대모는 광채만 보고 나는 성모님을 봤다"(97). "미사중에 예수님이 십자가에 못박히신 형상으로 나타나셔서 오색의 붉은 핏줄을 내 몸에 보내시는데 너무 아팠다"(109). 그외 예수님이 당한 고통을 그대로 당하였다는 예가 수없이 나온다(107, 111). "미사 거행중에 예수님이 통나무로 십자가를 만들어 내려주셨다"(442). 지금 그 십자가는 어디 있는가.

[30] 예컨대 大木의 머리에 그려진 가축의 모양. [31] *VP*, 32 참조.

[32] 예수나 성모의 환시 중 이들이 일방적으로 나타나는 것이라면 200년 전 그리스도교가 이 땅에 들어오기 이전에도 이들이 나타날 수 있어야 한다. 모세에게 하느님이 나타나신 것도 바울로가 그리스도를 체험한 것도 이들이 이미 이들을 알았기 때문이다.

대해서 아무것도 믿지 마십시오. 왜냐하면 이는 또한 저의 어리석은 생각일 수도 있기 때문입니다."[33] 환시는 하느님의 편에서만 일방적으로 일어나는 일이 아니라, 환시를 본 사람의 일이기에 환시자의 주장에 잘못이 있을 수도 있다는 것이다. 젬마 갈가니가 자기의 환시를 꼭 그대로 믿을 필요가 없다고 한 것은 바로 이런 환시의 특성을 간파했기 때문일 것이다.[34]

전형적인 신비가 아빌라의 데레사도 대단히 영적인("열심한") 영성 지도자와 대단히 학문적인(공부한) 영성 지도자 중에서 한 분을 선택해야 했을 때 — 물론 이 두 가지를 다 겸비한 사람이면 더 좋았을 테지만 — 자신과 수도원을 위해 주저없이 학식있는 영적 지도자를 우선적으로 선택하였다. 또 십자가의 성 요한 등의 신비가들은 환시가 진짜라고 해도 그것을 거절한다 하여 해가 될 것은 없다고 가르치고 있다. 위에서 인용한 『가르멜 산의 산길』에서 한 그의 말을 한 번 더 들어보자:

> 순수하고 조심성있고 단순하고 겸손한 영혼은 많은 노력과 주의를 기울여서 마치 대단히 대단한 유혹이나 되는 듯 계시나 다른 시현들을 물리치고 거부해야 한다. 사랑의 합일에 도달하기 위해서는 이런 따위를 원하는 것보다 오히려 거부하는 것이 필요하기 때문이다. 솔로몬이 "본성의 능력을 초월하는 것을 원하거나 찾는 것이 사람에게 무슨 필요가 있느냐?"(전도 7.1)라고 말했을 때, 그는 이런 뜻으로 말한 것이었다. 즉, 완전해지기 위해서는 초자연적이고 인간의 능력을 초월하는 방식으로 좋은 보상을 얻으려고 할 필요가 없다는 뜻이다.[35]

---

[33] *VP*, 12에서 인용.

[34] 그런데 상주 『데레사의 지난 일들』이라는 책에 나타난 환시 장면에는 젬마 갈가니 등이 보여준 신학적 반성이 결여되어 있다. 오히려 자기가 원하면 하느님이나 성인들이 환시중에 나타나 기적을 행하실 수 있는 것처럼 생각하기도 한다. 예컨대 김대건 신부가 나타나 라틴어를 했다는 예가 그것이다. "나는 성 김대건 안드레아 신부님께 … 천주께서 하시는 일이라면 성 김대건 안드레아 신부님께서 지도 신부님께 증거를 하나 보여달라고 열심히 9일기도를 했다. 9일기도를 마치는 날 묵시에 성 김대건 안드레아 신부님께서 구름 속에 나타나셔서 알아들을 수 없는 글자를 한글로 가르쳐 주시는데 '막나 글로리아 에릿 인 꼬레아'라고 글자한 자 한 자마다 동그랗게 되어 광채가 났다"(『데레사의 지난 일들』, 359). 김남수 주교는 1984년 5월 20일자 「가톨릭 신문」에서 교황의 한국 방문과 시성식을 데레사에게 나타나 하신 안드레아 김 신부님의 예언이 들어맞은 것으로 믿는다. 놀라운 일이라 하지 않을 수 없다.

[35] 십자가의 성 요한, 제2권 27,6.

환시의 성격이 이러하기에 성인·성녀들이나 신비체험을 한 사람들에게 나타난 환시의 역사도 보면 역사적·신학적 오류와 곡해로 가득 차 있다. 라너는 그의 책 『환시와 예언』에서 역사적으로 잘못되고 신학적으로 오류를 보인 예를 열거한다. 성 노베르트는 반그리스도인들이 자기 시대에 나타나게 되리라 확신하였다. 성 빈센트는 환시에 근거하여 종말이 목전에 다가왔다고 선언하였다. 시에나의 카타리나는 마리아가 나타나 자기는 무염시태하지 않았다고 하는 말을 들었다 등등.[36] 그리고 라너는 여러 성인들의 환시 중에 일치하지 않는 것도 많이 있다는 예들도 열거하고 나서 이렇게 말한다:

> 이런 예들에서 분명한 것은 신적 활동과 오류와 기괴한 일에 이르기까지 인간의 주관성이 성인들의 환시에 긴밀하게 스며들어 참된 환시에서도 하느님의 활동만을 따로 볼 수는 없다. 즉, 거기에도 인간의 주관성이 표현되어 있는 것이다. 참된 형상적인 환시에도 인간의 능력이 창조적으로 함께 작용하고 있다.[37]

이런 면을 진지하게 받아들인다면 우리는 환시에서 주어진 체험을 모든 점에서 옳다든가 아니면 그 전체가 인간적인 환영幻影이거나 사기라는 딜레마 선상에 놓고 판단해서는 안된다. 그런가 하면 환시의 진실성이 확실하다 해서 그 세세한 내용이 다 옳고 그 모두 수용해야 한다고 주장해서도 안된다. 참된 환시에도 오류가 있을 수 있다. 발현한 자의 모습, 행위, 언어도 발현한 자의 본래의 것이라기보다 환시자의 주관적인 조건에 상응할 수 있는 것이다. 그리고 예언적 환시에서 나온 "메시지"도 철저히 환시자가 처한 시대와 환경 및 그의 신학교육 등 경험의 한계 안에서 주관적 조건을 담을 수 있다. 환시중에 천상으로부터 흘러나온 기도도 글자 그대로 천국에서 만들어진 것으로 생각할 필요가 없는 것이다.[38] 그렇기에 참다운 발현을 체험한 사람이라면 자기의 발현을 믿어주지 않는다고 사람들에게 하늘의 벌이다, 종말이다 하면서 협박에 가까운 위협을 가하지 않는다.

---

[36] *VP*, 66-71 참조.   [37] *VP*, 72.   [38] *VP*, 74 참조.

그뿐 아니라 발현의 열정적인 옹호자들은 그 사건에 대한 냉정하고 비판적인 시험에 기꺼이, 참을성있게, 진지하게 응해야 한다. 자기가 환시중에 본 하느님이 진정 그리스도교의 하느님이고, 성인이 그리스도교의 성인이라면, 그리고 그 하느님과 성인이 그런 비판 앞에 어떻게 행동을 취했을까도 함께 생각해야 하기 때문이다. 사적 계시는 시간적으로 제약된 요소 때문에 그리고 그것이 진지하게 받아 들여지는 곳에서 비판을 받을 수 있다. 참다운 신비가는 그런 시험에 대해서 무조건 방어적이지 않다.

2.3. 예언에 대한 태도

예언은 보통 인간의 인식 수단으로는 도달할 수 없는 어떤 미래의 사건을 예견하는 것으로 여러 유형이 있다. 주술呪術・점술占術・카드점占・신령술神靈術 등 교회가 미신으로 단정한 것, 신탁神託・투시안透視眼・꿈 등의 사이비 심리parapsychology를 이용한 것, 민족 예언자 등에서 볼 수 있는 것처럼 미래의 일을 내다보며 동시대인에게 경고하는 역사철학적이며 역사신학적인 관점도 있고, 묵시록의 구절을 임의로 해석하여 미래를 예고하는 것도 있다. 예컨대 천년왕국설 등이 그것인데, 교회는 이를 공식적으로 거부한 바 있다(1941.6.11). 또 다음 교황은 누구라는 등 날조된 것도 있다.[39]

그러나 하느님이 정말 작용하신 계시도 있다. 하느님은 기적과 함께 그런 예언을 통해서도 예언자와 사도들이 전한 복음을 증거하고 또 그것이 자기가 일으킨 것으로 인식시켜 주신다.[40] 성서의 증언에 따르면 참으로 하느님에 의해

---

[39] 앞에서 언급한 교황의 한국 방문에 대한 예언 외에 이런 식의 예언을 우리는 상주의 데레사에게서 많이 보게 된다. 예컨대: "성모님께서 매년 10월 9일마다 성삼산에 나타나셨다. 해마다 뜻이 있는 묵시를 보여주셨는데 1983년에는 버마 사건을 태극기로 알려주셨고 1984년에 학생 데모도 미리 암시로 알려주셨다. …"(464). "성모님께서 깃광목 태극기를 밟고 나타나셨는데 … 그날 버마 아웅산 폭발사건으로 많은 정부 요인들이 희생되었다." "1983년 10월 9일 성모님께서 깃광목 태극기를 밟고 나타나시어 말씀을 주시고 윤 신부님께 생명수를 한 잔 주시고 조 우술라 씨에게는 포도주가 가득 담긴 성작을 주시며 받아 마시라 해서 묵시중에 조 우술라 씨가 받아 마셨는데 20일 후에 건강하시던 서 박사님(조 우술라 남편)께서 갑자기 돌아가셨다"(452). 이런 것이 하느님에 대한 신앙과 무슨 관계가 있는가? 이것이 어째서 예언인가?

[40] VP, 89-100 참조.

주어진 미래에 대한 사전 선포는 있을 수 있다. 예컨대 예수가 예루살렘의 멸망을 미리 말씀하신 것이 그것이다.

우리는 예언의 카리스마를 원초교회에 일시적으로 주어진 특권으로만 생각해서는 안된다. 교회 안에는 안수를 통해서 전수되는 직무 외에도 인간적으로 전수할 수 없는 예언자의 소명도 있어야 한다. 이 둘 중의 어느 하나도 서로를 대체할 수 없다. 예컨대 지금 이 순간 교회에서 무엇이 가장 절실하게 행해져야 하는가 하는 물음에 관한 구호나 제안 등을 경청하는 사람이라면 직무 외의 다양한 경향과 방향도 발견하게 될 것이다.[41]

교회 안에서 예언은 신학의 보편적 이론이나 교회직무에 주어진 자연적이며 초자연적인 지혜로 또는 신비신학적으로 대체할 수 없다. 문제는 환시, 환상적 전갈, 예언을 어떻게 인간적(본성적이며 병적인)이며 악마적으로 작용하는 것과 구별지을 수 있는가 하는 것이다.[42]

예언의 은사는 교회의 지속적인 계약보증금契約保證金이고 교회가 초자연적인 사명을 지녔다는 증거이다. 교회 안에서 예언적인 영靈은 끊기지 않는다. 옛 예언자들이 미래를 내다보면서 현재에 올바른 결단을 내리도록 경고한 것처럼 카리스마를 지닌 사람들은 교회 안에 늘 있다. 이로써 교회의 성인들에게서 일어났던 모든 예언들이 다 참으로 진실되고 참된 것은 아니다. 예컨대 파티마에서 일어났다는 태양의 기적과 관련하여 환시자의 미래 예언을 하느님에 의해 보장된 것으로 주장할 수는 없다. 환시자가 전한 미래에 대한 모든 전달이 보장된 것은 아니다. 오히려 미래와 관련한 이 과제는 훨씬 뒤에 가서야 알려졌다는 사실이 이를 말한다. 예컨대 회개하지 않으면 현재의 전쟁(1914~1918) 후 멀지 않아 새로운 전쟁이 일어날 것이며, 그것도 현 교황 비오 11세 아래서라는 예언은 전쟁 전에 주어진 것이었으나, 루시아는 이를 비밀로 간직하다가 전쟁중에 비로소 공개하였다.[43]

---

[41] VP, 28-30 참조. [42] VP, 30 참조.

[43] VP, 105의 각주 135 참조: 1941년 이전에 발행된 파티마에 대한 책에는 이 사실이 나오지 않는다. 1946년 사람들이 루시아에게 "이 신비가 전쟁 전에 발표되지 않은 것은 유감이 아닙니까" 물었을 때, 루시아는 "아니지요. 사랑하는 하느님께서 나 같은 사람을 온 세계에 예언자로 세우고자 했다면, 그것이 정말 유감스러운 일이였겠지요. 그러나 그것은 어쩌

예언이 인간의 자유 공간을 상쇄시킬 수는 없다. 예언은 신적이면서 인간의 구원을 위한 것으로서 모험적인 신앙 안에 주어진 자유 결단의 은총을 빼앗지는 않는다. 예언은 인간의 역사에 나타난 위험을 교묘하게 피하며 평안한 지상의 삶을 마련해 주기 위해 일어나는 것일 수 없다. 그리스도로부터 십자가를 벗기려는 예언은 설사 그것이 하느님으로부터 온 것이라 해도 참일 수 없다. 그것은 예언에 대한 오해일 뿐이다.[44]

하느님이 일으키신 예언은 어두운 역사라 해도 역사의 주님인 살아 계신 하느님을 제시한다. 예언은 현세의 역사와 그 안에 나타난 절망과 좌절이 역사의 주님인 하느님의 섭리의 계획에 들어 있다는 것을 배제하지 않는다. 그분은 우리의 약함 가운데서 승리하고자 하시기 때문이다. 예언은 세계 내의 낙관주의에 대해 경고하고, 행복과 모든 복락의 나라를 이 세상에 건설·실현시키려는 진보주의의 망상과 유토피아적 기도企圖를 경고한다. 이때문에 예언은 항상 어두운 미래를 선포한다. 참된 예언은 우리에게 보속, 회개, 기도, 그리스도의 승리에 대한 신뢰, 하느님의 영원한 희망에로 경고하고자 한다.[45]

그리스도 이후 예언은 성서 예언의 범위 안에서 이루어져야 한다. "예언은 성서가 말하는 미래의 전망이나 미래의 해석을 넘어 어떤 새로운 것에 대해서 이야기하는 것이 아니다. 우리 시대와 관련해서 주어진 명령으로서 이미 성서에 나온 일반적인 미래신학이나 역사신학에 기인한 것이다. 예언의 고유한 의미는 항상 신비로 남아 있고 위협적이고 완전히 죽음의 상태에 빠지는, 그러면서도 신앙과 사랑하는 이에게는 구원이 가득 찬 미래에 대해서 어떤 태도를 취

면 그분의 의도가 아니었을 것입니다. …"고 말했다. 하느님께서 확실히 온 세계에 관련된 일을 한 인간에게만 계시하시고, 이를 그 일이 이루어질 때까지 비밀을 지키도록 한 것을 어떻게 이해해야 할까? 또 신심예배에 대한 사명이 그처럼 엄하게 비밀중에 이루어진 것임에도 불구하고 이를 따라야 한다면 이 사명을 어떻게 생각해야 할까? 하느님은 자기의 위임이 이루어지기를 원하시기에 25년 동안의 이 유예기간을 주신 것인가?

김남수 주교는 1984년 5월 20일자 「가톨릭신문」에 상주 데레사가 라틴어를 말한 것을 1984년 교황의 한국 방문과 연관시켜 해석하고, 이를 들어 그녀를 성녀처럼 칭송한 바 있다. 그리고 황 데레사도 자기가 전에 예언한 것이 이루어졌다고 주장한다. 무엇이 문제인가? 이 항목의 관심사이다.

[44] VP, 105.   [45] VP, 106.

해야 할지 그 올바른 자세에 대한 명령이다."[46]

1고린 13,9를 보면 예언은 미래의 불완전한 것을 포괄하는 힘인 사랑의 한 단편이다. 사랑만이 하느님의 손에서부터 하느님의 지혜와 사랑의 선물로서 미래를 취할 수 있기 때문이다. 그리스도 왕국에는 항상 바른 예언자와 거짓 예언자가 있게 될 것이다(마태 10,4). 그러므로 거짓 예언자를 조심도 해야 되지만 영靈을 꺼려 해서도 안된다. 좋은 것을 보지保持하고 있는 모든 것을 시험해야 한다(1데살 5,19-21). 그러나 모든 예언에 대한 좋은 것이 주어지는 것은 "그 예언이 신앙적이며 모험적인 결단의 진지함을 우리 안에 일깨워줄 때, 이 세상이 악에 차 있다는 것을 분명히 해 줄 때, 끈기있는 참을성을 일깨울 때, 우리가 이 세상에서 아직 비탄에 젖어 있다 해도 하느님이 이미 승리하셨다는 신앙을 일깨울 때, 아직 드러나지 않은 미래의 주님이기도 한 그 한 분 주님에 대한 신뢰로써 우리를 채울 때, 우리를 마음의 기도와 회개로 인도하고 그 무엇도 우리를 그리스도의 사랑에서 떼어놓을 수 없다는 신뢰로 인도할 때이다."[47]

예언은 아직 일어나지 않은 미래에 관한 사건을 미리 알려주는 일이 아니라 미래가 지나간 삶의 사실인 현재에 해명되는 것을 말한다. 예언은 방향제시적 의미를 가지고 있으며 예언을 통해 계시가 역사적 사실임이 드러난다. 그리고 계시는 종말론과 육화의 뜻을 가지고 있다는 것을 우리는 앞에서 살펴본 바 있다. 예언에 이런 계시가 표현된다. 왜냐하면 이들 현현은 미래를 제시하고 단어의 의미에서 종말론적 성격을 가지고 있으며 동시에 현재의 성격을 가지고 있기 때문이다. 미래가 지금 현재 안에 진행되고 있다. 현현 구조의 이런 이중 성격이 예언의 현상 안에 있다.

예수의 복음을 보면 하느님 나라는 이미 시작되었으나 아직 여전히 미래를 향해 열려 있는 것으로 선포되고 있다. 그렇기 때문에 이 복음은 예언적 성격을 띠고 있다고 할 수 있다. 예수의 현현도 예언의 행위이다. 왜냐하면 예수는 미래의 것을 내다보면서 인간을 회개시키고자 하지만 동시에 스스로가(현재의 그

---

[46] VP, 106.   [47] VP, 107.

몸이) 회개의 총체 개념이기 때문이다. 예수의 가르침과 행위에 나타난 미래와 현재의 일치가 계시현상에 나타난다. 이런 의미에서 예수는 예언의 역사의 모든 계시의 총체 개념이다.

2.4. 기적에 대한 태도

예언적 환시에 근거를 댈 수 있는 유일한 기준은 엄격한 의미에서(물리적 또는 도덕적) 기적이다. 환시를 인증認證으로 내세워 다른 사람에게 환시자로 들어올리는 요구들과 메시지들은 기적을 통하여 그 신적 원천과 구속력 있는 정당성을 제시한다. 그러나 이 요구들과 메시지는 일반 계시처럼 하느님의 신앙에로 구속력을 가하지 않는다. 그러므로 환시를 부인하는 것이 하느님의 은총을 거부하는 것은 아니다. 오히려 검증하지도 않은 채 믿는 것을 조심하도록 해야 한다.[48] 인간의 호기심을 불러일으켜 자기가 받은 계시(?)의 옳고 그름을 위한

---

[48] VP, 82 이하 참조: 예컨대 황 데레사의 신변에 일어난 이상한 일들, 성수가 포도주로 변하고, 배우지도 않은 라틴어를(magna gloria erit in corea) 정확하게 말할 수 있는 그런 기적은 일어날 수도 있다. 그러나 그런 가능성이 있다 하여 그것이 다 하느님으로부터 온 것은 아니다. 당시 이 라틴어가 들어 있는 황 데레사의 말을 받아적은 김승훈 신부의 모친의 증언에 따르면 그 라틴어 구절은 누군가가 써준 것이고, 황 데레사는 이를 기억하기 위해 상당히 오랫동안 외웠던 것으로, 그리고 그 내막은 김 주교도 잘 알고 있는 것으로 되어 있다(『빛두레』 101호). 필자는 여기서 그 진위를 따지고 싶지는 않다. 그러나 계시를 옳게 이해했다면 우리는 곧 김 주교가 확신하는 것처럼 하느님은 배우지도 않은 라틴어를 한 여인으로 하여금 발설하게 하는 그런 이상한 일을 통해 자기를 드러내고 또 믿거나 자기 일을 추진하는 그런 분이 아님도 알게 될 것이다. 하느님은 우리 한국인에게는 한국어로 말을 건네어 오신다. 우리가 모르는 라틴어나 그리스어 그리고 기타 이상한 언어가 하느님의 언어, 하느님의 소리일 수는 없다. 기적이 구속력을 지닐 수는 없으며, 더군다나 이를 검증도 않은 채 그 위에 쉽게 수도원을 세운 것은 경솔한 일이다. 김 주교는 1993년 7월 25일부터 3회에 걸쳐 「평화신문」에 "상주 데레사와 나"라는 제하로 상주 데레사에 대한 쇄도하는 비판에 대해 답변하면서 수도원 설립과 관련해서 자신의 의사를 다음과 같이 밝히고 있다. "성청의 인준을 받고 이제 막 자라고 있는 남녀 수도회의 명예마저도 훼손되는 현실을 보고 당사자인 나로서 자초지종을 해명해야 하겠다는 책임을 느껴 이 글을 쓴다." 그러나 김 주교의 실수는 수도원을 설립한 데 있는 것이 아니라 미리내라는 聖地에 검증도 하지 않은 상주 데레사의 환시와 기적을 근거로 수도원을 설립하였다는 데에 있다. 더군다나 당시 대구교구 교구장인 서정길 주교는 수도원 설립에는 긍정적으로 동감하면서도 이를 상주 데레사와 관련시키는 것에는 부정적인 태도를 분명히 보였음에도 불구하고 로마 성청에 데레사의 묵시를 기적으로 보고하여 로마로부터 수도원 설립 인가를 받아내었다. 그 묵시라는 것이 소위 데레사 주변에서 일어난 환시 및 기적이다. 신도들을 사적 계시에 대한 잘못된 이해와 반신앙적 행위로부터 건져내어야 할 교회가 오히려 그런 사건에 휘말려들고 가세하게 된 대표적 예라고 하지 아니할 수 없다.

증명 자료로 이용하고자 하는 기적은 참다운 하느님에 대한 신앙에서 나온 것이라 할 수 없다.[49] 이때문에 예수는 신앙이 없는 곳에서는 기적을 일으키시지 않았다. 아니 일으킬 수 없었다고 성서는 표현하고 있다. 이에 필자가 「평화신문」에 게재한 글을 인용한다:[50]

> 초자연적 현상이라 하여 다 기적이고 사적 계시인 것은 아니다. 흔히 자신이 하느님으로부터 계시나 환시의 특은을 받은 것으로 생각하나 실상은 자기 기만이나 믿을 만한 것이 못되는 경우가 있다. 인간은 헛것을 볼 수도 있고 또 자기의 말을 하느님의 말씀인 양 착각할 수도 있다. 심리적 암시나 텔레파시, 기타 초자연적인 것이 아닌 어떤 것, 심지어 감정의 충동이 하느님의 계시로 오해될 수 있다. 〔중략〕
>
> 그리스도교는 기적이 아니라 신앙 위에 세워졌다. 예수가 살아 있는 동안에 빵을 많게 하고, 병자를 낫게 하고, 소경을 보게 하고, 심지어는 죽은 자를 다시 살리기까지 하신 그 기적들은 우리의 신앙을 위해서였다. 그때문에 그는 신앙이 없는 곳에서는 기적을 행하지 않으셨다. 그곳에서 기적은 그 의미와 기능을 상실하였던 것이다. 신앙이 기적의 전제조건이라는 것은 성서의 곳곳에서 발견된다: "네 믿음이 너를 살렸다. 병이 나았으니 안심하고 가라"(마르 55.34). "걱정하지 말고 믿기만 하여라." "여인아, 참으로 네 믿음이 장하다. 네 소원이 이루어질 것이다"(마태 9.22). "믿는 사람에게는 안되는 일이 없다"(마르 9.23). "가 보아라, 네가 믿는 대로 될 것이다"(마태 8.12). 그렇기에 예수는 단순히 기적을 바라며 이를 요구하는 사람들을 단호히 거부하신다(마르 8.11-13). 십자가의 처형 장면에서도 우리는 예수가 기적을 강력하게 거부하신 것을 볼 수 있다: "남을 살리면서 자기는 살리지 못하는구나. 어디 이스라엘의 왕 그리스도가 지금 십자가에서 내려와 보자. 그렇게 한다면 우린들 안 믿을 수 있겠느냐?"(마르 15.32). 그러나 예수는 십자가에서 뛰어내리지 않으셨다. 오히려 함께 십자가에 달린 자의 이런 모욕을 침묵으로 참아받

---

[49] 상주 데레사의 기적에서 우리는 하느님에 대한 신앙보다는 기적을 통해 자기의 인간적인 일을 정당화하려는 면을 더 보게 된다.

[50] 이제민, 下.

으셨다. 그리고 죽었다. 소위 사람들이 바라는 그런 기적은 일어나지 않았다. 그에게 중요한 것은 신앙이었다. 그러기에 예수는 부활하여 요한에게 나타나 "보지 않고 믿는 자는 복이 있다"(요한 20.29)며 신앙을 또다시 강조하신다. 그리고 마태오 복음에서는 종말에 '거짓 그리스도와 거짓 예언자들이 나타나서 어떻게 해서라도 뽑힌 사람들마저 속이려는 큰 기적과 이상한 일들을 보여줄 것이다. … 그러나 너희는 믿지 말아라"(마태 24.24-27) 하고 경고한다. 그렇다. 십자가와 부활은 우리의 호기심을 조장하는 기적을 거부하고, 기적을 바라는 인간의 호기심을 거부하고, 참된 신앙을 불어넣어 주었다. 우리의 구원에 필요한 것은 기적이 아니라 신앙이다. 우리는 신앙의 눈으로 세계를 바라보고, 온 우주를 대하고, 인간을 만나야 한다. 그때에 우리는 우리 주변에서 일어나고 있는 온갖 일상의 일들이, 만물의 소생이, 우리가 태어나고 늙고 죽는 것이 다 기적임을 알게 될 것이다. 그리고 그것이 인간이든 동물이든 또는 뭇인간들에게 짓밟히는 길가의 한 포기 풀이든, 서로 존중하며 사랑하게 될 것이다. 이 모든 것은 기적을 바라는 마음이 아니라 신앙 안에서 가능한 것이다. 신앙 안에서는 모두가 기적이고 모두가 은총이다. 십자가의 기적에 온 세상의 구원이 달려 있다는 것이 비신앙인에게는 어리석게 보일는지 모르지만 신앙인에게는 크나큰 은총으로 다가오고 있는 것도 이때문이다.

그런데 우리는 신앙 대신 예수가 원치 않는 기적을 원하고 있는 것은 아닌가? 예수가 십자가에서 뛰어내리기만을 바라고 있는 것은 아닌가? 그래서 궁극적으로는 그의 십자가와 부활을, 우리 신앙의 근본을 부정하고 있는 것은 아닌가? "어찌하여 이 세대가 표징만을 찾는가?"(마르 8.13). 예수의 이 한탄을 우리는 마음에 새겨야 할 것이다. 그리스도교는 기적이 아니라 예수 그리스도에 대한 신앙 위에 세워졌다는 것을 명심해야 할 것이다. 지금 우리 한국 교회가 절실히 필요로 하는 것이 있다면 그것은 기적이 아니라 신앙이다. 물질만능으로 치닫고 있는 이 사회를 구원으로 이끌 수 있는 것은 기적이 아니라 신앙이다. 교회가 신앙을 잃고 기적만을 구할 때 교회 역시 다른 사회단체와 마찬가지로 "제일"과 "최고"만을 추구하는 속된 단체로, 현실을 외면하고 요행만을 바라는 집단으로, 그래서 부패하고 타락한 영리단체로 변질되고 말 것이다. 우리가 걱정하고 있는 점은 바로 이 점이다.

여기에 또 십자가의 성 요한의 말과 행동이 우리에게 예언적 메시지를 던져준다. 신앙과 기적에 대한 그의 이해는 현대 그리스도인들에게 크게 시사하는 바가 있다. 탈혼과 환시를 체험하고 또 성흔까지 받았다고 하는 어느 수녀 이야기를 듣고 요한은 이렇게 말한다. "나는 그 수녀를 만나보지도 않았고 또 만나볼 의향도 없습니다. 내 믿음이 그를 만나봄으로써 조금이라도 커질 것이라고 생각했다면 나는 평소 내 신앙에 대해 그렇게 많은 생각을 하지 않았을 것입니다." 요한의 신앙은 황홀경이나 환시 같은 데에 의존하지 않고 순전히 하느님께 대한 신뢰로 다져져 있었던 것이다.

위의 십자가의 성 요한의 말씀은 죄인들이 지옥에서 예언자를 그들의 부모·친척·형제들에게 보내어 이 지옥의 상황을 알려주고 그들이 이곳에 오는 것을 방지해 달라고 부탁했을 때 예수가 그들에게 한 충고를 상기시킨다. 그들이 예언자들의 말을 믿지 않았는데 어떤 기적이 나타난들 믿겠느냐? 또 설사 믿는다 해도 그 기적이 사라지면 또 신앙을 버릴 것이 아닌가? 어떻게 보면 그들이 지금 지옥에 있는 것은 그들의 삶이 신앙 위에 세워지지 않았기 때문이 아닌가?

* * *

사적 계시와 관련한 것으로 당면한 문제는 사적 계시가 가능하느냐 그렇지 않느냐보다 그런 현상 앞에 취하는 인간들(그리고 환시자)의 태도에 있다. 성서와 그 이후의 교회 전통에 비추어볼 때 환시자는 계시 자체에 대해서 이상하게 생각하지 않았으며 그에 대한 그들의 태도는 즉시 하느님에 대한 신앙으로 이어졌다. 그들은 계시와 함께 일어난 기적의 현상에 정지하여 머물러 있지 않고 그를 통해 하느님께 대한 신앙으로 정진하였으며, 신앙 가운데 하느님이 그런 일을 그들에게 명령하고자 한 메시지를 알아들으려 하였다. 그렇기에 그들은 사람들에게 환시 자체를 믿지 말라고 당부하기까지 하였다. 그런데 지금 우리 주변에서 환시와 기적 및 예언을 두고 일어나는 일을 보면 신앙보다는 환시와 예언에 더 관심을 보이고 그것이 하느님으로부터 온 것인지 검증도 하지 않고 그것들을 하느님의 계시인 양 사람들에게 홍보하는 일에 더 집착하고 있음을 보게 된다. 물론 사적 계시를 대하는 우리는 그것이 사기다 또는 조작이다 하며 섣불리 판단할 필요는 없다. 환시자들은 자신에게 일어난 일에 겸손해야 한다. 아무리 환시가 (그것이 신비적 환시든 예언적 환시든) 그 자체로 참된 것으로 인정될 수 있다 해도 환시에 대해 입장을 밝히고, 환시에 대해 반성할 때 또다시 그르칠 수 있다는 점도 잊지 말아야 한다. 중요한 것은 신앙이다. 열심과 주관적 성실이 환시를 참된 것으로 논하게 할 수 있는 필연적 전제들이긴 하나 그것이 곧 그 환시의 진실성을 증명하는 것은 아니다. 왜냐하면 열심과 성실이 오류에 대한 보호막은 아니기 때문이다. 너무 직감적이고 또 깨달음이 없이 열심에만 사로잡힌 사람들 중에는 다른 극단도 가능하다. 사적 계시가 하나의 영적으로 센세이션에 대한 욕구를 만족시키기 위해 악용되는 곳에서는 사적 계시가 옳게 이해될 수 없다.

사적 계시의 내용은 믿을 도리가 아니다. 교회로부터 거부될 수도 있다. 그러므로 사적 계시를 대하는 교회의 태도는 신중해야 한다.[51] 그릇된 신앙으로부터 신도들을 보호해야 할 교회가 스스로 혼란에 빠져들지 않도록 깨어 있어야 함은 물론이다. 만일 교회가 특정한 환시나 사적 계시를 검사하고 판단한 후 인간적으로 믿을 만한 것이라고 선언한다면(교회는 이 이상의 일은 하지 않는다) 이는 다만 그런 계시가 교회의 신앙에 반하지 않는다는 것을 의미할 뿐이다.

사적 계시들(예컨대 새 신심예배)이 영적 속임수로 나타나고, 값싸게 성인이 되거나 역사의 고통의 길을 공허한 행복으로 변화시킬 수 있는 방법을 나타내는

---

[51] 교회는 이를 그렇게 실행하였으며 앞으로도 그렇게 계속할 것이다. 교회는 항상 그래왔던 것처럼 실제로 최근에도 영을 검증하는 본연의 직무를 대단히 조심스럽게 그리고 냉철하게 수행하고 있다. 지난 수십년간에 일어난 여러 환시들 가운데는 우리가 알기로 파티마와 바뇌(Banneux), 보랭(Beauraing) 등 다만 세 개만 인정을 받았을 뿐이다(벨기에의 바뇌와 보랭에서는 1932년과 1931년에 발현이 있었다). 그 이전에 루르드에서도 발현이 있었다. 다른 많은 "발현들"에 있어서는 교구청과 교황청 신앙위원회에 의해, 엄밀히 말해 부정적이며 삼가는 결정이 따랐다. 또는 교회는 이에 대해 기다림과 인내심을 가지고 행동을 취하였다. 교회가 비판적이거나 유보적 행동을 취한 20세기의 발현은 수없이 많이 있었다. 이 중에 많은 발현들은 복사판처럼 비슷한 것이 많았다(태양의 기적, 발현의 반복 등). 이런 사기 앞에 망상에로 젖어서는 안된다. 1926년부터 발현했다는 라포크(Rafok)의 마리아 발현은 조작이었고 필리핀 리빠(Lipa)의 발현은 의식적으로 조작한 사기극이었다.

것으로 여겨지는 곳, 또는 영적인 전全 삶의 내용이 우리가 주로 살아야 하는 그리스도교 진리가 관찰된 세계와 비교해서 속박하고 옹색한(설사 그것이 참되다 하더라도) 계시로 축소시켜 조이며 맴돌고 있는 곳, 그런 곳에서는 분명히 계시들을 잘못 이해하였고 사용하였다. 인간이 사적 계시를 통해 그리스도교를 실제로 파악할 수 있는 첫번째 관문을 발견한다면(이는 종종 일어난다) 사적 계시의 조그만 관문은 칭송받아야 한다. 그러나 다른 한편 사람들은 조그만 문에 머물러 있어서는 안되고 또 사람들에게 그 조그만 문을 통과하기를 강조해서도 안된다. 예수는 "너희 하느님이 완전하신 것처럼 너희도 완전한자 되어라" 하시면서 우리가 큰 사람이 되기를 원하셨다. 신앙인은 통이 큰 사람이다. 그러므로 예언이다, 환시다 하며 사람들을 그런 좁은 현상의 울 안에 가두려 하는 것은 신앙인의 자세가 아니다. 우리 모두가 마음을 써야 하는 신심예배도 아직은 전체 그리스도교가 아니다. 하늘이 환시를 통해 이 신심예배를 추진한다 하여 그것이 곧 전체 그리스도교를 의미하는 것은 아니다. 만일 하느님이 다양한 방식으로 우리에게로 말을 건넨다면 가장 중요한 지시가 바로 환시를 통해서만 일어난다는 것은 선험적으로 있을 수 없다. 가장 중요한 지시는 오히려 이미 복음 안에 들어 있고 교회의 가장 일상적인 선포 안에서 교회의 입술로 말해지고 있다. 그리고 — 때때로 적어도 — 하느님의 영은 교회의 여러 신학과 여러 "운동"들이 환시들에 기인한 것이 아니라 하더라도 이들 안에서 활동하신다.

  계시와 발현을 진정으로 사랑하는 사람들은 그리스도께서 가난한 이들과 어려움에 시달리는 사람들 안에서 가장 확실하게 "나타나신다"는 것을 잊지 말아야 할 것이다. 그 예를 우리는 무엇보다도 마태오 복음의 최후심판 장면(마태 25,31 이하)에서 만나게 된다. 그리스도는 우리 주변의 가장 가난한 자들에게 가장 확실하게 나타나는 것이다. 우리 주변의 이런 가난한 이들과 가장 비참한 십자가에서 하느님의 계시를 보지 못할 때, 우리는 그 어느 곳에서도 하느님을 체험하지 못하게 될 것이다. 그럴 때 우리는 소위 이상한 일로 계시를 대신하려는 잘못을 범하게 되는 것이다. 십자가는 참 은사이며, 사랑은 가장 고귀한 카리스마이다.

⑨
성체와 예수 성심에 대한 올바른 공경

1. 서론: 신심에 대한 올바른 이해

성체와 예수 성심에 대한 신심은 교회의 신심 역사 안에 자리잡고 있다. 교회와 교회 신심은 과거, 현재를 통틀어 늘 변천하도록 되어 있다. 교회는, 과거의 인물이 영원한 하느님과 예수 그리스도를 과거의 어느 한 시점에서 체험한 대로 모든 인간이 체험할 수만은 없다는 것을 잘 알고 있다. 시대의 변화에 따라 하느님과 예수님에 대한 체험도 변화한다. 성체 신심과 예수 성심의 신심도 이런 차원에서 이해된다. 우리는 신심을 역사 안에서 받아들여야 하며, 이것이 또 예수님께서 원하신 것이라는 점을 잊어서는 안된다. 교회가 늘 변화하고 쇄신해야 한다는 사실을 잊고 교회를 과거 역사의 한 시점이나 교의에 묶어두려는 사람은 성체와 예수 성심에 대한 신심도 그르칠 수 있다. 교회의 역사와 운명에 영향을 끼치는 사건들이 교회 안에 항상 새롭게 일어나고 있다는 것을 간취해야 한다. 교회 안에는 인간의 이성으로는 파악할 수 없는 성령의 놀랍고 새로운 일을 알리는 사건들이 늘 일어나며 그런 가능성이 주어져 있다. 물론 새로운 가능성이 주어졌다는 것을 원초교회 이후 어느 특정한 시점에서 일어난 그리스도교적인 것의 전체를 특정짓는 사건들이 흔적도 없이 사라지게 된다는 것으로 오해해서는 안된다. 이는 교회의 전례를 보면 알 수 있다. 전례는 단순히 변화의 연속만이 아니다. 항상 새로운 형태로 주어졌지만, 거기에는 늘 종전의 역사적인 형태의 원초적인 본질이 보존되어 있다. 전례를 거행하는 교회는 과거의 역사를 없었던 것으로 간단히 외면하거나 잊을 수 없다. 지금의 교회는 과거에 이미 형성

된 교회이다. 교회는 과거 자기의 역사에서 경험한 것으로부터 행동한다.[1]

교회가 항상 젊다는 것도 이때문이다. 새로움의 가능성을 지닌 교회는 늘 젊을 수밖에 없다. 마치 성숙한 인간이 항상 젊게 보이는 것과 같다. 성숙한 인간은 어린이의 티를 벗고 점점 늙어가는 존재가 아니라 자기의 마음 안에 간직된 어린이를 새롭게 사는 인간이다. 어린이의 마음을 잃은 자는 성숙한 인간이 될 수 없다. 이런 의미에서 사막의 교부들의 정신과 그들이 체험한 영성은 먼 과거의 인물 이야기가 아니라, 오늘을 사는 우리에게도 여전히 의미심장한 것이다.

신심은 역사적 차원 외에 사회적인 차원을 지녀왔다. 이것은 세상과 대화를 끊고는 하느님을 체험할 수 없다는 것을 시사해 준다. 하느님에 대한 신앙에서 나오는 신심은 현실감을 가지고 있다. 하느님이 현실적이기 때문이다. 이는 신비에 대한 이해에서 분명해진다. 신비가들이 "처음으로 하느님을 만난 것은 계시나 환시 속에서가 아니라 그들의 삶 깊은 곳에서, 그들 자신의 체험을 통해서였다."[2] 성인들의 내적 생활은 그들을 세상 사람들과 사건들에 관련맺게 한다.[3]

만일 신앙이 현실의 극적인 상황을 제쳐두고 자기의 내부 질서에만 머물러 버린다면 그리스도교가 역사적으로 간직해 온 신뢰성과 사회의 중요성을 상실하게 되는 위험에 처하게 된다. 그리스도교는 자기의 신앙이 가난한 이들의 삶, 그들의 하느님에 대한 신뢰심과 그들에 대한 하느님의 신뢰심에 근거하고 있다는 것을 알고 있다. 그것은 그리스도교의 생명력이다.

신앙인은 세상을 느낀다. 세상의 속삭임, 시대의 아픈 소리, 현실 돌아가는 소리를 듣는다. 그는 별들의 속삭임을 듣는가 하면 창녀의 순결을 듣는다. 죄인의 거룩한 음성을 듣는다. 예언자의 목소리는 현실의 사랑에서 나오는 외침이다.

성체와 예수 성심에 대한 신심은 그런 신앙의 현실감에서 이해된다. 신심은 우리를 신앙에 가장 가까이 나가게 할 수도 있지만 동시에 현실감을 잃어버리

---

[1] K. Rahner, "Herz-Jesu-Verehrung heute", *Schriften zur Theologie*(이하 *S.Th*), XVI (Einsiedeln: Benziger, 1984), 305-20 참조.

[2] 매리 앤 파툴라, 『시에나의 성녀 가타리나의 가르침』, 성 도미니꼬 선교수녀원 역(분도출판사, 1997), 9.

[3] 같은 책, 14 이하 참조.

는 데서 우리를 가장 그릇된 신심으로 빠지게 할 수도 있다.

　복음화와 선교를 그리스도교의 외곽을 팽창시키고 그리스도인의 수를 늘리는 작업으로 생각하며 성곽을 튼튼히 방어하는 것처럼 생각하는 시대는 지났다. 성곽 안의 자기의 신도들이 그리스도의 정신에 따라 인간에게 봉사하며 올바로 신앙을 실천하는지에 대하여 걱정하면서 이들만이 아니라 성곽 밖의 소리에 귀를 기울이는 것도 선교의 사명이다. 복음화와 선교는 교회가 인간을 위하여 봉사하고 있다는 것을 실천으로 나타내 보이는 행위이다. 이런 일에 소홀히함으로써 많은 사람들이 광신과 그릇된 신심에 빠지게 된다.

　신심이 없는 광신자는 하느님의 소리를 듣느라 세상의 소리를 놓친다. 그는 시대의 소리에 귀를 막고 현실을 외면한다. 신앙과 광신, 올바른 신심과 그릇된 신심을 구별하는 것은 교회의 사명이다. 이런 면에서 교회가 시대의 요청에 민감한 소리를 신심 없는 반교회적 소리로 비판하면서도 교회 밖의 사이비 종교에서나 찾아볼 수 있는 그릇된 신심에 대해서는 자기의 울타리 안에서 일어나는 일이라 감싸며 방관 내지 조장하는 것은 직무유기다. 상주의 데레사와 나주의 율리아 문제는 올바른 신심을 전달하지 못한 교회의 문제이다. 이에 성체와 예수 성심을 묵상하면서 그리스도교의 신심을 반성하고자 한다.

2. 성체 신심

2.1. 성체 신심과 현실체험

1) 성체와 관련해서 가톨릭 신자들이 제일 먼저 머리에 떠올리는 것은 미사 때 받아 모시는 축성된 조그마한 빵이다. 신도들은 성체를 받아 모시면서 그 안에 살아 계시는 예수님과 일치하고 싶어한다. 성체를 모시는 것은 그리스도의 일생을 마음에 받아 모시는 것이다. 강생에서부터 십자가 사건에 이른 그분의 역사를 마음에 받아 모시는 것이다. 그 다음으로 성체와 관련해서 가톨릭 신자들

이 머리에 떠올리는 것은 성체조배이다. 감실 앞에 꿇어 그 안에 모셔진 성체께 조배하며 신심을 발한다. 여기서도 조배는 그분의 일생에 대한 조배이다. 성체는 빵 이상이다. 성체는 우리와 함께 사신 그리스도의 몸이다.

성체를 모시거나 성체께 조배를 할 때에 신도들은 감실 속의 빵만을 쳐다보는 것이 아니라 그분의 일생을 묵상한다. 남을 위하여 십자가에 죽고 부활한 그리스도를 묵상한다. 그리고 그분의 삶을 묵상하면서 그분처럼 살리라고 다짐한다. 그분은 우리의 관조의 대상이 아니다. 그분은 우리가 그분처럼 삶을 살 때 만날 수 있는 분이다.

성체께 대한 신심이 실제 삶으로 옮겨지지 않고 묵상에 머물러 버릴 때에 문제가 생긴다. 십자가에 이르기까지의 그리스도의 일생은 그리스도인의 마음을 움직여 감상에 젖게 하는 마음만의 동참을 일으키기 위한 관상용(觀賞用)이 아니다. 현실과 일상을 떠나서는 감실 안에 현존하시는 그분의 고통에 동참할 수 없다. 관상(觀想)과 현실의 삶을 연결시키는 데서 참다운 신심이 나온다.

2) 예수님께서는 우리가 일상에서 만나는 굶주리는 이, 헐벗은 이 등을 지나쳐서는 자신을 만날 수 없다고 주장하신다(마태 25,31-46). 최후의 심판 때 그리스도는 모든 민족들을 모아 목자가 양과 염소를 오른편과 왼편으로 갈라놓듯이 갈라놓고는 오른편에 있는 사람들에게 "너희는 내가 굶주렸을 때 먹을 것을 주었고, 목말랐을 때 마실 것을 주었고, 나그네 되었을 때에 나를 맞아들였고 헐벗었을 때에는 내게 입혀주었다. 병들었을 때에 나를 돌보아 주었고, 감옥에 갇혔을 때에 내게로 와주었다"며 천국을 차지하라고 말씀하신다. 그러면 그들은 그분께 대답하여 이렇게 말한다. "주님, 저희가 언제 주님께서 굶주린 것을 보고 잡수시게 해드렸으며, 목마르신 것을 보고 마시게 해드렸습니까? 저희가 언제 주님께서 나그네 되신 것을 보고 맞아들였으며, 헐벗으신 것을 보고 입혀드렸습니까? 저희가 언제 주님께서 병드셨거나 감옥에 갇히신 것을 보고 주님을 찾아갔습니까?" 그러면 그분은 "너희가 이 지극히 작은 내 형제들 가운데 하나에게 해준 것이 곧 나에게 해준 것이다" 하고 대답하실 것이다. 이는 이 가련

한 사람들에 대한 체험이 곧 그리스도에 대한 체험임을 말해준다. 이들을 지나쳐서는 그리스도를 만날 수 없다. 그리스도는 이들을 통해 체험된다. 이것은 그리스도가 왼편에 있는 사람들에게도 말한 것으로 입증된다. 그분은 그들에게 말씀하신다. "저주받은 자들아, 내게서 떠나 악마와 그 심부름꾼들을 위해서 마련된 영원한 불속으로 가라. 사실 너희는 내가 굶주렸을 때에 내게 먹을 것을 주지 않았고, 내가 목말랐을 때에 내게 마시게 해주지 않았다. 나그네 되었을 때에 나를 맞아들이지 않았고, 헐벗었을 때에 내게 입혀주지 않았다. 병들고 감옥에 갇혔을 때에 나를 찾아오지 않았다."

이 얼마나 섭섭한 말씀인가? 그들은 어쩌면 온 생을 바쳐 그리스도를 추구하고 기도하고 사모하던 사람들이었을지도, 어쩌면 매일 성체 앞에 앉아 때로는 밤샘을 하면서 그분을 관조하고 그분의 십자가를 바라보며 연일 눈물을 흘리고 마음 아파하던 사람들이었을지도, 베드로처럼 그분을 배반하지 않으리라고 고백하고 주님이 어디를 가시든지 끝까지 따라가겠다고 큰소리치던 사람들이었을지도 모른다. 그런데 주님께서는 그들이 자기를 찾지 않았으니 지옥에 가라는 것이다. 그들은 섭섭하여 항의조로 주님께 대든다. "주님, 저희가 언제 주님께서 굶주리시거나 목마르시거나 나그네 되시거나 헐벗으시거나 병드시거나 감옥에 갇히신 것을 보고도 주님께 시중들지 않았다는 말입니까?" 그러나 그리스도의 답변은 간단명료하다. "너희가 이 지극히 작은 이들 가운데 하나에게 해주지 않은 것이 곧 나에게 해주지 않은 것이다." 그렇다. 그들은 주님을 관조만 하였다. 관조하기 위해 주님을 감실 안에 가두어 두고, 밤새도록 주님과 함께 있고자 감실을 떠날 줄을 몰랐다. 하지만 주님은 그들의 마음이 머문 그 쓸쓸한 감실이 아니라 가엾은 이들과 함께하고 계셨던 것이다. 가난한 이들, 헐벗고 굶주린 이들, 병들고 보살핌을 필요로 한 사람들, 그들이 주님이고 주님의 살아 있는 감실이었던 것이다.

착한 사마리아인의 비유도 예수님이 계시는 감실이 어디에 있는지, 우리가 밤샘하며 보살펴야 할 그리스도의 몸이 어디에 있는지, 어디서 인간들이 당신을 발견할 수 있는지를 일깨워준다(루가 10.29-37). 어떤 사람이 예루살렘에서 예리고로 내려가다가 강도를 만났다. 그들은 그가 가진 것을 모두 빼앗고 반쯤 죽여놓고 물러갔다. 제관도 레위인도 그를 보고 피해 지나갔지만 그와는 종교도 신분도 다른 어떤 사마리아인은 그를 보고 측은히 여겨 기름과 포도주를 부어 상처를 싸매주고 여인숙으로 데려가서 그를 돌보아주기를 부탁하였다.

예수를 만난 사람은 제사를 드리러 가는 사제나 레위인이 아니라 하느님도 예수님도 모르는 사마리아인이었다. 그리스도는 가련한 사람의 몸으로 우리에게 다가온다. 강도맞은 사람은 그리스도의 감실이었다.

살아 있는 성체조배는 살아 있는 인간들에 대한 조배에서 비롯한다. 성체조배하는 자는 조배하기 전에 스스로에게 물어야 한다. 나는 얼마나 내 주변의 인물들, 특히 가련한 사람들을 성체조배하듯이 대하는가? 세 명의 동방박사가 하느님을 만날 수 있었던 것도 길거리에 버려진 아기 예수에게 그들이 가진 가장 값진 것을 바치며 조배할 수 있었기 때문이다. 성체 신심의 근본은 자비의 실천에 있다. 그리스도의 몸은 거기서 만나게 된다. 신심은 성체 앞에 꿇어 주의 수난을 묵상하고 감동적인 마음을 일으키려는 것만이 아니라 일상의 행위와 일치해야 한다. 성체 신심을 가진 자는 주변의 소리를 외면하지 않는다. 그리고 현실을 예수님처럼 사랑하는 자는 성체 신심에 게으르지 않는다.

우리는 무엇 때문에 감실 앞에 꿇어 조배하는가? 무엇 때문에 그분의 일생을 묵상하려 하는가? 감실 안에 계신 성체, 그리스도의 몸에 대한 조배는 그분의 삶에 대한 묵상이다. 성체 앞에 밤새도록 앉아 그분의 고통을 감상적으로 묵상하는 것만이 조배의 목적일 수 없다. 이는 오히려 우리를 피곤하게 할 수도 있다. 주님은 감실 앞에 꿇어 밤샘을 하는 자보다 당신이 함께한 현실의 고통에 참여하는 자들로부터 더 큰 위로를 받는다.

2.2. 그리스도의 몸은 세상을 신뢰하는 몸이다

1) 신심은 하느님 — 그분과 그분이 하신 일 — 께 대한 신뢰에서 비롯된다. 올바른 신심을 발하기 위해 우리는 올바로 하느님을 신앙하는 인간이 되어야

한다. 신뢰는 하느님께서 세상을 창조하시면서 우리에게 보여주신 것이다. 그분은 세상을 창조하시고 "보니 좋더라" 하시며 당신의 피조물에게 신뢰와 만족을 표하셨다. 그리고 그분은 안식에 들어가셨다. 그분의 안식은 세상에 대한 그분의 신뢰의 표현이다. 신뢰하셨기에 자연의 발전에 사사건건 간섭하지 않으시고 편안히 쉬실 수 있었던 것이다. 원조가 타락한 후에도 그분은 세상이 구원될 것을 신뢰하며 구세주를 보내주시기로 약속하셨다. 신심 있는 이는 하느님의 일과 안식을 신뢰하며 하느님처럼 세상을 대하는 인간이다.

2) 가장 신심이 깊으신 분은 예수님이셨다. 그는 신뢰하는 인간이었다. 그는 하느님께서 하시는 일에 죽기까지 신뢰하신 분이다. 그분은 우리 인간을 타락한 이 세상 밖으로 끄집어내기 위해 오신 것이 아니라 ― 그랬더라면 애써 가난한 몸으로 타락하고 못믿을 이 세상에 오실 필요가 없었을 것이다 ― 이 세상이 하느님의 사랑스런 창조물임을 신뢰하며 이를 일깨우고자 이 세상 안으로 들어오신 것이다. 그분의 강생은 이 세상에 대한 신뢰의 표현일 뿐 아니라 신뢰 그 자체였다. 마태오 복음사가는 이 사실을 이사야서를 원용하여 구세주께서 버려진 땅 즈불룬과 납달리, 호수로 가는 길, 요르단 강 건너편, 이방인의 갈릴래아에 오셔서 사셨다고 표현한다(마태 4,12-16). 보통사람 같아서는 "나자렛에서 무슨 신통한 것이 날 수 있겠는가?" 얕보면서 저주할 곳이지만, 그리스도께서는 바로 그런 곳에 강생하신 것이다. 그 어둠의 땅, 이방인의 땅에 하느님이 살아 계심을 신뢰하셨기 때문이다. 예수님과 함께 새로 탄생한 그리스도인은 몹쓸 땅, 몹쓸 인간을 "그럼에도" 신뢰하는 인간이며 "그러기에" 희망하고 사랑할 수 있는 인간이다. 갈릴래아를 출생지로 태어나신 그리스도의 몸, 성체는 우리에게 그런 신뢰와 희망과 사랑을 일깨워준 몸이다.

예수님께서 "하느님의 나라가 가까이 왔다"라고 복음을 선포하신 것도 이 세상과 세상의 사람들을 신뢰한다는 고백이었다. 좌절을 안겨주는 세상, 그리고 죄악으로 가득 찬 듯한 이 세상이 하느님 나라가 발견되는 세상이라는 것이다. 이 얼마나 세상에 대한 신뢰인가? 세상에 대한 그분의 신뢰는 "세상에 살 가치가 없다고 판단되는 사람들", 죄인, 세리, 창녀 등을 가까이하신 그의 행위에서 여실히 드러난다. 그분은 세상을 저주하시거나 떠나야 할 곳으로 단정짓기는커녕, 신뢰하고 사랑해야 할 장소로 보도록 하신 것이다. 원수 사랑, 죄인 사랑, 가난의 사랑이 그의 복음의 핵심이 되는 것도 이때문이다.

무엇보다도 십자가에 몸바친 그의 몸(성체)은 신뢰의 상징이었다. 십자가의 죽음은 하느님과 그분께서 사랑하시는 이 세상에 대한 신뢰가 없었더라면 불가능했을 것이다. 지나가던 사람들이 "당신이 그리스도라면 십자가에서 뛰어내리시오. 그러면 우린들 안 믿을 수 있겠소"(마르 15,32 참조)라며 뛰어내리기를 바랐지만 그분은 그곳에서 뛰어내릴 수 없었다. 하느님에 대한 신뢰가 끝까지 그를 십자가에 묶어놓은 것이다. 십자가에 달리신 몸은 세상과 인간 그리고 하느님을 죽도록 신뢰하신 몸 그 자체이다. 구원이란 그 신뢰에서 온다. 구원은 신뢰의 발견이다. 신뢰 없이는 결코 하느님 나라에 들어갈 수 없다.

3) 광신자들의 그릇된 신심에는 세상에 대한 신뢰를 찾아볼 수 없을 뿐더러, 오히려 현실과 내세를 구분하면서 현실을 부정하고, 현실을 불신과 불행의 장소로 규정하고 "떠나야 할 곳"이라는 생각이 작용하고 있다. 하느님께서 "보니 좋더라" 하신 그 세상, 예수님께서 "하느님 나라가 가까이 왔다"면서 하느님 나라가 체험될 수 있는 유일한 장소인 현세, 예수님께서 너무도 사랑하셔서 목숨까지 내어놓으신 이 세상과 그 십자가가 부정되고 있는 것이다. 그들은 그리스도의 몸이 달려 있는 십자가를 현실의 고통에서, 그리스도의 몸이 살아 계시는 감실을 세상 현실로부터 분리시켜 안치하고 그곳에서 밤샘을 하며 그리스도를 찾고자 한다. 때로는 기적을 요구한다. 십자가에서 뛰어내리는 그런 기적을. 그런 사람들은 다시 한번 앞서 예를 든 최후의 심판과 착한 사마리아인의 비유를 생각해야 할 것이다. 그리스도는 우리도 모르게 불쌍한 인간들, 강도맞은 인간들 마음 안에 와 계시다. 그곳에서 우리의 구원의 손길을 기다리신다. 성체 신심은 우리를 세상에로 안내하여 거기에 사는 수많은 사람들을 만나게 하며 이 만남을 통해 하느님을 만나게 한다.

나주의 율리아에게 세상은 신뢰할 만한 곳이 못된다. 그는 이런 현실 부정이 교회의 현실주의자로부터 박해를 받는다고 보면서 감실에만 기도하면 자기의 비현실적인 행위가 반드시 공적 승인을 받을 것이라고(『나주의 성모』, 110 참조) 기대한다. 이는 인간의 현실을 부정하고, 나아가 하느님이 인간의 현실 안에 거주하는 것을 부정하면서 종교를 현실도피적이고 개인 신심의 영역에 제한하는 위험한 발상이라 하지 않을 수 없다.[4] 인간은 기도만 하고 아무것도 하지 않아도 되는 것이 아니다. 감실 앞에 앉아 있는 우리의 모습이 현실을 떠난 인간의 모습이 아닌지 우리는 수시로 우리의 신심을 점검해야 한다. 현실을 떠나서 얻는 평온함은 고뇌에 차 피땀흘리는 그리스도의 얼굴이 아니다.

2.3. 그리스도의 몸은 자비의 몸이다

복음을 선포하고 가난한 이와 하나되고 남을 위해 십자가에서 자신을 내어주신 그 몸은 자비의 몸이다. 그분의 자비스런 몸은 가난한 이, 불쌍한 이, 죄인, 원수를 가리지 않고 인간과 연대하며 이들과 "한느낌"을 가지게 한다. 예수는 세리, 창녀, 죄인들, 남으로부터 버림받고 손가락질받는 이들에게 하느님 나라의 복음을 전하면서 이들과 "한느낌"을 가지셨을 뿐만 아니라, 이들과 같이 즐기고, 같이 울고, 같이 분노하면서 그들과 한 공동체를 이루셨다. 예수는 고통을 덜어달라는 이들, 소경(마태 9.27), 귀신들린 딸의 어머니(마태 15.22), 간질병 걸린 소년의 아버지(마르 9.22), 나병환자(루가 17.13)에게 "한느낌"을 가진다. 소경을 보게 하시고(마태 20.34), 나병환자를 낫게 하시고(마르 1.40 이하), 군중들을 먹이시고

---

[4] 나주의 율리아는 현실 부정을 벗어나 세상을 죄악시하면서 하느님의 이름으로 세상의 종말을 예고하기까지 한다. 예컨대 3차 전쟁이나(『나주의 성모』, 98, 103, 129 등) 천재지변 등을 들어 위협하기 있다. "하느님의 말씀에 따라 살지 않고 모든 자녀들이 나를 따라 주님께로 가지 않는다면 천재지변, 자원고갈, 전쟁, 전염병, 그리고 갖가지 공해 같은 재앙들이 끊이지 않고 계속될 수 있기에 너희들은 계속 기도하며 회개의 삶을 통하여 티없는 나의 성심에로 돌아와야 한다"(271). "주님의 말씀을 따르지 못하고 나의 사랑의 메시지를 따르지 못하니 지진, 홍수, 가뭄, 교통사고, 불, 기아, 질병, 대파괴, 갖가지 공해, 이상기후 등 … 이 모든 것이 … 경고인데도 깨어 있지 못하니 나의 가슴이 타다 못해 피눈물을 흘리는 것이다. … 교회와 교황을 위해 더욱 열심히 기도하자"(207, 235 참조).

(마르 6,34), 죽은 과부의 외아들을 살리시고(루가 7,13), 배고픈 사람들을 먹이셨다 (마태 15,3; 마르 8,2).[5]

 ·자비의 몸인 성체를 조배하는 이는 자신에게 물어야 한다. 나는 얼마나 자비의 인간인가? 나는 얼마나 내 주변의 불쌍한 사람들과 연대하고 있는가?

 예수에게 남은 단순히 남이 아니라, 자기발견의 장소(非―非二)이다. 남에게 자비를 베풀면서 인간은 자기 자신을 발견한다. 예수가 "남", 즉 죄인, 창녀, 세리, 원수들에게 자비를 베푸신다면 이는 도저히 "내"가 될 수 없는 남, 나와는 너무도 다른 남이랄 수밖에 없는 남, 내가 늘 차별을 두고 싶은 이런 인간들이 나를 발견하는 장소임을 강조하신 것이다. 한느낌, 한마음은 바로 자기발견을 위한 장소이다. 남의 고통이 단순히 남의 고통이 아니어서 그 남의 고통에 내가 아파하는 사이 인간은 자신을 발견하게 되는 것이다.

 성체 앞에 꿇어앉아 입버릇처럼 고백하고 기도하듯이 우리는 그분과 하나가 되고자 한다. 그분과 하나됨으로 우리 자신을 발견하고자 한다. 남에 대한 자비만이 우리를 그분과 하나되게 할 수 있다.

2.4. 그리스도의 몸 앞에서 기적을 바라는 것은 그리스도를 한없이 슬프게 하는 일이다

우리 주변에 성체조배를 하면서 기적을 바라는 이들이 늘어나고 있다. 이는 그리스도를 몹시 서운하게 하는 일일 수 있다. 왜냐하면 그리스도 자신이 자기 몸에 일어나는 어떤 기적도 부인하셨기 때문이다. 지나가던 사람들이 십자가에서 뛰어내리면 믿겠다며 온갖 수모를 주어도 참아받으며 기적 없이 십자가에서 죽은 몸이다. 이 예수의 몸에 어떤 기적을 바라는 것은 그리스도가 이제껏 고수해 온 십자가를 포기하기를 바라는 것과 같다. 그분께서 다시 태어나서 이승의 삶을 살다가 다시 십자가에 죽기를 바라기를 종용하는 것과 같다.[6] "그럼에도 불구하고" 세

---

[5] 이제민, "한국인을 위한 그리스도 — 화쟁론에서 본 그리스도", 『신학전망』 117, 45-8 참조.
[6] 십자가의 성 요한, 『갈멜의 산길』, 최민순 역(성바오로출판사, 1983²), 제2권 22, 5항.

상과 인류에 대한 신뢰로 인류를 위해 당신의 몸을 희생제물로 바치신 이 사건은 다시 번복될 수 없을 뿐더러 세상의 그 어떤 기적으로도 바꿀 수 없는 것이다.

이런 의미에서 나주의 율리아가 마리아의 피눈물에 이어 최근 유포하고 있는 성체 기적 등 시시때때로 만들어 내는 기이한 일을 우려하지 않을 수 없다. 죄 많은 사제가 드리는 미사중의 성체에 계실 수가 없어 성모님이 미카엘 천사를 시켜 그 사제의 손에서 성체를 빼앗아 율리아에게 가져다주었다느니, 성체가 하늘에서 떨어졌다느니 하는 것은 성체성사를 세우신 예수의 의도를 크게 그르치는 것이다.[7] 만일 예수님께서 그런 식으로 우리를 놀라게 하며 회개시키기를 원하셨다면 왜 처음부터 그런 방법을 사용하지 않으셨겠는가? 그런 식의 기이한 일은 그리스도교의 교리에 어긋난다. 그리스도께서 세우신 성체성사는 미사 중에 거행되기 때문이다. 이를 「전례헌장」은 "사제의 봉사를 통해 그리스도가 제시된다"(7-8항. 106항 참조)라고 분명히 말한다. 미사 없이 이루어지는 성체성사는 있을 수 없다는 것이다. 율리아의 기도방에 떨어진 성체 같은 조각은 성체가 아니다. 우리가 마음에 모시고 또 조배하는 그리스도의 몸이 미사중에 사용하기 위해 제의방에 준비해 놓은 밀떡이나 하늘에서 떨어뜨린 축성되지 아니한 물질일 수는 없다. 그런 것을 성체로 생각하며 조배하는 것은 성체께 대한 모독일 뿐이다. 몇몇 성직자들이, 그것도 고위 성직자라는 사람들이 율리아의 기도방에 떨어진 밀떡을 그리스도의 몸으로 믿어 흥분했다는 보도는 우리를 슬프게 만든다.[8] 그리스도교의 성체성사에 관한 근본 교리에 대한 그들의 무지無知와

---

[7] 본서. 163 이하 참조.

[8] 최근 율리아는 이 일을 "1997년 6월 12일에 일어난 일"이라는 비디오 테이프로 만들어 전국에 유포시켰다. 이 비디오는 "하늘에서 내려온 성체"를 입증하기 위한 것이다. 율리아는 고위 성직자와 몇 명의 신도들이 있는 자리에서 성체가 하늘에서 떨어지기에 앞으로 달려가 "앗" 소리지르면서 그것을 받았다고 하지만, 여기서도 미사는 거행되지 않았다. 그것은 그리스도의 몸(성체)이 아니라 밀떡일 뿐이다. 율리아는 이 일을 촬영하기 위해 카메라까지 미리 준비해 놓고 있었다. 이로 보아 이 일이 계획적으로 꾸민 조작임을 알 수 있다. 뿐만 아니라 이는 예수님을 카메라 앞이 아니면 기적을 행하지 않는 삼류 연예인 정도로 여기게 하는 것으로 예수님에 대한 일종의 모독이라 할 수 있다. 또한 성체가 아닌 밀떡 앞에 무릎을 꿇고 조배하는 행위는 물신(주물)숭배(fetishism)와 다를 바 없으며, 그 물건으로 강복을 준 행위는 교회의 성사를 무시하는 반성사적 행위이다.

신앙에 아연할 뿐이다. 우리가 마음에 모시고 조배하는 그리스도의 몸인 성체는 기적용품이 아니다. 우리는 예수님께서 그런 조잡한 수작으로 우리의 신심을 돋구고 세상을 변화시키리라고 믿지 않는다. 그분은 기적을 거부하고 십자가에서 돌아가신 분이 아니신가?

무엇보다도 그런 기이한 일이 율리아가 원하는 때면 언제 어디서나 일어난다는 것에 의심을 가지지 않을 수 없다. 교황대사가 오고, 고위 성직자나 자기가 점찍은 사람들이 오면 때와 장소를 가리지 않고 그런 일이 일어나는데, 그런 일이 일어난 것인가(예수님이 그런 기적을 일으키신 것인가?) 아니면 율리아가 일어나게 만든 일인가(율리아가 조작한 것인가?) 의심하지 않을 수 없는 것이다. 예수님이 율리아의 조종에 따라 움직이는 분이신가? 율리아가 예수님의 조종자인가?[9]

기적을 원하는 사람들은 그리스도의 몸의 거룩함만을 강조하다가 정작 그리스도께서 죄인을 위하여 이 세상에 오셨다는 것은 잊어버린다. 뿐만 아니라 성체를 죄인을 위하여 오신 그리스도의 몸으로 보기보다는 죄인과 성인을 갈라놓는 기준으로 보게 하고, 세상과 죄인을 미워하게 하는 마음을 유발시킨다. 성속 분리의 원칙에 입각하여 "거룩함"만을 강조하다 보니 성체를 인간이 아예 접근할 수 없는 것으로 만들어버린 것이다. 이는 예수님께서는 죄인을 위하여 세상에 오셨는데 마치 의인을 위해 오신 것처럼 잘못 생각하게 할 수도 있다. 예수님의 몸이 거룩한 것은 당신이 당신의 몸을 죄인을 위하여 내어놓으셨기 때문이다. 그런데 우리는 예수님의 이런 뜻을 아랑곳하지 않고 그분의 몸을 속과 구분시켜 거룩하게 만든 것은 아닌가? 그리고 죄인들이 아예 접근하지 못하도록 길을 막아버린 것은 아닌가? 그리스도는 온 인류를 위하여, 온 인류의 죄를 짊어지고 십자가의 고통을 받으셨다. 그분의 십자가 고통은 현실에 대한 끊임없는 신뢰의 표현이다. 그분의 고통에서 우리는 현실에 대한 그분의 사랑과 세상에 대한 하느님의 사랑을 읽을 수 있다.

---

[9] 위의 각주 8 참조.

3. 예수 성심 공경[10]

마음은 몸과 따로 떼어놓을 수 없다. 마음이 없는 몸, 몸 없는 마음은 있을 수 없다. 인간은 몸만도 마음만도 아니다. 성서적으로 볼 때도 육은 단순히 생물학적인 어떤 것이 아니다. 몸은 전체 인간을 나타내며 그런 의미에서 마음을 가지고 있다. 우리가 육을 체험한다면 살아 있는 육을 체험하는 것이다. 정신의 최고 인식도 육으로 하게 된다. 육이 없이는 정신적으로 인식할 수 없다. 육이 없이는 사고할 수도 깨달음에 도달할 수도 없다. 육신이 피곤하면 정신도 피곤하다. 사도신경에서 육의 부활을 이야기하는 것도 이때문이다. 여기에는 전인죠ㅅ의 구원이 이야기되고 있는 것이다.

예수의 몸은 예수의 마음 없이, 예수의 마음은 예수의 몸 없이 생각할 수 없다. 성체는 예수 성심의 구체적인 표현이며 예수 성심은 성체의 중심이다. 예수 성심의 체험은 성체의 체험이다. 세상을 신뢰하며 사랑하신 그리스도의 일생이 예수 성심 공경에 대한 핵심이다. 이를 예수 성심을 특별히 체험한 성녀 마르가리타Margarita Maria Alacoque와 그 이후 예수 성심 공경의 역사를 보면서 생각해 보고자 한다.

3.1. 예수 성심 공경의 역사적-사회적 의미

예수 성심에 대한 신심은 세계적으로 유포되어 있는 물질주의, 세속화 경향, 환경과 생태계가 커다란 위협을 받고 있는 현재에 의미를 준다. 물질의 풍요화, 세속화로 영혼과 육체의 건강이 죽음으로 위협을 받고 있는 상황에서 우리는 남아 있는 마지막 신앙의 힘으로 십자가에 못박힌 그리스도를 우리 자신의 운명으로 받아들이며 구원을 희망하게 된다.

예수 성심의 공경은 교회의 역사적인 의미와 관련하여 생각할 수 있다. 이 신심은 역사적인 사건이다. 예수 성심의 체험은 근세에 들어오면서 교회에 선

---

[10] K. Rahner, "Siehe dieses Herz", *S.Th*, III (Einsiedeln: Benziger, 1967), 379-90; "Einige Thesen zur Theologie der Herz-Jesu-Verehrung", *S.Th*, III, 391-415 참조.

사된 역사적 체험이다. 과거에 행한 그대로 지금도 신심을 발할 필요는 없다고 하지만(이 신심이 영구한 것은 아니다), 예수 성심 공경의 역사를 되돌아볼 때, 그리고 그 안에서 영성적이며 카리스마적인 체험이 활발하였음을 볼 때, 또한 예수 성심 공경과 그 전례에 대한 교회의 공식적인 선언을 진지하게 대한다면, 이 신심은 단순히 과거지사로만 돌릴 수 없는 것이다. 예수 성심 신심은 사회적 차원을 지니고 있다. 예수 성심에 대한 신심을 개인적으로만 그리고 내면적으로만 제한하고 사회의 절박한 실존적 물음은 뒷전으로 한다면 이는 그릇된 신심이다.

3.2. 마르가리타의 마음 체험

1) 예수의 마음에 대한 공경은 성녀 마르가리타와 깊은 관계를 가지고 있다. 성녀는 마음으로 무엇을 체험하였을까? 마르가리타는 예수의 마음을 체험하였다. 그 마음은 무엇일까? 모든 종교는 마음에 대해서 이야기하고 있다. 특별히 불교에서 마음은 종교심을 실천하는 데뿐만 아니라 진리를 체험하는 데 중요한 위치를 차지하고 있다. 이들에게 마음이 심장, 염통 이상임은 말할 필요도 없다. 모든 것의 중심, 모든 것의 핵심, 모든 것이 흘러나오고 흘러들어가는 곳이다. 마음을 체험한다는 것은 모든 것을 체험한다는 것이다. 인간의 마음을 체험한다는 것은 인간의 전부를 체험하는 것이다. 예컨대 한 인간의 마음이 따스하다는 것은 그의 인격이 따스하다는 것이고, 마음이 차갑다는 것은 그의 인격이 차갑다는 것이다. 그렇다면 마르가리타도 이들 종교인과 원효처럼 예수 성심을 체험함으로써 자신과 우주를, 그 마음을 깨달은 것일까?[11] 그에게 예수

---

[11] 원효의 득도 이야기를 보면 마음의 깨달음이 그 핵심을 이룬다. 원효는 마음을 깨달음으로써 무엇을 깨달은 것일까? 원효에게 마음은 정결과 부정, 성과 속, 같음과 다름의 이원이 발생하고 극복된 마음이었다. 원효는 마음의 체험으로 땅과 하늘의 같음과 다름, 온 우주와 자신을 체험하였다. 마르가리타가 예수의 마음으로 체험한 마음은 원효가 체험한 그 마음일까? 마르가리타의 인생은 원효와는 다르다. 마음이 가리키는 원초적인 체험은 같은 것인가? 원효는 자신과 우주가 만나는 곳, 이 신비를 一心, 空으로 불렀다. 마르가리타가 체험한 예수의 마음도 일심, 공일까? 어쨌든 마르가리타가 체험한 예수의 마음은 자신을 비운 곳, 십자가에 이르도록까지 자신을 비운 마음이다.

의 마음은 사물의 마음이고 온 우주의 마음이었을까? 깨달은 원효에게서처럼 마르가리타가 체험한 예수 성심을 우주와 인간의 모습으로 볼 수 있을까?

2) 성녀 마르가리타는 1647년 프랑스의 오탱 교구에서 태어났다. 파레 르 모니알Paray le Monial의 방문회 수녀원에 입회하였고, 예수 성심에 대한 신비체험을 하였다. 그리고 1690년에 세상을 떠났다. 성녀가 예수 성심을 체험한 시기는 세계의 세속화(국가, 사회, 경제, 학문, 예술 등의 세속화)로 특징지어진다. 그리스도교의 신심은 점점 세계 내의 목적을 잃고 개인의 내면적이고 사적인 신앙 결단 위에 세워졌다. 신앙은 세계와의 관계를 잃고 내면적인 것만을 강조했다. 각 개인은 내외적으로 신 부재神不在의 상황, 말하자면 예수의 삶에 비추어볼 때 게쎄마니와 골고타로 특징지어지는(마르 14.32 이하; 15.32 이하) 상황에서 살아야 했다. 예수 성심은 이런 죽음과 신 부재의 상황에서도 삶이 있음을 말해주며, 고독 가운데 가장 심오한 하느님의 가까움을, 무력함 속에서 하느님의 힘의 현현을 체험하게 해주는 것이다. 마르가리타가 받은 메시지는 신앙인과 비신앙인이 공통으로 고통당하는 세계의 점점 증가하는 죄악과 신을 부정하는 상황 속에서도 하느님의 현존하는 사랑에 대하여 신앙하고 속죄해야 한다는 것을 전해주고 있다. 사랑이 메말라버린 세상의 한복판에서 하느님의 힘에서 나온 정신과 행위로 온 힘을 가지고 인간을 사랑해야 한다. 신앙은 하느님의 심판 가운데서도 그리고 하느님의 심판에도 불구하고 하느님의 사랑에 대하여 신뢰하는 것이며, 속죄는 신을 부정하고 죄많은 세상에서 게쎄마니와 골고타에서 죽도록 고통을 당한 성자와 함께 그리스도의 용서하는 사랑을 이행하는 것이다.

　마르가리타는 창에 찔리고 고통을 당하는 예수의 마음, 물과 피가 흘러나오는 마음, 창에 찔려 하늘과 땅을 향하여 그리고 땅과 인간을 향하여 열린 마음, 하늘과 땅이 하나가 된 마음을 체험하면서, 이 마음이 하느님과 인간이 만나고, 너와 내가 선과 악, 부정과 정결의 차원을 넘어서 만나 사랑할 수 있는 마음이라는 것을 체험한 것이었다.

3.3. 마음의 이해

예수 성심 공경은 17세기의 신학적 상황에서 볼 때 삼위일체 맥락에서 정리되지 못한 약점을 지니고 있다. 그리스도는 본질적으로 우리를 아버지께 중개하시는 분이시기에 신심과 케리그마의 근본 형태도 "그리스도를 향하여"가 아니라 "하느님 아버지를 향하여"이다. 예수 성심 공경은 그리스도와 함께 그리스도 안에서 "성부를 향하여"라는 교의를 생생하게 드러내지 못하고 있다. 그렇지만 이런 시대적 제약이 예수 성심 공경을 무의미하게 하는 것일 수는 없다. 예수 성심 공경에서 의미심장한 것은 마음이라는 개념인데 예수 성심 공경은 이와 관련하여 교회의 초창기부터 늘 있어왔고, 앞으로도 지속될 것이다.[12]

1) 마음에 대한 성서적 고찰[13]

성서에서 심장은 먼저 인간의 중심적 육체기관이며 무엇보다도 인간의 정신적 생명의 중심과 영적 힘의 장소로 묘사되고 있다. 이때문에 심장은 정서적 삶과 고통의 장소만이 아니라 인식과 사고의 장소로도 이해된다(1열왕 3,11). 마음에는 하느님 진리의 빛이 빛난다(2코린 4,6). 또 마음은 신앙의 장소이다. 마음으로 믿으면 구원받을 것이고 의로움에 이른다(로마 10,9 이하). 더욱이 마음은 기억과 의지의 장소이며 결정의 중심이다(지혜 3,3). 온갖 규정들도 마음 안에서 파악된다(2코린 9,7). 열심한 사람은 마음을 억제할 준비가 되어 있으며(로마 2,29), 하느님의 요구를 따르도록 자신의 온 마음과 온 영혼과 온 정신으로 하느님이신 주를 사랑할(마태 22,37) 준비가 되어 있는 사람이다.

자기의 의지를 하느님의 의지에 종속시키기를 거절하고 자기의 마음을 억제하지 않는 자는(사도 7,51) 무정해진다(마르 10,5). 하느님은 모든 사람들의 마음 안에 자기의 뜻을 기록해 놓았으며, 그래서 인간은 이를 알아야 하며, 또 자기의

---

[12] *S.Th*, III, 379 이하.

[13] K. Rahner, *Lexikon für Theologie und Kirche*(이하 *LThK*), 5 (Freiburg: Br. Herder Verlag, 1986).

마음 안에 있는 그 양심으로 이와 결합되어 있다는 것을 알아야 한다(로마 2,15). 잘못으로 잃어버린 마음의 기쁨을 다시 찾고자 하면 마음의 쇄신을 필요로 한다. 돌 같은 마음에 새 마음이 들어서야 한다(에제 11,19).

성서는 소박한 마음(사도 2,46)에 대해서도 이야기한다. 인간의 전체적인 영적인 성향, 인간의 정서도 마음 안에서 중점적으로 보아야 한다. 이 순진성은 순수한 마음(마태 5,8)을 의미한다. 초기 그리스도인들이 사도 4,32에서 그들이 한 마음 한정신이었다고 자랑한다면, 이로써 그들의 깊고 내면적이고 전체적인 인격을 파악하는 통찰이 강조된 것이다. 인간의 마음에 대한 이런 견해는 성서적으로 이야기할 수 있을 때 인식과 사고와 의지 결정과 정서에 대해 이야기하는 것을 이해하게 된다.

2) 예수의 마음에 대한 성서적 고찰[14]

초기 그리스도교의 전통에 따르면 예수의 마음을 구원수救援水가 흘러나오는 샘으로 불렀으며, 이 물은 새 모세(신명 8,15; 참조: 사도 3,22; 7,37)가 자기 몸의 바위에서 증여하게 되고, 요한에 따르면 이는 성령이다. 예수는 생명수(이사 12,3; 에제 47,1-12; 즈가 13,1)에 대한 메시아적 약속을 제시한다. 자기의 영광을 드러내는 죽음의 고통에서 구약의 예언들이 이루어지고(요한 12,28; 13,31; 17,4), 십자가에 못박힌 자의 구멍에서 완성되었다(요한 19,34 이하). 첫 성령강림부터 창으로 찔린 주님의 심장에서 구원의 물줄기가 흐르게 되고, 베드로에 의하면 요엘의 예언이 이루어진다.

교부들은 예수 성심에 대한 가르침을 개별적으로 연구하지는 않았으나, 원칙적으로 제시는 했다고 볼 수 있는데, 요한 4,14 이하와 19,34의 "생명의 샘" fons vitae에 대한 해석에서 이를 볼 수 있다. 이 구절을 해석하는 데는 두 가지 입장이 있다. 소아시아의 예수 성심 신학은 주님의 심장에서 흘러나온 생명수의 샘에서 물(성세)과 피(성체)로 표시된 성사들의 부富를 보고 있다. 이 부는 인간이 된 주님의 십자가의 죽음에서부터 은총과 영원한 생명을 전달하기 위한

---

[14] *LThK*, 5, 289-94.

것이다. 이는 그리스도의 옆구리 상처로부터 교회가 탄생했다는 가르침과 일치한다. 유스티노, 아폴리나리우스 등이 이를 대변하는 학자들이다. 이에 대해 오리게네스 등 알렉산드리아 학파는 주님의 마음을 그노시스의 생명수가 흘러나온 곳으로 이해한다. 이로써 요한 7,37의 원초적인 의미를 성사에서 신비로, 사랑에서 인식으로 바꾸어 이해한다. 이 전통은 암브로시오, 아우구스티노 등을 거쳐 중세의 신비학에 큰 영향을 끼쳤다.

옆구리 상처로부터 솟는 은총의 샘에 대한 교부들의 신학은 중세기 초기에는 예수 성심을 흠숭하는 권위의 토대가 되었다. 교부들의 예수 성심론이 중세의 신심으로 건너간 역사 과정은 덜 밝혀지고 있다.

3) 마음에 대한 신학적 고찰[15]

(1) 마음은 "원초적 단어"Urwort이다. 마음은 인간의 낱말로 표현된 그 이상의 것을 말해준다. 예컨대 물은 화학부호 H_2O이다. 그러나 시인이나 종교인이 물에 대해 이야기할 때 그 물은 H_2O 이상이다. 우리가 물로 세례를 준다 할 때 이는 H_2O로 세례를 주는 것이 아니다. 시인들이 쓰는 단어는 단조롭고 감상적인 것일 수 있다. 그러나 이 단어들로 체험된 것들은 결코 다른 어떤 것으로 대체할 수 없다. 이 대체할 수 없는 것, 그것이 마음이다.

마음이라는 단어는 해부解剖를 통해 얻어지는 것이 아니다. 그것은 인간의 경험을 통해 체험되는 것이다. 이 단어는 정의될 수 없으며 알려진 가치들로 조립할 수 없다. 이 단어는 원초적인 단일성과 전체성을 의미하기 때문이다. 이 때문에 이 단어는 모든 단어에 나타나며 인간 언어 중의 가장 원초적 보화에 속한다. 이 단어는 일상의 체험을 초월한 단어에 속하면서 일상을 추상화하거나 피상적으로 만들지 않는다. 구체적인 것 같으면서도 신비적이고 신비적이면서도 구체적인 일상의 신비를 드러낸다. 형언할 수 없는 것을 표현하게 하고, 체험될 수 없는 것을 시간 안에서 체험하게 한다. 시간과 영원의 관계를 시간

---

[15] *S.Th*, III, 379-90.

안에서 체험하게 한다. 이 마음의 체험은 곧 신체험이다. 인간이 마음을 가지고 있다는 것은 인간이 이런 신비적 존재임을 암시해주는 것이다. 마음의 존재는 신비를 건드리는 존재이다. 영과 육, 행위와 마음씨, 외적인 것과 내적인 것의 단일성을 체험케 하는 이 단어는 이렇게 해서 인간이 신을 체험하게 하는 단어이다. 마음이라는 단어로 나타내는 바를 이해할 때 인간은 자기의 본질에 접근하게 된다. 그리고 자기가 그 이상의 존재임을 알게 된다.

이 마음 때문에 인간은 자기가 열려 있는 존재임을 안다. 인간은 무한대로 열려 있고, 신비와 접하고 있는 신비적 존재이다. 마음을 가지고 있는 인간은 자신으로부터 벗어나 남 안에서 완성된다. 남 안에서, 자기 자신으로부터 멀리 떨어지면서 자기의 원천, 자기의 단일성을 깨닫게 된다. 남 안에서 자기 자신을 가지는 그 원천을 "마음"이라 부른다. 이런 의미에서 인간만이 마음을 가지고 있다. 동물들은 자기 자신으로부터 영원히 이질적인 것으로 남아 있다. 동물은 자기의 고유한 원천인 자신에 대해서 모른다. 그들의 주변에 보이는 낯선 것만을 알 뿐이며, 늘 망각 속에 산다. 동물은 심장은 가지고 있어도 마음은 가지고 있지 않다.

인간이 모든 것을 이름으로 규정했다면, 그래서 자기가 만나는 남들을 자기 의식의 본질로 이끌어들인다면, 인간은 그런 만남 가운데 자기 자신을 의식하고, 남 안에서 자기 자신을 만나면서 자기가 마음을 가지고 있다는 것을 체험하는 것이다. 마음은 인간과 인간, 남과 나의 만남을 가능케 해준다. 인간은 이런 것을 깨달으면서 남을 만나게 된다. 나의 마음에게 너는 누구냐고 물을 때, 인간은 비로소 자기의 존재가 되고 또 자기가 되어야 할 존재가 된다. 마음은 인간의 가장 원초적인 단어이다.

(2) 마음은 선과 악, 성과 속, 미와 추, 사랑과 미움이 교차하는 곳이다. 역설적이지만 선만이 아니라 악일 수도 있다. 사랑을 거절한 무뢰한들이 추락한 심연일 수도 있다. 사랑이 메말라버린 돌같이 차가운 것일 수도 있고, 아직까지는 사랑이라 부를 수 없는 대단히 말초적인 것일 수도 있다. 텅 빈 마음에 쓸쓸함을 느끼게도 한다. 이 마음을 깨달을 때 인간은 원초적인 단어를 깨닫고, 원초적인 것을

깨닫게 된다. 그리고 자기의 이중성을 극복하는 체험을 하게 된다. 그리스도의 상처받고 모욕받은 마음에서 위로를 얻는 것은 마음의 이런 이중성 때문이다. 한밤의 어둠을 지나 샛별이 마음에 떠오른 것같이 희망을 가지게 한다. 마음으로부터 용서할 수 있는 자는 사랑하는 자이고, 최후의 심판도 진정 마음에서 사랑하였는가에 따라 행해질 것이다. 한국인의 감성에서 볼 때 마음은 한이 맺히는 곳이며 또 풀리는 곳이다. 마음은 기쁨과 슬픔, 즐거움과 괴로움, 좌절과 희망, 증오와 용서가 화해하는 곳이다. 마음을 가진 자는 신뢰하고 사랑하고 희망한다.

4) 예수의 마음에 대한 신학적 고찰

예수의 마음은 선과 악, 성과 속이 만나는 한마음으로 사랑과 용서의 마음이다. 예수의 마음은 "원초적 단어"로서 모든 초월과 범주, 이승과 저승, 시간과 영원의 만남을 시간 안에서 체험하게 하고, 체험될 수 없는 것을 체험하게 해 준다. 모든 인간의 체험을 안고 있는 이 마음을 만나면서 인간은 가장 원초적인 체험을 하게 된다.

예수 성심은 자기의 이 내면의 중심, 그의 원초적인 체험을 우리의 시간 안으로 우리의 컨텍스트 안으로 불러내게 한다. 예수의 그 가장 내면적인 중심은 하느님의 신비에 의해 충만되어 있으며, 이 마음 안에서 우리는 공허와 무와 죽음을 우리가 보통 생각하는 것과는 엄청난 모순을 일으키면서 하느님 자신이 선사된 하느님의 무한한 사랑으로 체험하는 것이다. 예수의 마음의 바탕에서 우리는 마음의 온 힘을 모아 이 사실을 신앙하고 고백하게 된다. 절망과 고통 가운데서도 창에 찔린 그분의 마음을 바라보며 위안을 얻게 된다. 그 위안이 단순한 심리적 변화가 아니라 인간의 원초적인 체험을 건드린 것이라는 것을 알게 된다.[16] 창으로 찔린 사랑하는 그 마음을 통해 절망과 어둠 속에서도 우리를 사랑하고 계시는 마음을 느끼며, 그 마음이 하느님의 마음 자체라는 것을 알게 될 것이다. 그리고 자기의 마음을 창으로 찔린 그 마음으로 향하게 할 것이다.

---

[16] S.Th, XVI, 305-320.

인간이 자기의 가장 고유한 것, 자기의 구원을 남김없이 그리고 조건없이 내어놓을 수 있는 실존적인 장소는 하나밖에 없다는 것을 체험하면서 그분을 자비로우신 분으로 체험하게 되고 그분께 자신을 신앙과 희망 가운데 남김없이 그리고 조건없이 넘기게 된다. 이 넘기는 행위는 인간에게 오직 십자가에 못박히고 부활한 예수 그리스도 앞에서, 그의 마음 안에서 창으로 찔린 마음, 스스로 죽음과 하느님이 떠나버린 절망에 빠진 마음, 그러면서도 세상을 심판한 하느님의 정의에 항복한 마음, 자기의 사랑을 이미 벌써 자기에게 선사한 것으로 생각하고 이 사랑을 모든 희망의 행위 안에서 희망하도록 하는 우리에게 용기를 불러일으켜 준 이 마음 앞에서만 가능하다.

우리가 주님의 마음을 쳐다본다는 것은 이런 그분의 마음, 그분의 원초적인 하느님과의 만남을 바라보는 것이다. 주님의 마음을 바라보는 동안 우리는 하느님, 영원한 신비, 이름 없는 무한, 모든 것을 감추고 그 무엇도 감쌀 수 없는 심연, 이 심연의 영원한 신비가 우리를 위하여 우리와 하나가 되도록 가까워지고 또 세계의 중심이 되기 위해 당신의 영원한 말씀을 당신의 창조 안에, 우리 현존재 안에 진술하셨다는 것을 깨닫게 될 것이다. 주님의 마음을 바라보면서 우리는 하느님이 말씀하시는 그 말씀을 쳐다보고 있는 것이다.

마음과 함께 인간은 자기의 삶 안에서 인간의 머리로는 도저히 파악할 수 없는 하느님께서 우리를 진실로 사랑하고 계시며, 이 사랑이 예수 성심 안에서 그 무엇으로도 바꿀 수 없는 사랑이 되셨다는 것을 체험하게 된다. 이 사랑에 모든 것이 걸려 있다. 오직 사랑하는 자만이 마음을 이해하며 표현할 수 있다. 사랑하면서 십자가에 달린 주님과 하나되는 자만이 예수 성심에 대한 이야기가 의미하는 바를 알 수 있다. 예수의 원초적 체험에 가까워질 수 있다.

3.4. 예수 성심 공경에 대한 교의적 이해

하느님의 무한한 사랑과 자신을 만나고 나아가 절망과 고통 가운데서도 모든 것을 사랑하고 희망할 수 있는 마음을 체험하게 하는 이 예수의 마음이 마르가리타에게는 창에 찔린 예수의 마음으로 체험된다.

예수 성심 공경에서 마음이라는 단어는 예수의 사랑이나 내면적인 삶에 대한 단순한 은유가 아니다. 심장은 예수의 전인격에 대한 표현이다. 심장은 인간의 영적인 것과 육적인 것을 한번에 부르는, 말하자면 이들의 가장 "원초적 단어"이다. 마음은 인간 육체의 한 부분인 심장이 아니라 육체를 지닌 인간의 가장 내면적인 중심이다. 마음은 한 인물의 행동과 태도의 원초적인 단위이다. 마음에서 우러나오는 한 인물의 행동은 모든 것을 종합하고 모든 것에 그 이상의 의미를, 마지막 의미를 부여하며 모든 것을 사랑하게 된다. 주님의 인격의 중심은 최고의 사랑이다. 우리가 그분의 심장을 공경하는 것은 추상적이 아니라 구체적으로 그분의 사랑에 대해 이야기할 수 있는 장점을 가지고 있기 때문이다. 육체가 영육을 지닌 전체 인간을 위한 상징적 성격을 지니고 있듯이, 육체적 심장도 사랑인 마음의 상징으로 묘사된다.

우리가 예수 성심을 흠숭하는 것은 예수의 심장에 나타난 예수의 인격을 흠숭하는 것이다. 인격을 흠숭하는 것은 어떤 물건, 예컨대 상像, 유해, 제도, 어떤 인물의 직권이나 관념 등에 대한 숭배와는 다르다. 한 인물의 숭배는 그 인물의 본질과 인물의 성품과 관계한다. 이는 그 인물의 자유, 역사성, 활동에 나타난 그 이상의 것과 관련한다. 그 인물은 그 이상의 것과의 관계에서 자유와 구원을 얻었기 때문이다.

예수 성심 공경에서 고유한 흠숭의 대상은 주님 자신이다(DS 1561: 1563). 이때문에 흠숭의 근본구조는 흠숭지례 의식의 구조를 가진다. 예수의 인물을 흠숭지례 의식으로 "바라보는 것"이 이 인물의 가장 내면의 중심인 마음인 한, 그리스도 인물의 다른 부분(얼굴, 피, 손 등)도 공경할 수 있는 것이다. 예수 성심을 바라보는 것은 그분의 전부를 바라보는 것이다. 그러나 부분은 항상 전체 안에서만 옳게 볼 수 있다. 왜냐하면 부분은 인격 중심을 통하여 받아들여지고 이해되기 때문이다. 그리고 인격 전체는 오직 인격의 중심인 마음을 통해서 옳게 평가될 수 있다. 예수 성심 공경에서 마음은 그리스도의 인격을 흠숭지례로 공경하기 위한 근원이며 목적이다.

예수 성심을 공경하는 것은 예수의 전인격을 공경하는 것이다. 예수 마음은 인간뿐 아니라 온 우주의 핵심이다. 또한 하느님 체험의 장소이며 우주만물을 그대로 체험할 수 있는 장소이다. 그와 함께 우리는 인간만이 아니라 온 우주도 마음을 가지고 있음을 알게 된다. 온 우주가 마음을 가지고 있다. 돈도 물건도 마음을 가지고 있다. 우주는 물건이 아니며 인격체이다. 모든 것의 마음을 발견했다는 것은 하느님을 발견했다는 것이다. 예수 성심을 공경한 사람은 모든 것의 핵심, 하느님이 계시는 곳을 공경한다.

예수 성심께 존경을 표시하는 것은 바로 천주 성자의 가장 깊은 마음을 보여 주신 그리스도 전체께 존경을 드리는 것이다.

예수 성심을 공경하는 데에는 인간 예수의 사랑만이 아니라 신인神人이신 예수의 사랑도 공경받는다. 마음은 전인격의 중심을 나타내기에 마음에 나타난 사랑은 원래부터 단순히 그리스도의 인간적인 사랑이 아니라 신인적 사랑, 즉 영원한 말씀의 신적인 사랑이다. 그리스도의 인간적인 사랑 안에 육화한 신적인 사랑이다. 그리스도의 인간적인 사랑 안에 나타난 신적인 사랑은 자기의 역사적인 현존과 구원하고자 하는 일편단심을 죄많은 이 세상 안에 표현한다. 하느님께서 이 세상에 하시는 첫 말씀이며 마지막 말씀은 하느님의 정의로운 분노가 아니라 신적 사랑이다. 신인적인 사랑은 인간에 대한 성부의 사랑을 의미한다. 이 사랑이 인간으로부터 업신여김을 받고 상처받았다는 것이 예수 성심 공경에서 강조된다.

예수 성심께 드리는 흠숭지례 의식의 정점은 "사랑에 대한 응답으로서의 사랑"이다. 봉헌과 속죄와 모방도 특별히 강조되어 있다. 봉헌은 신비체 안에서 인간에 대한 예수의 사랑과 성부의 사랑에 참여하는 것이다. 속죄는 특히 업신여김을 받은 마음에 대한 행위로서 주님이 아버지께 바쳤던 속죄에 참여하는 것이다. 주님은 고통 가운데 우리가 속죄하도록 하셨다.

주님의 마음은 인류를 구원하고자 하는 사랑의 표현이다. 이 사랑 안에서 하느님은 자신을, 성령 안에 있는 자기의 가장 고유한 삶을 자유로운 은혜로서 선사하셨다. 이 사랑은 죄많은 세계의 역사 안으로 들어와 세상의 죄를 죽음에까지 그리고 죄인들로 인한 영벌까지를 참아받고 그렇게 승리하심으로 자신을 선사하신 것이다.

예수 성심 공경에서 우리가 세상에 자비를 베풀면서 세상의 죄 때문에 큰 슬픔 가운데 있는 주님을 위로하고자 하는 사고와 실천은 교의적으로나 종교교육적으로나 올바른 해석이다. 그리스도의 고통을 관상하는 것은, 그리고 이를 위해 고통받으며 죽어가는 구세주를 적극적으로 현재화하는 것은 의심없이 영신생활의 가장 중요한 수련 중의 하나이다. 이 관상은 심리학적으로 볼 때 기도하는 사람과 그리스도의 수난 사이에 있는 시간차를 극복하는 성격을 지니고 있다. 그리스도의 수난의 시간을 뛰어넘어 현재화하는 것의 신학적·신심적 의미는 현재화한 사건 안에서 함께 행동하고자 하는 데에 있지 않고, 관상자가 저 과거의 역사적인 사건을 분명히 파악하는 데에 있다. 그리하여 한편으로는 주님을 지금 존재하는 분으로 체험하면서 다른 한편으로는 그리스도의 은총과 그 삶을 통해서 자기의 삶을 완성하고 또 자유롭게 자기 자신을 열 수 있게 한다. 그리스도의 현재화는 현재화한 그리스도 안에서 자기의 현재는 생각하지 않은 채 행동하기 위한 것이 아니라, 현재화한 그리스도와 함께 자기의 현재 안에서 자기의 현재를 살기 위한 것이다. 그러므로 그리스도의 삶과 수난을 현재화하며 그리스도의 수난을 관상하는 것은 고양된 주님께 바치는 기도하고만 관련된 것이 아니다. 고양된 주님은 비역사적 신심의 추상이 아니라 구체적인 현실 안에서 자기의 고유한 역사의 원초적 원천(즉, 마음)이 영원히 유효한 현재인 분임을 말해준다.

그리스도는 우리가 자기를 현재화하여 위로받기를 원하시는 것이 아니다. 우리에게 위로받기 위해 현재화하여 우리에게 나타나신 것이 아니다. 우리가 위로를 했다고 그리스도가 직접 위로를 받는 것은 아니다. 그리스도의 고통은 현실이며 우리의 위로로 감해지지 않는다. 우리가 고통받는 그리스도께 기도하는 것은 그야말로 고통받는 그리스도께 대한 기도로써 그분의 고통을 감하기 위한 것이 아니라, 그분의 고통에 동참하기 위해서이다. 2천 년 전에 십자가로 인해 받은 고통이 우리의 연약한 위로로 덜어진다고 착각 말라. 만일 우리의 위로로 고통이 감해진다면 처음부터 그분은 고통을 당하지 않았을 수도 있었을 것이다. 물론 주님은 모든 시대의 인간들, 즉 자기 후에 태어날 인간들을 위해서도 죽으셨으며 또 당신의 지복직관으로 이 인간들도 알고 계시다. 그러므로 당시의 인간들로부터 위로를 받으셨다면 오늘을 사는 우리들로부터도 위로를 받는다고 보는 것은 옳다. 이는 오늘을 사는 우리가 그때의 그분을 위로한다는 말도 된다. 그러나 우리는 당신을 위로하는 예루살렘의 부인에게 자기를 위해 울지 말고 그들 자신을 위해 울라는 주님의 말씀을 되새겨야 할 것이다.

예수 성심을 공경하는 목적은 주의 무한한 사랑에 대하여 우리도 참된 사랑으로 보답하고 주께 가해진 모욕을 보상하고 종말에는 완전히 그와 일치하는 것이다. 이런 목적에 도달하기 위해 그리스도를 알고 그 사랑을 깨닫기 위해 주님의 생애, 수난 및 지극히 거룩한 성체에 대하여 묵상하면서 주님의 성심과 하나가 되어야 한다. 그분의 고통과 슬픔에 동참하면서 그분과 온전히 일치하는 것이다. 그리하여 그와 점점 비슷하게 되어 마침내는 제2의 그리스도가 되는 것이다.

* * *

예수님께서 우리에게 바라시는 것은 무엇일까? 그분께서는 우리가 어떻게 되기를 바라고 계시는 걸까? 지금 우리가 우리에게 던지는 이 질문은 예수님 당시의 질문에 그대로 적용된다. 그때 그분께서 우리에게 바라셨던 것은 무엇인가? 성체 신심과 예수 성심 공경은 이리하여 직접 역사를 사신 그분의 몸과 마음에 대한 신심이고 공경이다. 강생에서부터 십자가의 죽음에 이르기까지 그분의 일생에 성체와 예수 성심에 대한 신심이 뿌리내리고 있다. 그분을 마음에 모시고 조배하며 묵상하는 그분의 십자가와 죽음 그리고 부활은 우리의 감정을 일으켜 눈물흘리며 감동을 주기만 하는 관상품목觀想品目이 아니다. 그분이 우리에게 바라시는 것은 우리의 흥분이 아니다. 그분은 우리가 구체적으로 당신처럼 살기를 원하신다.

성체 안에 살아 계신 예수님, 답답한 감실 안에 살아 계신 예수님께서 우리더러 "오라", "너희의 마음 안에 나를 모셔라", "내 앞에서 조배하여라"며 우리를 부르신다. 그리고 당신의 몸과 마음을 느끼게 하신다. 영성체와 성체조배는 일상에 쪼들린 우리가 그분의 느낌을 느끼는 감동적인 순간이다. 그러나 우리를 당신께 불러 우리와 하나되신 그분은 우리더러 "가라"고 하신다. 우리가 현실을 벗어나 그분께 다가가 조그만 위로를 얻고자 하면, 그분은 매번 "가라"고 하신다. 우리가 살고 있는 삶의 터, 당신이 사랑하신 가난한 이와 불쌍한 이들이 살고 있는 곳, 당신의 삶이 시작되고 전개되고 마무리된 곳으로 "돌아가라"고 하신다. 그곳에서 당신의 체온, 당신의 숨결, 죄인과 병자와 가난한 이들과 하나된 삶을 느끼라고 말씀하신다. 그들과 그들이 살고 있는 세상을 그리스도의 감실로 보며 그 앞에 꿇어 그들에게 봉사하라고 하신다. "가라"고 하시는 그분의 말씀이 우리에게 커다란 위로가 되어 우리의 마음에 머문다. 그분이 오신 곳으로 우리는 가야 한다. 예수님의 몸과 마음은 "오라"와 "가라"가 하나된 몸과 마음이다.

참다운 신심과 신앙은 이 몸과 마음에서 비롯하며 사회성과 현실성을 지닌다. "오라"와 "가라"를 하나로 체험하지 못하는 데서 광신이 나오고 메마른 사랑이 나온다. 현실을 외면한 신심은 광신으로 변할 수 있고 신심을 게을리한 현실 참여는 메마른 사회사업일 수 있다.

제 3 부

구원과 폭력

사람에는 두 부류가 있다. 자기가 짜다라고 하면서 짠 것만을 주장하는 사람이 있는가 하면, 말없이 남에게 녹아들어가는 사람이 있다. 전자는 권위적이고 안하무인眼下無人격이 되기 쉬우며, 싱거운 존재에게 폭력을 서슴없이 행사할 수도 있다. 후자는 말없이 자신을 녹여 없애면서 남에게 봉사한다. 신앙인의 모습도 교회의 모습도 마찬가지이다. 성聖과 속俗의 일치, 종교성과 사회성의 일치는 종교의 주제이다. 폭력은 이 관계를 진지하게 받아들이지 않는 데서 나온다. 구원은 이 일치를 깨닫고 체험한 데서 주어진다.

현실의 구원

1. 현세와 내세

얼마 전까지 가톨릭 신자들이 영세하기 위해 외워야 했던 요리문답에 보면 "인간이 무엇을 위하여 세상에 났느뇨?" 하는 질문이 나온다. 그에 대한 답변은 "천주를 알아 공경하고 자기 영혼을 구하기 위하여 세상에 왔느니라"이다. 인생의 목적을 구원에 두고 있음을 볼 수 있다. 이 요리는 오늘날도 유효하며, 그리스도교는 이 질문을 보편화하고 있다. 즉, 동서고금을 막론하고 온 인류가 온갖 죄악과 고통의 상황에서 구원을 갈망하고 있다고 본다. 인간의 구원에 대한 동경은 태고적인 것으로 모든 인간의 증언에서 발견되며, 동시에 포괄적인 것으로 모든 인간의 현존재 영역에서 다루어지고 있다는 것이다. 그런데 너무도 당연한 듯한 그리스도교의 이런 대전제는 옳은가? 예컨대 우리 한국인은 그리스도교가 말하는 그런 죄의식을 정말로 예부터 가지고 있었고, 우리를 구원되어야 할 죄인으로 여기고 있었는가? 혹시나 우리 한국 그리스도인은 너무 쉽게 자신을 그리스도교가 말하는 "모든 인간"의 범주에 종속시키고, 그리스도교의 구원관을 자신의 것인 양 받아들이고 있는 것은 아닌가? 더군다나 우리 한국인은 미래의 구원을 위해 현실을 포기해도 좋은 것으로 생각한 적이 없지 않은가? 오히려 현실의 행복을 위해 미래의 구원을 포기하는 것이 우리의 정서가 아니었던가? 자식을 위해 자신을 희생하는 어머니는 자기의 미래나 아들의 미래를 위해서가 아니라 지금 그들의 현실의 행복을 위해서가 아닌가? 어머어마한 구원이라는 개념 대신 이처럼 가장 단순한 행복의 현실로 우리는 만족하고 살아왔던 것이 아닌가? 우리는 현실의 행복과 미래의 구원이라는 절대 양자택

223

일의 차원에서 고민하지 않아도 좋았다. 이런 상황에서 그리스도교의 구원관이 우리에게 어떤 의미가 있는가? 구원은 과연 그리스도교만의 개념인가? 우리의 상황에서 그리스도교의 구원관을 어떻게 받아들여야 하는가 하고 묻는 것은 의의가 있다. 그리스도교의 구원관을 전개하되 이를 우리 한국인의 정서와 관련하여 전개해야 하는 것은 우리의 과제이다. 이 과제를 채우려면 그리스도의 구원관이 현실적인 것임이 제시되어야 할 것이며, 이것이 이 글의 목적이다. "현실"이 그리스도교와 우리의 삶이 만나는 장소이기도 하기 때문이다.

그리스도교는 하느님과 인간의 역사를 구원의 역사로 보면서 구원을 하느님 계시의 한 사건으로 본다. 구원이 하느님의 계시에 근거한다는 것은 인간은 자기의 삶의 의미와 목적 그리고 그 근원을 자체 내에서는 해결할 수 없다는 것을 말해주는 것이기도 하지만, 또 하느님께서 자기 자신을 전달(계시)하시는 장소, 인간의 구체적인 삶이 펼쳐지는 현실이 구원의 장소라는 것을, 구원은 현실적인 의미를 가진다는 것을 암시하고 있다. 그리스도교의 구원을 이 현실 세계로부터의 탈출로 여기는 것은 그리스도교에 대한 오해에서 비롯한 것이다.[1] 다음의 예로 이를 볼 수 있다.

> 열심한 선생인 기스모 나훔은 어느 날 빵과 과일을 얹은 어머니의 당나귀를 끌고 서당으로 향하고 있었다. 한낮의 내려쬐는 햇빛에 반쯤 졸리운 눈으로 힘없이 당나귀를 뒤쫓고 있는데, 온몸이 상처투성이인 반쯤 죽어가는 한 병자가 나타나 무언가 먹을 것을 구했다. 나훔은 지금껏 한번도 걸인을 물리친 적이 없었다. 그러나 한낮의 타는 열은 그를 느릿느릿 행동하게 했다. 그는 병자에게 "잠깐 기다리게. 내 뭔가 먹을 것을 꺼낼게" 하고 짜증스럽게 말하고는 무거운 발길

---

[1] 그리스도교는 현실 문제를 중히 여긴다. 그리스도교는 바로 계시종교이기 때문이다. 그러나 그리스도교가 오랫동안 현실도피적 인상을 준 것 또한 부인할 수 없는 사실이며, 오늘날도 많은 그리스도인들이 그렇게 생각하고 있다. 예컨대 여전히 많은 사람들이 최종적인 구원을 의미하는 천국을 죽은 다음 이 세상을 하직해야만 들어갈 수 있는 나라로 생각하고 있다. 예수의 첫 복음이 천국이 현실 안에 왔다는 것이었고, 이때문에 스스로 현실에 충실하며 그 안에 사는 인간들을 만나고, 결국에는 그 안에서 부활이 이루어진 죽음을 맞이하였건만 말이다.

로 앞서 가는 당나귀를 잡아 투덜대며 바구니에 손을 넣었다. 그러나 그가 아직 그렇게 무성의하게 바구니 속을 이리저리 뒤지는 동안 가느다란 그러면서도 아주 절박한 천둥소리가 귓전에 들려왔다. 그가 몸을 돌려 바라보았을 때 그 걸인은 모래에 머리를 박고 죽어 있었다.

그러자 나훔은 얼른 정신이 들어 재빨리 바구니에서 빵과 과일 몇 개를 꺼내 들고 걸인에게로 달려왔다. 걸인에게 먹기를 간청하는가 하면 상처로 부식한 그의 몸을 끌어안고 살리려 해보았다. 그러나 모두 소용없는 일이었다. 그러자 나훔은 하느님을 부르며 외쳤다. "세상의 주님, 저의 나태함으로 이 사람이 생명을 잃었습니다! 저의 이 비탄을 가볍게 하시고 저에게 벌을 내리소서! 궁핍한 자를 돕는 데 서두르지 못하고 나태해진 제 발을 절게 하시고, 봉사하는 데 소홀했던 제 손을 비틀어지게 하소서. 그의 어려움을 흘려본 제 눈을 멀게 하시고 제 육체는 그의 병을 앓게 하소서. 세상의 주님, 이렇게 이승의 제 삶과 육체를 벌하시어 저승의 삶과 영혼에는 벌하지 마소서." 이날부터 나훔은 고통을 받았는데, 그의 발은 절룩거리고 그의 손은 비틀어졌으며, 그의 눈은 멀고 그의 육체는 온갖 상처로 헐었다.

어느 날 그의 제자 잠비 아키바가 그를 찾아왔다. 그리고 그의 스승이 완전히 다른 몰골이 되어 천조각에 싸여 있는 것을 보고 고통에 차 "아, 괴롭구나. 선생님의 이런 모습을 봐야 하다니!" 하며 크게 소리쳤다. 그러나 나훔은 미소지으며 말하였다. "자네가 나를 이런 모양으로 본 것을 기쁘게 생각하라. 이는 하느님이 내 잘못의 대가를 이승의 내 삶과 내 육체에서 요구하시어 저승에서는 상처받는 일 없이 잘살게 하도록 하기 위한 것이라네."

먼 미래에 구원을 저장하고 현재를 미래를 위한 준비 기간으로 보는 나훔의 구원관은 그리스도교의 것이 아니다. 그리스도교는 구원은 현실 안에 주어진다고 본다. 현실 안에서 구원을 체험하지 못하는 인간은 영원히 구원을 체험하지 못하게 될 것이다. 예수가 현실의 인간들을 만나고, 구원의 종교라고 자처하는 그리스도교가 이웃 사랑을 그토록 강조하는 이유가 여기에 있다. 이웃의 현실을 외면하고

서는 구원을 체험할 수 없기 때문이다(마태 25장). 그리스도교가 구세주이신 예수를 알고 있는 것은 현실과 관련해서이다. 예수의 의미는 인간들을 현실 밖으로 끌어내어 하느님 나라로 인도하는 데에 있지 않고 하느님 나라를 인간이 사는 현실 안으로 끌어들여 구원을 선포하는 데에 있다. 온갖 인간들을 형제처럼 만난 예수가 인간의 포괄적인 구원 동경에 해답을 주며, 동시에 구약성서의 구원 약속과 희망에 대한 해답을 제시하고 있다고 그리스도교는 신앙고백하고 있다. 말하자면 그리스도인에게 그리스도는 계시의 내용 자체인 신인 일치(神人一致)를 보여준 분으로서 구원을 현실 안에서 실현시킨 분이시다. 그의 십자가와 죽음은 이런 현실을 강조한 사건이다. 인생이 펼쳐지는 십자가(고통)와 죽음을 벗어나서는 구원을 이야기할 수 없는 것이다. 십자가에서 죽은 예수 그리스도가 모든 이의 구세주라는 그리스도교의 이 주장에는 구원은 순수한 미래가 아닌 현실 안에서 채워진다는 것이 강하게 암시되어 있다. 예수는 오실 존재만이 아니라 이미 오신 존재인 것이다. 다시 말해서 하느님의 구원의 신비는 모든 인간과 인간들이 사는 현실 안에서 펼쳐졌고,[2] 숙명적으로 죽음의 상황에 처해 있는 인간들이 그대로 하느님의 은총을 통해 구원으로 불림을 받았다[3]는 것을 암시해 준다. 이것이 신·구약에 어떻게 나타났는지 살펴보고, 구원에 대한 현대의 이해를 제시하고자 한다.

2. 성서에 나타난 구원의 용어[4]

구원은 성서의 핵심사상이다. 구원이라는 용어는 성서에 한 가지 표현으로 나타나지는 않지만, 멸망·어려움·죽음의 상황에 처해 있는 인간이 그 처지에서 벗어난다는 구원에 대한 갈망은 핵심적인 것이다. 구약성서에서 구원하는 행위에 대해 주로 사용된 단어들로는 ① 야샤, ② 파다, ③ 가알 등이 있다.

---

[2] 「비그리스도교에 관한 선언」 1항.   [3] 「교회헌장」 48항 참조.

[4] J. Gnilka, "Erlösung", in: *Handbuch theologischer Grundbegriffe* (Hrsg. H. Fries) Bd.1, 303-19. 자세한 성서의 증거를 원하는 분은 『신학전망』 106, 35-74 참조.

"야샤"는 돕다·편들다·구제하다 등의 의미를 가지고 있으며, 주로 각 개인이나 백성을 편들어 노예살이로부터 구제하고자 하느님이 간섭하신다는 것을 표현하기 위하여 사용되었다. 성서의 여러 이름들도 여기에 어원을 두고 있는데,[5] 이 이름에서 죽음으로부터 보호하고 생명을 되찾아주며 도와주시는 하느님에 대한 표상이 이스라엘의 의식에 얼마나 강하게 작용하였는가를 볼 수 있다.[6]

야훼의 위대한 구원행위는 먼저 에집트 탈출사건에서 보인다. 모세는 아우성하는 백성들에게 곧 야훼의 도우심(요수아)을 보게 될 것이라고 약속한다. 그리고 그들은 실제로 그날 야훼께서 이스라엘을 에집트의 손에서 구해내심을 체험하게 된다(출애 14,13.30). 야훼의 도우심이 그들을 자유로 이끄신 것이다. 그후 야훼가 "내게 도움이 되었다"(출애 15,2)는 정식定式은 전례에서 찬양되었다. 왜냐하면 야훼의 도우심은 각 개인과 이스라엘 백성에게 과거의 역사적 사건으로 지나간 것이 아니라 여전히 생활한 현재 사건으로 이해되기 때문이다. 이때문에 백성은 어려움이 있을 때마다 야훼께 도움을 청한다. 야훼가 지금 여기서 도와 주신다는 이 믿음이 "내 구원의 뿔"(2사무 22,3), "내 구원의 바위"(시편 89,27; 95,1), "내 구원의 하느님"(시편 51,16), 또는 "우리 구원의 하느님"(시편 79,9; 85,5) 등의 형태로 표현된다. 제2이사야는 세말의 최종적 구원에 대해서 이야기하고, 유배의 마지막 시기에 이스라엘에게 새 탈출, 구원과 자유와 정의(세다카: 이사 45,8)의 새 시대가 열리게 된다고 선포한다. 여기서 자유란 기쁨의 사자가 산상에서 새 복음으로 선포하고 땅 끝까지 바라보게 될 구원(요수아)을 말한다. 구원의 중심에는 예루살렘이 우뚝 서 있다. 구원은 이스라엘에만 유효하다. 종말론적 구원은 이 지상에서 일어난다. 구약성서는 세말적 구원을 알고 있지만 저승적 구원은 알지 못한다.[7]

---

[5] 몇 가지 중요한 이름들을 살펴보면: 엘리사(하느님이 도우셨다), 이사야(야훼는 구원이시다), 요수아(예수, 야훼는 도움이시다), 호세아(야훼가 도우셨다)가 있다.

[6] H. Haag, "Die Rede vom Heil. Überlegungen eines Alttestamentlers", in: *ThQ* 172 (1992), 89 참조.

[7] H. Haag, 90 참조.

"파다"는 인간이나 동물의 생명을 도로 사들일 때 사용되는 상용어商用語로서 하느님이 자기 백성을 또는 개인을 몸값을 치르고 되산다는 것을 말한다. 몸값이 따로 언급되지는 않았지만, 하느님이 창조주이시고 항상 구원으로 이끄는 분이시라는 것이 표현되어 있다.[8]

"가알"은 친족법의 개념으로서 옛 소유를 되찾는다는 의미를 가지고 있다(레위 25,25 이하). 하느님은 만일 자기 백성의 고엘로 표시되는데(이사 41,14), 이는 하느님이 죄의 지배에서 우리를 풀어 당신 백성으로 획득하시는 하느님임을, 그래서 자유의사로 자기가 제정한 계약에 의해 자기 백성편에 서 계시는 하느님임을 말해준다.[9]

"샬롬"도 구원을 의미하는 말로 이해된다. 샬롬의 어근 *slm*은 일반적으로 전체성·완전성·신성함과 관계하며, 이때문에 그 근본 의미는 "충분하다"로 번역될 수 있을 것이다. 샬롬은 모든 백성이 저마다 자기의 포도나무와 무화과나무 아래 앉아서 누리는 평화를 의미한다. 샬롬은 안녕, 행복, 태평, 성취 등의 의미를 가진다.[10] 제2 이사야의 구원선포(45,7: 행복(샬롬)을 주는 것도 나요 불행을 주는 것도 나다)는 유배시절에서 해방된 역사 안에 활동하시는 하느님의 다스림과 관계한다. 이사 57,19에서는 죄를 용서하는 가운데 구원이 멀리 있는 자와 가까이 있는 자에게 주어지는 데 반해, 57,20에서는 악 속에 거니는 신이 없다고 하는 이들에게는 구원(샬롬)이 거절된 것으로 나타난다. 예언자들은 야훼가 이스라엘에게 준비한 새 미래를 샬롬으로 약속한다(예레 23,6; 33,9).[11]

정의와 의화도 구약성서에서 구원을 나타내는 개념이다. 정의는 먼저 지상의 안녕을 의미하며, 하느님으로부터 정의를 받은 자는 구원을 체험하게 된다. 정의는 축복과 구원을 의미하며, 이는 하느님이 믿는 이의 편에서 그들을 보호한다는 것을 말한다. 이외에 구약성서에는 인류를 구제하고자 하시는 하느님의

---

[8] H. Haag, 89 참조.   [9] H. Haag, 89 참조.

[10] 창세 41,16; 1사무 16,24; 1사무 25,4; 예레 38,4; 시편 35,17; 37,11; 미가 3,5; 말라 2,5; 시편 119,165; 122,6-8; 128,5 등.

[11] H. Haag, 91 이하 참조.

관심을 다양한 형태로 묘사하고 찬송하는 여러 비유적 언어들이 사용되고 있다. 예컨대 보호하다(이사 38,17), 치유하다(시편 6,3), 붙들다(시편 119,116), 건져주다(시편 144,7.10), 숨겨주다(시편 17,8) 등.[12]

신약성서에 나타나는 구원에 대한 용어로는 소제인 $\sigma\omega\zeta\epsilon\iota\nu$, 뤼트뤼스타이 $\lambda\upsilon\tau\rho\upsilon\sigma\theta\alpha\iota$ 등이 있다. "소제인"은 루가 복음에서 예수께서 자캐오를 부르시는 장면에 나오는데(19,9: 오늘 이 집에 구원이 내렸습니다), 여기서 구원이란 새 생명에로의 회개이다. 즈가리야의 노래(루가 1,69.77)와 시므온의 노래(루가 2,30)에서는 구원은 죄의 용서로부터 싹트는 것으로 서술되고 있다.[13] 다른 공관복음에는 비록 소테리아라는 단어가 나오지 않았다 하더라도 "구원되었다", "구제되었다"라는 의미를 가진 여러 표현들이 있다.[14] 이 모든 표현에서 공통적인 것은 인간은 온갖 다양한 어려움 속에서 예수가 어루만져주고 붙들어주기를 갈망한다는 것이다. 예수와의 만남에서 인간들은 죽음의 질곡에서 벗어나 구원을 발견하고, 하느님의 조건없는 보살핌, 즉 조건없이 베풀어주시는 하느님의 자비를 체험한다.

죽음의 영역에서 베풀어지는 이 구원은 복음사가에 의하면 꼭 병자들과 어려움에 처한 사람들에 제한되어 있지는 않다. 이 구원은 구세주(소테르)이신 예수 안에서 모든 이에게 열려 있다.[15]

결론적으로 신·구약 성서는 현실로부터 탈출을 의미하는 구원이라는 단어는 모른다. 구원은 도움, 구제, 해방, 하느님의 간섭, 치유, 삶의 보장, 행복, 안녕, 땅과 자기 소유에 대한 기쁨, 예루살렘 성전과 하느님 섬기는 일에 대한 기쁨, 죄의 용서를 포괄한다. 치유와 구원은 용서하시는 하느님과 도움을 갈망하는 인간이 만나게 되는 곳에서 항상 일어난다.

---

[12] H. Haag, 93-5 참조.   [13] H. Haag, 94 참조.
[14] 마르 3,4; 5,23.28.34; 6,56; 10,52; 마태 8,25; 14,30; 루가 7,50; 8,50; 17,19; 19,10; 23,39.
[15] H. Haag, 95 참조.

3. 성서에 나타난 구원의 내용

3.1. 구 약

1) 역사적 해방으로서 구원

구약성서에 따르면 구원사업은 하느님의 독점물이다. 구원은 하느님을 통해서만 일어나며, 하느님의 선하심과 충실에 그 근원을 두고 있다. 구원은 하느님의 피조물인 인간과 우주 전체를 포함한다. 이스라엘은 그들의 역사 처음부터 자신과 하느님의 관계를 자유롭고 명시적인 관계로 표현한다. 이 관계는 이스라엘의 역사 과정에서 심화되고 내면화된 것으로 하느님은 역사적 행위를 통해 그들을 구제하고 구원하시고자 한다.

구약성서는 어려움에 처한 이스라엘을 해방시키신 하느님의 구원행위를 반복해서 설명한다. 하느님의 구원행위는 주로 이스라엘의 선택과 그 역사에 나타난다. 이런 역사의 개입을 그들은 무엇보다도 그들의 시조인 아브라함이 하느님에 의해 구원되었다(이사 29.22)는, 즉 하느님이 다른 신들을 숭배하던 자기 조상을 "강 저편"에서 이끌어내었다(여호 24.2)는 것과 함께 체험하였다. 하느님이 아브라함을 선택하셨다는 데서 이스라엘 백성들은 하느님이 인간을 구원하시고자 역사에 개입하신다는 것을 체험할 수 있었던 것이다. 무엇보다도 전쟁의 위협중에 원수를 그들 손에 붙여주신 야훼를 체험하였다. 그러나 가장 인상적인 구원행위는 에집트 땅의 종살이에서 홍해를 가로질러 탈출시키신 해방이었다. 이 행위를 통해서 이스라엘은 그들이 하느님 앞에서 하느님과 함께하는 자유로 해방되었다는 것을 알게 되었다. 에집트로부터 이끌어내는 하느님의 구원하는 행위는 이스라엘의 해방으로 체험되고 해석되었다. 그러기에 이스라엘은 야훼께 속한 종(레위 25.55)으로서 자기 형제에 대해 어떠한 폭력도 행사해서는 안된다. 하느님의 해방행위는 하느님의 계명에 대한 복종과 이방인들에 대한 윤리적 행위를 위한 동기이다.[16]

---

[16] J. Gnilka, 303 이하 참조.

이스라엘이 다른 백성들 사이에서 살아남기 위해 하느님의 구제하는 힘을 필요로 할 뿐 아니라 지속적이고 포괄적인 구원을 필요로 한다는 사고에는 예언자의 기여가 크다. 이들은 왕조시대 때 나타나는데, 하느님에 대한 계약이 깨어지고 있다고 왕들에게 간한다. 이래서 사무엘은 사울에게(1사무 15장), 나단은 다윗에게(2사무 12장) 하느님의 이름으로 호소한다. 예언적 비판은 아모스로부터 왕들에게만이 아니라 지배층, 나아가 이스라엘의 온 백성에게 가해진다. 유배기간에서 모든 왕조시대에 이르기까지 예언자들의 메시지는 심판의 말씀이기만 한 것이 아니라 어떻게 하느님이 이스라엘의 불충실로 고통을 당하고 계시는지를 말해주고 있다. 호세아는 이를 감동적으로 말한다: "내 백성이 끝내 나를 저버리고 바알을 예배하지만 바알은 저희를 높여주지 않으리라. 에브라임아, 내가 어찌 너를 버리겠느냐. 이스라엘아, 내가 어찌 너를 남에게 내어주겠느냐. 내가 어찌 너를 아드마처럼 만들며, 내가 어찌 너를 스보임처럼 만들겠느냐. 나는 마음을 고쳐 먹었다. 네가 너무 불쌍해서 간장이 녹는구나"(호세 11.7-8).[17]

후에 바빌론 유배로부터의 귀향도 새 구원행위로 이해되었다.[18] 특히 제2 이사야에서는 바빌론으로부터의 새 탈출이 야훼의 해방행위로(이사 43.1-4), 그리고 구원이 죄의 용서로(44.21-23) 서술되어 있다. 기도자가 자기 죄와 잘못을 뉘우치며 용서를 구할 때(시편 51.3 이하; 39.8) 이 구함은 외적인 어려움에서 해방되는 일과 밀접한 관계를 가지고 있다. 왜냐하면 구약의 보복원리에 따르면 행복과 안정은 개인의 정의의 표지로, 치욕과 불행은 개인의 죄의 표지로 평가되었기 때문이다. 개인은 그들 인생의 다양한 위험(죽음, 질병, 고난, 박해)에서 야훼께 구원을 간청하였고 그들은 이 구원을 체험하였으며, 해방으로서의 이런 구원에 대한 개인의 체험은 사회적 관심사였다.

이스라엘은 구원 자체가 지상적 축복의 충만에 있다고 믿었으며(토지, 자손, 자유, 평화, 충만된 삶, 결실), 이것들을 자신에게 베풀어주시는 야훼의 선물

---

[17] P. Hünermann, "Erlöst in Jesus Christus", in: Khuori (Hrsg.), *Was ist Erlösung*, Freiburg 1985, 111-39 참조.

[18] 예레 23,7 이하; 이사 43,16-19; 51,9 이하.

로 여겼다. 그래서 인간은 원수의 손에서 구원된 후 "나는 떳떳하게 당신 얼굴을 뵈오리다"(시편 17,15) 하고 이야기할 수 있었다.[19]

2) 용서로서 구원

멸망의 요소는 인간의 외부로부터만 위협적으로 다가오는 것이 아니라 인간의 내면에도 자리하고 있다. 하느님이 주신 외적인 삶의 질서가 파괴되는 것은 하느님과의 관계가 파괴되는 것과 관련되어 있다. 죄(하느님과의 단절)는 인간의 힘으로는 자기 자신을 해방시킬 수 없는 궁극적인 결핍이다. 이때문에 야훼의 구원행위는 하느님에 대한 이스라엘의 회개를 전제로 한다. 야훼는 인간과 공동체를 이루시면서 특히 마음이 찢기운 자를 보살피시고 구원하신다(시편 147,3). 구원은 죄를 용서하시는 하느님이 인간의 삶에 개입하신 결실이다. 이런 구원은 하느님과의 관계를 인정하고 신앙하며 하느님을 향하며 하느님과 공동체를 이루는 자라면 누구나 체험할 수 있다. 이처럼 하느님의 모든 구원하는 행위는 하느님과 인간의 이 공동체를 지향한다. 지상의 행복은 하느님과의 공동체를 벗어나서는 상상할 수 없다. 하느님과의 공동체는 모든 것을 포괄하는 부富 자체이다. 이 공동체는 영육의 상처를 낫게 해준다(시편 41,3).

인간은 또 하느님의 용서와 재수용을 필요로 한다(시편 39장; 51,13). 재수용은 주로 성전 경신례에서 받아들여졌다. 경신례에서 하느님은 죄인과 화해를 하신다. 특별히 유배의 심판을 체험하면서 이스라엘은 심각한 죄의식을 가지고 경신례를 속죄로 이해하게 된다. 경신례적 속죄는 인간의 개별적 희생 대신 희생양을 상징적으로 거룩한 분에게 희생물로 바치는 것으로 이루어진다. 그럼에도 하느님은 이중적인 폭력으로서의 희생의식이 아니라 하느님 사랑과 이웃 사랑을 원하신다.[20]

이스라엘은 유배기간 동안 그들이 죄 안에로 짜여져 있고 하느님의 사랑과 은혜가 필요하다는 것을 인정한다. 이때문에 유배로부터 귀향한 이후의 이스라

---

[19] J. Gnilka, 304 참조.

[20] H. Kessler, "Erlösung/Soteriologie", in: *Neus Handbuch theologischer Grundbegriffe* (Hrsg. P. Eicher) Bd.1, 24-254 참조.

엘의 경신례는 모두 속죄의식으로 이해된다. 속죄는 하느님이 자기의 영광이 상처받은 것에 대해서 보상을 보증받는다는 것을 의미하는 것은 아니다. 하느님은 오히려 이스라엘이 계속 살아남고 자기와 공동체를 이루도록 속죄의 가능성을 열어준다는 것이다.[21] 유배 이후에 나타난 구원에 대한 희망의 동기는 하느님께서 진실로 백성이 배반하여 짓는 죄 때문에 고통을 당하고 있다는 데에 있다. 예언자들은 하느님의 이 고통에 동참한다. 이렇게 해서 제2 이사야의 종의 노래[22]에서 하느님의 종은 많은 이들의 구원을 중재하기 위해서 병자, 고통받는 이, 많은 이들의 죄와 벌을 짊어진다. 야훼의 종은 — 야훼 자신처럼 — 이스라엘의 모든 면과 모든 죄로부터 뭇매를 맞았으며 이로써 완전한 하느님의 종이 된다. 야훼의 종의 활동은 이스라엘에만 제한되어 있지 않다. 많은 민족과 왕들이 그들의 입을 다물고 말 것이다. 하느님의 구원의 신비는 야훼의 종을 통해 성취된다. 하느님 종의 유일한 행위는 늘 봉헌된 속죄물을 대신한다. 그에게 인간의 모든 고통이 모여 있으며, 그 안에서 죄인에 대한 하느님의 굽어보심이 궁극적이며 더 이상 능가할 수 없는 형상으로 취해진다.[23]

3) 종말론적 쇄신으로서 구원

유배기간과 거기서 귀향한 이후 야훼신앙의 약속은 과잉기대로 나타난다. 해방과 구원은 최종적인 것을 제시하는데, 종말론적 시기에 하느님은 사방으로 흩어진 자를 고향으로 불러모으시고, 백성을 외적인 어려움에서만이 아니라 내면적으로도 복구시킨다는 것이다. 야훼는 가난한 이들을 위하여 정의와 해방을 베풀고, 이스라엘 백성들에게 평화를 선사하고, 자연 속에서 평화가 다스리게 하고, 죽은 이들이 최종적 구원에 참여할 수 있게 해준다. 하느님은 이 백성을 모든 불결한 것에서 정화시키고 우상을 섬기면서 묻었던 때를 씻어주시고, 모든 죄악에서 구원하신다. 하느님은 그들의 마음을 돌려 새 정신을 심어주시고,

---

[21] Hünermann, 117 이하 참조.
[22] 이사 41,17-20; 42,1-4; 49,1-6; 50,4-9; 52,13 – 53,12.
[23] Hünermann, 119 이하 참조.

마음과 생활 태도를 변화시키고, 모든 인간들이 하느님을 뵙도록 이스라엘의 가문과 유다의 가문과 새 계약을 맺으실 것이다.[24]

구원의 기대는 때때로 우주적인 것에로 확장되어 나타난다. 육신의 부활과 이와 함께 주어진 죽음의 극복에 대한 사고는 구약의 후기 작품(다니 12,1-3; 2마카 7장)에 가서야 나타난다. 법과 정의를 실행하고 유다가 도움을 경험하고 예루살렘이 안전하게 살게 되리라는 다윗 가문의 메시아에 대한 희망은 주로 예언자에게서 활발하였다.[25]

후에 가서 구원의 엄청난 길은 하느님 종의 고통에서 암시된다. 여기서 백성과 백성들의 죄를 대신 짊어진다는 사고가 생겨난다(이사 52,13-53,12).[26]

3.2. 신 약

1) 예수의 현실 구원관

신약성서에 나타난 구원표상의 특징은 구원의 실현이 그리스도라는 예수의 인물과 역사와 떼어놓을 수 없는 관계에 있다는 데에 있다. 그리스도교의 구원관은 세상의 구원자인 예수 그리스도에 대한 고백에서 기인한다. 이는 그리스도교가 선포되는 첫 장면의 "예수"라는 이름에서 설명된다. "당신은 그 이름을 예수라 부르시오. 사실 그는 자기 백성을 그 죄에서 구원할 것입니다"(마태 1,21). 이 이름의 의미는 그가 선포한 하느님 나라의 복음에 잘 드러난다. 이 복음에 따르면 구원은 하느님 나라에 첨예화되어 나타나니, 구원에 대한 인간의 동경은 하느님의 다스림이 관철될 때 비로소 충만될 수 있다. 마르코는 예수의 이 복음을 "때가 차서 하느님 나라가 다가왔습니다. 여러분은 회개하고 복음을 믿으시오"(3,15)라는 말로 간단히 요약한다. 이 복음은 예수와 함께 시간이 충만되었음을, 즉 이스라엘이 유배 이후 고대하던 약속, 인간의 구원 갈망이 예수와 함께 채워졌음을 말해주고 있다. 루가도 나자렛에서 행한 예수의 첫 설교에서 이스라엘을 위한 이 약속을 언급한다: "이사야 예언자의 책이 당신에게 건네지

[24] H. Kessler, 242 이하 참조.   [25] J. Gnilka, 305 참조.
[26] H. Kessler, 242-3 참조.

자 그분은 그 책을 펴시고 이렇게 적혀 있는 대목을 찾아 (읽으셨다). '주님의 영이 내게 내리셨으니, 과연 주님께서 내게 기름을 부으셨도다. 주님께서 나를 보내셨으니, 이는 가난한 이들에게 복음을 전하고 포로들에게는 해방을, 소경들에게는 눈뜰 것을 선포하며 억눌린 이들을 풀어 보내고 주님의 은혜로운 해를 선포하게 하시려는 것이로다'"(루가 4,17-19). 예수의 이 복음에는 세상으로부터의 해방이 아니라, 하늘나라와 지상의 나라, 성과 속, 가난과 부, 생과 사, 선과 악의 온갖 이분법적인 사고로부터 구출되어, 하늘과 성聖과 생명과 선善 자체이신 하느님과의 일치가 선포되어 있다. 그러기에 예수에게 있어서 회개는 이분법으로부터의 해방이며, 선과 악의 이분을 넘어선 선 자체이신 하느님(마태 4,45)에게로의 해방이다. 이는 동시에 인간에게로의 해방을 의미하는 것이니, 인간이야말로 이런 이분법적인 사고와 행위가 구체적으로 극복될 수 있는 가장 현실적인 장소이기 때문이다. 이렇게 해서 인간에게로의 회개와 하느님에 대한 신앙은 그 자체로 구원을 의미하게 된다.

인간이 구체적인 구원의 장소라는 것은 예수가 하느님 나라에 대한 구원의 복음을 특별히 가난하고 억눌린 이들에게 선포하신 데서 볼 수 있다. 그는 가난한 이들이 복이 있다, 나병환자들이 치유를 받는다고 선포했을 뿐 아니라, 스스로 세리와 창녀들과 사귀고, 어린이를 축복하고, 죄인들과 식사를 함께하고, 여인들의 위치를 강화시킨다. 이렇게 인간들과의 사귐을 통해서 예수는 그들이 최종적으로 그들의 아버지인 하느님으로부터 받아들여졌다는 것을, 즉 그들이 이미 구원되었음을 보여준다. 이때문에 인간들은 그들 편에서 하늘에 계신 아버지의 방식으로, 즉 조건 없이 무제한 서로 용서해야 한다. 가까이 온 하느님의 사랑과 은총을 멀리하는 사람은 구원받지 못할 것이다. 용서받는 것만이 구원이 아니라 용서하는 자가 구원받게 된다. 구원된 자는 또 용서하는 것이다.[27] 그때문에 예수는 공적인 활동과 설교를 통하여 당신이 "섬김을 받으러 온 것이 아니라 오히려 섬기고 또한 많은 사람들을 대신해서 속전으로 자기

---

[27] Hünermann, 121 이하 참조.

목숨을 내주러 왔다"(마르 10,45)는 것을 보여주었다. 훗날 베드로는 그의 죽음과 부활을 돌아보며 이렇게 선포한다: "그분은 집짓는 사람들인 여러분에게 버림을 받았지만 모퉁이의 머릿돌이 된 돌입니다. 이분말고 다른 어느 누구에게도 구원받을 수 없습니다. 사실 사람들에게 주어진 (이름들 가운데) 우리가 의지하여 구원받아야 할 또 다른 이름은 하늘 아래 없습니다"(사도 4,11 이하). 예수의 복음선포와 행위와 존재 안에서 하느님의 구원행위가 최종적으로 일어난 것으로 보는 것이다. 사실 그의 복음은 억압받고 위협받는 이들의 심금을 울렸는데, 이는 산상설교의 진복팔단에 잘 나타난다.[28] 그는 마귀를 쫓아내고, 병자를 치유하고 죽은 자를 부활시킴으로써 미래의 구원의 힘이 자기를 통해 이미 이 세상에 도래하였으며, 종말에 구원의 실현이 보장되었다는 것을 인식케 해주었다. 예수가 말씀으로 선포한 것은 상징적인 행위와 기적 가운데 실재이며 경험할 수 있는 것이었다. 그것은 전체적-인간적 구원의 실현이었다. 죄의 용서와 병자치유도 정신적·육체적 건강을 되찾아주는 구체적 행위였다(마르 2,1-12). 마귀를 쫓아내는 행위는 하느님 다스림이 주는 해방과 성령을 경험하게 해주었다(루가 11,20; 마태 12,28). 이런 이유로 그는 하느님의 다스림은 어떠한 차별도 허락하지 않는다고 강조하였다.

예수가 선포하고 인간들과 사귀며 그렇게 산 하느님 나라는 예수의 자아 존재를 나타낸다. 예수는 그가 가르치고 행동한 바로 그 자체이다. 그는 그의 삶으로써 바로 하느님 나라의 현실을 보여주었기 때문이다. 그래서 복음사가는 구원을 예수의 선포와 행위와 존재에서 드러나고, 하느님과 하나가 된 존재로 여기게 되었다. 철저한 용서로 인간의 죄를 용서하시는 하느님의 사랑이 그리스도의 선포와 행위와 인물에 나타난다고 보는 것이다. 예수 안에서 하느님과의 공동체가 이루어지고 완성된 구원이 주어진다. 이는 구원, 즉 하느님의 다스림이 역사 안에, 예수의 말과 행동 안에 그리고 예수 사건 안에 왔음을 말해준다. 하느님 나라는 순수하게 미래의 것이 아니다. 예수는 하느님 나라를 지

---

[28] 진복팔단의 첫째와 마지막은 하늘나라의 참여를 약속한다(나머지 것이 같은 사고를 비유적으로 묘사한 것에 비해, 마태 5,3-10).

금 자기가 하고 있는 말과 행위 안에 온 실재로 선포한다. 예수는 하느님 나라를 겨자씨와 누룩의 비유(마태 13.31-33)로 설명하는데 이는 예수가 하느님 나라와 구원의 도래를 하나의 진행으로 보았음을 말한다. 그렇다고 하느님의 나라가 현실 안에서 완전히 실현된 것도 아니다.[29] 도래할 하느님 나라와 구원의 시간은 하느님만이 아신다(마태 24.36). 그리고 이 나라는 오는 나라, 즉 인간이 받아들여야 할 나라이기에 인간은 이 나라가 오기를 간구해야 한다(마태 6.10: 마르 10.15: 루가 11.2). 그러면서도 예수에 의하면 인간은 지금 여기에서 이 나라에 들어서 있어야 한다. 예수가 선포한 복음에 따라 볼 때 구원은 미래의 하느님의 다스림에 있지만(루가 11.2) 동시에 하느님의 다스림은 이미 지금 현재에 도래해 있다. 하느님의 다스림은 최종적 구원자인 예수와 결합되어 있으며(루가 10.23 이하), 하느님 나라의 내용에는 모든 인간에 대한 하느님의 용서하고 구제하시는 관심을 특징으로 하고 있다.[30] 무엇보다도 예수의 구원사적 맥락에서 그의 인격의 신비가 가장 잘 드러나는 것은 그가 하느님을 아빠라고 부른 데서 나타난 하느님과의 관계이다. 예수의 필연적인 삶의 행위인 십자가의 수난은 고통을 넘어 아버지와 아들이 그야말로 일치하여 "아버지가 내 안에 있고, 내가 아버지 안에 있습니다"는 진리를 드러낸 구원의 장소이다.

그러나 이렇게 훌륭하게 구원을 이야기하던 예수는 유대인들로부터 거절당하고 죽었다. 그의 죽음은 죽음으로부터 구원받고자 한 인간의 구원 갈망을 충족시켜 주었는가? 그의 죽음은 구원의 의미를 가지고 있는가? 그는 높음과 낮음, 생과 사의 대립을 극복한 십자가가 구원이 최종적으로 실현된 곳으로 보고 기꺼이 죽었을지 모른다. 사실 그는 하느님 나라에 대한 자기 복음을 자기 죽음과 함께 생각했다. 하느님 나라의 구원은 자기 죽음과 같이 확실히 온다(마르 14.25). 그렇지만 아직 대립을 극복하지 못한 그의 제자들은 그의 십자가와 죽음 앞에서 흩어져야 했다. 구원은 자기 죽음에도 불구하고 오는 것인가, 아니면 자기 죽음을 통해 오는 것인가? 예수의 죽음에 대한 구원론적인 이해는 역사적

---

[29] P. Hünermann, 123 참조.   [30] H. Kessler, 243 이하 참조.

으로 볼 때 분명히 초기 부활 후의 인식으로 파악된다. 서로 다르게 나타나는 예수의 만찬 텍스트[31]는 예수가 빵을 쪼개고 잔을 나누면서 자기 죽음을 어떻게 해석했는지 이해하게 해준다. 예수는 자기의 피흘림을 이스라엘을 위한, 넓은 의미로 만백성을 위한 보속으로 해석한다. 예수는 자기 죽음을 받아들임으로써 하느님 나라의 도래와 현시가 최종적으로 확정되었다고 확신한다. 그는 자기 죽음의 운명이 하느님 나라의 최종적인 건설과 계시와 직접 관계가 있다고 보며, 이를 하느님 종의 노래에 표현된 구약의 약속에 근거하여 그렇게 본다. 예수의 죽음은 네번째 하느님 종의 노래에 비추어 이해된다. 이 노래에서 하느님의 종은 많은 사람을 속량하기 위해서 많은 사람, 전체 이스라엘과 온 민족의 고통과 죄를 짊어진다. 이 노래의 마지막은 이렇다: "그 극심하던 고통이 말끔히 가시고 떠오르는 빛을 보리라. 나의 종은 많은 사람의 죄악을 스스로 짊어짐으로써 그들이 떳떳한 시민으로 살게 될 줄을 알고 마음 흐뭇해하리라. 나는 그로 하여금 민중을 자기 백성으로 삼고 대중을 전리품처럼 차지하게 하리라. 이는 그가 자기 목숨을 내던져 죽은 때문이다. 반역자의 하나처럼 그 속에 끼여 많은 사람의 죄를 짊어지고 그 반역자들을 용서해 달라고 기도한 때문이다" (이사 53,11-12). 예수는 자기 몸을 많은 사람을 위해 내어놓으면서 자기가 기다린 죽음에 "위타실존"爲他實存의 근본 입장에서 속죄의 의미를 부여한다. 예수는 하느님 나라의 구원은 죄인을 위한 자기 죽음을 통해 온다는 것을 알았다고 할 수 있다. 그래서 예수는 구원에 대해 인간의 폭력적인 거부를 비폭력으로 짊어지게 되었고, 그들이 구원을 실현하려는 결과를 거절하고 죄인에게 다가오는 하느님 나라에 바로 죽음 가운데서 최종적으로 길을 열어보이는 의지로써 폭력적인 거부를 짊어졌다고 할 수 있다. 만찬에서 예수는 이를 내어줌의 행위에서 간접화법으로 암시한 것이다.

  제자들은 예수의 죽음을 하느님 종의 죽음으로 이해하면서 부활을 체험한다 (사도 3,13; 1고린 15,3-5). 그리스도가 우리를 위하여 죽었다는 이 고백에서 제자들

---

[31] 마태 26,26-29; 마르 14,22-25; 루가 22,15-20; 1고린 11,23-25.

은 예수의 죽음을 포괄적인 속죄사건으로 이해한다. "우리를 위하여"가 구원의 의미를 가진다. 구원은 일치에 있다.

2) 예수 부활 후 구원의 선포

그리스도의 구원행위에 대한 개념은 신약성서에 다양하게 나타난다. 은총과 신앙 가운데서 죄인의 의화, 죄의 용서, 화해, 해방과 구출, 치유, 구원, 새 계약, 하느님과 인간이 함께하는 공동체와 평화, 하느님의 생명과 본성에의 참여, 새 생명에로 새로 태어남, 새 창조 등.

부활 후 공동체에는 부활한 주님에 대한 메시지가 하느님 나라 선포에 선행하게 된다. 미래에 기대된 하느님의 다스림이 이미 시작한 그리스도의 다스림에 일정한 형태로 새로 작용하며, 구원의 선물들이 부활한 자로부터 믿는 이들에게 전달된다. 그들은 그들의 "지도자와 구세주"(사도 5,31)를 신앙하는 데서 죄의 용서를 받으며(10,43 이하; 13,38 이하), 인간이 구원에 도달할 수 있는 이름은 하늘 아래 이 이름 외에 또 없다(4,12)는 것을 알게 된다. 부활체험과 성령체험에서 주님의 부활과 재림 그리고 주님의 영의 현존에 대한 구원론적 의미(1데살 1,10; 로마 4,25)가 명백해진다. 주님의 지상의 삶과 죽음이 구원론적으로 의미심장한 것으로 인식되며, 그 안에 그의 구원 소식이 현재화된다. 그가 죽을 때 일어났던 일도 희생형식, 죽음 형식 및 속죄 희생제 등으로 다양하게 해석되었다.[32]

바울로는 모든 것을 십자가에 집중시킨다. 바울로에 의하면 하느님은 당신에 대한 그리스도의 메시지와 인간을 위한 그리스도의 희생을 통해서 당신에게 반항하며 죄에 떨어진 인간들에게 당신의 무한한 원수 사랑 가운데 당신과 화해할 수 있는 길을 열어놓으시고, 인간들을 율법과 죄와 죽음의 세력으로부터 해방시킨다.[33] 하느님은 그리스도의 십자가의 피를 통해 평화를 이룩하신 것이다(골로 1,20). 인간이 지금까지 하느님의 분노 아래 서 있는 하느님의 원수였다면, 이제 그리스도를 통해 하느님은 우리를 당신과 화해시키셨다(2고린 5,9). 이것이

---

[32] H. Kessler, 244 이하 참조.   [33] H. Kessler, 245 참조.

구원이다. 이 화해는 하느님의 절대행위로서 무한하다. 바울로는 모든 인간들, 유다인과 이방인, 하늘과 땅, 나아가 온 우주의 영적 세계까지를 신적 화해의 대상으로 일컫는다(에페 2,16; 골로 1,20; 2고린 5,19).

바울로 서간에는 그리스도의 인물과 활동에 관한 진술이 구분되어 있지 않다. 죄 없는 분인 그리스도는 우리를 대신해서 죄를 짊어지고 죽으시고 부활하심으로써 죄를 극복하고 죄로 인해 파괴된 인간과 하느님의 관계를 복구시키셨다. 그는 아담 안에 있는 죄의 상황을 극복하시어 하느님과의 새 삶을 얻으시고 우리를 성령 안에서 형제자매가 되게 하셨다. 이때문에 우리는 그리스도의 성부에 대한 아들관계에 은총으로 참여하게 되었다. 종말론적 구원의 희망을 가지신 분인 예수의 전체적인 공적인 활동은 "위하여"$\dot{\upsilon}\pi\epsilon\rho$ 형태에 종합되어 있다. 특히 최후 만찬에서 예수의 죽음은 자기의 "위하여-실존"의 가장 중요한 표현이다. 예수는 충실과 순종 가운데 자기 생명을 "많은 이를 위하여" 죄의 용서로 내놓았다.

바울로에 의하면 그리스도는 우리를 위하여 대신 "저주"(갈라 3,13)와 "죄"(2고린 5,21)가 되었으니, 이는 우리가 그 안에서 하느님의 정의가 되게 하기 위해서였다. 하느님이 우리의 죄값을 치른 것이다. 이것이 대속사상으로 이어진다: 대속사상은 특히 구약성서의 영향을 받은 것으로 예수의 속죄 죽음에서 분명하게 보인다. 죄의 종살이로부터의 해방, 그리스도의 피를 통한 의화 및 정화 그리고 구원, 많은 사람을 위한 속전으로 생명을 내어놓음, 속죄의 희생제물로 자기를 내어놓음 또는 우리의 죄를 위한 희생 등이다. 이러한 사람은 그리스도가 "우리를 위해서"(로마 5,8), "우리 죄인을 위해서"(1고린 15,3), "모두를 위해서"(2고린 5,14 이하: 참조: 갈라 1,4; 1고린 1,13; 5,7; 11,24) 죽었다는 진술에서 만나게 된다. 그리스도의 피는 하느님이 이제 자기의 의를 증명하는 속죄 수단이다. 그리스도의 희생은 하느님 마음에 들었고(에페 5,2), 인간들에게 지워져 있던 빚을 없이하였다(골로 2,14 이하). 그리스도의 죽음을 통하여 신앙인은 어둠에서 벗어났고(골로 1,13 이하) 율법의 저주로부터 구원되었으며(갈라 3,13; 4,5; 로마 7,1-6), 죄의 종살이로부터 해방되었다(로마 6,18). 그리고 구원의 열매인 의화(로마 5,1.9), 죄의 용서(로마 3,21-25; 골로 1,14), 영의 소유(로마 8,23; 2고린 1,22; 5,5), 하느님의 자녀되는 자격(갈라 4,6 이

하: 로마 8,12-17)을 얻게 되었다. 이렇게 해서 죽음에 이르기까지 순종하고 부활하신 그리스도는 새 인류의 시작(로마 5,18 이하)이 되었다. 죄 없는 자가 우리를 위하여 죄인이 되셨으니, 신이 부재한 곳에 하느님에 대한 순명으로 이루어지는 사랑의 근원적인 새 시작이 마련되었다. 그는 우리에게 하느님의 의로우심을 마련하셨고, 하느님의 친자녀가 되게 하셨다.[34] 이렇게 해서 신앙 안에서 사랑의 삶과 완전한 구원에 대한 희망이 가능하게 되었다.[35] 즉, 인간은 "희망을 지향하도록" 구원되었다(로마 8,24). 인간은 여전히 죽을 육신을 입고 있고(2고린 5,1-10), "부패의 종살이"(로마 8,21)에 처해 있으면서도, 육신의 구원(로마 8,23)을 갈망하고, 또 영원한 생명(갈라 6,8; 로마 6,22)과 영광(로마 8,17)과 육신의 부활(1고린 15,35-57)을 통한 구원을 갈망하게 되었다.[36]

예수의 부활은 믿는 이들에게 다가올 부활의 근원이기 때문에 믿는 이들에게 생명을 보증한다(로마 5,12-21; 1고린 15,12-15,21 이하). 최종적 구원은 비탄 속에 있는 전 피조물도 포함한다. 모든 피조물은 덧없음에서 하느님 자녀의 영광스러운 자유로 완성될 것이다(로마 8,20-23).[37] 그렇기 때문에 바울로에게 구원은 과거와 현재와 미래이다. 우리는 (희망 안으로) 구원되었고(로마 8,24), 동시에 (복음을 통하여) 구원된다(2고린 15,2). 그리고 바울로가 재림을 적극 기다린 것에 비추어 볼 때 이 구원은 아주 가까이 와 있다(로마 13,11; 1데살 5,8 이하).[38]

바울로는 다양한 방식으로 성령 안에서 그리스도를 통한 하느님의 구원사업에 대해서 이야기하고 있는데, 화해와 의화가 그 전면에 나타나 있다. 하느님은 우리를 위하여 그리스도를 의로움(2고린 5,21 참조)과 성화(2고린 8,9 참조)와 속량(갈라 3,13 이하 참조)이 되게 하였다. 그때문에 바울로의 구원론은 "자유의 복음"으로 읽을 수 있다. 그의 율법 아래 있는 사람의 몸값을 치르고 되사는 것과 친자성을 얻도록 아들을 파견하고(갈라 4,4-6), 서로 사랑하도록 자유로 해방시키고 부르시고(갈라 5,1-13), 죄와 죽음으로부터(로마 6,15-23) 그리고 율법으로부터 해방시키고(로마 7,1-6), 영

---

[34] 2고린 5,21; 로마 8,3; 갈라 3,13 이하; 골로 2,19 이하; 1베드 2,24.
[35] 2고린 5,14 이하; 갈라 4장; 로마 5,9 이하; 8,3-18.
[36] J. Gnilka, 306 참조.   [37] J. Gnilka, 307 참조.   [38] H. Haag, 95 참조.

안에서 자녀로 살게 한다는(로마 8.1-17) 핵심적 텍스트도 포함하고 있다. 피조물이 "하느님 자녀들의 영광과 자유를 위해 해방"(로마 8.21)되는 것은 그리스도께서 우리 죄인을 위하여 당신을 희생하셨기 때문이다(갈라 1.4). 이는 의화가 예수의 피와의 화해에 의해서인 것과 같다(로마 3.24 이하). 영은 구원의 첫 "보증"이다(에페 1.14). 구원과 해방은 성령 안에서 예수 그리스도를 통해 하느님과 인간이 새로운 관계를 맺게 한다. 이 새 관계는 신·망·애 가운데 하느님과 인간에 대하여 완전한 생명을 규정한다. 또 하느님은 죄의 용서를 통해 정의를 증명하고(로마 3.25) 구원에로의 회개로 이끈다(2고린 7.10). 바울로에게 구원은 예수의 몫을 보증하고, 예수 안에서 이방인과 유다인에게 선사된 하느님의 자비(로마 9.21-24)를 보증하는 복음이다.

요한에 의하면 예수와 함께 빛과 생명이 어둠과 죽음의 이 세상에 나타났다(1요한 1.2; 요한 1.5; 3.19). 예수는 이 세상의 한 현상이 아니라, 오신 존재로 파악된다. 예수는 아버지로부터 와서(강생) 아버지께로 귀향하는(구원) 신적 생명의 계시자이며, 이 생명을 전달하는 자이다. 예수는 자신의 전 지상 생애를 통해 아버지를 자기의 구원하는 사랑 가운데 보여주셨고, 믿는 이들에게 아버지와 공동체를 이루게 하심으로써 어둠과 죄와 죽음으로부터 해방시키셨다. 하느님의 사랑은 예수의 사명에 나타난다. 예수는 생명이고, 생명의 담지자이자 수여자이며, 자기를 믿는 모든 이에게 멸망과 영벌과는 반대되는 생명을 전달한다. 예수는 구원자이다. 믿는 이들 안에는 그리스도와 하느님 자신이 살고 있으며(14.23) 그들은 아버지의 사랑을 향유하고, 평화와 화해와 은총과 진리를 소유하며 하느님으로부터 난 자들이다.[39]

요한에 의하면 구원의 실재는 은총과 진리를 가져다주는 육이 된 말씀이며 이는 하느님의 아들에 의해 완전히 정해졌다. 생명과 빛은 말씀이 가져다주는 구원의 선물이다(1.4; 3.15; 1요한 1.1-4). 생명과 영의 선물은 예수가 죽음으로 헌신하신 것과 관계하고 있다. 요한에게도 그리스도의 희생 물음은 구원의 근원인 것이다.[40] 십자가의 죽음은 이런 구원사업의 정점이며 완성이고, 자기 것을

---

[39] H. Kessler, 245-6; J. Gnilka, 307 참조.

[40] 요한 1.29; 10.11; 12,24.33; 15,13; 19,34.

위해 생명을 내어놓는 사랑의 구체적 계시이고, 이 세상의 군주에 대한 심판이고, 최종적 구원의 장소이다. 예수의 이런 십자가의 죽음 안에 아버지의 영광이 계시된다. 하느님은 세상을 그토록 사랑하시어 자기 아들을 죽음에 부치셨으니, 이는 아들을 믿는 모든 사람이 아들 안에서 영원한 생명을 가지도록 하기 위해서이다(3,16; 1요한 4,9 이하). "세상의 구원자"(4,42; 1요한 4,14)인 예수는 죽음을 통하여 구원사업을 완성하셨고, 이 구원사업으로 아버지를 영광스럽게 하였다(17,4). 십자가 위에 들어올려지고, 죽음으로부터 부활하여 아버지 곁에서 영광을 받으신 예수는 모든 믿는 이들을 자기에게로 이끌어들이고 그들에게 빠라끌레또를 보내신다.[41] 그들도 예수의 영광에 참여하고 아버지와 아들의 사랑의 일치로 돌아서게 되는데 이는 "그들이 일치로 완성되도록 하기 위해서"이다. 그러나 구원의 완성은 요한에 따르면 미래에 있다. 영광 받은 그리스도는 "자기의 것", 성부가 자기에게 부여한 영광을 보도록, 그들을 천상의 집으로 부르게 될 것이다(12,26; 14,2 이하). 죽을 육신을 구원에 포함한 그들은 "예수가 어떠한지를" 바라볼 뿐 아니라 영원히 그와 함께 결집하여 있고 그의 영광된 삶과 비슷한 형태를 소유하게 될 것이다.[42]

히브리서는 "영원한 구원"에 대해서 이야기하는데, 이는 대사제이신 그리스도의 "피를 통해서" "단 한 번 일어나게 되는" 것이다(9,12). 강생은 아들의 죽음에 방향을 맞추어 읽혀지니, 아들은 강생을 통해 죽음과 마귀의 세력을 꺾고 모든 죄의 상황에서 "해방"시키셨다(2,14-15). 예수는 수난과 십자가의 맥락에서 "구원의 창시자"(2,10)와 신앙의 창시자(12,2)로 일컬어진다. 여기서 목자인 예수가 자기의 것에 앞서가며 자기의 구체적인 삶을 통해 보여주는 해방의 행위에 대한 암시를 읽을 수 있다.[43]

사도행전에서 생명의 주관자(3,15), 영도자(5,31)라는 칭호는 그리스도의 부활과 고양 그리고 5,31의 구원자와 관련한다. 하느님 구원계획의 열망은 구원의 완성인 재림까지 연장되며(루가 21,28), 예수의 죽음도 여기에 자리를 잡고 있다.

---

[41] J. Gnilka, 307 참조.   [42] J. Gnilka, 307 참조.   [43] L. Ulrich, 132 참조.

그렇지만 구원론적 강조점은 (공관복음에서처럼) 예수의 해방시키시는 하느님 나라 소식과 삶의 실천에 놓여 있다. 예수의 삶은 먼저 그 자체로 보아야지 "수난의 서곡"으로 보아서는 안된다. 예수의 삶은 완전히 하느님의 다스림에 따라 봉사로 짜여져 있다. 사도행전은 구원을 죄의 용서에서 본다. 죄의 용서는 그리스도께 향하는 가운데 모든 사람들에게 보증된다. 회개, 세례, 죄의 용서, 영을 받음은 구원을 위해 꼭 필요한 단계이다. 예수에 대한 신앙이 죄의 용서와 구원을 야기시킨다. 그렇기 때문에 세말의 구원에 대한 유다인의 기대는 반드시 예수를 통해서만 이루어질 수 있다.[44]

종합할 때 신약성서에 의하면 전죽 그리스도 사건이 구원의 의미를 가지고 있다. 그러면서도 고통과 죽음(부활과 일치하여)에 특별한 기능이 부여된다. 다양한 동기와 은유는 이 기능을 암시하고 있다. 신약성서의 구원 진술의 한복판에는 고양된 그리스도의 현존재와 죽음을 확정하는 저 "우리를 위하여"가 자리하고 있다. 니체아 신경의 중심에도 "우리의 구원을 위하여"라는 말이 있다. 콘스탄티노플 신경(381)도 십자가 죽음을 "우리를 위하여"로 강조한다.[45]

4. 구원에 대한 주제

하느님 구원행위의 중심이며 척도인 예수 그리스도의 일을 바탕으로 하여 구원에 대한 몇 가지 주제들을 살펴본다.

4.1. 인간의 구원 동경과 하느님의 구원의지

이스라엘은 세상과 인간을 선하신 하느님의 창조사업으로 본다(창세 1,31). 하느님 이전에 선행하는 악은 없다.[46] 그러면서도 구약성서는 또 인간이 인간에 대

---

[44] L. Ulrich, 132 참조.   [45] H. Kessler, 246 참조.
[46] 악은 인간을 통해서, 더 정확히 인간의 죄와 잘못을 통해서 창조 안으로 들어왔다.

해 가하는 무자비한 폭력행사[47]와 온갖 고통과 죽음과 어려움의 상황을 알고 있으며, 그때문에 이 책들에는 인간이 하느님께 구원을 부르짖는 소리로 가득 차 있다. 이런 어려운 상황에서 인간은 구원을 갈망하고 있는 것이다. 구원은 부정적으로 표현하면 온갖 악과 어려움에 얽매여 있는 상황을 벗어나는 것이며, 긍정적으로 표현하면 자기의 본모습인 하느님을 다시 찾아 이와 일치하는 것이다. 이런 구원관에는 인간의 구원은 인간의 힘만으로는 안된다는 논리가 암시되어 있다. 구원은 구원을 갈망하는 인간의 마음이 축적됨으로써 주어지는 것이 아니라, 모든 이의 구원을 원하시는 하느님의 구원의지가 충만됨으로써 이루어지는 것이다. 다시 말해서 구원은 구원을 갈망하는 인간의 마음이 모든 이를 구원하고자 하시는 하느님의 마음을 받아들이는 데서 체험된다. 구원은 구원을 바라는 인간의 능력에 달려 있지 않고 다른 데서 오며, 구원은 그 가능성을 갈망하는 자의 손에 들어 있지 않고 타자에 달려 있다.[48] 그래서 구원은 객관적인 논리로는 연역할 수 없는 신뢰감, 모험심, 희망에서 얻어진다. 이런 의미에서 구원은 하느님의 순수한 선물로, 이 선물은 곧 하느님과의 공동체, 인격의 완성, 사랑으로 이해된다. 은총의 수용과 이 사랑의 느낌이 곧 구원이

---

[47] 폭력에 대해서는 본서, 273-307 참조.
[48] 이런 의미에서 그리스도교는 타력구원을 주장하고 있다. 인간은 자기 자신의 힘으로 구원에 도달할 수 없고, 오직 신적 도움에 의존해야만 구원이 가능하다는 데에는 종교간에 다소 견해차가 있다. 구원이 종교적·초월적 중요성을 가진다면 인간은 오직 구원의 원인이요 보증인 초월의 이끄심에 의해서만 구원에 도달할 수 있다. 그러나 구원이 세상에 내재해 있다면, 그래서 저 초월적 차원이 부정된다면 인간이 자기 자신의 구원의 주재자가 된다. 그러므로 서로를 내재와 초월의 종교로 주장하는 한, 불교와 그리스도교간의 오랜 자력구원과 타력구원의 논쟁은 사실 해결을 볼 수 없다. 불교인에게 구원이 외부 존재인 하느님에게서 온다는 그리스도교의 구원관이 불가하게 보이는 것은 대다수의 그리스도인이 하느님을 어떤 외부의 대상으로만 생각하는 데에 그 원인이 있을 것이다. 그런 외부의 대상화된 존재가 존재하지 않는다면 외부로부터 오는 구원이 있을 수가 없다는 것은 너무나 당연하다. 그러므로 그리스도인은 타력구원을 주장하기 이전에, 불교인의 이 비판을 마음에 새겨 자기의 신관을 점검해 볼 기회로 삼아야 할 것이며, 교회 전통에 구원을 위해 공덕을 애써 쌓기를 교회가 신도들에게 지나치게 강조하고 있다는 사실을 간과하지 말아야 할 것이다. 마찬가지로 불교인도 자력구원을 주장하기에 앞서 불교가 인간의 힘의 한계를 말하며, 또 수많은 불자들이 실제로 부처 앞에 구원을 빌며 청하고 있다는 사실이 있다는 것도 받아들여야 할 것이다. 자력구원과 타력구원의 논쟁, 또는 Metz가 표현한 신구원(Theosoterik)과 자동구원(Autosoterik)의 논쟁(H. Kessler, 253 참조)은 사실 무모한 인간들의 다툼일 뿐이다.

다.[49] 구원이 이 일치에서 행복을 찾아주는 한, 구원은 행복이며, 이 일치가 하느님의 구원의지를 깨닫고 하느님의 주님이심을 인정하는 것인 한, 구원은 하느님 자체이다.[50] 이런 면에서 하느님의 의지의 사건이 곧 인간을 위한 구원으로 이해된다. 하느님은 세계에 대한 자기의 주존재主存在를 새로 유효하게 하였으니, 그의 주님 존재가 곧 구원이다. 하느님의 주권과 함께 사탄이 넘어지고 창조의 의미가 회복된다. 사탄의 억압 아래 있던 인간이 그 세력을 벗어나 자신들의 구원을 원하신 하느님께 속하게 된다.

4.2. 구원 문제의 현실성과 인간학과 사회학적으로 전환된 구원론

구원론은 신학 전반의 발전에 수동적으로 끌려가기도 하고 더러는 능동적으로 다른 신학 분야에 영향을 끼치게 되어 있다. 지난 100년 동안의 구원론 역사를 돌아볼 때 이런 상호연관성을 쉽게 볼 수 있으며, 특히 공의회 이후 구원론의 발전은 신학 전반에 대해서 고유한 의의를 띠게 되었다. 어떻게 보면 구속신학의 쇄신은 여러 분야에서 신학의 구속을 의미하는 것이기도 하다. 현재 벌어지고 있는 구원론 토론의 몇 가지 점에 주의를 기울여 보면, 연역적 구원론(위로부터의 구원론)이 이제 끝장이 나고 이제부터는 경험적이며 해석학적 구원론(아래로부터의 구원론)이 그 모습을 드러내고 있음을 알 수 있다. 이 구원론은 현대의 다양한 생활체험들을 수용하며, 이를 그리스도교적 신앙 확신에 힘입어 해석하고, 이 체험들의 구원의 의미를 재점검하고자 시도한다. 이렇게 해서 구원은 인간학적 관점에서 다루어지고 있다. 인간에게 절대적이던 하느님상을 벗어나서 하느님은 인간들의 경쟁자가 아닌 예수 그리스도의 하느님이요 아버지로, 예수 그리스도 안에서 세상을 당신과 화해하신(2고린 5,19) 구원의 창시자요 인간들의 파트너로 보는 가운데 하나의 구체적인 신학이 싹트게 되었다. 신앙

---

[49] K. Rahner, "Erlösung", in: *SM* I, 1159-65 참조.

[50] 하느님은 구세주이시다는 내용의 성서 구절: 1디모 1,12; 디도 1,3. 나중에 이 초점이 예수 그리스도에게도 적용된다: 2디모 1,10; 디도 1,4; 루가 2,10; 요한 4,42; 필립 3,20.

과 구원 표상들이 필연적으로 역사와 사회에 관심을 보이고 있다는 사실을 발견하는 데서 인간학적으로 전향된 신학, 희망신학, 해방신학, 정치신학 등이 나타나게 되었다. 이는 구원 이론과 구원 실천에 근거한 그리스도교 신앙이 지니는 구원 능력에 대한 하나의 새로운 천명이다.[51]

주체로의 전환과 자유의 열정과 함께 구원을 해방으로 이해하고 구원론뿐 아니라 구원 실천을 강조하면서 의식적으로 구원을 예수의 생활 실천에 연결시키려는 바탕이 마련되었다. 인간이 구원을 원한다면, 그 원하는 인간은 구체적인 상황에 처해 있는 인간이며 그러기에 그 상황을 이야기하지 않을 수 없다. 이런 근본적인 사고에는 정치신학에서 메츠, 해방신학에서 소브리노와 보프가 크게 영향을 끼쳤다. 이로써 물론 해방신학(정치신학)의 근본 문제점이 이야기되었다. 즉, 정치와 윤리와 구원의 관계의 특징적 문제점, 예컨대 추종의 범주와 그리스도론적·구원론적 인식이 유일한 원리인가 하는 질문은 해방신학의 그리스도론과 구원론에 던질 수 있다. 해방신학에서 포괄적인 구원자, 곧 정치적·인간학적·신학적 해방을 서로 혼동하지 않으면서도 또한 분리되지 않는 구원론을 생각할 수 있게 되었다.

정치신학은 신학의 사사화私事化와 심령화心靈化의 경향(인격주의, 실증주의, 초월신학)과 이로 인한 신앙의 비세계화와 비역사화非歷史化를 비판하며, 사회와 역사 안에서 삶과 체험을 형성하는 현실을 발견하고자 한다. 그리하여 종교와 사회의 관계, 교회와 일반사회와의 관계, 종말론적 믿음과 사회적인 실천 사이의 관계를 새로이 규정하려 한다.[52] 이렇게 해서 정치신학은 그리스도교의 구원 희망(정의, 해방, 평화, 하느님 나라)이 본래부터 지니고 있는 공공적·사회적·정치적 구조를 일깨워준다. 즉, 사회적인 실천 한가운데서 구원신앙으로서의 신앙을 제시하려한다. 계몽주의의 충격을 받은 정치신학의 목표는 구원신앙의 타당성을 바로 이 구원 실천을 통해서 증명하고자 했던 것이다.[53]

구원론은 인간뿐 아니라 현실과 미래의 구원(시간의 구원), 세계와 우주의

---

[51] G. Bitter, 박상래 역, "새로운 구원신학. 실적과 미결문제들", 『현대신학 동향』, 분도출판사 1984, 189-208 참조.

[52] G. Bitter, 198 참조.   [53] G. Bitter, 199 참조.

구원(공간의 구원)도 그 주제로 삼아야 한다. 인간의 구원은 세상과 우주의 구원과 함께 성취되며, 또 세상과 우주의 구원은 인간을 통해서 이루어진다. 그러므로 우주와 세상의 구원은 인간 구원의 조건이며 과제이다. 이러한 인간의 구원은 사회적 차원을 지니고 있으며, 나아가 세상의 구원, 우주의 구원과 함께 완성된다. 인간은 구원되기 위해 사회와 자연과 우주와 세상의 구원에 참여해야 한다. 사회와 우주도 인간을 통해 구원된다. 이러한 의미에서 인간은 자연과 우주의 구원을 도와 주어야 하며, 이에 대해 책임을 져야 한다. 세상의 구원은 인간의 구원 조건이며 과제이기도 하다. 구원은 또 종말론적 충만함과 완전성을 띠고 있다. 시간과 영원의 관계는 구원의 이해에 가장 본질적인 것이다. 소위 부활은 이런 관계를 깨닫지 못해서는 한낱 신화적 발상에 머물러 있을 수밖에 없게 된다. 각 개인은 죽고 부활한 그리스도와 인격적인 관계를 맺음으로써 단 한 번 주어진 지상 생애중에 구원에 도달하는 과정을 밟아가며, 죽는 순간에 하느님이 결정하시는 상태에 따라 변함없는 영생을 누리게 된다. 시간 속에 구속되어 있는 인간이 본래의 제 목적을 향하여 나가는 마지막에 하느님과 일치하는 영원을 누리게 되는 것이다.

이런 차원에서 전인全人의 구원이 이해된다. 즉, 그리스도교는 구원을 전인격의 구원으로 이해하고 있는 점을 우리는 간과해서는 안된다. 영만의 구원이나 육만의 구원이란 있을 수 없다. 영과 육이 갈라져서는 인간이 아니기 때문이다. 구원은 영육 모두의 구원이다. 인간이 비구원의 상황에서 고통을 당한다면 영육 단일체로서의 인간이 고통을 당하는 것이다. 신인관계는 인간의 고귀함을 밝혀 주고, 구원은 인간을 인격자로 형성시켜 준다. 구원은 인간을 향한 구원이다.

4.3. 그리스도론적 집중

구원의 최종 사업인 화해와 완성은 첫째, 아들이 고통받는 이들과 죄인들과의 연대성을 위해 인간 존재를 받아들이는, 아니 죄인들의 신 거부를 수용하기에 이르기까지 순종하고 자신을 낮추는 사랑을 통해 보여준 이 세상을 향한 하느님의 움직임(계시)에서 둘째, 이를 통해 열리게 된 하느님을 향한 인간의 회개하는 반대 움직임(신앙)에서 일어난다.[54] 구원은 계시와 밀접한 관계를 가지고 있다. 애초부터 성서가 구원과 계시를 연결시키는 것은 하느님이 자기 자신을 계시하는 데서 구원이 이루어지기 때문이다. 계시 없는 구원이 없고, 구원 없는 계시가 없다. 또 계시의 내용이 하느님 자신인 한 하느님은 구원 자체이다. 구원은 이 하느님을 계시자로 고백할 때 이루어진다. 그리스도는 아버지 하느님을 계시한 자로서 세상의 구세주(요한 4,42)이다.

비터는 현대의 신학적 반성에 미치는 점을 고려하면서 그리스도론이 "성서의 전통을 기점으로 과연 하느님은 우리 인간의 행복에 관심을 가지고 있으며, 예수 그리스도의 생애와 업적에서 우리의 행복, 우리의 구원을 위하셨다는, 정말로 '우리를 위하셨다'는 사실을 결론지을 수 있을까?"고 질문하면서 최근 그리스도론 연구에 공통적으로 나타난 구원론의 관심 몇 가지를 지적한다:[55]

① 구원을 선사하시는 예수 그리스도의 하느님께 대한 믿음의 선포는 언제나 현실성을 지녀야 한다.

② 성서의 구원론적 범주와 구조의 내용에 대한 발견과 함께 성서의 개별적인 구원론적 기본 유형 내지 모형을 해석학적으로 현재에 직접 적용하려는 시도도 있다(출애굽, 계약, 하느님 나라).

③ 구원론에 대한 본질의 언급보다는 하느님께서 "우리를 위하신다"는 사실이 구원론의 으뜸가는 공리로 재발견된다. 즉, 하느님과 인간의 상호인격적 관계를 근본적으로 탐구하는 경향을 띤다. 그 다음 하느님이 "그 자체로서도" 이러저러하시다는 언명이 따름.

④ 신학의 여러 논문들이 독립적으로 다루어지지 못하고 횡적인 연결성 가운데에서 발전한다. 특히 그리스도론은 상이한 질문 노선이 모여드는 교차점을 이룬다. 구원론 내지 구속론은 이제까지보다는 더 근본적으로 신학의 다른 논문들과 과목들의 입장과 실적들을 적극 수용하고 다른 분야와 횡적인 유대를

---

[54] H. Kessler, 251 참조.   [55] G. Bitter, 202 이하 참조.

모색하고 있다. 이렇게 해서 신론·그리스도론·구원론·성령론·교회론·성사론 등을 예수 그리스도 안에서 구원을 마련하시는 하느님의 현존이라는 단일한 신비 안에 다시 동참시키는 가운데, 그리스도인들이 구속이라고 일컫는 그 사건과 운동을 효과적으로 매개할 수 있는 가능성이 트일 것이다.

4.4. 대속적 화해

구원 경륜적으로 볼 때 하느님의 아들은 인간으로서 그리고 우리와 함께하는 연대적 인간으로서 우리 죄인의 "자리"에서 아들 존재를 실현하신다. 그는 성자로서 자신을 완전히 아버지의 뜻에 자유로이 맡기고 인간에게 헌신적으로 봉사한다. 그는 죄인들의 "자리"에서 근원적이고 최종적인 죽음을 맞이함으로 하느님으로부터 멀어진 죄인들의 존재에 하느님의 용서를 일으키는 사랑을 현존하게 하고 작용할 수 있게 하셨다. 그가 매달린 십자가는 하느님께서 비싼 대가를 치르고 인간을 사신 것으로[56] 그 위에서 인간이 하느님에 대해 저지른 신 거부도 함께 못박혔다. 십자가를 통해 하느님을 멀리한 인간의 어려움이 아버지와 아들의 신적 관계 안에 받아들여진 것이다. 이렇게 해서 예수 그리스도의 죽음과 부활이라는 가시적인 대립사건 속에서 하느님과 인간의 구원하는 사랑, 그리하여 결정적인 인간의 상태 변화가 일어난다. 예수 그리스도는 인간에게는 하느님을 위하여, 하느님에게는 인간을 위하여 자기를 열어놓는다. 하느님과 인간의 분리가 예수 그리스도 안에서 세상에 대한 하느님의 사랑과 하느님에 대한 세상의 사랑을 통해서 단 한 번 지양되었다. 영원한 화해는 부활한 예수 그리스도 안에 남아 있고 현존한다. 인간 예수는 결정적으로 아버지와 아들 사이의 영원한 관계 안에서 서로 받아들였고, 그러기에 예수는 자기를 향하여 마음을 여는 모든 이에게 화해하는 사랑의 정신을 주는 전권을 가지고 있다(로마 5,5; 요한 20,19). 그의 부활은 하느님 안에 온 인류의 완성의 시작이다.[57]

---

[56] 1고린 6,20; 1베드 1,18 이하.   [57] H. Kessler, 252 참조.

4.5. 구원과 자유

인간은 무언가를 한없이 갈망하고 끊임없이 행복을 추구하고 있다는 사실만으로도 그 자체로 불완전하고 불충분한 존재임을 드러내고 있다. 인간은 하느님을 향하여 창조되었고, 오직 대화적으로 하느님의 자기 해명(자기 전달)을 통해서 그리고 하느님 안에서 하느님과 함께하는 사랑의 보편적 공동체 안에서만 완성될 수 있다. 인간은 이미 주어진 자기의 잘못과 죄 때문에(하느님의 거부) 하느님으로부터 분리되었고, 내면적으로 늘 갈등하고 있고 헌신적 사랑에 무능하다. 도대체 완성되기 위해서는 먼저 하느님과 화해해야 하고, 하느님의 용서와 구원이 필요하다. 모든 구원의 기원과 요인은 바로 이러한 하느님의 무한하신 사랑이다.[58] 이 사랑은 전 역사에서 인간을 찾으시는 예수 그리스도 안에서 불가역적不可逆的으로 도달된다. 그리스도 안에서 하느님은 자기가 실제 누구인지를, 오직 삼위일체론적으로(영 안에서 아버지와 아들의 영원한 관계) 생각할 수 있는 절대 자유로운 사랑 자체(1요한 4.8.16)라는 것을 보여준다. 사랑의 자유에 참여하려는 하느님의 의지는 창조와 구원의 고유한 조건이다.[59]

구원은 하느님의 사랑을 통해 예수 그리스도의 자기 희생 안에 비가역적으로 작용하고, 말씀과 성사와 삶의 증거를 통해 교회 안에 전달되고, 또 우리를 위한 예수의 헌신과 우리의 동일화를 통해 신·망·애 가운데 개인적으로 획득된다. 이 구원은 새 자유로 이해되는데, 인격적으로 소외되고 또 통교를 방해하는 세력·율법·죄·죽음·악의 궤도로부터의 선사된 해방과 사랑의 가장 내면적인 신적 생명에 역동적으로 참여하도록 이끄는, 이로써 자유로이 하느님의 자녀이자 파트너가 보장되는 해방의 두 가지 관점을 가지고 있다. 이 해방 안에서 인간의 자아 존재는 완성에 이른다. 이 자유와 정체성은 인간 자신에 대하여 잘못 이해된 자율과는 다르다. 자율은 스스로의 도덕률에 따르는 데에 반

---

[58] H. Kessler, 250 참조. 하느님의 보편적 구원의지에 관한 성서 구절: 1디모 2,4; 요한 3,16.

[59] H. Kessler, 250 참조; 둔스 스코투스, *Op. Oxon.* III 32, 1, 6; vult habere alios condiligentes.

해, 이 자유는 하느님이 그리스도의 "우리를 위하여"를 통해 선사하신 것이다. 이런 선사된 자유 때문에 하느님에 의해서 그리스도 안에서 무조건 받아들여진 존재는 자기 자신에 대한 두려움에서 해방되고 매일의 사랑과 기도와 용서 가운데 남을 받아들이고 짊어져야 하는 의무를 가지게 된다. 이 구원은 이 세상의 해방과 사회정의와 군축 등에 쏟는 인간적 노력에 또 다른 관점을 부여한다. 가난한 이들과 원수들과의 연대성, 소유의 포기나 폭력의 근절, 불의와 압박에 대한 저항, 용서와 화해의 구체적인 표징 없이는 그리스도 안의 새 자유는 믿을 만한 것이 못되며 또 유지될 수 없다(마태 18,23-34; 25,31-34; 1요한 3,13-18; 4,20). 온갖 경쟁과 분리와 적대감을 극복한(갈라 3,26-28; 로마 12,20 이하) 사랑에로 해방된 하느님의 자녀이며 그리스도의 형제자매들의 공동체는 이 세상에서 인간과 창조를 전체적으로 해방시키는 표징이며 도구로서 실존해야 한다.[60]

* * *

그리스도교 신앙은 구원을 단순히 역사적인 기존 세계의 실재에 대한 과거지향적 복구나 미래지향적 혁신으로 보지 않는다.[61] 구원이 과거나 미래로의 도피일 수는 없다. 그리고 역사로부터 세계 초월로의 벗어남이나 위를 향한 도피일 수도 없다. 구원은 죽음 다음에 오는 것이 아니며, 살아 있는 동안 인간은 구원을 체험해야 한다. 구원은 인간의 삶의 현장 안에서 가능하며 그러기에 죽음과 십자가의 고통의 현실을 벗어나서는 사람은 구원을 체험하지 못한다. 구원은 가난한 이와 고통받는 이들과 연대하는 데서(구원의 사회적 의미) 실제적으로 체험된다(마태 25장). 십자가에서 죽고 부활한 그리스도의 의미도 여기에 있다. 십자가는 고통으로 얼룩진 인생의 현장이다. 이런 의미에서 구원은 십자가에 못박혀 죽은 예수 그리스도의 죽음과 함께 진실로 다가왔다. 예수 그리스도의 메시지와 또 그분의 죽음과 함께 하느님의 나라가 실제로 시작된 것이다. 예수

---

[60] H. Kessler, 253 참조.   [61] H. Kessler, 253 이하 참조.

그리스도의 죽음과 부활로 주어진 구원의 이런 원리에서 신앙인은 이미 지금 여기서 구원받은 자로 살며 또 그들 삶에는 구원을 향해 정진하도록 하는 능력이 자라고 있다. 이런 의미에서 신앙인은 이미 역사의 세력과 폭력으로부터 해방되었다. 그들은 이미 예수 그리스도 안에서 그리고 하느님에 의해 이루어진 의義 안에서 자기 상태를 발견하고 있다.

신약성서는 하느님에 의해 해방된 이런 자유에 대해서 증언하고 있다. 이렇게 해서 바울로는 고린토인들에게 보낸 첫째 편지에서 모든 지상적인 것의 근원적인 상대화에 대해서 이야기하는가 하면(1.29-31), 다른 한편 신앙 가운데서의 상태에 대해서 이야기한다. 구원은 현실 안에서 주어진다고 하였다. 여기서 현실은 모든 인간과 함께 엮어지는 삶의 장소이다. 그러므로 구원은 연대적 성격을 지니고 있다. 자기만 예수를 보기를 원하고 현실에서의 어려운 이들을 멀리하는 이들은 구원될 수 없다는 것이 이를 말해준다. 하느님과 개인적으로 관계를 맺으며 하느님께 잘 보여 구원을 얻겠다는 것은 잘못된 것이다. 이런 개인주의와 이기주의는 오히려 구원에 방해가 되는 요소이다. 이런 데에는 하느님과 그리스도에 대한 개인의 신심을 강요한 교회의 잘못도 지적되어야 한다. 열심히 교회에 나가고 미사를 많이 봉헌하며 개인의 밭만 잘 가꾸는 것을 구원의 척도로 여기며 살아서는 안된다. 여기서 모아진 마음을 다시 주위의 이웃과 연대하는 마음으로 길러야 하는 것이다. 성체만이 아니라 그들 안에 있는 예수를 만날 때 구원이 주어진다. 구원은 개인의 소유물일 수 없다. 영성의 영화靈化가 잘못된 신심을 불러일으키듯 구원의 영화(예컨대 영만의 구원)도 그러하다.

그리스도교는 육에서 해방된 영혼의 구원을 거부한다. 그리스도교는 인간의 육체에까지 이르고 세계의 물질에까지 이르는 구원의 성숙을 기대한다. "사랑하는 여러분, 이제 우리는 하느님의 자녀들입니다. 그러나 우리가 어떻게 될지는 아직은 밝히 드러나지 않았습니다. 그렇지만 그리스도께서 나타나실 때에 우리가 그분을 닮게 되리라는 것을 알고 있습니다. 사실 우리는 그분을 실제 모습 그대로 뵈올 것이기 때문입니다"(1요한 3.2). 영만이 하느님을 뵈옵는 것이 아니다. 인간의 육체와 세계 전부가 이 완성된 궁전에 속하게 된다(로마 8.22 이하). 이 완성된 구원은 단순히 약속된 것, 미구에 오게 될 것으로 그런 유보된 기대가 아니다.

예수 그리스도의 죽음과 부활에 근거한 구원신앙과 구원 희망에는 인간학적 전제들이 포함되어 있다. 그리스도교 신앙은 인간은 하느님 앞에 설 때만 참으로 자기 자신을 발견한다는 구약성서의 확신을 전제로 하고 있다. 인간은 하느님과의 공동체 안에 있을 때 진실로 자기일 수 있다. 인간은 자기의 정체성을 오직 하느님으로부터만 발견할 수 있다. 인간이 하느님과의 이 공동체를 깨고 하느님으로부터 돌아선 자기 자신의 힘만으로는 결코 깊은 소외의 상태에서 벗어날 수 없고 구원을 체험할 수 없다. 인간의 소외되고 죄로 얼룩진 자유가 이런 극단적인 하느님과 인간의 관계를 체험하는 곳에 자기의 고유한 동일성을 찾는 통로가 열리게 된다. 이런 의미에서 구원은 무아의 획득이다. 구원은 이원론으로 무장된 자신에 대한 그릇된 관념으로부터 해방되어 자기의 무아적 존재를 깨닫고 얻는 때에 이루어진다. 구원된 존재는 참된 자신, 곧 자아를 되찾은 존재이며, 그래서 예수와 일치하고 하느님 나라에 든 존재이다. 이런 구원된 존재는 하느님과의 일치 속에, 그리고 이웃과의 일치 속에 사는 실천적 존재이다. 자기의 울 안에 갇혀 있지 않고 하느님과 이웃을 향하여 열려 있는 존재이다. 이들은 자기 비움, 자기 상실을 통해 자기를 회복한 존재이며, 한恨을 푼 존재만이 아니라 십자가와 죽음을 통하여 참다운 생명을 얻은 존재이다. 그는 자신을 봉헌하는 헌신적 존재이다. 구원된 자는 이원론에서 해방된 자유로 자유를 행사하는 존재이다. 그는 또 정의의 존재이다. 정의는 불의를 포함한 모든 이원론을 극복하는 데서 나오기 때문이다. 해방신학의 구원론이 완전하기 위해서는 한恨으로부터의 해방만이 아니라 전체로의 해방, 하나에로의 해방, 하느님에로의 해방을 이야기해야 한다. 그리고 여기서 "위하여"의 구원론적 의미를 알 수 있게 된다. 이 구원론은 악과 이원론의 굴레로부터 벗어나고 하느님 안에서 자기를 발견토록 하는 것을 내용으로 하고 있다. 자기 발견이 곧 구원이다. 구원은 하느님과의 일치, 남을 위한 삶이다. 예수 그리스도의 죽음과 부활에 근거한 구원 신앙과 구원 희망에는 인간학적 전제들이 포함되어 있다.

인간의 자유는 신약성서 고백에서 다른 이의 자유로부터, 하느님과 다른 모든 인간의 자유로부터 자기 자신을 믿는 자유로서 이해된다. 인간의 자유는 자기 자신 안에 있는 추상적인 자율과 고독 안에 쉬지 않는다. 인간의 자유는 본질적으로 관계적 자유로 이해된다. 자유의 본질은 사랑에 있다. 이때문에 잃어버린 자유는 다른 자유의 사랑의 은총으로부터 복구된다. 이런 자유는 인간을 자유로 해방시킨다(갈라 5.1).[62]

마지막으로 구원은 교회를 통하여 주어진다. 이는 만일 교회가 없었더라면 그리스도의 구원이 우리에게 전달되지 않았을 수도 있다는 점을 생각할 때 분명해진다. 그러나 교회를 통해 구원이 주어졌다는 것을 교회에 소속되어야 구원이 된다는 식으로, 그래서 제도적 교회를 통하지 않고서는 구원이 이루어지지 않는 것으로 해석해서는 안된다. 하느님은 소위 교회가 베푼 세례 때문에 인간을 구원하시는 것이 아니다. 교회 밖에는 구원이 없다는 정식定式은 누가 구원이 되느냐 하는 것이 문제가 아니라(그래서 소위 세례를 받지 않은 교회 밖에 있는 사람은 구원이 안된다는 식의 해석), 교회는 구원에 필요하다는 것을 말해주는 것이다. 그러므로 인간의 구원에 대해 교회는 겸손해야 한다. 교회 때문에 인간이 구원되는 것이 아니라 인간 때문에 하느님은 인간을 구원하신다. 하느님은 인간을 구원하면서 그가 어디에 속한 사람인지를 묻는 것이 아니라 그가 인간인가 아닌가를 묻는다. 교회는 이것을 전해야 하며, 그럴 때 사실상 모든 인간이 교회의 선교 대상이 되는 것이다.

---

[62] P. Hünermann, 130 참조.

종교와 사회의 정체

우리는 남들이 무심코 던지는 물음에 싸여 습관적으로 생활할 때가 많다. 남이 던진 신의 존재에 대한 물음에 나의 전부를 걸어 반성 없이 신앙하기도 하고, 또 그 존재에 회의를 느끼며 좌절하기도 한다. 그렇지만 무심코 받아들인 남의 물음에 자신의 전 생애와 실존을 거는 것만큼 어리석은 모험도 없을 것이다. 종교는 신을 남의 물음이 아닌 자신의 물음으로 생각케 하고, 그 바탕에서 제 몫의 인생을 살고 자신의 세계관을 펼쳐나가도록 하는 데 그 근본이 있다. 그러면서도 종교를 구체적으로 만나고 체험하는 장소는 가정, 사회, 국가 등 인간의 삶이 펼쳐지는 사회적 생활권의 한복판이다. 비록 종교가 세계의 세속화 과정에서 사사로운 관심사나 채워주는 좁은 영역으로 밀려난 듯한 느낌을 준다 해도, 그 개인이 속한 각 종교는 역시 어떤 형태로든 공동체와 관련하고 있으며 사회 조직 가운데에 위치하고 있다.

그리고 공식적이든 비공식적이든 종교는 종교다원화의 사회 속에 존재한다. 이는 세계의 종교 분포도를 펼쳐보면 금방 알 수 있다. 공간적으로는 그리스도교권·불교권·유교권·이슬람교권 또는 원시(자연)종교권 등이 한 지도 위에 다양한 색상으로 표시되어 있고, 또 종교사적으로 관찰해 볼 때도 원시종교·고대 이집트 종교 등에서 현대의 여러 사이비 종교에 이르기까지 종교의 변천과 그에 따른 역사적 분포가 다양하게 나타나 있다. 종교의 형성에서 몰락까지, 그리고 한 종교가 사라진 뒤 또 다른 형태의 종교가 형성·발달되어 가는 과정에서 인류 역사에는 어느 한 순간도 어느 특정의 종교만이 영향을 끼쳤던 시대는 없었다. 또 종교의 진공상태였던 적도 없었다. 사회는 항상 여러 종교와 공존해 왔고 다양한 종교의 색채로 물들어져 왔던 것이다.

더군다나 오늘날같이 커뮤니케이션이 고도로 발달한 사회에서는 종교의 다원화 현상을 더욱 실감하게 된다. 그 어느 곳에서나 불교의 사찰과 그리스도교의 종탑을 함께 볼 수 있으며, 이제 더 이상 소위 서구 그리스도교 대륙을 그리스도교 대륙만으로, 소위 불교 국가인 태국의 사회를 지도에 표시된 대로 무조건 불교적만으로 특징지을 수 없게 되었다. 이란의 사회가 무조건 이슬람적이라거나 한국이 무조건 불교-유교적이지는 않다는 말이다. 이런 상황에서 자신이 속한 종교만이 옳고 그외 종교는 사이비라고 단정할 수도 없게 되었다.

프릭이 "종교는 그야말로 오로지 종교들 가운데 있다"[1]라 하고, W. 스미트가 "종교가 있는 것이 아니라 '여러 종교들'이 있다"[2]고 한 것은 이런 다양성의 바탕 위에서 종교를 이해하려는 의도로 보인다. 그리고 제2차 바티칸 공의회가 종교에 대해서 도그마화하여 정의내리기를 피하고 그 대신 "사람들은 어제도 오늘도 인간의 마음을 번민케 하는 수수께끼들의 답을 여러 종교에서 찾고 있다"(「비그리스도교에 관한 선언」 1항)고 한 것도 종교의 다양성을 순수히 인정하고 종교간의 대화를 진솔하게 촉구하는 가운데서 종교를 이해한 것으로 보인다. 다양성의 인정과 대화의 촉구는 종교에 몸담고 있는, 또는 종교를 추구하고 있는 인간들의 삶과 실존을 존중한 때문이며, 종교는 사실 이러한 인간을 위하여 있음을 인정한 것이다. 나아가서는 종교란 인간의 삶과 사회의 외형에만 나타난 형태일 수 없으며, 이들의 "속"[內]과 "실존"에 관여하고 있고 이에 봉사하는 것을 그 본연의 사명으로 하고 있음을 천명한 것이라 하겠다.

이러한 종교의 다양성과 사회의 복잡성 앞에서 사회와 종교의 관계를 일방적으로 서술한다는 것은 거의 불가능할 뿐더러, 나름대로 종교를 정의내려 놓고 그에 따라 다른 종교와 사회 전반을 바라보며 묘사한다는 것은 확실히 배타적이며 위험스런 발상이 아닐 수 없다.

그러므로 종교와 사회의 관계를 구명하기 위해서는 종교를 역사와 사회의 저변에 나타난 현상으로서만 관찰하기 앞서 사회와 인간 삶의 심층에 자리하고

---

[1] H. Frick, *Vergleichende Religionswissenschaft*, Berlin 1928, 62쪽.

[2] W. Schmidt, *Ursprung und Werden der Religion*, Münster 1930, 4쪽.

있는 실존적 원동력으로 이해할 필요가 있다. 그렇게 하기 위해서는 사회와 종교의 상호침투적 일치관계를 종교의 원리로 파악해야 한다. 이 일치관계에서 종교와 사회의 정체성이 밝혀진다. 이 글은 이 원리를 다루고자 한다. 이를 위해 종교와 사회의 이원화 양상을 빚어낸 현대 사조를 비판한다.

1. 세속화된 현대사회에서의 종교

1.1. 종교 후 시대?

17세기 계몽주의의 대두로 인간 이성이 깨어나면서부터 종교와 사회의 분리 현상은 심각하게 드러나기 시작했다. 프랑스의 사회학자 꽁트(1798~1857)는 인간 정신의 발달을 세 단계로 구분했다. 유아기의 신화적-가상적 사고 단계, 청소년기의 철학적-추상적 사고 단계, 그리고 성숙기의 과학적-실증적 사고 단계가 그것이다. 그러면서 꽁트는 종교란 인류가 아직도 유아기 단계, 즉 신화적-가상적으로 생각하던 낮은 단계의 유물에 지나지 않고, 따라서 오늘날처럼 성숙된 과학적-실증적 사고 단계에서는 버려야 할 것이라고 주장한다.[3] 레비 스트라우스가 종교의 특색을 추상적 사고의 원시적인 졸렬한 전형(前型)으로 비하하고, 뒤르껭(1858~1917)과 하버마스(1929~)가 종교를 인류 발달사의 과도기적 현상으로 보면서 종교는 인류 역사와 문화 형성의 시초, 아직 인간 언어의 초기 단계에만 필요한 것이라고 본 것도 꽁트와 같은 선상에서 이해한 것이라 하겠다. 이들에 의하면 계몽된 현대인은 이제 종교적 시초 단계에서 벗어나 나름대로의 행위를 구축할 만큼 성숙했고, 따라서 종교를 필요로 하지 않게 되었다는 것이다.

종교의 이러한 위기는 세속화된 세계 문명을 이룬 현대에 와서 그 극에 달한다. 세속화 운동은 종교를 더는 인간의 삶과 사회에 영향을 끼칠 수 없는 낡은

---

[3] 정달용, 베른하르트 벨테의 종교철학에 대한 소고 『종교 신학연구 제1집』, 서강대학교 종교신학 연구소 1988, 113쪽.

형태로 간주하고, 종교를 일으켜 세우려는 것은 역사에 역행하는 행위로까지 보려 했다. 그 결과 서구에서는 종교를 찾는 이의 숫자가 급속히 줄어들고 있다.

그러면 현대는 과연 종교 후의 시대를 맞이한 것일까? 종교시대는 과연 극복된 과거의 시대일 뿐일까? 오늘날 종교를 이야기한다는 것은 과거의 유물에 대한 이야기 정도밖에 안되는 낡은 것일까? 그러나 더 근원적인 물음은 극복된 종교도 종교라 할 수 있을까 하는 점이다. 설사 그렇다고 쳤을 때 그 결과는 무엇일까? 짤막한 현대판 우화 한 토막으로 이 물음에 대한 답변을 모색해 본다.

1.2. 어느 현대인의 이야기

어떤 젊은이가 끝없는 사막을 횡단하다가 방향을 잃고 헤매게 되었다. 사막의 뜨거운 열기는 금세 젊은이의 온 몸을 바짝 마르게 하였고 땀 한 방울의 물기마저 앗아가 버렸다. 젊은이는 거의 삶을 포기해야 할 상태에까지 이르렀다. 그때 저 멀리 지평선상에 검은 점이 가물가물 보이기 시작했다. "오아시스다. 이젠 살아났다." 젊은이는 새로운 희망에 부풀어 안간힘을 다하여 그곳을 향하여 달렸다. 아니나다를까 가까이 갈수록 검은 점은 점점 푸른 빛으로 시야에 들어왔고, 젊은이는 오아시스를 발견하였음을 실감할 수 있었다. 그런데 바로 그 순간 그에게 의심이 일기 시작했다. "설마 이 광활한 사막 한복판에 오아시스가 있을라구? 내가 잘못 본 것일 게야. 허기와 갈증으로 지친 나머지 헛것을 본 것일지도 몰라. 그래, 나는 지금 신기루를 보고 있는 거야." 이런 생각이 들자 젊은이는 불안을 떨쳐버릴 수가 없었다. 눈앞의 광경도 흐려지고 맥이 빠지면서 다시 그 뜨거운 모래밭에 쓰러져 움직일 수 없게 되었다. 그러나 생에 대한 집착은 강하게 마련이다. 젊은이는 그래도 혹시 진짜 오아시스일지도 모른다는 생각을 가지면서 기진한 몸을 이끌고 오아시스로 향하였다. 넓죽한 팔마 잎새며 푸른 풀들이 보이기 시작했고 샘도 보이는 듯했다. 오아시스가 현실로 다가오는 것이었다. 그런데도 심중에 한번 일기 시작한 그 의혹은 쉽게 버릴 수가 없었다. "이 광활한 사막에 팔마가 자랄 순 없어. 더군다나 샘이 솟다니 그럴 수 없어. 내가 헛것을 보고 있는 거야. 정신을 차려야 해! 그렇지 않으면 난 죽고 말 거야. …" 젊은이는 속으로 외치며 눈을 비비고 머리를 쥐어뜯으며 환상에서 깨어나려 애썼다. 그러자 이번에는 놀리기나 하듯 시원스런 물소리까지 들려왔다. "아이구, 이번엔 환청까지 …" 젊은이는 양손으로 귀를 틀어막으며 그 소리를 듣지 않으려 발광하였다. "나는 살아야 해. 이 환상에서 깨어나 이 사막에서 벗어나야 해" 하며 절규했다.

얼마 후, 두 명의 베두인이 낙타에게 물을 먹이려 샘터로 왔다가 양손을 샘물에 늘어뜨린 채 죽어 있는 한 젊은이를 발견하였다. 한 사람이 머리를 설레설레 흔들며 말했다. "쯧쯧 … 이해할 수 없는 일이군. 사막을 다 지나 와 샘물에 손을 담근 채 죽어 있다니 …" 그러자 그의 동료가 말하였다. "왜 그런지 알아? 저자는 현대인이야."

이 이야기는 독일의 신학자 칭크가 들려준 현대판 우화이다.[4] 이 이야기에서 현대인의 감각에는 흠이 없다. 그러나 그의 사고는 왜곡되어 있다. 보지만 보지 못하고 듣지만 듣지 못한 채 오아시스 속에서 사막의 희생물이 되었다. 그의 주위는 오로지 사막뿐이었다. 게다가 그는 사막에서 진실을 귀띔해 주는 친구 하나 없었다. 자기를 이끌어주고 충고해 줄 수 있는 친구조차 가지지 못하였다. 아니 어쩌면 그때 그 어떤 동료를 만났다 해도 그는 그 동료의 충고나 직언을 받아들일 준비가 되어 있지 않았을지 모른다. 스스로 귀를 막고 들으려 하지 않았을지 모른다. 왜 그랬을까? 현대의 모든 인간이 이 젊은이 같다고 단정할 수는 없다. 그렇지만 과학·기술·경제·상업의 세속화된 세계 안에서 인간은 모든 것을 얻었다고 생각하는 그 순간 모든 것은 물론 자기 자신마저 잃어가고 있는 것이 아닐까? 자기 삶의 터, 샘물이 샘솟는 곳에서도 사막 한가운데 버려져 있는 듯한 느낌으로 자신도 모르게 점점 자신을 잃어가고 있는 것은 아닐까? 이 이야기는 현대를 살고 있는 우리 모두에게 관한 실존적 물음을 던지며 이에 대한 암시적인 해답을 준다.

---

[4] J. Zink, *Erfahrung mit Gott Einübung in den christlichen*, Stuttgart 1974, 138쪽.

1.3. 종교 후의 세속화된 사회 증세와 그 비판

1) 무의미 — 자기 소외

젊은이의 안타까운 죽음을 두고 몇 가지 점을 생각해 보자. 종교인들은 이 젊은이의 죽음이 사회가 종교를 상실한 때문이라고 속단하며 종교를 다시 일으켜 세우려 할 수도 있을 것이다. 사실 칭크가 이 이야기를 들려주는 목적도 신을 잃은 현대인과 거기 속한 사회상을 묘사하기 위해서이다. 사막에서 인간은 신을 잃었고 신앙(종교)을 잃었다. 그 결과는 자신의 죽음이었다. 생명을 잃은 것이다. 인간은 살기 위해서 다시 신을 찾아야 한다. 그러나 현대인의 이 증세는 너무나 심각하여, 이런 결론을 납득시키고 받아들이게 하기 위해서는 짚고 넘어야 할 수많은 문제점들이 산적해 있다. 우선 현대인들에게 신이란 과거의 인간들이나 신앙하고 약한 자들이나 매달리는 어떤 대상으로 여겨져, 신을 신앙한다는 것은 마치 과거에로의 회귀처럼 보여 쉽게 받아들이기 어렵게 되었다는 점이다. 종교는 현실 감각 없는 옛 물음만 되풀이할 뿐 현대인의 고민을 덜어주는 데 도움이 되지 못하고, 오히려 인간으로 하여금 이런 무력한 종교의 언어 앞에서 더한 갈증으로 자유를 갈망하게 한다. 이리하여 현대인의 방황은 끝없이 계속된다. 신의 물음은 인간의 근본을 찾아주기는커녕 인간을 타인화(他人化)시키며 자기 소외를 느끼게 한다. 신의 물음은 인생에 있어서 무의미한 것이 되고 인간의 관심 밖으로 밀려나게 된 것이다.

젊은이의 방황과 몸부림은 — 종교의 역부족이든 종교의 과오이든 — 종교가 추출당한 상황에서 빚어진 것이라는 데 유념할 필요가 있다. 젊은이의 방황과 세속적 문화세계 안에서 확산된 소외와 의미 부재의 결과인 것이다. 소외란 인간이 일정한 자기 생활 현실의 범위를 자기 고유한 동일성 의식 안으로 동화시키지 못했음을 의미한다. 자기 생활 현실의 영역이 자기 자신에게마저 생소한 것으로 비치기 때문에 그 영역이 자신에게 의미없는 것으로 나타나는 것이다. 그렇지만 인간은 자기 생활세계가 의미있게 정돈될 것을 요구한다. 그래서 모든 것에 의미를 부여한다. 그러나 인간이 스스로 사물에 대하여 의미를 부여하고, 그래서 전혀 다르게도 의미를 만들어내어 부여할 수 있다는 사실은 바로 세속화된 현대의 생활세계가 그 자체로 완전한 의미를 가지고 있지 못함을 인정하는 것이다. 이런 상황에서 인간은 자기 고유의 위치와 고유의 모습과 고유의 자아를 더 이상 발견할 수 없게 된다.

그러면 무엇이 현실을 이렇게 만들었는가? 무엇이 종교를 현실에서 쫓겨나도록 무력하게 만들었는가? 그 근본 원인을 "이성"의 회복이 사회와 종교, 인간과 신을 이원분리한 데서 찾아볼 수 있다. 비엔나 대학교 심리학 교수 빅터 E. 프랭클이 이런 시대적 병은 현대의 세속적 생활세계가 신을 잃고 있는 데서 기인한다고 본 견해는 옳다. 의미는 인간이 임의로 부여하는 것이 아니라 신으로부터 부여받는 것이다. 따라서 신을 잃으면 삶의 의미를 잃게 마련이다. 다시 말해서 인간이 사회와 종교를 분리하여 사고하고 생활하는 가운데서 의미 상실의 현상이 빚어진다는 것이다. 이것은 종교적 주제로부터의 탈피란, 본질적으로 인간에게 속한 것을 임의로 인간 밖으로 몰아내버린다는 뜻이 된다. 젊은이의 죽음 — 누구의 탓이든, 종교의 탓이든 사회의 탓이든 아니면 젊은이 자신의 탓이든 — 그의 삶에서 이런 종교적 차원이 밀려났기 때문에 빚어진 것이라 할 수 있다. 따라서 그 죽음은 종교만이 아니라 종교를 밀어낸 사회의 책임이라고도 할 수 있을 것이다(물론 밀려난 종교의 책임도 그에 못지않게 질타되어야 하지만).

이렇게 볼 때 사회가 자기의 본질을 종교와의 관계에서, 종교가 자기의 본질을 사회와의 관계에서 찾았더라면 젊은이는 사회와 사회질서로부터 소외당하지 않았을 것이다. 그러나 현실은 이 일치를 분리시켰다. 그래서 사회적 제도와 특히 사회의 정치적 질서는 종교와 분리되고 그 합법성을 잃음으로써, 가정 · 법 · 교육 등 제반 분야에서 개인에게 날 때부터 주어진 삶의 질서와 견고성을 보증해 줄 수 없게 된 것이다. 인본人本을 강조하는 민주주의가 탄생하였지만 동시에 신본神本을 열외시킴으로써 그 민주주의도 인간을 위한 참된 제도라 할 수 없게 된 것이다. 사회질서에서의 종교의 절단은 결국 사회와 법에 대한 불신을 자아내고 그럼으로써 그 합법성을 잃은 세속적 사회, 세속적 국가의 질서가 얼마만큼 지속될 수 있을까 하는 것이 사회의 심각한 문제로 새롭게 등장하게 된 것이다.

2) 사회와 종교의 이극화 현상 — 이에 대한 저항

그렇다. 젊은이의 죽음은 사회와 종교를 양극화시키는 사고와 그 사고로 인한 이원화된 사회에서 발생한 사건이었다. 말하자면 세속적인 것과 종교적인 것이 사회와 종교 안에서 구성적 성분으로 서로 일치되어 있음을 깨닫지 못한 데서 빚어진 사건이다. 세속화 물결은 종교를 사회와 분리시켰고 종교는 사회로부터 밀려나지 않기 위하여 속(俗)을 거부하거나, 스스로 사회에서 멀어지거나(보수주의) 또는 스스로 세속화되어 버리는(진보주의) 현상이 생겨난 것이다. 그리고 사회와 종교의 틈바구니에서 인간은 방황하고 죽음에로의 골병이 들게 된 것이다.

인간을 이 골병에서 구하기 위해서는 — 종교체계를 살리기 위해서가 아니라 인간을 살리기 위해서는 — 사회와 종교는 각각 사회적인 것과 종교적인 것의 상호침투적 일치관계를 그 구성 성분으로 하고 있음을 인식하며 이 일체성에서 그들의 정체성을 깨달아야 한다.

다행히 인간은 이 인식을 희미하게나마 벌써부터 의식 속에 지니고 있었다. 이것이 세계의 세속화와 이에 굴복한 종교의 세속화에 대한 저항의 양상으로 표출된다. 처음에는 세속화의 과정을 운명적인 것으로 받아들이면서 종교를 불가불 삶의 구석자리로 몰아내기도 하였지만, 막스 베버 이후 몇 십 년이 지나면서 현대인은 세속화(현대화)의 진행이 결코 직선적으로 지속될 수 없다는 것을 간파하게 되었다. 종교뿐 아니라 예술·문화·전통까지 모든 의미 내용을 개인 취향에 떠맡겨버린 듯한 결과를 낳은 세속화 물결에 저항하며,[5] 인간의 삶은 이런 의미 내용에 속박되려 하지 않고 오히려 강하게 벗어나려 한다는 것을 깨친 것이다. 즉, 의미 내용의 임의성은 의미 의식 자체를 파괴하고 말므로 역설적이게도 인간은 의미를 지우는 의미 없이는 살 수 없다는 것을 깨닫게 된 것이다. 이런 저항의 뿌리는 그들이 잠시 잃었던 종교였다. 왜냐하면 종교야말로 사회와 종교의 상호침투적 일치의 원리 자체이기 때문이다.

이렇게 해서 계몽주의 사조와 현대화의 물결에 휩싸여 한동안 종교가 인간

---

[5] P. Berger, *The homeless Mind. Modernization and Consciousness*, New York 1973; W. Pannenberg, *Sind wir von Natur aus religiös?*, Düsseldorf 1986, 19쪽 이하.

삶의 변두리로 밀려나는 듯한 위기도 겪었지만, 종교가 인간의 삶에서 완전히 퇴치될 수 없다는 것도 새롭게 인식되었다. 세속적 문화로 인해 종교가 인간 삶의 영역 밖으로 서서히 밀려나고 말 것이라는 것도 기우가 되었으며, 종교의 원초적 진리가 탈신화되어야 한다며 종교를 신화의 소산으로 모는 것도 잘못임이 판명되었다. 판넨베르그가 "얼마나 더 종교가 존속할 것인가?" 또는 "언제 종교가 완전히 소멸될 것인가?" 하는 것이 아니라, "종교의 뿌리로부터 느즈러진 세속화된 세계가 얼마나 더 지속될 수 있을 것인가?"라는 것이 문제라고 지적한 말은 이런 면에서 절대 옳은 말이다.[6] 종교는 사회에서 사라지지 않는다. 아니, 사라질 수 없다. 그리고 그 어느 무엇도 종교 역할을 대신할 수는 없다. 종교의 파괴는 사회의 파괴이기 때문이다. 종교는 인간 삶의 필요한 지평이며 이 지평이 굽은 곳에서는 인간의 삶도 구부러진 모습으로 나타날 수밖에 없다. 인간은 처음부터 순수하게 세속적으로 기술되어야 하는 존재이며 그 다음에야 신에 대한 사고를 구성할 수 있는 존재라는 주장은 근본적으로 잘못된 것이다. 인간은 처음부터 그 본성에 따라 사회 안에서 종교적이다.

물론 여기서 종교의 회복이 다시 계몽주의 이전, 세속화 이전의 사회로 되돌아가야 함을 뜻하는 것이 아님은 자명하다. 왜냐하면 종교 회복은 과거의 종교가 지녔던 외적 형태가 아니라 종교의 정체성과 그 실존을 되찾는 것, 즉 사회성과 종교성의 상호침투적 일치를 실현하는 것이어야 하기 때문이다. 아무도 과거로 돌아가서 과거에 묶인 신앙으로 현대를 살아갈 수는 없는 것이다.

따라서 종교의 사명과 과제는 어떻게 인간을 과거의 신에게로 이끄는가에 있지 않고 스스로를 사회와 인류의 실존의 과제로 파악시키는가에 있다. 다시 말해서 자기를 밖에서 관찰할 수 있게 하는 어떤 현상으로서가 아니라, 사회와 인류의 실존과 정체성으로 이해시킴으로써 세계와 그 안에 사는 인간들에게 그들의 인격성을 발견하게 해주는 데 있다. 이런 차원에서 종교성과 사회성의 관계를 신학적으로 정리해 보고자 한다.

---

[6] W. Pannenberg, 위의 책 20쪽.

2. 종교의 정체

2.1. 종교성과 사회성의 상호침투적 일치

음악적인 감각이 없는 사람도 음악에 대한 전문지식을 논할 수 있다. 그러나 마음으로 느끼는 음악을 표현할 수는 없을 것이다. 마찬가지로 누구나 종교에 대해서 일가견을 피력할 수는 있지만, 아무나 다 자신을 종교의 신비적 내용 안으로 몰입시킬 수는 없다. 위대한 신학자의 신심이 반드시 무식한 노인의 신심을 능가하는 것이 아님도 이때문이다. 종교는 현상학적·사회적 측면에서만 관찰될 수 없다. 종교가 불가시적 세계와 관계하고 있고 또 이 관계를 체험하고 신앙하는 이들의 마음을 실제로 인정하지 않고서는 종교를 충분히 파악했다고 할 수 없는 것이다.

사회와 종교의 이원화 현상이 생겨나는 근본 원인은 사회와 종교의 관계를 상호구성적 성분으로 보지 않고 서로 대립된 사물 A와 사물 B의 관계처럼 이원적으로 관찰하는 데 있다. 이원화된 사고를 극복하지 못한 데서 종교는 비현실적인 것 또는 이상주의자들이 꾸며낸 허구 등으로 비치는가 하면, 종교인들의 눈에는 사회가 온통 불의와 비리와 무질서, 고통과 죄악으로 덮여 있어서 무조건 피해야 하거나 대항해서 싸워야 할 악의 천지로 비치기도 하며, 현실과의 어떤 타협도 용납하지 않는 도전적 세력이 되기도 한다. 이런 극단적인 사회의 종교관과 종교의 현실관을 극복하기 위해서는 방금 지적한 대로 종교적인 것(절대세계)과 세속적인 것(현상세계)의 상호침투적 일치관계를 자신 안에서 실현시키지 않으면 안된다.

종교를 상호침투적 일치관계로 이해한 것을 토마스 아퀴나스의 종교 개념에서 보게 된다. 토마스 아퀴나스는 그의 『신학총서』에서 "종교란 그 고유한 의미에서 하느님에게로의 관계를 의미한다"[7]라고 간결하게 표현하고 있다. 이것은 종교를 신과 인간, 속俗과 성聖의 관계에서 정의하려 한 것임을 알 수 있다.

종교는 관계 개념이다. 종교는 인간을 오로지 하느님에게로 향하게 하며,[8] 그 관계에서 인간과 하느님의 본 모습을 체험하게 한다. 유한한 영적 존재로서의 인간은 오로지 신과의 관계에서만 궁극적으로 규정될 수 있고 본질적으로 채워질 수 있다. 인간의 최종적 관심은 자신을 얼마만큼 종교의 언어로 "신"이라고 부르는 저 실재의 영역 안으로 정돈하고 이를 자기의 실존으로 받아들이는가에 있다. 이것은 신을 인간 밖에서 인간에게 외적인 영향력을 행사하는 위압적 존재로서가 아니라, 인간의 본질을 규정하는 초월적-내재적 근거로 파악하게 한 것이다. 이리하여 종교는 신을 신神-학學뿐 아니라 인간人間-학學의 주제로 삼는다. 이렇게 볼 때 참 종교와 거짓 종교의 구분은 얼마만큼 이 정돈을 구체화하고 실현시켜 나가는가에 달려 있다. 종교가 이를 제시하고 실현시키지 못한다면 인간의 삶(사회)에 실존적·인격적 의미를 부여할 수 없고, 오히려 인간의 삶과 사회를 어지럽히는 사이비 집단으로 전락하게 될 것이다.

2.2. 종교의 속성俗性, 속俗의 성성聖性

우리는 지금껏 "종교"를 별로 정직하지 못하게 대하여 왔음을 시인하지 않을 수 없다. 종교를 인간의 삶(사회) 바깥의 어느 공간에서 인간을 향하여 생명을 던져주며 영향력을 행사하는 — 그래서 원하지 않으면 행사하지 않을 수도 있는 — 그런 외계의 힘으로서의 신이 있다고 믿게 하려는 조직으로 이해하려 했던 것이다. 그러나 이런 입장은 인간이 관찰자라는 입장에서 볼 때 절대자 신을 종교라는 절대적 어항(이 말이 이미 모순이지만)에 가두어두고 주시하려는 것과 다를 바 없다. 하지만 어항 속의 신이 아무리 절대권력을 가졌다 하더라도 어항 밖의 인간들에게 실존적 영향력을 미칠 수는 없다. 결국 그러한 신앙은 신을 인간 삶 밖의 존재로 만들며, 나아가서는 인간의 경쟁자로까지 만들어 버린다. 이런 신은 그의 절대성에 대한 이야기에도 불구하고 인간의 실존과는

---

[7] *S.Th.* II-II 81, 1: religio proprie importat ordinem ad Deum.   [8] *S.Th.* II-II 81.

무관한 것이 되어버린다. 따라서 그런 신이 인간의 정체성을 밝혀주지 못하고 그런 신을 믿게 하는 종교적 조직도 인간에게 아무런 영향력을 미치지 못함은 재론의 여지가 없다. 종교가 인간 안에서 절대성과 상대성, 초월성과 내재성의 상호침투적 일치 자체인 신을, 그러기에 절대적 존재이며 동시에 속인인 신을 깨닫게 해주는 그릇이라면, 종교도 그 자체로 가장 거룩한 것이며 가장 속적인 것일 수밖에 없는 것이다. 속(俗)에 거룩한 의미를 발견할 수 있도록 하는 것이 종교의 본질적 과제라는 것이다. 실로 종교는 자기에게 속한 인간에게 거룩한 것의 추구만을 요구하기에 앞서 속 안에서 벌어지는 속의 모든 문제점인 정의, 사랑, 평화, 고통 등을 종교의 주제로 파악시켜야 할 과제를 안고 있다. 종교는 자신을 — 성과 속의 일치를 구체화하고 있는 자신을 — 인간 삶과 사회의 윤곽으로 제시해야 한다는 것이다. 종교 자체는 바로 사회와 인간 삶의 "과제"이며 그렇기에 사회의 전망인 것이다. 사회의 진정한 모습은 사회가 종교와의 이 상호침투적 일치를 그 본성으로 깨달을 때 드러나게 되며, 속적인 인간도 이 종교 안에서 자기가 절대적 존재(인간 = 하느님 모상)임을 깨닫게 된다.

이럴 때 인간은 자기가 종교의 주체인 것은 사실이지만 종교를 다스리는 주인은 될 수 없으며 또 종교를 오늘 몸에 맞는다고 입었다가 상황의 변화에 따라 내일 벗어 팽개칠 수 있는 그런 옷과 같은 것이 아님을 알 수 있게 될 것이다.

2.3. 종교와 문화

하느님과 인간의 관계로서 정의된 종교가 인간과 사회의 구원을 책임지고 있다고 보는 것은 당연하다. 구원은 다름아닌 세속적인 것과 종교적인 것의 일치된 관계를 깨우쳐 속(인간)의 정체성을 깨닫게 하는 것이기 때문이다. 구원은 현실적일 수밖에 없고 세속을 떠나서는 성립될 수 없다. 그러나 또 한편, 종교만을 구원의 특허인 양 보는 것은 온당치 못하다. 구원의 실천은 종교의 형태세계와 규범세계 밖에서도 가능하기 때문이다. 그러나 이 가능성을 논할 수 있다는 것은 종교는 어떤 형태로든 윤리, 예술, 학문 등에 전달되어 있는 자기의 모든 벽을 철저히 무너뜨린 초경계적 실존임을 제시한 것으로도 이해할 수 있다. 확실히 종교는 문화적으로 보아 일정한 고향을 가지고 있지 않다. 때문에 자기 종교를 믿지 않는 이들의 구원도 가능하다고 제시한다. 종교는 사회 안에서 특수 문화 형태의 의미와 기능을 가진 윤리적-사법적 그리고 인간학적 전망을 지니면서 하느님과의 구원관계의 사실을 표명하고 해석하며 정돈하는 기능으로서 파악되는 것이다. 외적인 상징체계로서 문화 형태로서의 종교가 "하느님과 인간의 관계"를 의미하는 종교로부터 기인하고 이의 지속적인 표현 양상으로 이에 봉사해야 하지만, "하느님에게로의 관계"로서의 종교도 문화 형태의 종교 안에서 그 상징적 구체와 구체적인 묘사를 체험해야 하는 것이다. 즉, 종교의 신앙행위(fides)는 하느님과의 구원적 관계에 대한 확신(credo)인 것이다.

종교의 이런 신학적 이론은 "하느님에게로의 관계"가 개인적인 차원을 넘어 근원적으로 사회적이고 제도적이며 역사적 차원을 제시한다는 결론을 내리게 한다. 종교는 오로지 "하느님과 내 영혼"의 구원적 관계로 "사적인 일"로서 취급될 수 없다는 것이다. "하느님에게로의 관계"로서의 종교는 종교를 사회 전반을 통한 구원의 길을 열어줌으로써 신 개념의 개인화나 영성화를 부인한다. 이로써 문화 형태로서의 종교는 말하자면 종교적 근본 행위의 사회적-역사적-제도적 본향으로 나타난다. 물론 문화 현상이 "종교적"으로 나타난다 하여 다 진리를 보증한다고 할 수는 없다. 이런 의미에서 소위 종교 조직은 철저하게 다른 사회적 조직과 마찬가지로 비판을 받아야 한다. 참과 거짓을 구분하는 것은 문화 형태로 나타난 종교 조직이 얼마만큼 "하느님에게로의 관계"로서의 종교를 참되게 표현하고 있는가에 있다.

이렇게 해서 "하느님에게로의 관계"가 세속과의 단절을 의미하는 것이 아님도 밝혀졌다. 그리고 종교를 인간 없이 하느님의 문제에만 국한시키는 것도 잘못임이 드러났다. "하느님에게로의 관계"는 종교의 주체성을 현상학적·형이상학적으로 다루지 않고 인간학적-사회학적-역사적, 즉 현실적으로 다루게 함으로써 인간 삶과 사회에 실존 의미를 발견하게 해주는 것이다. 그러므로 종교를 "하느님에게로의 관계"로 정의한 것은 반드시 교의적 주장이나 필연적 요구에 의한 것이 아님도 드러난다. 이 정의는 신앙고백에서만, 다시 말해서 계몽주의로 인한 인간학적 전환 이전의 신화시대에만 가능했던 것이 아니라는 것이다. 근세기의 종교는 자아 투사라는 혐의를 받고 인간을 소외시킨다고 비판받았으나, 결국 이 비판은 하느님을 불투명한 투사로 보고 하느님에 대한 신앙을 소외 기관으로 본 그릇된 의식의 표현이었을 뿐이다. 그러므로 그 자체는 하느님과 신神학學에 대한 비판은 되지 못한다. 종교는 긍정하면서 신 이념을 부정하는 현상도 이런 데서 기인한다. 신학적 종교 개념을 인간학적으로 중재하는 것은 새로운 종교철학의 과제라 하겠다.

2.4. 신神 — 속俗의 원리

지금까지 기술한 종교의 정체성 이해는 신 개념에 근거한다. 토마스가 종교를 "신에게로의 접근"으로 정의내렸을 때 이것은 종교가 신성과 세속성(인성)의 상호침투적 일치임을 밝히고자 한 것이겠지만, 또한 신이 바로 이 일치의 원형임을 강조하기 위한 것으로도 이해된다. 종교는 이 원형을 향하여 접근하고 있을 때 비로소 그 참 모습이 드러나게 된다는 말이다.

신이 이 일치의 원형임은 삼위일체설이나 창조주 하느님으로 표현된 데서 역력히 볼 수 있다. 삼위일체 신이란 삼위가 한 하느님 안에서 상호침투적 일치를 이루고 있음을 말하며, 창조주 하느님이란 하느님이 모든 창조물의 근원으로 이미 자연성과 초자연성의 상호침투적 일치를 자신의 본성으로 하고 있음을 표현한 것이다. 요컨대 신 개념은 이 일치를 그 내용(본질)으로 하고 있다. 진과 속, 성과 속, 신과 인간, 초자연과 자연, 절대와 현상, 영원과 시간 등의 비일 비이적 일치를 그 내용으로 하고 있는 것이다.

절대자 신이 인간의 분석적 논리와 형이상학, 그러니까 이원론에 입각한 사고와 학문으로서는 도저히 파악하기 힘든 신비적 무엇으로 주장되는 것은 이 일치성의 신비성 때문이다. 불교의 무無와 공空 개념, 그리스도교의 야훼-유일신 사상도 궁극에는 이 신비의 표현으로 이해할 수 있다. 그렇기 때문에 절대자는 여러 실재 중의 하나인 실재가 될 수 없는 것이다["나 외에 다른 하느님은 없다"(이사 43.11)]. 이런 의미에서 그리스도교가 신을 "야훼"로 부른 것은 불교의 무無와 공空 개념이 나타내고자 한 내용과 다를 바 없다 하겠다.

  신에 대한 물음은 그 존재에 대한 물음이라기보다는 실재와 현상의 정체성에 대한 물음이며, 또 신 개념은 신뿐 아니라 속(인간)의 본 모습을 밝혀주는 개념이 확실하다. 신은 절대원리이며 동시에 속의 원천이고, 거룩한 개념이며 동시에 속된 개념인 것이다. 인생의 종교(최상의 가르침)의 내용은 신-학적일 수밖에 없는 것이다.

  신 체험은 속(창조물)을 통해서만 가능하며, 또 속은 지극히 거룩한 절대자신 안에서만 자기의 본모습을 드러낼 수 있다. 인간이 신과의 관계를 추구하는 것도 궁극에는 자신의 원형을 신 안에서 찾기 위해서이다. 즉, 자신의 모습이 하느님의 모상임을 깨닫기 위해서인 것이다. 삼위일체이며 창조주이신 하느님 안에서 인간은 자신의 속성이 단순히 성聖에 대립된 개념이 아닌 거룩함 자체라는 것을 알게 된다. 이러한 진리를 깨닫고 일깨워주신 분은 두말할 필요도 없이 예수 그리스도이시다. 그분은 참 인간이시며 참 하느님이시다. 참 속성을 지닌 참 인간 예수가 참 신성을 지닌 참 하느님이신 것이다. 그렇기에 그분은 속의 구세주였다. 만물은 오직 그리스도를 향하고 있을 때 자신의 본성을 발견할 수 있는 것이다. 이로써 그리스도는 종교의 원천이 되었고 그리스도를 통하여 종교의 정체성이 밝혀지게 되었으며, 그리스도는 곧 종교의 시조가 된 것이다.

* * *

  종교와 사회는 사물 A와 사물 B의 관계처럼 대립된 두 조직이 아니다. 계몽주의 이후 나타나기 시작한 세속화가 종교의 몰락을 의미하는 것처럼 보이게 한 현상은 종교와 사회가 종교성과 사회성의 상호침투적 일치를 그들의 정체성으로 파악하지 못한 데 가장 큰 원인이 있었다. 세속화된 사회가 곧 심한 저항에 부딪칠 수밖에 없었던 것도 따지고 보면 이 일치성을 깨닫지 못한 결과였다.

종교와 사회의 상호침투적 일치를 인식한다면 종교는 본질적으로 사회적이고 또 사회는 본질적으로 종교적이라는 것을 인정하지 않을 수 없을 것이다.

이 글은 이 일치성을 구명함으로써 종교와 사회의 정체성을 밝히고, 나아가서 종교를 사회와 인간 삶의 본질로 파악하고자 한 것이다. 때문에 종교와 사회의 관계를 현상학적으로 그리고 사회종교학적으로 고찰하면서도 그 이면에는 이를 종교신학적으로 유도하려 시도하였다. 이 일치를 인식한 종교만이 역사와 시대, 그리고 장소의 바뀜에도 살아남을 수 있고, 인간의 사고와 철학의 변천 속에서도 과거의 산물이 아닌 계속 현재의 의미를 던질 수 있다. 이런 뜻에서 종교는 바로 인류의 운명이며, 인류의 미래는 곧 종교의 미래에 걸려 있다 할 수 있다. 사회가 종교를 잃으면 자신의 생명도 잃게 될 것이다.

이런 주장은 종교의 신 개념에서 더욱 확고해진다. 왜냐하면 신은 인간 밖의 외계적 존재로서 인간의 삶에 절대적 영향을 끼치는 존재가 아니라, 삼위일체 하느님, 창조주 하느님, 예수 그리스도의 하느님으로서 초월적이며 내재적이고, 거룩하고 속적이기 때문이다. 신은 절대자로서 속의 원리인 것이다. 이때문에 인간이 계속 인간이기를 원한다면, 그리고 영원히 살기를 원한다면, 자신이 속한 세계 안에서 신을 찾아야 한다. 세계를 외면하는 것은 신을 외면하는 것이기도 하다. 우화의 젊은이는 본의였던 본의가 아니었던간에 종교를 벗어나 사막에서 헤매는 동안 신을 잃었고, 신을 잃음으로써 믿음과 희망을 잃었으며 결국 생명까지 잃었다. 사회가 자기의 종교성, 더 정확히 말해서 종교성과 사회성의 상호침투적 일치관계를 깨닫는 것은 그만큼 인간을 살려내기도 하고 죽이기도 할 수 있는 것이다. "종교"야말로 사회의 과제라 하지 않을 수 없다.

종교의 비폭력성과 폭력

1. 수많은 형태의 폭력

인류 사회는 구약성서에서 카인이 아우 아벨을 죽이는 폭력을 행사한 이래 한번도 폭력의 악순환에서 벗어났던 적이 없다. 20세기 후반에 들어와서도 인간은 "나치와 … 소련이 소위 다른 문화 민족을 탄압하기 위해 세운 강제수용소와 감옥소에서의 무죄한 인간들의 학살, 인간과 자연을 훼손하고 파괴하는 무기류와 핵무기의 사용, 화학무기 제조 그리고 생태계 파괴, 자연의 마구잡이 개발과 착취, 환경 오염, 공해"[1] 등 이런 폭력을 심각하게 체험하였다. "세계 안에 만연한 악에 대한 새로운 감수성이 오늘날 가볍게 지나칠 수 없는 현상으로 나타나고 있으니, 아우슈비츠·히로시마·체르노빌은 무구한 희생자들을 낸 무법적인 폭력의 횡포, 잿더미가 된 지구, 생태계 파괴에 대하여 이미 경고한 대로 그 상징이 된 세 지역의 이름이다."[2] 지금 우리 사회도 남녀 성차별, 가진 자와 못 가진 자, 권력을 쥔 자와 그렇지 못한 자의 차별로 가정이나 거리에서, 심지어는 국회에서까지 난무하는 폭력을 본다. 거기다가 대중 언론매체와 언어의 폭력까지 가세하고, 금전과 명예와 권력이 또한 인간에게 폭력을 가해 온다. 인간은 갖가지 폭력 때문에 이중 삼중의 위협을 받고 있으며, 그로 인해 사회는 안정을 잃고 병들어가며 태초의 무질서와 혼돈상태가 재연되는 듯한 범죄가 들끓고 있다.

인류사를 돌아볼 때, 예수를 비롯하여 간디, 마르틴 루터 킹과 같이 수많은 종교인들이 나타나 이런 폭력에 대항하였지만 그들은 그들 자신이 대항하여 싸

---

[1] Hans Waldenfels, 종교체험의 근본 범주로서 거룩함, 이제민 역, 『신학전망』 94호, 50.
[2] 위의 책.

운 바로 그 폭력에 의해 희생양이 되어 사라져 갔다. 뿐만 아니라 이들을 죽인 폭력의 인간들은 이제 신의 살해까지를 음모하였고, 종교는 그 희생물이 되기 일쑤였다. 종교는 폭력을 근절할 만한 비상의 힘을 가지고 있지 못한가? 그러나 종교는 수많은 종교가 신의 이름으로 정의를 이야기하고 선행을 요구하지만 실상 그 요구가 신도들에게는 "선을 가장한 폭력"으로 다가올 때가 많고, 신도들은 그 폭력 앞에 무력하게 무릎을 꿇고 자기의 모든 것, 심지어는 자기의 목숨까지를 바치는 현상도 비일비재하게 일어났던 것을 의식하는 순간 이 질문이 자기에게 과분하다는 것을 알게 된다. 이 점은 순교의 역사에서 잘 나타난다. 종교는 그들의 죽음을 하느님을 위한 순교로 미화 또는 성화시키며 높이 기리지만, 인류 역사적으로 볼 때 그 죽음은 그들이 사회적으로 속해 있는 인간 종교단체의 존립을 위한 하나의 희생물이었던 적이 얼마나 많았던가? 얼마나 많은 무고한 사람들이 자기 종교가 낳은 폭력의 희생물이 되어 피를 흘렸던가? 그리스도교가 하느님과 인간, 그리고 인간끼리의 일치와 화해를 부르짖으며 내걸었던 복음화가 실제로는 그곳 문화를 이해하기보다는 서구 문화를 모방하기 위한 수단으로, 그래서 서구 그리스도교의 일방적인 문화우월주의를 주장하며 다른 민족 문화를 경시하고 극복하는 폭력으로 나타난 적이 많았다.[3] 오늘날 우리 한국 사회에서 볼 수 있는 지나친 십일조의 강조로 신도들에게 죄의식을 심어주는 현상과 교회 안 권위의 남용, 높이 치솟은 십자가를 자랑하는 위압적인 교회 건축에서도 우리는 종교에 나타난 폭력 현상을 볼 수 있으며, 지금 우리 사회에서 기승을 부리고 있는 종말론적 종교 현상에서도 어떻게 인간이 종교와 사회에 그리고 신에게 폭력을 가할 수 있는가 하는 단면을 볼 수 있다.

이런 폭력의 이면에는 인간에게 내재되어 있는 폭력 성향, 종교까지를 서슴없이 끌어들여 이용하려는 인간의 폭력 성향이 있다. 종교의 반성은 현대인에게 고리타분하고 비논리적으로 보이는 비폭력의 진실을 아는 데서 시작한다. 비폭

---

[3] 예컨대 1992년은 아메리카 대륙 발견 500주년이 되는 해였다. 그리스도교의 눈으로 보면 그 해는 선교가 시작된 해이지만, 원주민의 눈으로 볼 때 그 해는 그들 문화와 민족, 역사와 그들 종교에 대한 폭력이 아니었겠는가?

력에 근원하지 않는 종교는 신까지를 살해하는 집단으로 전락하고 말 것임에 틀림없다. 이에 진지하게 묻지 않을 수 없다. 인간은 폭력으로부터 구제될 수 있을까? 하느님을 죽이려고까지 하는 인간의 폭력으로부터 인간과 사회는 구제될 수 있을까? 그리고 종교는 이 구제작업에 과연 기여할 수 있을까? 혹시나 종교의 비폭력 외침이 또 다른 교활한 폭력으로 변질되어 인간과 사회에 다가오고 있는 것은 아닌가? 르네 지라르가 말한 것처럼 "인간이나 동물의 피를 흘리는 희생제물로 그 정점을 이루는 종교의식이 폭력을 사용하고자 하는 인간의 욕망을 달래는 수단"[4]이 되고, 이 희생의식 중에서 "폭력이 주기적으로 자극되고 행해짐으로써 실제로는 폭력이 발생하는 것이 미연에 방지"[5]된다고 본 것은 아닌가? 그래서 나쁜 폭력을 없애는 좋은 폭력을 정당화한 것은 아닌가? 종교가 종교의 폭력을 정당화하고 그 위에서 종교의 사명을 보는 한 폭력은 결코 근절될 수 없고 늘 발생할 수밖에 없다. 말하자면 폭력에 대한 굴복? 이에 폭력의 원인을 분석해 보면서 종교, 특히 그리스도교의 입장을 반성해 보고자 한다.

2. 지라르와 폭력 매커니즘

폭력의 매커니즘을 학계의 관심사로 불러일으킨 사람은 프랑스의 문학평론가 지라르이다.[6] 그는 이런 상황을 예리하게 간파한 사람으로서 인간의 마음 안에는 미움·원한·거짓·시기·질투 등의 폭력적 성향과 또 이 성향을 폭로하는 성향, 즉 폭력이 내재하고 있으며, 인간 사회는 이런 폭력의 악순환 위에 건설되었다고 주장한다. 지라르의 사상은 서인석, 김현 등을 통하여 한국에 소개된

---

[4] Norbert Lohfink, "구약성서에 드러난 폭력"(윤신덕 역), 장익 엮음, 『폭력』, 분도출판사, 1987, 26.

[5] 위의 책, 26.

[6] R. Girard에 관한 책을 소개하면: *La Violence et le Sacré*, Paris, 1972; *Le Bouc émissarıre*, Paris, 1982; 한국 말로 참조할 만한 책: 서인석, 『한 처음의 이야기 — 창세기 1–11장의 기호학적 설화 분석』(생활성서사, 1986); 김현, 『지라르 혹은 폭력의 구조』(나남출판사, 1987).

바 있다. 서인석은 『한 처음의 이야기』에서 구약성서의 인물 카인의 정체를 지라르에 따라 밝히면서 인간의 사회적 질서가 아벨을 죽인 기원적 폭력의 결과임을 주지시킨다. 서인석은 새로운 질서를 창건하려는 자는 여러 명의 경쟁자를 만나게 되는데, 창건자가 그를 처치하지 않고 그냥 지나치면, 즉 "한 체제가 주기적으로 돌아오는 위기와 그 갈등을 조장하는 장본인들의 경쟁심을 통솔하는 데 무능하게 되면 그 체제는 여지없이 무너지게 된다"[7]는 지라르의 입장을 견지한다. 그래서 — 지라르에 의하면 — 도시 창건자는 이런 위기를 극복하기 위해 경쟁자들의 집단적 희생을 요구하는 폭력을 가하게 된다는 것인데, 이것을 카인의 도시국가 창건에서 찾는다.

"최고의 통치자가 사라지면 사람들은 안정의 구심점을 잃어버린 까닭에 공포와 불안에 떨게 되고 하나밖에 없는 그 최고의 권좌를 차지하겠다고 나서는 경쟁자들을 그들은 목격하게 된다. 르네 지라르가 '창건자'라고 말한 것은 창건자 자신을 모방하려는 경쟁자들과는 절대로 차이가 지는 자, 곧 차별화자와 등식을 이룬다는 것이다. 하여 모든 창건자는 구시대와 견주어볼 때 차등화로 특징지어져야 하는 새 질서를 세움으로써 자기의 체제를 구축하게 된다는 것이다. 지라르의 주장대로 인간의 폭력이 욕망과 한정된 객체가치客體價値를 독점하려고 서로가 이웃을 모방하려는 경쟁심, 곧 질투에 뿌리내리고 있음이 사실이라면, 새로 등장한 차별화자는 질투의 결과로서 보편화된 갈등, 혼돈과 무질서의 위기를 극복해야 한다. 바로 이 극복의 과정을 르네 지라르는 기원적 폭력이라 부른다. 이 폭력은 경쟁자들의 집단적 희생을 요구한다. 경쟁자들은 태동하고 있는 새 질서를 거부하려고 하기 때문이다. 사람들의 희생이 치러진 후에 드디어 새 질서는 출범하게 된다. 보통 새 질서의 창건자는 신의 이름으로 자기가 세운 사회적 질서의 합법성을 주장하거나, 아니면 적어도 자기와의 차이를 거부하는 경쟁자들의 모방심과 이들이 조장시키려는 사회 불안과 위기를 내세워 그들을 희생시키려고 한다. 그렇게 하지 않고는 자기의 질서가 무너질 것은 불을 보듯 환하기 때문이다."[8]

---

[7] 서인석, 앞의 책, 147. [8] 위의 책, 147-8.

이렇게 해서 새 질서의 창건자는 경쟁자들에게 자기의 폭력을 신이 보호해 준 것으로 인식시킨다. 카인의 경우, 야훼께서 그의 이마에 표지를 새겨 누구도 그를 죽이지 못하도록 했다든지, 그를 죽인 자는 일곱 곱절로 보복을 당하리라(4.15) 하시며 누구도 해치지 못하도록 했다든지 하는 것으로 나타난다. 하느님 자신이 문명의 창건자인 살인자의 호소에 응답하고 있다는 것이다.[9] 이렇게 해서 폭력은 신성한 것으로 여겨지며 이것이 종교의식인 희생제사에 드러난다. 이 희생제사에서 "희생을 당하는 자는 어느 한 창건자의 기원적 폭력을 감추는 역할을 하고 있으며, 또한 원천적인 모든 폭력과 무질서의 장본인으로 몰려 죽음을 당함으로써, 아니면 적어도 창건자의 차별화적 체계 밖으로 추방당함으로써 영웅이 되는 것이다. 그는 레위기 16장에 나타나듯이 속죄의 양이 되어 공동체의 모든 무질서와 죄를 둘러쓰고 사막으로 쫓겨나게 되거나 처형당한다. 드디어 새 질서를 얻은 공동체의 사람들은 서로 화해하고 평화와 안정을 되찾게 된다. 그러므로 창건자를 정당화시키는 종교적 의식은 묘하게도 차별화자의 이 무지無知를 '세상의 창건 이래로 감추어진 사실'(= 마태 13.35의 표현)이라 불렀고 희생자를 찾고 동시에 그를 신성시하는 폭력의 매커니즘을 희생주의적 인간학"[10]이라고 하였다. 이로써 필연적인 폭력의 악순환을 초래하였다고 본다.[11] 말하자면 폭력의 악순환 위에 사회가 건설되고 문화가 시작한다는 것이다. 이를 김현은 이렇게 요약한다.

제의적 희생은 "모든 종교적-문화적 활동의 원형이다. 전세계에 널리 퍼져 있는 이 격렬한 제의는 인간이나 동물 같은 희생물을 바쳐 신의 노여움을 풀고 신의 선의를 기대하는 제의이다. 그것은 단일한 희생물로 모든 가능한 희생물을 대체시키며, 동물로 인간을 대치시키는 경제적 기능뿐만 아니라, 좋은 폭력으로 나쁜 폭력을 막는 종교적 기능을 수행한다. 격렬한 재난 앞에서 치유적 방도를 찾지 못한 원시인들은 희생제의를 통해 예방적 방도를 찾는다. 제의적 희생은 카타르시스적 기능을 맡아 한다. 그것은 복수의 길이 막힌 희생물에게 모든 격렬

---

[9] 위의 책, 147 참조. [10] 위의 책, 148. [11] 위의 책, 150 참조.

한 반응을 다 보임으로써 재난의 폭력을 정화하려는 방도이다. 희생물은 그러므로 상상적인 신에게 봉헌되는 것이 아니라 거대한 폭력에 봉헌되는 것이다.

사회가 제대로 유지되려면 폭력에 사로잡히지 않아야 한다. 그 방법으로는 폭력을 오래 속이는 방법 외엔 딴 방법이 없다. 폭력을 속이는 폭력, 그것이 제의적 희생에 나타나는 폭력이다. 순수하고 합법적인 폭력과 불순하고 비합법적인 폭력 사이에는 차이가 있으며, 합법적인 폭력의 초월성은 나쁜 폭력의 내재성을 이겨낼 수 있다고 믿어야 한 사회는 유지될 수 있다. 종교적 경험주의와 재판의 합리주의는 합법적 폭력 위에 세워져 있다. 그것은 나쁜 폭력이 보여주는 복수, 모방적 폭력을 합법적 폭력으로 숨기고 있다. 종교나 재판은 심판이나 재판의 진실을 보증해 주는 신학을 필요로 하며, 그 체계의 초월성이 유지되어야 제대로 작동한다. 이 제의 기제는 건강한 부분에서 나쁜 부분을 제거해 버리는 의학적 경험주의에 비유될 수 있다. 그 제의적 폭력은 폭력을 무력화시키고 정의를 증진시키는 것을 목표로 하지 않는다. 그것은 폭력에 끝을 내야 한다는 필요성에 근거해 있을 따름이다. 그것은 폭력에는 좋은 폭력과 나쁜 폭력이 있다는 오해를 진리로 받아들인다. 그리스어 *pharmakos*가 독과 치유를 동시에 의미한다는 의미론적 양가성은 폭력에 있어서의 병과 치유의 동일성을 믿게 하는 한 예이다. 폭력의 결과로 인식되는 피가 그것이 범죄나 성적 폭력과 관계될 때는 불순하지만, 제의적일 때는 순수한 것과 마찬가지이다. 문화는 바로 이 불순과 순수의 구별 위에 세워져 있다. 순수한 피가 불순한 피와 섞일 때 좋은 폭력과 나쁜 폭력의 구별은 불가능해지고 희생체계는 흐트러진다. 모든 문화적 차이는 위기에 빠져 무차별 폭력 속에 빠져 버린다. 그리스 비극과 셰익스피어의 비극이 말하는 것이 바로 이것이다"[12]

그렇지만 "좋은 폭력"은 정당한가? 좋은 폭력의 인정은 결국 폭력을 인정한다는 모순을 범하는 것이 아닌가? 성서는 이런 폭력을 부정한다. 이를 서인석은 카인의 이야기로 찾는다. 성서를 보면 카인이 비록 하느님의 보호 아래 있다 하더라

---

[12] 김현, 앞의 책, 44 이하.

도 그는 살인자로 지적되고 있다. 이것은 다른 신화들과 다른 점으로 결국 폭력자에게 가하는 폭력을 부정하고 있음을 말해준다. 즉, 대부분의 신화들이 사회건설적 살인을 정당화하려고 애쓰는 데 반해, 성서는 카인 공동체를 유죄시킴으로써 희생자의 무죄를, 그로써 가해자들의 폭력 신화를 날카롭게 고발한 것이다. "인류의 첫 살인자가 비록 찬란한 문명의 창달자(창세 4,17)로 부상할지라도 성서의 본문은 결단코 그를 정당화시키거나 살인자들의 구제에 동의하는 일이 없다. 물론 카인의 살인은 카인적 문명의 창건적 특성을 세계의 그 어느 신화보다 더 뚜렷이 지적하고 있다. 하지만 성서의 본문이 지적하고 있는 그 차이점, 아니 그 본문의 독창성은 윤리적 판단이다. 살인자를 단죄하는 것은 카인의 정상참작을 고려하여 그를 보호해 주는 모든 배려들(가령 표지를 새겨주는 것, 4,15)보다 훨씬 더 뚜렷하다: "그러자 카인에게 말씀하셨다. '네 아우 아벨은 어디 있느냐?'"(4,9).[13] 즉, 하느님의 말씀은 윤리적 차원에서 볼 때 희생된 자들의 편에 있으며, 또 그 말씀은 희생된 약자들을 결단코 옹호하고 있다는 것이다.

> 하여 창건적 폭력violence fondatrice과 결국 붕괴되고 마는 폭력violence désintégratrice 사이의 관계에서 볼 때 카인의 이야기는 비록 매우 신화적인 의미 작용을 지니고 있을지라도 비성서적인 세계의 모든 창건 신화론을 완전히 초월하고 있는 진리를 계시하고 있다. 성서적 이야기 뒤안에는 보편적인 신화론의 규범에 일치하는 신화소神話素들이 존재하고 있음이 분명하다. 하지만 성서의 작가들(J 문헌)은 예의 신화소mythémes들을 독창적으로 또 비판적으로 사용함으로써 새로운 가르침, 즉 영원한 진리를 계시하고 있는 것이다. 그 계시는 희생된 자들이 무죄하며 또 집단적 살인을 통해 창건된 문명은 시종일관 살인적 특성을 지니게 되며 결국 그것의 폭력적 기원의 "희생주의적·질서유지적 능력"vertus ordonnarices sacrificielles de'origine violente이 일단 소진되면, 그 문명의 기초인 폭력으로 회귀하여 자멸하고 만다는 것을 가르치고 있다.[14]

---

[13] 서인석, 앞의 책, 150; 같은 책, 58 참조. [14] 위의 책, 154.

성서가 그 희생자들의 시체들을 일일이 지적하며 그들의 한맺힌 목소리를 터뜨리고 있음도(히브 11,4), 그리하여 하느님의 말씀은 어느 한 집단의 전체가 "죄 있어 희생되었다"고 선전하고 있는 그들의 감추어진 거짓의 베일을 벗기고 있는 것도 이런 차원에서 이해된다: "네가 무슨 짓을 했느냐? 네 아우의 피 소리가 흙으로부터 나를 향해 외치고 있다." 이렇게 해서 성서는 폭력으로부터 탄생한 문화는 폭력으로 되돌아갈 뿐이라고 가르치며, 희생된 자들의 소리를 들을 수 있을 때라야 비로소 폭력의 악순환에 그 종지부를 찍을 수 있는 가능성이 열리게 된다고 보고 있다.[15]

3. 폭력 가운데 탄생하는 인간

인스부르크 대학교의 교의신학자 쉬바거는 인간이 폭력적 성향을 가지고 태어난다는 지라르의 입장을 신학 전반과 성서에 적용시킨다.[16] 특히 「말씀의 청자, 신학을 위한 경험적 인간학」이라는 논문에서 쉬바거는 지라르의 이런 입장을 라너와 토마티스의 인간학에 적용하여 해석하면서 인간이 폭력 가운데서 태어났음을 상기시킨다.[17] 쉬바거는 이 논문에서 라너가 인간은 본래 듣는 존재라고 정의한 것을 프랑스의 의학자 토마티스의 연구에 근거하여 해석하면서 "하느님의 들음"이 신학적 논제일 뿐 아니라 인간의 구성적 요소임을 나타내는 인간학적 논제임을 증명하고, 그 다음 지라르의 견해에 따라 인간학적 요소인 들음이 모태에서부터 이미 방해를 받고 있다는 것을 지적한다. 말하자면 인간은 태중에서부터 이미 "폭력의 상황에서 살고 있는 인간"의 문화로부터 영향을 받고 있어 피할 수 없는 폭력의 영향권 안에서 태어나고 자라게 된다는 것이다. 쉬바거는 우선 라너의 명제 "말씀의 청자"를 상기시킨다. 라너에 의하면 인간은

---

[15] 위의 책, 154-5 참조.

[16] R. Schwager, *Brauchen wir einen Sündenbock? Gewalt und Erlösung in den biblischen Schriften*, (München, 1978).

[17] R. Schwager, Hörer des Wortes, Eine empirische Anthropologie für die Theologie, in: *ZfKT* 114 (1992), 1-23.

초월적 방법론에 근거하여 "듣는 존재"이다. 더 정확하게 말해서 인간은 처음부터 하느님의 말씀을 듣는 존재, 하느님 말씀의 청자이다. 인간은 본질적으로 절대자를 향하여 열려 있으며, 모든 인식과 바람과 행위를 무한한 지평에서 이행한다. 인간은 절대자를 향한 이런 자기 초월 때문에 근원적으로 절대자로부터 "하나의 메시지"를 받아들이는 능력도 가지고 있다. 유대 그리스도교의 확신에 따르면 하느님은 진실로 말씀하시는 존재이다.[18] 말씀 안에 자기를 계시하며, 말씀으로 삼라만상 온 우주와 인간을 창조하셨다. 이렇게 볼 때 인간이 하느님 말씀의 청자인 것은 인간이 하느님의 말씀을 듣는다는 인간의 본질적 특성에 대한 형식적 서술일 뿐만 아니라 인간의 가장 심오하고 실존적인 삶의 완성에 대한 암시이다. 다시 말해서 인간은 본래 하느님 말씀을 듣는 존재이며, 하느님 말씀을 듣는 가운데 가장 인간일 수 있도록 구조되어 있다는 것이다. 인간이 인간이기 위해서는 늘 하느님 말씀에 귀를 기울여야 하지만, 이 귀를 기울임, 즉 "인간이 하느님의 말씀을 듣는 존재"라는 정의는 신학적 주장만이 아니라 인간학의 가장 근본 주제가 되어야 한다는 것이다. 쉬바거는 이것을 입증하는 데에는 토마티스의 인간학이 크게 공헌하였다고 본다.

토마티스에 의하면 "듣는 인간"은 오랜 진화의 종점이다. 진화는 귀를 기울임에서, 이로써 언어·로고스를 찾는 데서 이루어진다. 토마티스에 의하면 오랜 진화의 결과로 형성된 인간의 온몸은 그 자체로 우주적 통교를 위해 자기의 주변세계, 특히 음향세계에 전파를 보내는 살아 있는 안테나 구실을 한다. 물론 모든 감각이 동시에 자기 고유의 역할을 한다. 그러나 통합과 통교의 최상의 형태는 말함과 들음을 통해서 이루어진다. 듣는 것을 방해받으면 인간의 소리는 안정을 잃게 된다. 귀는 말하는 자에게 통제하는 기능을 가지고 있으며 적극적으로 소리를 향하여 뻗어 있고 마중나가며 받아들인다.[19] 토마티스에 의하면 속귀(內耳)는 몸 전체의 울림으로 들으며 피부도 함께 듣는다. 즉, 피부는

---

[18] K. Rahner, *Hörer des Wortes. Zur Grundlegung einer Religionsphilosopie*, neubearbeitet von Johannes Baptist Metz, (Freiburg-Basel-Wien, 1971).

[19] 앞의 책, 2-4 참조.

듣는 것을 촉진하고 통제하는 데에 본질적으로 기여한다. 이렇게 온몸이 함께 듣기 때문에 몸가짐은 중요하다. 올바른 몸만이 바르고 정확하게 그리고 충분히 들을 수 있도록 긴장하고 깨어 있다. 그렇기에 듣는 것이 방해를 받으면 온몸이 고달파진다. 그러므로 토마티스는 특별히 심신장애나 착란으로 고생하는 사람들만이 아니라 모든 인간이 옳게 듣고 완전히 듣는 것을 배워야 한다고 말한다. 토마티스는 듣는 것과entendre 귀기울이는 것écouter을 구별하는데, 듣기만 하는 귀는 소리를 받아들일 수는 있지만 동시에 고무되지는 않는다. 그의 목소리는 격앙되지 않으며 또 빨리 지치게 된다. 이런 불만스러운 상태를 극복하기 위해 세심한 귀의 교육과 훈련이 필요하다. 즉, 귀는 소리에 대해서 적극적으로 나가는 것을 배워야 한다. 달리 말해서 올바른 귀기울임의 예술을 터득해야 한다.[20] 말하자면 인간은 보통 자발적으로 듣게 되지만 그럼에도 귀를 기울여야 하며 이런 귀기울임의 교육과 훈련이 요구되는, 기울여 들을 준비가 되어 있는 귀만이 역동적인 에너지로 충만될 수 있으며, 귀기울이는 자에게만 진짜 직관이 주어진다. 인간은 이런 들음을 통해 인간이 된다.

토마티스에 의하면 이런 들음은 태아에서부터 시작된다. 토마티스는 다양한 의학적 실험을 거쳐 들음의 과정은 출생 후에 비로소 시작되는 것이 아니라 이미 그 전에 태아에서부터 시작되고 있다는 것을 실증하였다.[21] 토마티스가 처음 이런 이론을 내놓았을 때만 해도(1950년쯤) 사람들은 크게 믿지 않았지만, 지금은 이를 의심하는 사람은 거의 없다. 수태된 지 넉 달 반만 되면 태아는 이미 어머니의 소리를 듣기 시작한다. 아직 해독 능력이 없어 명확한 발음이나 내용을 알아듣지는 못하지만 소리의 정서적인 울림은 듣는다. 그러므로 태아와의 통교는 태아의 올바른 성숙을 위해 기초적인 것이다. 태아가 태중에서 들을 수 있는 것은 출생 이전에 이미 귀가 하나의 완전한 감각기관으로 형성되었다는 것을 말해 준다. 물론 이때에는 속귀만이 기능을 가진다.[22] 태아는 음색을 통해서 언어의 정서적인 면만을 청취하지만 태아가 감지하는 언어는 출생 이후의 인간 형성에

---

[20] 위의 책, 10 참조.   [21] 위의 책, 13 이하 참조.   [22] 위의 책, 13 참조.

결정적인 영향을 끼치게 된다.[23] 토마티스에 의하면 태아가 듣는 언어는 출생 이후에도 육체와 정신에 기입되며,[24] 아주 심오한 신경의 차원에까지 등록된다. "어머니의 소리는 의심없이 언어 형성이 근거를 두게 되는 울림의 근본이다. 태아는 어머니의 소리와 감정, 특히 사랑을 특별한 방식으로 듣게 된다."[25]

토마티스가 들음과 귀기울임을 구분하면서 인간은 본래 듣는 존재이지만 귀를 기울여야 한다고 주장한 데에는, 그리고 이 귀기울임이 이미 태아에서부터 훈련되어야 한다고 주장한 데에는, 인간의 들음이 이미 태아 때부터 외부로부터 방해를 받고 있음이 암시되어 있다. 예컨대 어머니는 태아에게 좋은 음악, 좋은 소리를 들려주고 바른 몸가짐과 바른 생각을 가져야 하지만 이런 어머니의 태도가 자연스럽지 못하고 의도적으로 이루어진다면 태아는 원초적 들음, 원초적 하느님 말씀의 들음에 방해받을 수 있다는 것이다. 이는 아기가 이미 태어나기 전부터 폭력의 상황에 처할 수 있다는 것을 말해준다. 여기서 쉬바거는 토마티스의 인간학을 지라르의 인간학에 연장시키는 연결점을 보게 된다.

지라르에 의하면 — 우리가 앞에서 본 것처럼 — 모든 인간은 언어와 사회가 구성되기 이전부터 다양한 폭력 매커니즘으로 특징지어진 세계 안에서 태어난다. 세계와 언어가 근원적으로 섬세한 폭력 매커니즘에 의해 특징지어진다면 생성되는 인간은 자기를 개방한 가운데 어머니의 목소리를 통해서 어머니의 사랑만을 지각하지 않고 자기를 맡기는 가운데 필연적으로 협박을 받는다는 것이다. 그러므로 통교의 길은 자아 차단과 자아 방어의 길이 된다. 개방과 들음은 움츠러듦과 자폐自閉를 동반한다.[26] 쉬바거에 따르면 이런 폭력과 들음의 주제는 그리스도교의 성서에 다른 종교와는 비교가 안될 만큼 잘 나타난다. 즉, 성서에 의하면 하느님은 말씀을 통해 자신을 백성들에게 알리고 스스로 영원한 말씀으로 세상에 나타나셨다. 그러나 이 말씀은 인간들에 의해 가혹한 폭력을 당하고 십자가에서 죽음을 당한다. 이렇게 해서 이 세상은 카인과 아벨에서부터 그리스도의 십자가 사건을 거쳐 종말에 이르기까지 폭력으로 점철되어 있다. 구약성서에서는 하느님

---

[23] 위의 책, 14 참조.
[24] 위의 책, 17 참조.
[25] 위의 책, 17에서 재인용.
[26] 위의 책, 20 참조.

의 말씀 스스로가 완전히 폭력의 세계 안에 내던져진 것처럼 보인다. 탄원시에서 고독한 기도자는 자기를 둘러싸고 있는 폭력배들의 무리를 이렇게 고백한다:

> 황소들이 떼지어 에워쌌습니다. 바산의 들소들이 에워쌌습니다.
> 으르렁대며 찢어발기는 사자들처럼 입을 벌리고 달려듭니다(시편 22,12 이하).

또는

> 사람들의 비방소리 들려오며 협박은 사방에서 미쳐옵니다.
> 그들은 나를 노려 무리짓고 이 목숨 없애려고 음모합니다(시편 31,13).[27]

그러나 쉬바거가 지라르를 원용하며 폭력에 처해 있는 인간과 그 상황에 대해서 이야기한다면 이는 궁극적으로 인간은 폭력 가운데서도 하느님을 향해 있는 존재임을 나타내 보이는 데에 그 근본 취지가 있다. 즉, 쉬바거에 의하면 구약의 인간이 자기가 이런 폭력의 상황에 처해 있음을 하느님께 고백한다는 것은 자기가 처음부터 근원적으로 하느님의 말씀과 관계하고 있는 인간임을 알고 있다는 것을 말해준다. 그렇기에 마음속 깊은 곳에서부터 위협을 느끼는 인간은 야훼께 부르짖으며, 야훼가 자기를 도와 주실 것이라고 믿을 수 있었다. 뿐만 아니라 그는 종종 실제로 도움을 받았고 하느님이 관여하셨다고 증언한다. 이것은 하느님이 무엇보다도 말씀을 통해 창조하셨다는 사실에서 보인다:

> 하늘에서 쏟아지는 비, 내리는 눈이
> 하늘로 되돌아가지 아니하고 땅을 흠뻑 적시어 싹이 돋아 자라게 하며
> 씨뿌린 사람에게 씨앗과 먹을 양식을 내주듯이,
> 내 입에서 나가는 말도
> 그 받은 사명을 이루어 나의 뜻을 성취하지 아니하고는
> 그냥 나에게로 돌아오지 않는다(이사 55,10 이하).[28]

---

[27] 위의 책, 20 이하 참조.   [28] 위의 책, 21 참조.

하느님의 말씀은 청자가 새로 그리고 더욱 잘 들을 수 있게 작용한다. 시편 40에서 회칠한 무덤으로부터 그리고 수많은 원수들로부터 구원받은 기도자는 이렇게 말한다:

> 짐승이나 곡식의 예물은 당신께서 아니 원하시고
> 오히려 내 귀를 열어주셨사오며
> 번제와 속제를 바치라 아니하셨기에
> 엎드려 아뢰었사옵니다. "제가 대령하였습니다"(시편 40,6 이하).

하느님은 기도자에게 청각(귀)과 함께 동시에 새 언어, 천상 멜로디의 언어를 선사하셨다:

> 내 입에서 새 노래가 터져 나와
> 우리 하느님을 찬양하게 되었다(시편 40,3).[29]

이스라엘의 일상 삶에서는 시편이 매우 중대한 역할을 한다. 무엇보다도 예루살렘에 왕도 없고 예언자도 거의 없던 유배 이후 시대에는 거룩한 노래, 성가와 음악은 — 율법 외에 — 야훼에 대한 신앙이 자신들과 다르게 생각하는 원수들의 주변 환경에서도 유지될 수 있도록 하는 중요하고 결정적인 요인이었을 것이다. 이 노래를 통하여 백성들의 귀는 주님의 말씀을 향하여 늘 새롭게 열리게 되었다. 물론 이 노래 가운데는 이중적인 것도 많이 있다. 그리고 이스라엘 가운데는 듣는 것 외에 완고함도 있다. 그렇기 때문에 들은 예언자는 듣고자 하지 않는 백성을 항상 야훼의 이름으로 꾸짖어야 했다:

> 눈이 있어도 보지 못하는 이 백성을
> 귀가 있어도 듣지 못하는 이 백성을 불러 모아라(이사 43,8).[30]

---

[29] 위의 책, 21 참조.
[30] 위의 책, 22 참조.

그렇지만 이스라엘 사람들은 그들의 존재를 "하느님의 들음"에서 보았고, 이런 운명은 하느님의 종의 노래에 가장 분명하게 묘사되어 있다:

> 주 야훼께서 나에게 말솜씨를 익혀 주시며
> 고달픈 자를 격려할 줄 알게 다정한 말을 가르쳐 주신다.
> 아침마다 내 귀를 일깨워 주시어 배우는 마음으로 듣게 하신다.
> 주 야훼께서 나의 귀를 열어 주시니
> 나는 거역하지도 아니하고 꽁무니를 빼지도 아니한다.
> 나는 때리는 자들에게 등을 맡기며 수염을 뽑는 자들에게 턱을 내민다.
> 나는 욕설과 침뱉음을 받지 않으려고 얼굴을 가리우지도 않는다(이사 50,4-6).[31]

이 하느님의 종의 주제에서 쉬바거는 지라르와 토마티스의 만남을 본다. 야훼의 종은 말하자면 폭력 한복판에 던져진 존재이다. 인간들은 폭력 매커니즘, 자기 편에서 종에게 폭력을 가하는 매커니즘으로 정해진 사회적이며 문화적인 조건 아래 살고 있기에 피곤하고 압박을 받는다. 그러나 이 종에게는 피곤하고 억압받는 자들을 일으킬 능력이 주어져 있다. 물론 종은 자기 임의대로 자기의 새로운 능력을 제멋대로 사용할 수는 없다. 하느님은 오히려 그에게 매일 귀를 새로 열어주신다: "아침마다 내 귀를 일깨워주시어 배우는 마음으로 듣게 하신다." 듣는 자는 이를 통해 스스로 새로운 말씀, 격려와 위로의 말씀을 말하는 능력을 부여받는다. 아울러 그는 자기의 귀를 매일 엶으로써 편재하는 폭력에 대해 지금까지 알려지지 아니한 방법으로 처신하는 것을 배운다: "나는 때리는 자에게 등을 맡긴다." 고통스러운 폭력에 직면하여 적극적인 폭력에서 자유를 얻는 새로운 행동은 하느님을 매일 새로 듣는 것과 일치한다.[32]

하느님이 종에게 매일 귀를 일깨워주신다면, 이는 인간이 단 한 번에 배울 수 있는 도덕률을 암시하는 것이 아님을 분명히 시사하고 있다. 늘 새로운 들

---

[31] 위의 책, 22 참조.   [32] 위의 책, 23 참조.

음 덕분에 말씀으로 오히려 종의 영혼과 육신의 깊은 곳에 스며들고 "넘쳐흐를" 수 있으며, 그래서 — 보통 오직 본능적인 반응이 발생한 상황에서도 — 새로운 행동이 가능하게 된다.[33]

하느님의 종은 귀를 여는 것이 폭력을 극복하는 것과 어떤 상관관계가 있는지 분명히 보여준다. 아울러 이 노래는 장차 올 예수가 처할 운명에 대한 가장 분명한 구약적 예고이다. 예수는 아버지의 소리를 듣는 가운데 원수로부터 피해 달아나거나 되받아치는 폭력으로 다루지 않는 것을 배웠다.

4. 하느님을 살해할 수 있는 인간과 종교의 폭력

우리는 앞에서 들음과 폭력의 관계를 보았다. 인간은 본래 하느님의 말씀을 듣는 존재이지만 들음에 방해를 받고 있다는 것도 보았다. 이는 하느님 말씀이 인간의 폭력 가운데 던져져 있음을 암시하는 것이다. 하느님 말씀이 인간의 폭력 가운데 던져졌다는 것은 구체적으로 결코 폭력당할 수 없는 하느님 자신이 인간에 의해 폭력당한다는 것을 말해준다. 하느님에게까지 폭력을 가할 수 있는 인간에 대해서는 이미 구약성서에서 여러 차례 경고된 바 있으니, 하느님의 이름을 헛되이 부르지 말라, 우상을 숭배하지 말라 한 것 등이 그것이다. 이런 경고는 인간이 자신들의 언어로 하느님을 정의내리려 한 인간 언어의 폭력에 대한 경고로도 알아들을 수 있을 것이다. 인간이 하느님의 이름을 부르는 것은 무한한 하느님을 인간의 한정된 언어의 틀 속에 가두려는 것과 같다. 그러나 하느님은 인간이 부르는 방식으로, 인간이 부르는 이름대로, 인간이 생각하는 그런 형식의 틀 속에 갇힐 수 없다는 것은 너무도 자명한 일이다. 또 하느님은 인간의 언어가 칭송하는 대로 칭송되는 존재도 아니다. 하느님은 인간의 언어를 초월하여 있다. 그러기에 구약성서도 야훼 하느님의 이름을 표기하면서 이를 인간이 발음할 수조차

---

[33] 위의 책, 23 참조.

없도록 자음 녁 자(ㅇㅎㅇㅎ)로만 기록하였다. 그렇건만 인간은 하느님을 자기의 언어로 포장하려 들면서 하느님께 끊임없는 폭력을 가해왔다. 하느님이 자기들이 생각하는 대로 전지전능하고 선하며 아름답기를 바랬고, 자기들이 판단하여 전하는 대로 상벌을 내려주시기 바라면서 자기의 언어방식으로 기도하고 신앙하려 들었다. 결국 인간은 하느님을 이야기하면서도 궁극적으로는 자기의 언어와 사고와 종교를 기준으로 하느님을 포장하고 이야기하려 하였던 것이다.

거룩함과 속됨, 정결함과 부정함, 인간의 안과 밖을 금긋는 언어로 이야기된 하느님은 더 이상 인간을 위하는 하느님이 아니다. 그런데 종교는 하느님을 세상 밖으로 내몰며 무수한 괴로움과 오해를 받도록 내버려두었으며, 이를 우리는 그리스도교의 역사에서도 본다. 즉, 그리스도교는 이런 이원론의 테두리 안에서 하느님을 인간의 언어와 개념으로 정의내리려 했고, 이 과정에서 하느님을 철학적 하느님, 인간 삶과는 거리가 먼 하느님으로 만들기 일쑤였다. 그 결과 자유계몽주의에 이르러서는 하느님을 아예 세상 밖으로 몰아내버리기도 하였다. 이렇게 해서 탄생한 세속화는 세계의 초월적 근거는 제쳐두고 모든 것을 순수하게 내재적으로만 관찰하고 다루면서, 세계를 세계와 세계의 관심 영역(정치, 경제, 문화, 예술, 과학 등)의 주위 환경에 이르는 과정으로 이해하고 신을 믿는 종교를 벗어나려 하였고, 거룩함이나 하느님으로부터 자유롭게 벗어나고자 하였다. 이렇게 해서 세속화는 곧 신의 죽음 다음에 오는 세계 상태를 뜻하게 되었다.[34] 신의 죽음은 자연사自然死가 아니라 인간, 정확히 말해서 그리스도인에 의한 살해였다. 더 근원적으로 이야기해서 신의 말씀, 인간의 언어를 벗어나 있는 신의 말씀을 듣지 못하는, 오직 인간의 언어만으로 신을 이야기하고자 했던 그리스도인에 의해서 신이 살해된 것이다. 이렇게 해서 니체가 "우리가 그를 죽였다. 나와 여러분이! 우리 모두가 그의 살해자다"[35]고 절규한 그 신은 결국 그리스도인의 언어와 사고의 폭력에 의해 압사당한 하느님이었다. 니체가 신은 죽었다고 말했을 때, 그 외침은 어쩌면 그리스도교가 이미 살해한 신에 대한 선포였을 뿐

---

[34] H. Waldenfels, 앞의 책, 46. [35] 위의 책.

이다. 날마다 신의 이름으로 신을 살해하면서 그것을 알지 못했던 그리스도인의 양심에 대한 일침이었다 할까. 니체가 죽었다고 한 신은 인간의 언어와 사고와 종교로 포장된 하느님, 그리스도인이 만들어낸 하느님이었으니, 그런 신의 죽음에는 그리스도교 언어 자체가 크게 작용하였음은 두말할 나위가 없다.

사실 계몽주의 이전까지는 종교인들에게 신적인 것은 고유한 실재로서 당연하게 받아들여졌다. 이에 반해 세계는 거짓 실재, 또는 허상으로 여겨지는 위험도 따랐다. 그러나 하느님의 말씀을 듣지 못하게 된 20세기 후반에 살고 있는 현대인에게는 감성적으로 파악할 수 있는 실재는 자명한 것이지만, 그 반대로 감각적으로 파악할 수 없는 신의 실재는 그저 세계의 반사, 순수 관념이라는 혐의를 받게 되었다. 이런 상황에서 히틀러의 희생물이 된 개신교 신학자 본회퍼와 예수회 신부 델프는 종전의 종교적 단어들이 무력하고 이해할 수 없는 것이 된 무종교적이고 무신적인 시대가 나타난 것이라고 보게 된 것이다. 어쩌면 니체가 살해한 하느님이 사실상 그리스도인들이 살해한 하느님에 대한 선포였다면, 이들이 무종교를 외쳤다면 이는 신의 말씀을 잃어버린 종교의 언어에 대한 경고가 아니었겠는가? 그리스도교 자신이 종교를 세계와 사회와는 관계없는 단지 신에 대한 개인의 신앙으로 만들고, 이로써 신을 사회적으로 기능을 잃은 존재로 만들었던 것이다. 종교는 순수하게 내면적인 것을 추구하는 것이 되었고, 이로써 현실감을 잃어버렸던 것이다. 경건주의와 다양한 신앙 부흥운동, 성령운동 등이 종교를 완전히 경건주의자들의 개인 소유물인 것처럼 만들었고 마음의 종교로 만들었다. 그 반작용으로 세속화 운동이 거세게 일어났다. 이런 상황은 헤겔의 시대에까지 거슬러올라가니 그도 다음과 같이 말한 바 있다: "종교는 개인의 마음 안에 그들의 성전을 짓고 제대를 세운다. 그리고 한숨짓는 이들과 기도하는 이들이 하느님을 찾는다. 그리고 하느님을 바라보는 것을 단념한다. 바라본 것을 사물로, 숲을 나무로 인식할 때 오성의 위험이 앞에 놓여 있기 때문이다."[36] 헤겔은 실재의 대상화와 주체성 안으로 퇴각하

---

[36] W. Kasper, *Der Gott Jesu Christ*, Mainz 1982, 22.

는 종교는 실재를 천박하게 생각하고 종교를 공동화하는 결과에서 빚어진 것임을 알고 있었던 것이다. 세계는 신 없는 세계가 되고 세계 없는 하느님, 상대를 가지지 않는 하느님이 된다. 신의 부정은 세계와 신의 관계를 잊고 인간과 세계의 해방을 부르짖는 데서 나온 것이다.

이 세속화된 세계에서 하느님은 가설이 되고 또 세계 내 현상의 설명으로 점점 쓸모없는 것이 되며, 인간은 이제 신이 없는 것처럼 이 세상 안에서 살아야 했다. 하느님에 대한 신앙은 점점 더 전망이 없어지고 체험이 결여되며, 현실감마저 잃게 되고 하느님은 점점 비현실적이 된다. "하느님은 죽었다"는 이런 시대의 생활감과 현실감에 대한 적절한 표현이 아닐 수 없다. 물론 인간은 하느님의 실재를 지워버린 것과는 완전히 다른 상태를 기대할 수 없다. 그렇지만 니체, 또는 그리스도인이 살해한 그 하느님이 본래의 하느님이 아니라 해도, 어쨌든 이로 인해 인간은 신 부재의 세계에서 살면서 몸부림쳐야 했다. 그러나 그 결과는 무엇이었는가? 하느님의 부재는 세계를 무근원, 무목적에 빠지게 하고, 모든 것은 의미없는 것으로 위협받게 한다는 것이었다. 모든 것은 무의 나락으로 떨어지게 된 것이다. 즉, 이런 발달의 귀결은 허무주의인 것이며, 니체는 이를 몸으로 보여준 철학자였다. 니체는 『즐거운 학문』에서 신의 죽음에 대한 소식을 듣고 질문을 부가한다:

> 이 땅을 태양으로부터 해방시켰을 때 우리는 무엇을 하였던가? 이 땅은 이제 어디를 향하여 움직이는가? 우리는 어디를 향해 움직이는가? 태양으로부터 멀리 떨어져? 우리는 끊임없이 넘어지는 것이 아닌가? 앞으로, 뒤로, 옆으로 그리고 사방 팔방으로? 위와 아래는 아직 있는 것인가? 우리는 무한한 무를 통과하는 것처럼 헤매이는 것은 아닌가? 허무한 공간이 우리를 집어삼키는 것은 아닌가? 더 냉랭하게 되어버린 것은 아닌가? 계속해서 밤이 밤보다 더한 것이 오고 있지 않은가?[37]

---

[37] 위의 책, 23에서 재인용.

니체는 신의 신비가 사라지면 인간의 신비도 사라진다는 것을 간파한 예언자였다. 인간과 인간의 세계보다 더 위대한 것이 더 이상 존재하지 않는 곳에서는 인간의 욕망과 사회적 상황에 적응하려는 여러 관념이 나타나고 자유는 질식하고 무조건적인 정의에 대한 갈망과 갈증도 끝장이 나게 된다. 신의 죽음은 인간의 죽음을 초래한다. 무신론보다 무신론의 결과를 초래한 허무주의가 더 이 세상의 특징이다.[38] 콜라코프스키의 말을 들어보자:

> 현대의 무신 세계는 온갖 의미와 방향과 표시등과 모든 구조를 앗아가버렸다. … 백 년 전부터, 니체가 신은 죽었다고 선포한 이래 사람들은 거의 더 이상 명랑한 무신론자를 보지 못했다. 신의 부재는 유럽 정신의 상처를 더 크게 벌려놓았다. 비록 신의 부재가 예술적 마취제로 잊혀졌다 해도 말이다. … 계몽주의로 기쁨에 차 얻게 되었던 그리스도교의 붕괴는 … 거의 동시에 계몽주의의 붕괴로 입증되었다. 넘어진 신의 자리에 세워지게 될 인간중심주의의 새로운 광채를 발하는 질서는 결코 오지 않았다.[39]

물론 우리가 하느님에 대한 신앙을 고수하는 것은 하느님에 대한 신앙의 거부가 인간의 삶을 허무하게 한다는, 신의 죽음은 인간의 죽음을 의미한다는 그런 소극적인 이유에서만은 아니다. 하느님을 부정할 수 없는 근본 이유는 더욱 적극적인 면에서 찾아진다. 즉, 폭력을 당할 수 없는 하느님에 대해 인간이 폭력을 가한다는 것은, 그래서 인간이 하느님을 죽이면 죽일수록, 하느님이 인간 삶에서 쫓겨났다 싶으면 싶을수록 하느님은 더욱더 우리 삶의 한복판에서 되살아나고 있다는 점이다. 서론에서 인용한 발덴펠스의 말대로 아우슈비츠, 히로시마, 체르노빌이라는 지역 이름들은 "거룩하지 못한 시대에 살고 있는 무신적 인간들을 소리높여 고발하는 소리이기도 하다. 그렇지만 그 이름들은 또 인간이 하느님을 믿고 의지하는 것 외에 달리 어찌할 수 없는 한 하느님의 의로우심을 갈망하는 소리이며,

---

[38] 위의 책, 23 참조.   [39] 위의 책, 23 이하에서 재인용.

하느님의 섭리를 부르는 외침"[40]이기도 한 것이다. 인간이 하느님께 폭력을 가하면 가할수록 하느님은 더 이상 삶의 변두리에서 또는 인간 삶의 부수적인 것으로 다루어지지 않고 인간 실존의 한복판으로 효소작용을 하며 들어와 있게 된다.[41] 즉, 인간은 하느님께 폭력을 가할 수는 있었지만 결코 하느님을 제거할 수는 없었다. 이것은 무엇을 말하는 것인가? 인간의 폭력의 한계를 말해주는 것이 아닌가? 결국 인간이 얼마나 참되게 사느냐 하는 것은 인간이 폭력 매커니즘 전체를 직시하여 폭력의 한계를 인식하는 데 달려 있다. 이 인식은 종교의 영역이며, 이 때문에 이를 깨닫게 해주는 이름인 신, 예수는 종교의 근본 내용이 되며, 그러한 한 이들에 대한 물음은 인간 자신의 삶 안에서 지나쳐버릴 수 없는 새로운 가치를 지니게 되는 것이다. 지라르에 의하면 이 폭력의 고리를 끊어보인 자가 역사적으로 유일하게 예수[42]이며 또 종교, 특히 그리스도교이다.[43] 그렇기에 하느님과 예수와 종교가 비록 인간의 폭력에 시달려왔다 하더라도 이들을 지나쳐서는 결코 폭력의 고리는 끊기지 않는다. 이들만이 폭력의 고리를 끊을 수 있는 유일한 희망인 것이다. 그러므로 우리가 종교에 대해서 묻는다면, 종교는 과연 폭력의 고리를 끊어 인류에게 구원을 제시함으로써 자기에게 주어진 사명을 충실하게 수행하고 있는가도 함께 물어야 한다. 즉, 화해와 용서와 구원의 이야기가 감상적이거나 이상적인 것, 또는 윤리적 차원에서가 아니라 현실적으로 전개되어야 한다는 것이다. 그러기 위해서는 종교의 내용인 하느님, 예수도 현실적으로 이해되고 해석되어야 한다. 다음 항에서 이를 비폭력과 연관시켜 살펴본다.

---

[40] H. Waldenfels, 앞의 책. [41] 위의 책, 41 참조 [42] 김현, 앞의 책, 56 참조.

[43] 예수를 인간의 이런 폭력을 극복하신 분이라고 볼 수 있는 것은 그의 이율배반적 언어로 선포된 복음에 나타난다. 즉, 폭력의 원인이 이원의 세계에서 발생한다면, 그 폭력의 극복은 이원의 극복에서 가능한 것이며, 예수가 산상설교에서 가난한 이는 복이 있다는 모순된 언어로 선포한 복음은 이런 언어의 한계성을 벗어나는 차원에서 비로소 이해될 수 있다. 이는 또 인간이 자기 언어를 벗어나지 못하는 한 하느님을 만날 수 없다는 것을 암시하기도 하지만, 실지로 인간의 언어가 하느님을 괴롭혔음을 시사한다.
서인석이 "인류의 양심은 모든 사회적 질서가 그 기원적 폭력의 결과임을 반성하고 또 희생된 자들의 그 무죄한 목소리를 들을 때 폭력의 악순환과 그 고리를 끊을 수 있으리라!"(서인석, 앞의 책, 155)고 하였을 때, 이 문장은 무죄한 목소리를 듣는 것을 종교와 연결시켜 이해할 때만 타당하다. 그렇지 못할 경우 폭력의 고리는 인간의 힘만으로 끊을 수 있다는 식이 되어 구원에 있어 종교는 없어도 되는 것으로 오해될 수 있다.

5. 폭력의 극복 — 비폭력

5.1. 폭력의 발생 원인

그러면 이런 폭력의 발생 원인은 무엇인가? 지라르는 폭력의 발생 원인을 인간의 욕망에서 찾는다. 그리고 욕망의 근거를 프로이트가 성적 충동에서 본 데에 반해 지라르는 모방본능이라고 본다. "욕망의 주체와 대상 사이에는 그 대상을 욕망하게 한 타자가 숨어 있다. 돈키호테는 아마리스에 따라, 엠마 보봐리는 3류 소설의 주인공들에 따라 욕망의 대상을 발견한다. … 지라르에 의하면 모든 욕망은 타자에 의해 매개되고 촉발된 욕망이다. 그것은 자발적인 것이 아니다. 어떤 것을 욕망한다는 것은 어떤 것을 욕망하게끔 촉발되었다는 것을 뜻한다."[44] 타자에 의한 욕망은 겉으로 명확하게 드러나 있는 경우도 있고 숨겨진 상태일 수도 있으며, 상상 속의 인물일 수도 실제의 인물일 수도 있다. 욕망의 내재와 욕망의 주체 사이는 그 폭이 커서 그 욕망이 모방욕구라는 것이 분명히 드러나는 현상이 있고(외적 중개), 또 그 폭이 좁아서 그 욕망이 모방욕구임이 드러나지 않는 현상도 있다(내적 중개). 전자의 경우 중개자는 훌륭한 전범典範이며, 욕망의 주체는 마치 그리스도인들이 예수를 모방하듯 모방하며, 공개적으로 인정되고 추구한다.[45] 그러나 후자의 경우는 "타자는 전범이기는커녕 오히려 경쟁자가 되어 타자와 욕망의 주체 사이에는 경쟁상태가 이뤄지고 전범은 방해자가 된다. 모방은 공개적으로 인정되지 않고 오히려 부인된다. 욕망의 주체는 전범을 한탄하면서 증오하기에 이르는데, 왜냐하면 그와 그의 전범은 같은 대상을 욕구하기 때문이다. 타자는 전범이기에 경쟁자이며 경쟁자이기에 전범이 된다. 경쟁자-전범과 그 사이에는 계속적인 욕망의 오고감이 있으며, 그것은 갈수록 강화되어 둘 사이의 차이점은 줄어든다".[46] 여기서 혼돈이 생기며 이 혼

---

[44] 김현, 앞의 책. 29. [45] 위의 책. 29 이하 참조. [46] 위의 책. 30.

돈은 그 자체로 폭력이 된다. 하퍼는 지라르의 이론을 이렇게 요약하고 있다:

> ① 인간이 대면해야 하는 중심 문제는 폭력이다; ② 폭력은 어떤 사람을 모방하려는 경쟁상태에서 생겨난다; ③ 오래 전부터 인간은 폭력이, 모방 욕망처럼 끝이 없다는 것을 보아왔다; ④ 희생양이 발견되어 바쳐지면 폭력은 일시적으로 끝이 난다; ⑤ 이 희생양이 성화된다; ⑥ 그것이 종교적 제의의 시작이다; ⑦ 재판은 그것의 연장이다. 폭력만이 폭력에 끝장을 낼 수 있다.[47]

폭력의 발생은 이중성을 없애고 동일화시키려는 과정에서 생기는 것이라 할 수 있다. 지라르의 분석에 따르면 외디푸스의 비극은 비록 무의식중이긴 하지만 아버지와 아들, 어머니와 아들의 관계가 무차별 맺어지는 가운데서 발생한 폭력이다.[48] 동일화 과정은 상대 개념을 배제하는 데에서 어느 한편으로 치우치게 하고 결국은 어느 한편의 일방적인 폭력을 낳게 된다. 예컨대 획일화 또는 독재의 폭력이 그것이다. 획일주의는 다양성 가운데 일치(단일성)를 주장하는 것이 아니라 다양성의 차이를 없애는 가운데(무차별) 획일의 폭력을 가져온다. 지라르의 이런 견해는 거룩함과 속됨을 이해하는 데에도 적용시킬 수 있다. 즉, 이 개념을 상호관계·비일비이적 관계에서 보지 않고, 각각이 서로를 배제한 개념으로 파악하는 데서 거룩함과 속됨은 각각 어느 한쪽에 치우쳐 한쪽을 절대시하게 되고 상대 개념에 대해서 폭력을 행사하게 된다고 볼 수 있을 것이다. 이럴 때 우리는 속의 폭력만이 아니라 거룩함의 폭력, 악의 폭력만이 아니라 선의 폭력에 대해서도 이야기할 수 있게 된다. 선이라는 개념을 악을 미워하는 개념으로만 이해할 때 그 선은 폭력이 되는 것이니 종교에서 선을 표방한 폭력이 여기에 해당된다.

앞에서 본 대로 폭력의 원인이 이원적 사고에 근거하며 폭력은 좋은 폭력으로 극복되는 것이 아니라고 한다면 폭력의 극복은 신과 인간, 거룩함과 속됨, 선과 악, 정의와 불의, 가난과 부유 등 모든 이원을 극복하는 데에서 가능해진

---

[47] 위의 책, 55 이하에서 재인용.   [48] 위의 책.

다. 다시 말해서 이원이 극복되지 못한 무차별 상태에서는 신이나 거룩함, 정의 등을 논할 때 신의 이름으로, 거룩함의 이름으로, 또는 정의나 선의 이름으로 인간과 사회에 가하는 폭력이 가능할 수밖에 없게 되며, 나아가 신에게까지 가해지는 폭력으로 발전하게 된다. 지라르가 교회와 종교는 인간의 폭력에 이용당하며 온갖 수난과 수모를 다 겪고 있지만 그래도 폭력을 극복할 수 있는 수단은 결국 종교라고 본 것도 이런 맥락에서 이해할 수 있다. 왜냐하면 종교만이 거룩함과 속됨의 이원을 극복할 수 있고, 종교만이 선과 악(마태 5.45)의 비일비이적 관계를 알게 하고, 종교만이 무차별과 획일을 극복한 하느님을 선포할 수 있기 때문이다. 한마디로 표현하면 종교는 계시를 내용으로 하고 있기 때문이다. 지라르가 그리스도교만이 폭력을 극복하는 유일한 종교라고 본 것은 그리스도교 안에 예수와 그의 십자가가 있기 때문이다. 예수 그리스도는 속과 성, 신과 인간의 비일비이적 일치를 자기 인격 안에서 이룬 분이시며(unio hypostatica), 십자가는 이 일치를 극적으로 보여준 곳이다. 이에 하느님과, 예수의 십자가와 희생의 의미를 살펴보면서 폭력의 극복에 대해서 살펴보고자 한다.

5.2. 비폭력의 근원인 하느님

성서의 증언에 따르면 하느님은 획일의 하느님이 아니다. 그는 선의 폭력을 휘두르시는 분이 아니다. 때때로 인간들이 하느님이 세상의 불의를 그냥 내버려두신다고 불평하면서 한시바삐 하느님께서 행동하시어 선과 악을 가르고 불의를 치시기를 염원하지만, 하느님은 인간이 바라는 그런 폭력을 행사하시지 않는다. 뿐만 아니라 인간은 세상의 천재지변이나 어떤 사건들을 하느님이 내리신 벌이라고 믿기도 한다. 그러나 하느님은 인간이 판단하듯 그런 폭력을 휘두르시는 분이 아니다. 하느님은 그런 식으로 인간과 세상, 인간사와 세상사를 다스리지 않는다. 여기에 하느님의 비폭력성이 드러난다. 이렇게 해서 그는 드디어 인간의 모방과 경쟁자에게 가하는 폭력, 희생에 나타난 폭력을 거부하신다: "야훼께서 당신의 말씀을 따르는 것보다 번제나 친교제를 바치는 것을 더

기뻐하실 것 같소? 순종하는 것이 제사드리는 것보다 낫고, 그분 말씀을 명심하는 것이 염소의 기름보다 낫소"(1사무 15,22). 하느님이 선택하신 것은 폭력이 아니라 비폭력이며, 이런 의미에서 남의 희생이 아니라 자기의 희생이다. 여기서 우리는 왜 하느님께서 당신 외아들을 십자가에 붙이셨는지, 왜 십자가를 선택하셨는지 그 마음을 읽을 수 있게 된다. 십자가에서 우리는 하느님의 비폭력적 자기희생을 보고 또 그 소리를 듣게 되는 것이다. 하느님은 그 자체로 이원론이 극복된 존재이다. 그분은 "악한 사람들에게나 선한 사람들에게나 당신의 해를 떠오르게 하시고, 의로운 사람들에게나 의롭지 못한 사람들에게나 비를 내려"(마태 5,45) 주시기 때문이다. 하느님은 어떠한 폭력도 원치 않는다. 성서에서 하느님을 유일신으로 고백한다면, 그리고 그리스도교가 이 하느님을 삼위일체 하느님으로 고백한다면, 그 하느님은 세상의 다양성을 창조하시고 그 안에서 자기를 계시하시는 하느님을 고백하는 것이다.

폭력의 매커니즘을 예리하게 통찰한 자는 피비린내 나는 희생제물에 비판을 가했던 예언자들이었다. "어떠한 예언자도 하느님께서 더 많은 희생제물이나 희생의식을 더 원한다고 말하지 않는다. 오히려 희생제물의 중요성보다는 정의와 법을 내세우고 있다. 아모스는 '너희가 바치는 번제물과 곡식제물이 나는 조금도 달갑지 않다. 친교제물로 바치는 살진 제물은 보기도 싫다. … 다만 정의를 강물처럼 흐르게 하여라. 서로 위하는 마음 개울같이 넘쳐 흐르게 하여라'(아모 5,22-24)라고 하며, 호세아는 '내가 반기는 것은 제물이 아니라 사랑이다. 제물을 바치기 전에 이 하느님의 마음을 먼저 알아다오'(호세 6,6)라고 한다. 또한 이사야는 피로 물든 제관의 손을 살인자의 손에 비유하고 있다. '무엇하러 이 많은 제물들을 나에게 바치느냐? … 빌고 또 빌어 보아라. 내가 듣지 아니하리라. 너희의 손은 피투성이기 때문이다'(이사 1,11-15)."[49] 이리하여 하느님은 비폭력 인물로 하느님의 종을 내세운다. 이것은 이사야서에 있는 하느님의 종의 노래에 잘 나타나 있다. 이 종은 오직 하느님께만 의지할 뿐 폭력에 맞서지 않는다. "우리는

---

[49] N. Lohfink, 앞의 책, 34.

그가 천벌을 받은 줄로만 알았고 하느님께 매를 맞아 학대받는 줄로만 여겼다. … 야훼께서 그를 때리고 찌르신 것은 뜻이 있어 하신 일이었다. … 그의 손에서 야훼의 뜻이 이루어지리라'(이사 53.10). "바로 이 사실이 백성들에게 힘을 주어, 인간에게는 버림받았으나 하느님에게는 받아들여진 자의 새로운 길을 가게 한다. 그리고 이 하느님의 새로운 길을 간 것을 이스라엘이라고, 신약성서는 이 민족 중 오직 한 사람인 나자렛 예수라고 하며, 이 나자렛 예수 한 사람을 통해 역사의 전환이 이루어졌음을 말하고 있다."[50] "'그는 겸비하여 나귀, 어린 새끼 나귀를 타고 오신다'(즈가 9.9). 이에 덧붙여 '에브라임의 병거를 없애고 예루살렘의 군마를 없애시리라. 군인들이 메고 있는 활을 꺾어 버리실 것이다'(즈가 9.10). 나중에 그리스도인들은 폭력을 사용하지 않고 평화를 가져온 예수께 예전에 폭력을 사용하는 국가를 의미했던 메시아라는 명칭을 사용할 수 있었다."[51]

5.3. 비폭력의 원리인 예수

① 선택과 치우침이라는 이원의 상태에서 어느 한쪽을 선택한다는 것은 어느 한 쪽에 치우친다는 것을 의미한다. 이런 선택은 자연히 치우친 한쪽의 폭력을 야기시킨다. 즉, 치우친 쪽의 기준에 따라 선이나 악의 폭력이 나온다. 그러므로 우리가 폭력의 극복에 대해서 이야기한다면 치우침이 아니라 이원을 극복하는 "선택"을 이야기해야 하며, 그것이 곧 예수의 행위와 복음에 나타나는 "약자의 선택"이며 희생양의 원리이고 또 십자가이다. 즉, 이원의 극복은 비폭력적으로 나타나며 이 비폭력은 "자기희생"을 요구하고, 이 자기희생에서 비로소 참 평화, "내가 너희에게 주는 평화"가 가능하게 된다. 예수는 하늘이 아니라 땅을(하늘나라가 가까이 왔다: 마르 1.15), 부자가 아니라 가난을(산상설교, 마태 5.3-12), 권력있는 자가 아니라 하찮은 자들을 선택했으며, 영광이 아니라 치욕의 십자가를, 궁극에 가서는 삶이 아니라 죽음을 선택하였으니(마태 16장), 이 선택이야말로 폭력의 고리를 끊을

---

[50] 위의 책. 40.   [51] 위의 책. 41.

수 있는 유일한 방법이었고, 곧 그의 비폭력의 원리였다. 이 원리에 바탕하여 예수는 어떠한 형태의 폭력도 거부한다. 소위 "좋은 폭력"도 거부한다. 이것이 희생양의 원리이다. 예수는 스스로 희생양이 되어 폭력을 당하는 모습을 보여줌으로써 이를 입증하였다. 예수는 자기와 하느님의 관계를 아버지와 아들의 관계로 선포하면서 "마침내는 자기 자신을 비폭력적으로 … 인간의 폭력 앞에 넘겨주고 십자가형을 당함으로써 인간이 하느님에 대해 경외심을 가지게 하였다. 그리스도교의 자기이해에 따르면 이는 하느님이 자기 자신을 인간의 폭력 앞에 넘겨주고 같은 방식으로 폭력을 감내하는 하느님이 되었다는 것을 뜻한다".[52] 그가 십자가에서 운명할 때 성전의 휘장이 위에서부터 아래로 갈라진 것은 바로 폭력의 근원인 이원적 사고의 근절과 비폭력을 상징적으로 나타내는 것이라 할 수 있다.

거룩함과 속됨의 구분은 예수가 죽을 때 휘장이 위에서 아래로 찢어지는 순간(마태 27,51)에 이루어진다. 이것을 다른 각도에서 보면, 즉 유대인과 이방인의 관계로 옮겨서 보면 에페 2,13 이하에 그 기록이 있다: "여러분이 전에는 (하느님에게서) 멀리 떨어져 있었지만, 지금은 그리스도 예수 안에 있으니 그리스도의 피로 (하느님과) 가까워졌습니다. 실로 그리스도는 우리의 평화이십니다. 그분은 두 편을 하나로 만들고 자신의 몸으로 장벽 곧 적대심을 없애셨으며, …"

성전 밖, 이로써 세상의 속성 안에 흐르는 그리스도의 피는 히브리서의 마지막 부분의 인상적인 호소로 나타난다.

"우리에게는 제단이 있는데 장막에서 예배드리는 사람들은 그 제단의 음식을 먹을 권리가 없습니다. 대제관은 죄(사함)을 위하여 짐승들의 피를 성소 안으로 가지고 가는데, 그 짐승들의 몸은 영문 밖에서 태워 버립니다. 그래서 예수께서도 당신의 피로 백성을 거룩하게 하시려고 성문 밖에서 고난을 겪으셨습니다. 그러므로 영문 밖으로 그분께 나아가 그분의 치욕을 겪읍시다. 사실 우리는 이곳에 머물 만한 도시를 가지고 있지 않고 장차 올 도시를 찾고 있습니다"(히브 13,10-14).[53]

---

[52] H. Waldenfels, 앞의 책, 57.   [53] 위의 책, 44.

예수가 이렇게 약자, 십자가의 선택을 통해서 보여준 비폭력 원리는 "보복행위를 없애는 길"을 보여주었고,[54] 이는 마태오 복음의 산상설교(5,19-42)와 루가 복음의 평지설교(6,29-36)에 잘 나타난다.[55]

마태오 복음에 보면 "'눈에는 눈으로, 이에는 이로'(출애 21,24; 레위 24,20; 신명 19,21) 하고 말씀하신 것을 여러분은 들었습니다. 그러나 여러분에게 말합니다. 악한 사람에게 맞서지 마시오. 오히려 누가 당신의 오른편 뺨을 때리거든 그에게 다른편 뺨마저 돌려대시오. 당신을 재판에 걸어 당신의 속옷을 가지려는 사람에게는 겉옷마저 내주시오. 누가 당신에게 천 걸음을 가자고 강요하거든 그와 함께 이천 걸음을 가시오. 당신에게 청하는 사람에게는 주고, 당신에게 꾸려는 사람은 물리치지 마시오"(마태 5,38-42)라고 적혀 있고, 이와 병행하는 루가 복음에는 "(내 말을) 듣고 있는 여러분에게 말합니다. 여러분의 원수들을 사랑하시오. 여러분을 미워하는 사람들에게 잘해 주고 여러분을 저주하는 사람들을 축복해 주며 여러분을 헐뜯는 사람들을 위해 기도하시오. 당신의 뺨을 치는 사람에게는 다른편 뺨마저 내미시오. 당신의 겉옷을 빼앗는 사람에게는 속옷도 거절하지 마시오"(루가 6,27-29)라고 적혀 있다.

예수의 이 말씀은 보복행위를 말고 악에 맞서지 말라는 것이며, 이것이 곧 "원수 사랑"이라는 계명에 종합된다. 원수는 어떤 형태이든 내게 폭력을 가하는 사람이고, 내가 되받아 폭력을 가하고 싶고 보복하고 싶은 사람이다. 그런데 이런 원수를 사랑하라는 것은 "계속 새로운 폭력을 낳는 폭력과 대항폭력의 악순환을 끊어버리라"[56]는 것이다. "그리스도인은 자기 자신에게 부당하게 들이닥치는 폭력에 저항하지 말라고, 자기를 친 자를 도로 치지 말고 자신이 (사나이로서의) 힘이 있음에도 불구하고 무방비 태도를 보이라고 했다. … 폭력과 그에 맞서는 폭력, 그리고 또다시 그에 맞서는 폭력의 상승하는 악순환을 깨뜨

---

[54] N. Lohfink, 앞의 책, 27.
[55] Ingo Broer, "예수는 비폭력을 호소했는가?"(장익 편역) 장익 엮음, 『폭력』, (분도출판사, 1987), 49-65 참조.
[56] 위의 책, 64.

림으로써 폭력의 종식을 초래하도록 하려고 했다."⁵⁷ 말하자면 예수는 비폭력을 호소하였을 뿐 아니라 행동으로 보이셨으니, 그것이 곧 그의 십자가의 죽음이었다.

예수의 이런 비폭력 행위는 예수가 유대인에게 체포당하였을 때 하신 말씀: "당신 칼을 도로 칼집에 넣으시오. 칼을 잡는 자는 모두 칼로 망하는 법입니다"(마태 26,52), 또는 빌라도에게 하신 말씀: "위로부터 당신에게 권한이 주어지지 않았다면, 당신은 내게 대해서 아무런 권한이 없었을 것입니다"(요한 19,11)에 역력히 드러난다.⁵⁸ 그리고 "일곱 번까지가 아니라 일곱 번씩 일흔 번까지라도 용서하라"(마태 18,22)는 말씀에 잘 나타난다. 폭력에 대항하는 강력한 방법은 비폭력이다. 도살장에 끌려가는 듯한 그의 행위에서 그는 비폭력성을 드러낸 것이다. 그는 "온갖 굴욕을 받으면서도 입 한 번 열지 않고 참으며, 도살장으로 끌려가는 어린 양처럼, 가만히 서서 털을 깎이는 어미 양처럼 결코 입을 열지 않는"(이사 53,7) 하느님의 종이다.⁵⁹ 어린 양은 비폭력의 상징이다. "그리스도가 자기 편에서 단 한 번 세상의 죄를 지신 무죄한 양으로, 또 당신의 피로 성소에 들어선 십자가형을 받은 대사제로서의(히브 10,19 참조) 예수의 환시와 함께 희생의식의 종결을 선포한다면 — '죄 사함이 있는 곳에는 더 이상 죄를 위한 봉헌이 필요없습니다'(히브 10,18) — 우리는 새로운 단계 뒤에 서 있는 것이 아니라 어떤 의미에서는 여전히 그리스도교 이전 선포에 서 있는 것이다."⁶⁰

초기 공동체가 예수를 이런 요구들과 함께 글자 그대로 받아들였다는 것은 바울로가 로마인들에게 보낸 편지와 베드로의 첫째 편지에 적혀 있는 문장의 메아리가 보여준다: "악을 악으로, 욕을 욕으로 갚지 말고 도리어 축복해 주시오. 사실 여러분은 축복을 물려받기 위해서 부르심을 받았습니다"(1베드 3,9); "아무에게도 악을 악으로 갚지 마시오. … 오히려 그대의 원수가 주리거든 그를 먹여 주고 그가 목말라하거든 그를 마시게 해주시오. 사실 이렇게 함으로써 … 그대는 악에 정복당하지 말고 오히려 선으로 악을 정복하시오"(로마 12,17-21).

---

⁵⁷ 위의 책, 59 이하. ⁵⁸ H. Waldenfels, 앞의 책, 53.
⁵⁹ 위의 책, 57. ⁶⁰ 위의 책, 58.

여기서 "원수"가 늘 누구를 말하는 것인지 또 이 요구를 어떻게 구체적으로 이해할 것인지는 접어두더라도 그 근본 취지는 분명하다: 폭력을 포기하라. 다른편이 폭력을 가해올 바로 그때에 더욱 포기하라. 비폭력에로 나아가는 회개는 어렵다. 여기에는 자기를 내어놓는 희생이 있어야 한다.

> 여러분도 알다시피 백성들을 다스린다는 사람들은 엄하게 지배하고 그 높은 사람들은 백성들을 억압합니다. 그러나 여러분 사이에서는 그럴 수 없습니다. 오히려 여러분 가운데서 크게 되고자 하는 사람은 여러분을 섬기는 사람이 되어야 합니다. 또한 여러분 가운데서 첫째가 되고자 하는 사람은 모든 이의 종이 되어야 합니다. 사실 인자도 섬김을 받으러 온 것이 아니라 오히려 섬기고 또한 많은 사람들을 대신해서 속전으로 자기 목숨을 내주러 왔습니다(마르 10,42-45).

이렇게 해서 폭력이 악순환하던 옛 사회는 예수의 십자가와 함께 비폭력의 새로운 사회로 변화할 수 있었다. 예수와 함께 카인과 아벨 이후 인간 역사를 지배해 왔던 것, 인간들의 잠행적인 폭력과 대결하는 것이 완전히 드러났으며 또한 그분과 함께 극복된 것이다. 지금껏 서로 적대하던 바리사이파와 율법학자들이 단합하여 예수를 혁명가로 몰아 십자가형을 선고했을 때, 예수의 희생은 지라르가 희생양 매커니즘으로 묘사한 것과 비슷하지만, 그러면서도 이와는 다른 것이다. 지라르가 말하는 희생양은 자발적이 아닌 인위적인 희생양이며, 또 이 양은 다시 평화를 이룩하기 위해 자기를 없앤 그 체제 안에 완전히 머물러 있지만, 그래서 그는 무엇이 진실로 눈앞에 전개되는지를 모르며, 그가 정말 죽을 죄를 지은 것으로, 그래서 자기 생명은 이제 끝나야 하는 것으로 생각하지만, 예수에게서는 그것이 의도적으로 자원하여 폭력의 희생으로 나아갔던 것이다. 이는 엠마오로 가는 두 제자의 이야기에서 드러난다(루가 24,13-35). 엠마오로 가는 두 제자는 처음 예수의 죽음을 이해할 수가 없었다. 하느님의 아들이 폭력을 당한다는 것을 이해할 수가 없었던 것이다. 그러나 예수는 그 일은 일어나야 한다고 설명하였다. 그 죽임을 당한 자가 영광을 받게 된다고 설명한 것이다. 제자들은 이것을 예수가 엠마오에서 평화스럽게 빵을 쪼갤 때에야 비로소 이해하게 된다. 예수의 비폭력과 이를 위해 예수 스스로 "다가선 희생"을 보게 된 것이다. 예수의 죽음은 끝이 아니었다. 교회는 이런 예수의 죽음에서 탄생하였다. 그렇기 때문에 사도행전을 보면 예수의 공동체는 세계와는 다르게 살았다. 그 안에 모인 사람들은 서로를 비폭력으로 대하며 진리를 말하고 사랑하였다. 물론 문제가 없었던 것은 아니지만 지금까지 인류의 관습과는 달랐다. 그것은 기적이며 집짓는 자들이 버린 돌이 모퉁이의 머릿돌이 된 것이었다(마르 12,10).

폭력에 대한 대원칙은 폭력을 없애고자 휘두르는 또 다른 폭력이 아니라 비폭력이며, 신의 살해, 예수의 죽음이 바로 그런 것이었다. 오늘날 우리 사회가 평화를 위해 진정 필요로 하는 것이 있다면 예수의 이런 희생이다.

② 왜 때리느냐?: 폭력은 거기에 대적하는 폭력으로는 제거되지 않는다. 거기에는 또 다른 폭력이 형성될 뿐이다. 비폭력이 다른 형태의 폭력으로 나타나서는 안된다. 그런 폭력이야말로 인류를 가장 간악하고 위선에 찬 파멸로 이끌어 갈 수 있다. 오늘날 종교가 그 본연의 임무를 떠나 사회에 하나의 위험 수단으로 떠오른 것은 비폭력의 방식으로 폭력을 사용하기 때문이다. 하느님의 이름으로 폭력을 가하고, 거룩함의 이름으로 속을 처단한다. 거기에서 결국 하느님이 폭력을 당하고, 힘없는 신도들이 폭력을 당한다. 이것이 요즘 종교 현상의 심각한 문제점으로 등장하고 있다. 그렇다고 비폭력은 꼭 수동적이어야 하는가? 더군다나 그 폭력이 사회적 성격을 띠고 있을 때도 그러해야 하는가? 여기서 현대인은 예수의 비폭력에 회의를 가질 수 있다. 가령 개인적으로는 폭력에 비폭력으로 대응하며 참을 수 있다. 하지만 공적인 영역, 국가적 차원에서는 어떠한가? 이런 국가적 차원에서도 "그리스도인들은 아무런 방어도 않고 폭력으로 죽임을 당해야 한다고, 어쨌든 그리스도인들은, 원칙상으로는 언제나 폭력에 대항하는 폭력을 안 쓰고 안 써야 하는 그들이기에, 언제나 무방비로 만드는 성향을 띠어야 한다고, 그리스도인들에 의한 폭력행사는 아예 거론될 수조차 없는 것이라고"[61] 말해야 하는

---

[61] Ingo Broer, 앞의 책, 63.

가? 폭력의 포기보다는 폭력의 행사가 도리어 비폭력에 이바지할 경우는 없는가? 예를 들어 "어떤 포악한 말썽꾼으로 하여금 계속 폭력을 일삼도록 놓아두는 대신 마냥 그렇게 굴면 안된다는 것을 한번쯤 뜨끔하게 가르쳐 주는 것이 평화에 보탬이 될 수 있는 것이다. 또는 늘 남을 때리는 자를 한번 때려주어 정신을 차리게 하는 것이 차라리 예수가 요구하는 사랑의 행위이며 폭력을 반대하는 그의 뜻에 맞는 행위일 수도 있는 것이다".[62] 소위 "사랑의 매"로 폭력을 극복할 수 있지 않겠는가이다. 여기서 우리는 좋은 폭력이 정당하냐 부당하냐, "정의의 폭력"이 가능한가 아닌가라는 딜레마에 빠지게 된다. "정의의 폭력"은 마치 "동그란 네모"나 "검은 백로"처럼 스스로 모순을 드러내는 말은 아닌가? 앞에서도 보았듯이 예수 자신 오른쪽 뺨을 때리면 왼쪽 뺨을 돌려대라고 하셨지만, 막상 재판 과정에서 빌라도 군사로부터 침뱉음과 손찌검을 당하자 "왜 때리느냐"며 항의하셨다. 이로써 예수는 비폭력은 그냥 맞아주는 것이 아니라는 것을 보여준 것이다. 뷔클러는 이것을 창조적 폭력이라는 개념으로 표현한다. 즉, 이 항의를 폭력의 부당성을 고발하는 비폭력으로 보는 것이다. 우리는 이를 어쩌면 다음의 선문답으로 해석해 볼 수 있을 것이다. 가령 교실에서 학생들이 떠들 때 그냥 놔두면 더욱 시끄러워지는 상황에서 선생은 "조용히 해라"는 말을 통해서 시끄러움을 진정시킨다는 논리이다. "조용히 해라"는 말을 하게 되면 이 말만큼 교실이 더 시끄러워진다는 것은 분명하다. 그러나 이 말을 통해서 시끄러움의 부당성이 지적되고 고요를 되찾을 수 있는 것 또한 분명하다. 마찬가지로 "왜 때리느냐"의 저항을 통해서 폭력의 부당성이 지적되고 있는 것이다. 그러나 이로써 폭력이 과연 극복될 수 있는가? 브로어는 이런 상황은 한계상황에서만 일어날 수 있는 것이라고 말한다. 즉, "조용히 해라", 또는 "왜 때리느냐"라는 말은 한계상황에서 나오는 말이라는 것이다. 창조적 폭력은 한계상황에서 펼쳐지는 것이지 결코 정상적인 상황에서 펼쳐지는 것이 아니다.[63] 여기서 우리는 예수의 십자가 한계상황에서 주어진 것이냐 항상 절대적인 진리이냐의 물음에 부딪치게 된다. "왜 때리느냐"

---

[62] 위의 책, 64 이하.   [63] Ingo Broer, 앞의 책, 65 참조.

며 항의하던 예수가 "모든 것을 당신 손에 맡기나이다" 하며 몸을 하느님께 맡기셨던 것은 결국 "조용히 해라", "왜 때리느냐"라는 반항의 무력을 온몸으로 극복하여 보인 폭력에 대한 반항이 아니겠는가? 이리하여 예수는 십자가로 비폭력의 창조적 폭력까지를 넘어선 것을 보여주었다. 만일 그렇다면 우리는 십자가와 함께 창조적 폭력 아래 정당화되는 폭력의 부당성까지도 함께 고발해야 하지 않겠는가? 역사상 종교가 종종 폭력으로 나타났다면 종교가 폭력의 상황을 한계상황화하고 자기를 거기에 대적한 비폭력으로 보며 비폭력의 칼, 거룩함의 칼을 휘둘러 왔기 때문일 것이다. 이런 폭력의 미화를 우리는 마녀재판, 종교분쟁, 선교역사 등에서 보게 된다. 예수가 종교에 대해 비판한다면 바로 이러한 점이다.

③ 종교의 폭력에 대한 예수의 경고: 역사적으로 보아 종교인은 그들 종교의 테두리 안에서 인류가 폭력에 대항해야 할 말을 이미 다했다고도 할 수 있을 것이다. 예수가 "바리사이와 율법학자들의 말은 따르되 그들의 행실은 따르지 말라"(마태 23,3)고 하신 것도 바리사이파 사람들이 비폭력의 폭력, 다시 말해서 선을 가장한 폭력을 지니고 있음을 지적한 것이라 할 것이다.

예수가 바리사이파에 대항하여 그들이 휘두르는 폭력을 혹독하게 비판한 것은 이런 차원에서 이해할 수 있을 것이다. 마태오 복음서에 보면 예수는 당시 종교적으로 열성파이며, 이스라엘 사회질서 위에 군림하고 있다고 생각하는 율법학자와 바리사이파에 대해 냉정하게 비판한다. 그들은 스스로 이스라엘의 자손·하느님의 자손·종교인이라고 자처하며 자랑하고 있지만, 예수의 눈에 그들은 종교의 이름으로 백성에게 폭력을 가하는 자들일 뿐이다. 그들은 백성들에게 도움을 주기는커녕 온갖 올가미로 백성들을 묶어두고 괴롭히며 무거운 짐만 지우면서도 자신들은 손가락 하나 움직이려 들지 않는다(마태 23,4). 이것은 안식일에 대한 예수의 비판에 잘 드러난다. 삽바트가 인간에게 폭력일 수는 없다. 더군다나 삽바트를 지키지 않으면 사형을 받는다는 것은 하느님이 원하신 일이 아니다. 이에 예수는 다윗도 삽바트 계율을 어겼음을 상기시키며 하느님 앞에서는 인간이 삽바트(즉, 종교행위)보다 중요한 것임을 강조한다(마태 12,1-8). 어떠한 종교행위도 인간에게 폭력을 가해서는 안된다. 삽바트이기에 배가 고파도 먹지 말아야 하며, 환자를 돌보아서도 선행을 해서도 안된다면 이는 폭력이다. 그런데 실상 이런 폭력을 행사하는 인간들을 보면 그들 자신에게는 관대하다. 자신들의 나귀가 우물에 빠지면 온갖 핑계를 둘러대며 그 나귀를 끄집어내려고 하지 않는가? 예수는 이런 사고와 행동에 정면 도전한다. 그는 손이 오그라진 사람을 시나고게에 세우고 그들에게 묻는다: "안식일에 선한 일을 해야 합니까, 악한 일을 해야 합니까? 목숨을 구해야 합니까, 죽여야 됩니까?"(마르 3.4). 예수는 화가 났고 그들의 내면 속 깊이 뿌리를 내리고 있는 폭력적 성향, 즉 완고와 거짓, 미움과 위선에 슬퍼지신 것이다. 즉, 그들의 위선적 종교행위보다는 그들의 내면 속에 내재해 있는 폭력적 성향을 직시하고 이를 극복하지 못한 그들의 위선적 종교의 가르침을 비판하신 것이다. 예수는 또 그들의 매커니즘이 계속되고, 드디어는 폭력으로 자기를 없애버리라는 것을, 그들의 손에 맡겨진 자신의 운명을 알고 있었다. 그래서 비유로 설명하신다. 마르코 복음 12장 1-12절의 포도원 농부의 폭력행위는 그들을 하느님과 경쟁하는 상황에 옮겨놓으며 그들에 의해 지배되는 사회체계로부터 벗어나지 못할 뿐더러 예수가 가져다준 새로운 하느님의 관계를 따를 수 없다. 왜냐하면 그들은 오래 전부터 하느님과 경쟁관계에 있기 때문이다. 이것이 핵심이었고, 이는 예수에게 곧 죽음을 의미하는 것이었다. 그들은 예언자를 살해한 자들의 자손이며(마태 23.31), 이제 예수가 보내는 예언자들과 현자들과 율사들을 더러는 죽이고 십자가형에 처하며, 또 회당에서 채찍질하고 고을에서 고을로 뒤쫓아다니며 박해하는 자들(마태 23.34)이라는 것이다.

그래서 땅에 쏟은 모든 의로운 피(의 대가)가 다 너희에게 돌아갈 것이다. 의로운 아벨의 피로부터 너희가 성소와 제단 사이에서 살해한, 바라키야의 아들 즈가리야의 피에 이르기까지 말이다. 진실히 너희에게 이르거니와, 이 모든 일이 이 세대에게 들이닥칠 것이다. 예루살렘아, 예루살렘아! 예언자들을 죽이고 자기에게 파견된 사람들을 돌로 치는 것아! 암탉이 자기 병아리들을 날개 아래 모으듯이 내가 몇 번이나 네 자식을 모으려 했던가! 그러나 너희는 마다하였다. 이제 너희 집은 [황폐한 채] 너희에게 버려 둔다. 사실 너희에게 말하거니와, "주님의 이름으로 오시는 분은 축복받으소서" 하고 너희가 말할 때까지 이제부터 너희는 정녕 나를 보지 못할 것이다(마태 23,35-39).[64]

5.4. 추종

우리 인간을 폭력의 악순환에서 구원하기 위해서는 먼저 하느님과 종교를 폭력으로부터 구해내야 한다. 그것은 인간이 하느님과 종교를 이원의 어느 한쪽에 치우쳐 받아들이지 않음으로써 그 본래의 모습대로 신앙하고 받아들이는 것이다. 어느 한쪽에 치우치지 않는 것은 가난의 선택, 죽음의 선택, 희생의 선택이다.[65] 이 선택은 모방이 아니라 오직 추종을 통해서만 이루어진다. 왜냐하면 — 지라르에 의하면 — 모방은 바로 폭력의 원인이기 때문이다.

> 그리스도교가 하느님은 무죄하게 희생당한 이들의 편에 서 계시다고 본다면, 그리고 이 관점이 오늘날 현실적 특성을 지닐 수 있게 되려면 그리스도교, 즉 교회와 그리스도인들이 모든 반대성향을 무릅쓰고 역사의 무죄한 희생자들 편에 서고, 그런 의미에서 내·외적 관계에서 폭력의 문제를 예수의 의미대로 분명하게 설명해야 한다. 이것은 다름아닌 바로 예수의 추종이다.[66]

새 사회를 전파하는 방법은 추종이다.[67] 예수는 폭력에 대해 비폭력으로 대항하면서 스스로 속죄양이 되신 유일한 분, 아무도 자기의 경쟁자로 생각지 않은 분이었다. 그는 비폭력이었으며 그는 완전히 아버지 하느님께 대해서 이야기할 수 있었다. 추종은 예수의 이런 비폭력에 대한 것이다. 예수는 사람들이 모방해야 할 하나의 모델이 아니다. 예수의 생명과 자유로 나아가는 길인 십자가는

---

[64] 위의 책, 65 이하 참조. [65] 이 글 5항 참조.
[66] H. Waldenfels, 앞의 책, 58.
[67] 이런 의미에서 Schwager는 모방을 거부하고 추종을 강조하며, 추종의 영성이 닮음의 영성보다 더 포괄적이고 더 전체적이며 더 완성으로 나아가는 길이라고 제시한다(*Brauchen wir einen Sudenbock?* 참조).

"단순히 어떤 본보기 또는 모범이 아니라 신앙의 근원이요 힘"[68]이다. 그리스도교는 "예수 그리스도를 실천적으로 따르고 십자가를 부자유스러운 자기겸비自己謙卑의 표징이 아니라 하느님의 부재 속에서 바로 하느님의 현존을, 죽음에서 벗어난 생명을 기대하는 해방적인 희망의 표징으로 인식할 것을 언제나 요구해 왔다. 예수 그리스도를 '따른다'는 것은 단순히 본받는다는 것, 모방하는 것을 뜻하지 않는다. 그것은 일치를 위한 대응관계, 곧 깊은 상관관계를 의미한다".[69] 하느님의 새 사회는 어떤 계획이나 행동방침에 의해서가 아니라 예수의 이런 비폭력과 이 비폭력의 추종에 의해서만 가능한 것이다. 우리는 사회의 변화를 원할 경우 너무 빨리 관심을 전체로 고정시킨다. 이런 전체적 사고는 쉽게 또 다른 폭력을 부를 수 있다. 즉, 그런 명령 중심에 도달하기 위하여 미움을 사는 체계에 편승하게 되거나 폭력과 똑같은 변화의 길만이 있게 된다. 그러나 권위나 폭력은 공동체를 파괴한다. 폭력을 없애기 위해서 우리는 구체적인 교회 안에서 예수의 추종에 가담해야 한다. 오직 여기에 산상설교의 가치가 있다.

* * *

예수가 죽음으로 내세운 비폭력이 오늘날도 가능한가? 우리는 종교에서, 교회에서 이 비폭력을 체험하는가? 교회 안에서 성직자와 평신도, 가진 자와 가지지 못한 자, 배운 자와 그렇지 못한 자, 각 계층간의 차별을 극복하는 정신을 체험하는가? 교회에서 무조건 끊임없이 용서하고 화해할 수 있는 차원높은 사랑을 보는가? 십자가는 과연 우리의 구원인가? 오히려 비폭력과 십자가를 미화시키는 바람에 교회가 이미 비폭력을 포기한 듯한 인상을 주고 있는 것은 아닌가? 그래서 교회의 기원이 무언가 폭력에 대한 비폭력의 힘으로 이해되면서, 옛 세계와 사회에 빛을 발하며 마주 서 있는 "대조사회", "백성", "도시"임을 잊고 있는 듯한 인상을 주고 있는 것은 아닌가?

[68] H. Küng, 『오늘을 사는 그리스도인』 편집부 역음(분도출판사), 20.
[69] 위의 책, 21.

어마어마한 교회 첨탑 위에 위력적으로 세워진 십자가에서는 "자기 죽임", "자기 희생", "자기 묻힘"을 볼 수 없다. 시골의 나지막한 판자집들 가운데 우뚝 솟은 교회당에서 우리는 하느님의 "자기 죽임", "자기 희생"을 체험할 수 없다. 교회는 스스로 자기 안에서 비폭력적인 사목을 펼쳐야 하며, 교회의 권위와 봉사는 이런 차원에서 이해되어야 한다. 역설적이지만, 폭력을 진정하기 위해 교회는 스스로 먼저 희생제물이 되어야 함을 배워야 한다. 그럴 때 교회에 대한 어떠한 비방도 옳을 수가 없다.

맺는 말

신앙인은 하느님께서 세상을 창조하시면서 스스로 세상에 녹아들어오셨다는 사실을 알고 하느님에 대한 신뢰와 현실에 대한 신뢰가 결코 다른 두 신뢰가 아님을 안다. 그는 하느님께서 내신 창조, 자연과 인간, 시간과 공간으로 그리고 자신의 삶의 현장으로 자신을 녹이며 들어가 하느님을 만난다. 힘든 세상에 짜고 고고하게 홀로 구원받겠다며 세상 위에 서려는 것은 신앙인의 자세가 아님을 안다. 신앙인은 시대의 아픈 소리를 듣는다. 창녀의 순결한 마음을 읽고 죄인에게서 거룩함을 느끼며 십자가에서 삶을 발견한다. 신앙인에게 세상은 하느님의 느낌을, 하느님의 속삭임을, 하느님의 노래를 들려주는 곳이다. 신앙은 슬플 때나 괴로울 때나 언제 어디서나 하느님을 느끼게 해준다.

나는 신앙인인가? 나는 세상의 소금이어야 한다. 나는 세상의 소금인가? 세상에로 "녹아"들어가야 한다. 녹아들어가 끝내는 없어져야 한다. 이웃의 아픔과 인류 공동체로 녹아들어가는 자만이 자신의 구원을 체험할 것이다.

구원을 바라는 신앙인은 어째서 십자가가 세상과 나의 구원의 전부인가를 안다. 신앙인은 병고 중에 쾌유의 기적이 일어나지 않았다고, 절망 가운데 희망의 기적이 일어나지 않았다고 하느님을 원망 않는다. 신앙인은 예수가 달린 십자가에서 기적이 일어나지 않은 것이 기적보다 더 큰 기적임을 안다. 기적보다 더 큰 사랑이 거기서 일어난 것이다. 이 사랑은 신뢰하는 자만이 느낄 수가 있다. 신앙인은 십자가 앞에 꿇어 자기의 고민과 자기의 고생을 덜어달라고 기도하는 것이 얼마나 부끄러운 사랑 없는 행위인가를 안다.

예수님께서는 하느님임을 고집하지 않으시고 비천한 인간 존재 안에로 녹아들어오셨다. 하늘나라를 세상 안에로 녹이셨다. 거기에 그분의 자유가 있었고 복음이 있었고 구원이 있었다. 그것은 기적보다 더 큰 그분 사랑의 승리였다.

필립비서는 기적보다 더 큰 예수의 녹아들어가는 사랑을 이렇게 노래한다.

> 그리스도 예수는 하느님과 본질이 같은 분이셨지만
> 굳이 하느님과 동등한 존재가 되려 하지 않으시고
> 오히려 당신의 것을 다 내어놓고 종의 신분을 취하셔서
> 우리와 똑같은 인간이 되셨습니다.
> 이렇게 인간의 모습으로 나타나 당신 자신을 낮추셔서
> 죽기까지, 아니, 십자가에 달려서 죽기까지 순종하셨습니다.
> 그러므로 하느님께서도 그분을 높이 올리시고
> 모든 이름 위에 뛰어난 이름을 주셨습니다.
> 그래서 하늘과 땅 위와 땅 아래에 있는 모든 것이
> 예수의 이름을 받들어 무릎을 꿇고
> 모두가 입을 모아 예수 그리스도가 주님이시라 찬미하며
> 하느님 아버지를 찬양하게 되었습니다(2,6-11 인용).

> 너희는 세상의 소금이다. 만일 소금이 짠맛을 잃으면 무엇으로 다시 짜게 만들겠느냐? 그런 소금은 아무데도 쓸데없어 밖에 내버려 사람들에게 짓밟힐 따름이다(마태 5,13).

소금은 녹는다. 녹지 않는 소금은 없다. 그토록 교회에 불평하면서도 우리가 교회에 미래의 희망을 걸고, 그토록 우리의 그리스도인 존재에 대해서 실망하면서도 우리가 그리스도인 존재로 남아 있는 이유는 다 신앙의 이런 소금 성분 때문이다. 신앙은 (세상에) 녹는다. 녹지 않는 신앙은 없다. 신앙은 세상을 진실되게 살아나가게 한다. 나는 (얼마나) 신앙인인가?